중국 역대 도읍지

베이징

뤄양 카이펑
시안
산시성 허난성 장쑤성
난징
항저우
저장성

중국을 빚어낸 여섯 도읍지 이야기

중국을 빚어낸

여섯
도읍지
이야기

이유진 지음

중국인은,
시안에서 자부심을 찾고
뤄양에서 기도하며
카이펑에서 기개를 얻고
항저우에서 낭만을 맛본다.
난징에서 와신상담하며
베이징에서 미래를 본다.

메디치

일러두기

1. 신해혁명(1911)을 기준으로 과거 중국 인명과 지명은 기본적으로 우리 한자음 표기를 원칙으로 했고, 오늘날의 경우는 중국어 발음으로 표기했다.
2. 중국어 발음 표기는 국립국어원의 외래어표기법을 따랐다.
3. 저자가 직접 촬영한 사진 외의 사진 자료는 대부분 위키피디아에서 가져왔다.

중국을 빚어낸 역사의 심장부, 도읍지 이야기

"30년의 중국을 이해하려면 선전深圳을 보고 1,000년의 중국을 이해
하려면 베이징北京을 보고 3,000년의 중국을 이해하려면 시안西安을
보라"라는 말이 있다. 오늘날 중국의 굴기를 깊이 있게 이해하려면
개혁개방 성과를 대변하는 선전뿐 아니라 찬란한 역사를 구가했던
심장부를 아울러 살펴봐야 한다. 베이징과 시안 그리고 뤄양洛陽·카
이펑開封·항저우杭州·난징南京 등 중국의 역대 도읍지는 중국 역사
의 심장부다.

　　왜 중국을 알아야 하는지 그 필요성을 설파하는 게 군더더기로 여
겨질 만큼 오늘날 중국은 막중한 존재가 되어버렸다. 새삼 중국의 실
체가 궁금해질 수밖에 없는 이때, 흔히들 '중국은 어떠하다'는 식으로
정의 내리려고 한다. 그러나 쉽사리 단순화하려는 것은 어리석고 위험
한 일이다. 오랜 역사와 광대한 땅과 다양한 민족으로 이루어진 중국
은 천의 얼굴을 지녔기 때문이다. 중국에 대한 단순하고 피상적인 정
의를 넘어 중국의 다양한 속살에 접근하려면 구체적으로 어느 시대 어
느 지역의 중국에 대해 말해나가는 방식이 필요하다. 그래서 선택한
것이 중국 역대 도읍지의 역사다. 중국이 어떤 '길'을 거쳐 왔는지 역대

도읍지의 역사가 그 길 찾기에서 훌륭한 '지도'가 될 것이라 생각한다.

시안을 비롯해 뤄양·카이펑·항저우·난징·베이징 등 중국의 중심이었던 이들 도읍지는 각 시대의 정치·경제·문화가 집약된 곳이다. 중국인의 영광과 고난의 기억이 응집된 곳이기도 하다. 그곳에 깃든 시대상을 읽어내고자 했고 그곳에서 살아가던 이들의 삶을 이야기하려 했다. 시안의 실크로드에서 베이징의 냐오차오까지, 고대부터 오늘날까지 수많은 이야기가 도읍지 곳곳에 담겨 있다. 이 중에서도 시안은 중국에서 가장 많은 왕조가 도읍했던 곳이다. 무왕武王이 상나라를 멸망시키고 주나라를 세운 이후 3,000년 중국 역사를 알고자 한다면 '시안'이라는 무대를 자세히 들여다봐야만 한다. 이것이 시안의 분량이 많은 이유다.

도읍지 이야기니만큼 대표적인 사건과 인물, 장소를 다루되 그 이면에 숨겨진 의미까지 전달하고자 노력했다. 역사란 해석의 영역이다. 이 도읍지 이야기는 21세기를 살아가는 나의 '필터'를 거친 것이다. 어떤 이야기에는 애정과 공감의 필터가, 또 어떤 이야기에는 비판과 경계의 필터가 작동되었다. 도읍지를 매개로 삼아 오늘날의 시각으로 중국 역사를 살펴보고자 했다.

"사자가 잠에서 깨어나면 온 세상을 진동시킬 것이다." 일찍이 나폴레옹Napoléon I은 중국을 '잠자는 사자'에 비유하면서 이렇게 말했다. 시진핑習近平 중국 주석은 중국·프랑스 수교 50주년(2014) 기념 강연에서 "중국이라는 그 사자가 이미 깨어났다"라고 말했다. 이 사자의 깨어남은 '중화中華의 부흥'이라고 표현할 수 있다. 중국이 세계 중심이자 최고라는 중화사상은 중국의 역사적 경험에서 그들에게 각인된 일종의 컬처코드culture code라고 해도 지나친 말이 아니다. 건국 이후 30년과 개혁개방 이후 30년을 지나온 중국이 이제 새로운 30년을 펼쳐가고 있다. 지난 두 단계 30년의 모토가 각각 계급투쟁과 경제발전이었다면, 향후 30년의 모토는 '위대한 중화의 재현'이다.

바야흐로 중국은 '중화민족의 위대한 부흥'이라는 꿈을 실현하고자 매진하고 있다. 중화민족의 위대한 부흥이란 세계의 중심이었던 중국이 다시 세계의 중심이 되는 것이다. 글로벌 리더라는 중국의 지위는 그들에게 '오래된 미래'다. 중국은 세계의 정점에 있던 찬란한 과거를 미래 자원으로 동원한다. 찬란했던 역사의 기억을 지닌 중국으로서는 중화민족의 위대한 부흥이라는 중국몽中國夢이 일종의 '당위성'을 지닌다. 과거를 기억하는 방식은 현재와 미래의 실천 동력이기에 역사는 단순한 과거가 아니라 현재이자 미래다. 중국몽의 역사적 자원이 바로 역대 도읍지에 깃들어 있다. 도읍지로 중국 역사를 살펴보는 것은 그들의 '오래된 미래'를 들여다보는 일이기도 하다.

오래전 여름이었다. 천안문광장은 사람들로 가득했다. 마오주석 기념당으로 들어가려고 길게 줄을 선 그들 위로 한여름의 뜨거운 햇볕이 내리쬐었다. 나는 사람들 사이를 지나 광장 동쪽의 중국국가박물관으로 들어갔다. 이날 박물관에서 관람했던 밀랍인형은 내 뇌리에 각인되어 좀처럼 잊히지 않는다.

밀랍인형 전시관 입구에서는 중국 최초의 유인우주선 선저우神

舟 5호의 우주비행사 양리웨이楊利偉 밀랍상이 관람객을 맞이했다. 전시관 안에는 정치·사상·예술·체육 등을 대표하는 126명의 밀랍상이 분야별로 배열되어 있었다. 정치 인물을 모아놓은 전시에서는 진시황에서 시작해 강희제에 이르는 역대 제왕의 밀랍상이 한쪽 편에 줄지어 있고 그 맞은편에 쑨원孫文(1866~1925)을 비롯해 마오쩌둥毛澤東(1893~1976)과 덩샤오핑鄧小平(1904~1997) 등 현대 중국 지도자의 밀랍상이 자리하고 있었다. 고대 중국에서 지금의 중화인민공화국에 이르기까지 고금의 단절 없이 하나로 이어져온 '중국'이라는 메시지가 극명하게 드러났다. 게다가 몽골족의 원나라도 만주족의 청나라도 '중국'에 자연스럽게 포획되어 있었다. 이 치밀한 '기획'에 놀라움을 금치 못했다.

놀라움은 여기서 끝이 아니었다. 밀랍인형 전시관 끝자락에 마주 보고 서 있는 두 밀랍상을 보는 순간 '아!' 하고 감탄사가 나왔다. 그 둘은 레이펑雷鋒(인민해방군의 모범 병사)과 빌 게이츠Bill Gates였다. 레이펑은 영웅열사의 끝자락에서, 빌 게이츠는 유명 외국인의 끝자락에서 서로를 향해 서 있었다. 멸사봉공의 화신인 레이펑은 공산주의 혁명정신의 상징이다. 자본주의의 아이콘 빌 게이츠가 레이펑과 마주한 모습은 바로 미국과 중국이 마주한 장면이었다. 나는 레이펑과 빌 게이츠라는 이질적인 두 존재를 보면서 그들이 합체된 이미지를 떠올렸다. 그것은 바로 '부강한 공산주의 중국', 중국이 욕망하는 중국의 미래상이었다.

중국은 이제 더는 팔로워가 아닌 리더가 되고자 한다. 중국특색 사회주의, 중국식 시장경제, 중국 모델 등 중국은 부단히 '중국의 길'

을 모색하고 실천해왔다. 그 성과와 자신감을 바탕으로 이제 중국은 세계질서의 새로운 판짜기를 시도하고 있다. 덩샤오핑 외교정책의 근본이었던 '도광양회韜光養晦(빛을 감추고 은밀히 때를 기다린다)' 시대는 이제 지나갔다. 도광양회의 지침에 따라 전면에 나서지 않고 실력을 길러온 중국은 이제 대국으로 굴기했고, '중국이 길을 이끌겠다'고 세계를 향해 외치고 있다. 중국의 자신감, 그 근원에는 영광스러운 과거에 대한 기억과 경험이 자리한다. 세계에서 가장 뛰어나고 유구한 문명국가라는 중국의 자부심, 그 역사적 자원의 원천인 문화유산을 도읍지 곳곳에서 찾을 수 있다.

공간으로 중국 읽기

공간을 중심으로 역사를 살펴보는 것은 꽤나 흥미로운 일이다. 중국처럼 땅덩어리가 크고 다민족으로 이루어진 나라의 역사라면 더더욱 그렇다. 도읍지의 역사를 살펴보는 것은 공간으로 중국을 읽는 다양한 방법 가운데 하나다. 도읍지에는 '중심'으로서 구심력이 작동하게 마련이다. 한편 그 구심력이 미치지 않는 또는 그 구심력에 맞서는 독자적인 공간 역시 엄연히 존재한다. 그 주변의 역사나 또 다른 중심 이야기는 다음을 기약한다.

시안에서 베이징까지 순서대로 읽어나가다 보면 어느덧 중국 역사를 쭉 훑게 될 것이다. 물론 순서와 상관없이 어느 곳이든 먼저 읽어도 좋다. 그때그때 마음에 드는 꼭지를 골라서 읽는 것도 괜찮다. 누군가를 기다리거나 잠들기 전 잠깐 동안 마치 옛날이야기를 듣듯 부담 없고 재밌게 말이다.

차례

1장 시안, 실크로드의 영광을 품은 곳

2장 뤄양, 용문석굴과 모란의 도시

3장 카이펑, 송나라의 찬란한 기억

4장 항저우, 서호의 낭만이 깃든 곳

시안,
실크로드의
영광을
품은 곳

"서양엔 로마, 동양엔 장안"이라는 말이 대변하듯
중국 역사의 황금기에는 모든 길이 장안으로 통했다.
바로 실크로드를 통해서.

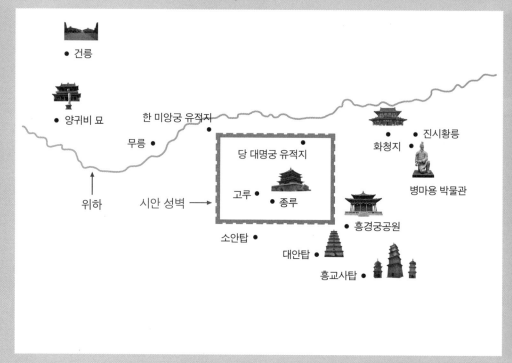

시안 근교의 역사 유적지

천년고도 시안

중국 역사의 아버지 사마천司馬遷은 『사기史記』「화식열전貨殖列傳」에서 "관중關中의 땅은 천하의 3분의 1이고 인구는 10분의 3에 불과하지만, 그 부는 10분의 6을 차지한다"라고 했다. 수도가 갖추어야 할 중요한 두 가지, 즉 안전과 먹고사는 일에서 시안은 입지조건이 탁월하다. 시안이 자리한 관중은 "금성천리金城千里 천부지국天府之國", 즉 천연의 요새가 철옹성처럼 길게 뻗어 있고 토지가 비옥하며 물산이 풍부한 지역이었다. 바로 이곳에 가장 많은 왕조가 도읍했으니 "관중을 얻는 자가 천하를 얻는다"는 말은 결코 과장이 아니었다.

시안 지역에는 수많은 과거의 흔적이 남아 있다. 100만 년 전 구석기시대의 남전인藍田人 유적지와 7,000년 전 신석기시대의 반파半坡 유적지는 이곳의 까마득한 과거를 말해준다. 또 시안은 문물제도의 기틀인 예악禮樂제도를 마련한 주나라 이래로 진·한·수·당 등 중국 통일 왕조의 정치 중심지였던 만큼 중국의 정체성이 빚어진 곳이기도 하다. 서주의 풍경豐京과 호경鎬京, 진나라 함양咸陽, 한나라 장안長安은 모두 시안 일대에 자리했던 수도의 명칭이다. 화하華夏문명의 발원지, 동방문명의 상징, 실크로드의 기점은 모두 찬란한 역사의 심장부였던 '천년고도千年古都' 시안을 표현하는 말이다.

역대 가장 많은 왕조가 도읍했던 곳

로마·아테네·카이로와 더불어 세계 4대 고도로 꼽히는 시안은 역대 가장 많은 왕조가 도읍한 곳이기도 하다. 서주西周·진秦·한漢은 물론 수隋·당唐 등 13개 왕조가 이곳에 도읍했다. 이들 왕조가 시안을 수도로 삼았던 기간을 합산하면 1,129년에 달하니 그야말로 시안은 '천년고도'다.

시안은 우리에게 '장안'이라는 명칭으로 훨씬 친숙하다. 장안, 말 그대로 '오래도록 평안히 다스린다'는 소망이 반영된 명칭이다. 이름 덕분일까. 한 고조高祖 유방劉邦이 이곳에 도읍한 뒤 장안향長安鄉(진나라 때 마을 명칭으로, 한나라 궁전 장락궁長樂宮 일대)의 이름을 따서 수도 명칭으로 삼은 이래로 당나라가 멸망할 때까지 장안은 오래도록 화려한 명성을 떨쳤다.

역사적으로 시안은 중국 서북 지역의 문호였다. 지금도 시안은 서북 각 지역을 기타 지역과 연결하는 교통 요충지 역할을 한다. 또 중국 경제의 전체 판도에서 동부와 서부를 연결하는 전략적 지위를 지닌다. 무엇보다도 시안은 '소프트파워soft power'를 갖춘 도시다. 즉 마음을 사로잡는 매력적인 도시다. 국가 역사문화 명성名城, 우수 여행 도시, 국제 이미지 최고 도시 등 시안에 부여된 타이틀이 이를 대변해준다. 문화가 도시의 경쟁력인 오늘날, 시안은 그 어느 곳보다 문화적 매력이 넘쳐나는 도시다. 그 매력의 상당 부분이 유구한 역사에서 유래한다는 사실은 역사가 단순한 과거가 아니라 현재와 미래의 실천 동력임을 절감하게 한다.

실크로드의 화려한 부활

시안 다칭루大慶路 서쪽 끝에는 50미터가 넘는 화강암 조각상이 세워져 있다. 실크로드 개척 2,100주년 기념상이다. 중국인 셋, 페르시아인 셋, 낙타 14마리, 개 3마리, 말 2마리로 구성된 대상隊商이 서쪽을 향한 모습이다. 이 조각상이 위치한 곳은 당나라 장안성의 서문 중 개원문開遠門이 있던 자리다. 먼 곳을 개척한다는 의미의 '개원'은 서쪽으로 영토를 확장하려는 의지가 담긴 명칭이다. 『자치통감資治通鑑』에 따르면, 당나라가 강성했을 때 바로 안원문安遠門(개원문)에서 서쪽 1만 2,000리까지 모두 당나라 영토였다고 한다. 확실히 당나라는 명실상부한 제국이었다.

　일찍이 한나라는 실크로드를 열었고 당나라는 실크로드의 번영을 구가했다. 중국 역사에서 두 나라는 '강한성당强漢盛唐'으로 칭송된다. 강한성당의 이미지는 '실크로드'와 관계가 밀접하다. "서양엔 로마, 동양엔 장안"이라는 말이 대변하듯 중국 역사의 황금기에는 모든 길이 장안으로 통했다. 바로 실크로드를 통해서. 시진핑은 취임 연설(2013)에서 중화민족의 위대한 부흥이라는 '중국의 꿈(中國夢)'을 국정 구호로 내걸었다. 이를 실현하고자 내놓은 전략이 바로 '일대일로一帶一路, One Belt One Road(실크로드 경제벨트와 21세기 해상 실크

당나라 장안성의 서문西門이 있던 곳에 세워진 실크로드 2,100주년 기념 조각상

로드의 약칭)'다. 그 중심지 각축에서 두드러지는 도시가 시안이다.

국제화물열차 시안발 장안호長安號는 그 옛날 비단을 싣고 떠난 낙타 대상隊商의 험난하고 고된 길을 거침없이 내달리며 갖가지 원료와 제품을 실어 나른다. 중국 각지에서 시안으로 모여든 물품이 장안호에 실려 카자흐스탄 등 중앙아시아 5개국 수십 개 도시로 운송된다. 실크로드 경제벨트가 본격화되면 중앙아시아를 넘어 유럽까지 중국과 하나의 길로 이어질 것이다.

경제뿐 아니라 문화에서도 실크로드의 부활이 눈부시다. 시안에는 진시황릉秦始皇陵과 병마용兵馬俑 외에도 세계문화유산이 다섯 개 더 있는데, 다섯 개 모두 2014년에 '실크로드' 세계문화유산의 일환으로 유네스코 세계문화유산에 등재되었다. 중국·카자흐스탄·키르기스스탄이 공동으로 신청해서 등재한 총 33개 실크로드 세계문화유산 가운데 22개가 중국 경내에 있다. 그 가운데 5개가 시안에 있다. 시안은 그야말로 실크로드의 핵심지역이었다. 실크로드의 세계문화유산 등재는 여러 국가가 연합해 등재한 첫 사례라는 점에서 그 의미가 특별하다. 무역의 길, 대화의 길, 평화의 길, 발전의 길이었던 실크로드를 세계문화유산에 공동 등재함으로써 중국과 중앙아시아 국가 간의 우의와 평화를 증진하고 공동 발전의 새로운 계기를 마련했다는 게 중국 측 평가다. 중국의 문화유산 활용 방법을 눈여겨볼 만하다.

한나라 미앙궁未央宮 유적지, 당나라 대명궁大明宮 유적지, 대안탑大雁塔, 소안탑小雁塔, 흥교사탑興敎寺塔이 바로 시안에 있는 실크로드 관련 세계문화유산이다. 한당성세漢唐盛世의 자취가 남아 있는 이곳들은 '팍스 시니카Pax Sinica'의 옛 영광을 말해주는 현장이기도 하다. 중국이 세계질서를 주도하는 팍스 시니카의 도래는 중국인에게 '오래된 미래'인지도 모른다.

시안을 활용한 고향 외교

'실크로드'의 상징적 힘은 막강하다. 중국은 '평화·발전·협력·원윈'이라는 어젠다를 세계에 내놓았다. 글로벌 리더로 도약하려는 중국이 세계에 선보일 만한 비전을 모색하는 과정에서 주목한 것이 실크로드이고, 이를 전략적으로 구현한 것이 바로 '일대일로'다. 중국이 일대일로를 추진하는 과정에서 강조하는 실크로드 이야기는 인류가 어떻게 실크로드를 통해 서로 소통·교류하면서 정신문명과 물질문명을 발전시켰고 평화롭게 공존했는지에 관한 것이다.

시진핑은 유네스코 본부 연설(2014)에서 '문명의 교류를 통한 문명의 조화'라는 대명제를 제시한 뒤 중국의 성공적인 경험을 강조했다. 바로 장건張騫(기원전 164~기원전 114)의 실크로드 개척으로 서역과 교류하고 바닷길을 이용해 인도·스리랑카와 교류했던 한나라, 수도 장안에 각국 사신·상인·유학생이 몰려들고 세계와 활발하게 교류했던 당나라, 정화鄭和(1371~1433)의 원양 항해로 동남아는 물론 아프리카와도 교류했던 명나라의 경험이다. 이는 문명의 교류를 통한 문명의 조화가 요구되는 오늘날, 성공적인 역사 경험을 지닌 중국이 그 일에 앞장설 능력이 있다는 메시지를 담은 언설이다. 이상에서 언급한 중국의 성공적 경험은 모두 육상·해상 실크로드와 관련되어 있다.

오늘날 시안은 '고향 외교'에 최적의 장소다. 시진핑의 아버지 시중쉰習仲勛이 바로 시안에서 66킬로미터 떨어진 푸핑富平현 출신인 덕분에 시진핑은 자신의 고향을 '시안'으로 소개하며 고향 외교술을 충분히 발휘하고 있다. 2014년 우즈베키스탄 대통령 이슬람 카리모프Islam Karimov가 중국을 방문했을 때 가장 먼저 들른 곳이 시안이다. 2013년 시진핑은 카리모프의 고향인 사마르칸트 테무진(칭기즈 칸) 가족역사박물관에 들른 적이 있다. 당시 카리모프가 박물관에 전시된 고대 실크로드 지도를 보며 "사마르칸트는 테무진 시기의 수도이자 고대 실크로드의 중추였고 내 고향"이라고 말하자 시진핑은 지도의 오른쪽 부분을 가리키면서 "여기가 시안인데 실크로드의 기점이자 내 고향"이라고 했다.

인도와 관계를 개선할 때도 시안을 활용한 고향 외교술이 동원되었다. 2014년 9월 시진핑은 인도의 구자라트를 방문했다. 그 옛날 당나라 승려 현장玄奘이 들렀던 곳 가운데 하나인 구자라트는 인도 총리 나렌드라 모디Narendra Modi의 고향이기도 하다. 마침 방문한 날은 모디의 생일이었고, 시진핑은 〈현장의 길〉이라는 다큐멘터리 시디를 선물했다. 시진핑은 자신의 고향 시안이 그 옛날 현장이 불경을 가져와 번역했던 곳이라고 강조하며 모디를 시안에 초청하겠노라고 했다. 그리고 이듬해 두 사람은 시안에서 만났다. 양국 정상의 '고향 외교'가 실현된 그날 두 사람은 대안탑에 함께 올라갔다. 다음 날 베이징 인민대회당에서 모디와 리커창李克强 총리는 양국의 국경분쟁을 협상으로 해결하기로 합의했다. 그리고 막대한 규모의 경제협력 협정을 체결했다.

바야흐로 중국 중심의 세계질서를 조성해나가는 데 '실크로드'의 역사적 상징성이 강력한 힘을 발휘하고 있다. 2018년 1월에는 프랑스 대통령 에마뉘엘 마크롱Emmanuel Macron이 시안을 찾아 병마용·대안탑·대명궁을 둘러봤다. 마크롱 대통령의 시안 방문은 중국의 '일대일로'에 프랑스가 적극적으로 참여하겠다는 의지를 나타낸 것이다. 시안은 유럽과 아시아를 이었던 실크로드의 기점이라는 점에서 일대일로의 상징적 장소다. 고대 실크로드를 벤치마킹하여 일대일로 전략을 내놓은 시진핑, 그가 과연 '신新실크로드 시대'를 성공적으로 이끌지 두고 볼 일이다.

하·상·주의 수상한 종말

기원전 약 1,000년 어느 날 동틀 무렵, 이제 곧 상나라를 멸하고 주나라의 개국 군주가 될 무왕武王은 상나라 교외의 목야牧野에 집결한 제후들과 병사들에게 이렇게 외친다.

"옛말에 '암탉은 새벽을 알리지 않는 것이니 암탉이 새벽을 알리면 집안이 망한다'라고 했소. 지금 상나라 주왕紂王은 오직 여자의 말만 듣고서 나라를 어지럽히고 백성에게 포학하며 온갖 악행을 저지르고 있소. 나는 그대들과 함께 하늘의 징벌을 집행할 것이오."

한마디로 암탉이 울면 나라가 망한다는 뜻 아닌가. 상나라뿐 아니라 하나라와 주나라(서주) 역시 여자 때문에 종말을 맞았다고 말해진다. 과연 그럴까?

상나라의 달기

무왕이 공격해온다는 소식을 들은 상나라 주왕은 70만 병력을 보내 맞서게 한다. 하지만 병사들 죄다 싸울 마음이 없었다. 상나라가 하루라도 빨리 망하기만 바라던 그들은 도리어 상나라를 공격해 무왕에게 길을 열어주었다. 상나라 병사들은 폭군 주왕을 버렸다. 이제 그를 기다리는 건 죽음뿐이었다. 성 안으로 도망친 주왕은 재물이 가득 쌓인 높고 광활한 녹대鹿臺로 올라가 불속에 몸을 던졌다. 상나라 도성으로 들어온 무왕은 주왕이 불타 죽은 곳으로 갔다. 무왕은 주왕의 시신을 향해 화살을 세 발 쏘았다. 그리고 검으로 주왕의 시신을 찌른 뒤 도끼로 머리를 잘라 흰 깃발에 매달았다. 무왕은 주왕이 총애하던 여자가 있는 곳으로 갔다. 하지만 여자는 이미 목매달아 자살했다. 무왕은 도끼로 여자의 목을 잘라 흰 깃발에 매달았다. 달기妲己, 중국 역사에서 망국의 대명사로 통하는 바로 그 여인이었다.

주왕과 달기는 주지육림酒池肉林의 주인공이다. 술을 가득 채운 연못, 고기를 주렁주렁 매단 나무, 실오라기 하나 걸치지 않은 채 쫓고 쫓기는 남녀 무리……. 주왕과 달기는 방탕한 주연을 즐기며 환락을 추구했다. 그들은 잔인함도 즐겼다. 기름이 칠해진 뜨거운 구리 기둥 위를 지나가게 하는 포락지형炮烙之刑을 자행하며 죄인의 고통스러운 비명에 쾌감을 느꼈다. 주왕의 음란함과 포악함은 날로 심해졌고, 충신들의 간언은 아무 소용이 없었다. 충신들은 상나라를 떠났다. 죽음을 무릅쓰고 계속 간언한 비간比干은 심장이 꺼내져 죽임을 당했다. 백성의 원망은 높아가고 제후들도 주왕에게 등을 돌리기 시작했다. 반면, 덕을 베풀고 선정을 행하던 서백창西伯昌(무왕의 아버지

문왕文王)이 제후들의 지지를 얻으며 강성해졌다. 결국 그의 아들 무왕이 제후들을 거느리고 상나라를 정벌하게 된다.

일찍이 주족周族은 문왕 때 이르러 시안 서남쪽 풍하灃河 유역에 자리를 잡고 힘을 키웠다. 문왕 당시 수도 풍경豐京은 풍하의 서쪽 기슭에 있었는데, 무왕이 즉위한 뒤 풍하의 동쪽 기슭에 수도 호경鎬京을 건설했다. 풍하 양쪽 기슭의 풍경과 호경은 280년에 달하는 서주의 정치·경제·문화의 중심지였다. 이후 유왕幽王에 이르러 견융犬戎의 공격으로 서주는 끝이 나고 낙읍洛邑(낙양)에서 동주시대가 전개된다.

주나라의 포사

시안에 도읍했던 첫 번째 왕조 주나라의 전반부(서주)는 과연 어떻게 끝장났을까? 유왕은 어쩌다가 서주의 마지막 왕이 되었을까? 역사서에 전해지는 유왕 이야기는 상나라의 마지막 왕 주왕과 꽤 유사하다. 주왕이 달기에게 푹 빠져 지냈듯이 유왕 역시 포사褒姒에게 완전히 빠져 지냈다. 유왕은 왕후와 태자를 폐위하고 포사를 왕후로 한 뒤 포사가 낳은 아들을 태자로 삼기까지 했다. 그는 포사를 위해 할 수 있는 모든 것을 했지만 도무지 포사가 웃는 얼굴을 볼 수 없었다.

그러던 어느 날, 적군이 쳐들어왔음을 알리는 봉화가 피어올랐다. 제후들이 급히 군사를 이끌고 달려왔다. 그런데 정작 적군은 침략하지 않았다. 이 어이없는 상황을 지켜본 포사가 비로소 활짝 웃었다. 포사가 웃는 모습을 본 유왕은 너무 기쁜 나머지 돌이킬 수 없는 과오를 저지르고 만다. 일부러 봉화를 올리라고 한 것이다. 그것

에도시대의 가쓰시카 호쿠사이葛飾北齋가 그린 달기. 구미호로 변신하는 모습이다.

도 여러 번! 유왕이 포사를 웃게 하고자 거짓 봉화로 제후들을 희롱한 이 일을 두고 '봉화희제후烽火戱諸侯'라고 한다. 유왕이 포사의 웃음과 바꾼 것은 제후들의 신뢰였다.

거짓 봉화가 반복되던 어느 날, 폐위된 왕후의 아버지 신후申侯가 견융과 함께 서주를 공격했다. 이번에도 봉화가 피어올랐다. 진짜로 적군이 쳐들어왔건만 군사를 이끌고 달려오는 제후는 아무도 없다. 중국판 '양치기 소년' 이야기라 할 만하다. 결국 유왕은 여산驪山에서 적에게 죽임을 당하고 포사는 사로잡히고 만다. 제후들은 원래의 태자를 왕으로 옹립했다. 왕위에 오른 평왕平王은 동쪽의 낙읍으로 천도한다. 주 왕실이 쇠약해지고 제후국이 패권을 다투는 춘추전국春秋戰國의 동주시대가 이렇게 시작되었다.

역사에 작동하는 프레임

상나라 마지막 왕 주왕과 서주 마지막 왕 유왕은 정말 여자 때문에 나라까지 끝장냈을까? 놀랍게도 상나라 이전 하나라 마지막 왕인 걸왕桀王 역시 말희妺喜라는 여인에게 빠져 지냈다. 걸왕은 주왕과 비슷한 점이 한두 가지가 아니었다. 걸왕은 덕행에 힘쓰지 않고 무력으로 백성을 해쳤으며 주색에 빠져 지냈다. 반면 상나라를 세우게 되는 탕왕湯王은 덕을 베풀었기에 백성과 제후들이 그를 따랐다. 결국 탕왕은 제후들을 이끌고 하나라를 멸망시킨다. 이때 탕왕이 내세운 명분도 "하늘을 대신해 하나라를 징벌한다"라는 것이었다. 하나라 마지막과 상나라 마지막은 마치 같은 이야기의 두 가지 버전인 듯하다.

어느 버전이 먼저일까? 하나라가 상나라보다 먼저지만 하나라가 전설의 왕조라는 게 문제다. 게다가 하·상·서주 역사에서 마지막 왕과 그 곁에 있던 여인 이야기는 믿을 수 없을 만큼 유사하다. 말희·달기·포사 모두 바쳐진 여인이었고, 걸왕·주왕·유왕은 여자에게 빠져 황음무도荒淫無道하고 포악무도한 일을 서슴없이 저지르다가 결국 망국에 이르렀다.

역사서에서는 하·상·서주가 멸망한 책임을 여자에게 전가했다. 이는 남성 중심 사회에서 애꿎은 여인을 희생양으로 삼은 것일 뿐이다. 망국의 왕이지만 '남성'이고 '왕'이기에 망국을 변명할 빌미를 여성에게서 찾은 것이다. "암탉이 새벽을 알리면 집안이 망한다"라는 무왕의 경종은 사실 그 당시 프레임을 반영한 것이다. 무왕은 이 프레임을 새 왕조 건설의 동력으로 동원했다.

여성을 희생양으로 삼는 프레임은 전통 시대 모든 분야에서 철저하게 작동되었다. 말희·달기·포사는 그러한 프레임의 희생양이 아닐까. 게다가 마지막 왕의 여인이었으니 현실에서 비참한 최후를 맞이한 것은 물론 역사 속에서도 억울한 오명을 뒤집어쓸 수밖에 없는 운명이었다. 말희·달기·포사가 만약 새로운 왕조를 세운 왕의 여인이었다면?

　결국 우리가 보게 되는 역사는 승자의 기록일 수밖에 없다. 역사를 서술할 권력을 지닌 자의 손끝에서 나온 역사 기록, 당연히 권력자의 입장을 대변하지 않겠는가. 걸왕과 주왕은 정말 그토록 황음무도했을까? 나라를 멸망에 이르게 한 마지막 왕이 포악하게 묘사될수록 새로운 왕조의 정통성이 강화되는 건 자연스러운 이치다. 이전 왕조의 마지막 왕을 최대한 악덕하게 묘사하는 반면 새 왕조의 왕은 선하고 덕 있는 인물로 묘사함으로써 천명天命이 새로운 왕조로 옮아갔음을 대변하는 것이 바로 전통 시기 역사 서술을 지배하던 전형적인 '프레임'이다. 역사 서술에 권력자의 프레임이 작동하는 게 어찌 과거만의 일이랴.

　역사가 객관적이라는 말은 어불성설이다. 사실fact 그대로인 역사는 현장에서 휘발된다. 그 자취를 그러쥐는 데는 각 시대, 각 사회의 프레임이 작동하게 마련이다. 여기에 서술자의 세계관과 역사관이 맞물려 역사는 기록으로 남는다. 앞서 살펴본 이야기에는 두 가지 프레임이 있다. 남성 중심 사회의 프레임과 승자가 정의라는 프레임이다. 남성과 승자가 역사의 주체가 되어 만든 이 프레임에서 여성과 패자는 역사의 타자이자 희생양이 된다. 말희·달기·포사가 자기 이야기를 역사로 남겼다면? 걸왕·주왕·유왕이 자기 이야기를 역사로 남겼다면? 그것은 오늘날 우리가 아는 그들의 역사와는 완전히 다르지 않겠는가.

　주나라 무왕이 상나라 주왕을 치던 '무왕벌주武王伐紂' 이야기로 되돌아가 보자. 상나라가 조종을 울리던 그날은 대략 몇 년도였을까? 이에 대해서는 과거 문헌 기록을 비롯해 현대 학자들의 연구에 이르기까지 의견이 분분하다. 그 가운데 기원전 1130년이 가장 이른 시기이고, 기원전 1018년이 가장 늦은 시기다. 무려 한 세기가 넘는 시간차다. 그런데 '하상주단대공정夏商周斷代工程', 즉 하·상·주 삼대의 연대를 확정짓기 위한 역사 프로젝트로 무왕벌주의 시기는 기원전 1046년 1월 20일로 정해졌다. 여기에는 유적지에 대한 방사성 탄소동위원소(14C) 분석, 갑골문을 비롯한 기록과 비교, 천문학적 추산 등이 활용되었다.

하상주단대공정을 시작하면서 집중적으로 조사한 지역이 바로 시안 풍하 서쪽 기슭의 마왕촌馬王村 일대다. 1957년 이 일대에서는 서주 초기 성왕成王과 강왕康王 시대의 거마車馬 순장갱이 발굴되기도 했다. '풍호유지豐鎬遺址 거마갱 진열관'에 가면 당시 발굴된 것들을 볼 수 있다. 이 근처에 있는 '97SCMT1'으로 명명된 지층 단면은 상나라와 주나라의 분기점이 되는 표지이기도 하다. 하상주단대공정이 시행되면서 1997년 중국사회과학원 고고연구소가 바로 여기서 다양한 시대의 문화 퇴적층을 발견했고, 이를 토대로 상나라와 주나라의 분기 연구를 심화할 수 있었다.

하상주단대공정은 1996년부터 2000년까지 진행된 구오 계획, 즉 9차 5개년 계획의 일환이었다. 하·상·주 삼대의 정확한 역사 연대를 고증하고자 역사학·고고학·문헌학·천문학·물리학 등 다양한 분야의 전문가를 총동원한 국가급 역사 프로젝트였다. 중국 역사에서 정확한 연대가 기록으로 전해지는 것은 주나라 공화共和 원년인 기원전 841년부터다. 하 왕조가 성립한 때부터 기원전 841년 이전까지 애매한 역사 시기에 정확한 연대를 부여하려는 프로젝트가 바로 하상주단대공정이다. 그 결과 중국에서 통용되는 모든 역사서에서는 전설적인 하 왕조의 성립 연대까지도 기원전 2070년이라고 확정적으로 기술하게 되었다.

이 프로젝트의 과정과 결과의 타당성에 대한 논의는 차치하더라도 그 궁극적 지향점은 눈여겨봐야 한다. 위대한 중화문명의 유구한 역사를 입증하는 것, 이로써 민족 응집력과 자부심을 확보하는 것이 바로 이 프로젝트를 구동한 동력이다. 이는 오늘날 중국이라는 국가가 학자들에게 요구하는 역사 프레임이기도 하다. 하·상·주 삼대의 정확한 역사 연대가 도출되리라는 것은 프로젝트가 구동되면서부터 이미 예정된 결론이었을 것이다. 이러한 역사 끌어올리기의 결과, 현재 중국에 존재했던 고대의 다양한 민족의 역사가 죄다 중화민족의 역사로 해석되고 있음은 물론이다. 단일한 역사 프레임의 작동, 그것도 국가가 기획한 프레임의 작동은 경계하지 않을 수 없다.

진시황과 형가

장이머우張藝謀 감독이 만든 〈영웅〉(2002)은 진나라가 육국을 차례대로 접수해나가던 전국시대 막바지를 배경으로 한 영화로, 진왕의 야욕을 꺾기 위한 자객들이 등장한다. 진왕을 죽이고자 했고 죽일 수 있었던 자객 잔검殘劍은 마지막 순간 그 기회를 포기한다. 몇 년 뒤 그는 진왕을 죽이고자 하는 또 다른 자객 무명無名을 만류한다. 이때 잔검이 무명에게 건넨 두 글자가 '천하'다. 무명은 결국 진왕을 죽일 수 있을 만큼 가까이 접근하지만 마지막 순간 잔검처럼 그 기회를 포기한다. 천하를 통일해 백성들이 더는 고통받지 않게 해줄 수 있는 이가 바로 진왕이라는 판단에서였다.

약한 나라가 살아남으려면

기원전 221년 진나라 왕 영정嬴政은 중국을 통일했다. 통일의 위업을 이룬 진시황秦始皇은 제국 곳곳에 자신의 흔적을 남기고자 했다.

진시황은 수도 함양咸陽(진나라 당시 시안 일대)에서 제국의 동서남북으로 뻗은 치도馳道를 따라 천하를 순행하면서 자기 공적을 새긴 비석을 곳곳에 세웠다. 태산泰山 석각에서부터 낭야琅邪·지부之罘·동관東觀·갈석碣石·회계會稽 석각에 이르기까지 한목소리로 진시황의 공덕을 칭송하고 있다. 이 칭송을 관통하는 논리는, 진시황이 천하를 통일함으로써 전쟁을 끝냈기에 백성들이 고통에서 벗어나고 천하가 태평해졌다는 것이다. 〈영웅〉의 메시지는 진시황을 칭송하는 석각의 내용과 정확히 일치한다.

진시황이 통일 후 세운 비석과 21세기 영화 〈영웅〉에 동일하게 적용되는 '천하'의 논리는 전국시대의 것이 아니다. 그것은 사후적으로 재해석된 논리다. 그 논리의 근거는 '통일'된 현재 상황이다. 전국시대는 '전국戰國'이라는 말에 걸맞게 진을 비롯해 초楚·제齊·위魏·한韓·조趙·연燕의 전국칠웅戰國七雄이 치열하게 다투던 때였다. 진왕 영정 당시에 이미 초강대국이었던 진나라는 육국에 사신死神과 같은 존재였지 평화를 가져다줄 존재는 결코 아니었다. 여섯 나라는 사신을 피하려고 몸부림쳤다.

약한 나라가 강한 나라를 상대할 수 있는 방법은 두 가지다. 약한 나라끼리 힘을 합치든지 강한 나라에 빌붙든지. 당시 전자의 구도가 합종合從이었고 후자의 구도가 연횡連衡이었다. 여섯 나라가 진나라에 대항하는 합종이든, 여섯 나라가 진나라에 사대하는 연횡이든 그 중심은 진나라였다.

진왕 영정은 서른이 되던 기원전 230년, 여섯 나라 가운데 처음으로 한나라를 멸망시켰다. 위기는 고조되었다. 강국이 약국을 병탄하기로 작정한 이상 약한 나라가 할 수 있는 일은 항복하거나 죽기를 각오하고 싸우는 것뿐이다. 그것도 안 될 경우 개인적으로 취할 수 있는 방법 가운데 하나가 바로 자객을 쓰는 것이었다.

진왕 암살 프로젝트

기원전 227년, 함양궁에서 그 유명한 형가荊軻의 암살사건이 벌어진다. '진왕 암살 프로젝트'를 기획한 사람은 연나라의 태자 희단姬丹이다. 그는 어린 시절 영정과 사이가 좋았다. 두 사람 모두 조나라 볼모로 지내던 시절이었다. 이후 영정은 진나라로 돌아가 왕위에 오르고 희단은 진나라의 볼모가 된다. 그런데 영정은 옛 친구를 박대했고 희단은 이를 원망하며 연나라로 도망쳤다. 이런 개인적 원한이 있는 데다가 진나라가 곧 연나라를 침략할 것이라는 근심이 더해져 희단은 결국 암살을 기획하게 된다. 『사기』 「자객열전刺客列傳」에서는 이 일을 아주 상세히 묘사했다. 이를 바탕으로 함양궁에서 암살사건이 발생한 당일 이전의 몇 장면을 살펴보자.

첫 번째 장면은 연나라에서 펼쳐진다. 먼저 주인공 형가가 등장한다. 그는 본래 위나라 사람인데 진나라의 공격으로 위나라가 멸망 상태로 전락하자 이곳저곳 유랑하다가 연나라로 오게 된다. 그리고 축筑을 아주 잘 타는 고점리高漸離와 막역지우가 된다. 형가가 연나라에서 지내게 되고 얼마 뒤 태자 희단이 진나라에서 연나라로 도망쳐 돌아온다. 진나라 때문에 연나라까지 위험해지자 희단은 대책을 고민한다. 이러던 차에 진나라 장수 번오기樊於期가 연나라로 망명한다. 진나라의 노여움을 살까 두려워 번오기를 흉노匈奴에 보내라

시안 병마용 박물관 앞에 있는 진시황의 상

는 신하의 만류에도 희단은 그를 받아들인다. 이어서 희단은 연나라에서 은거하던 전광田光을 만나 자기 계획을 의논한다. 전광은 희단에게 자신의 노쇠함을 말하며 대신 형가를 추천한다. 전광은 형가를 찾아가 희단에게 가라고 한 뒤 스스로 목을 찔러 죽는다. 죽음으로써 비밀을 지키고자 한 것이다. 자신을 찾아온 형가에게 희단은 당부한다. 진왕을 위협해 여러 나라로부터 빼앗은 땅을 돌려주도록 하는 것이 최상이며, 그렇게 할 수 없다면 찔러 죽여야 한다고.

바야흐로 진나라는 조나라를 공격하고 연나라 남쪽 경계까지 이른다. 시간이 촉박했다. 진왕이 기꺼이 만나자고 할 미끼가 필요했다. 바로 번오기의 목과 연나라에서 가장 기름진 땅인 독항督亢의 지도였다. 형가는 직접 번오기를 찾아간다. 번오기는 일가족이 진왕에게 몰살되고 목에 황금 1,000근이 걸린 상황이었다. "장군의 목을 바치면 진왕이 기뻐하며 만나줄 테니 그때 진왕의 가슴을 찌르겠다"라는 형가의 말을 듣고 번오기는 스스로 목을 찔러 죽는다. 만반의 준비가 끝났다. 떠나기 직전 희단은 형가의 조수로 진무양秦舞陽을 선택하는데, 그는 열셋에 살인을 했을 정도로 담이 큰 인물이었다. 사실 형가는 함께 가려고 했던 친구가 따로 있었으므로 그 친구를 기다리는 중이었다. 그런데 희단은 형가가 혹시 마음이 변해서 후회하며 시간을 끄는 게 아닌지 의심하며 진무양을 먼저 보내려고 한다. 이에 화가 난 형가는 바로 길을 나선다.

두 번째 장면의 배경은 역수易水 강변이다. "바람은 쓸쓸하고 역수는 차구나. 장사 한 번 가면 다시는 돌아오지 못하리." 고점리가 축을 타고 그 반주에 맞춰 형가가 노래한다. 이는 장송곡이자 출정가다. 진왕을 죽이고자 떠나는 이 길은 다시 돌아올 수 없는 길이다. 전송하러 나온 이들이 모두 눈물을 흘리지만 형가는 뒤도 돌아보지 않고 떠난다.

세 번째 장면은 드디어 진나라 함양궁이다. 진왕은 연왕이 진나라 신하가 되길 원하며 번오기 목과 독항 지도를 바치고자 사자를 보냈다는 소식을 전해듣고 기뻐하며 형가 일행을 함양궁으로 불러들인다. 드디어 운명의 순간이 다가온 것이다. 형가가 번오기 목이 든 상자를, 진무양이 독항 지도가 든 상자를 받들고 앞으로 나아간다. 이때 진무양이 안색이 변한 채 겁에 질려 벌벌 떨었다. 그럴 만큼 피를 말리는 순간이다. 하지만 형가는 태연하다. 그는 진무양이 북방 오랑캐 땅에서 온 비천한 사람이라 천자를 뵌 적이 없어서 떠는 것이라고 둘러댄다. 진왕은 아무 의심 없이 형가에게 지도를 가져오라고 한다.

이제 사건의 하이라이트다. 진왕이 지도를 펼친다. 둘둘 말린 지도가 다 펼쳐지는 순간 비수가 보인다. 형가는 왼손으로 진왕의 옷소매를 붙잡고 오른손으로 비수를 쥔다. 비수가 몸에 닿기 전에 진왕은 놀라 일어나고 형가가 붙잡고 있던 소매는 뜯어진다. 진왕은 칼을 차고 있지만 너무 길어서 뽑을 수 없다. 궁실 안에 있는 기둥을 돌면서 달아나던 진왕을 살린 건 시의侍醫 하무저夏無且다. 하무저는 약주머니를 형가에게 던져 잠깐 시간을 벌었다. 이때 누군가 외쳤다. "왕께서는 칼을 등에 지십시오!" 이렇게 하면 긴 칼을 뽑을 수 있다. 칼을 뽑은 진왕은 형가의 왼쪽 다리를 자른다. 형가는 쓰러지면서 비수를 진왕에게 던진다. 비수는 빗나가 구리기둥에 박힌다. 진왕은 형가를 다시 여덟 번 찌른다. 형가는 구리기둥에 기댄 채 울분을 터뜨린다. "일이 실패한 건 너를 사로잡고자 했기 때문이다. 너를 위협해 약조를 얻어내어 태자에게 보답하고자 했다." 몰려온 신하들이 형가를 죽인다.

희단이 진왕을 그냥 죽이라고 주문했다면 형가는 성공했을지도 모른다. 하지만 희단은 진왕을 위협해서 빼앗긴 땅을 돌려받고 앞으로 공격하지 않겠다는 약조를 받아내는 것이 우선이었다. 희단이 선택한 진무양 대신 애초에 형가가 함께하고자 했던 인물이 사건 현장에 있었다면 성공했을지도 모른다. 어쨌든 암살은 실패했다. 나라를 위해 도모한 일이건만 결국 이로써 연나라는 위험에 빠졌다. 노한 진왕은 연나라를 공격했다. 연나라 수도는 함락되었고 연나라 왕과 태자는 요동遼東으로 달아났다. 이때 조나라 왕이 연나라 왕에게 서신을 보내온다. 태자를 바치면 진왕이 용서할 것이라고. 연왕은 희단의 목을 베어 진나라에 바친다. 하지만 소용없었다. 진나라는 다시 연나라를 쳤고 5년 뒤 연나라는 멸망한다.

연나라가 멸망한 이듬해 진왕은 중국을 통일하고 황제가 된다. 그는 더 범접하기 어려운 존재가 되었다. 그럼에도 그를 암살하려는 시도가 또 있었다. 주인공은 다름 아닌 형가의 지음知音 고점리다. 형가 사건이 있은 이후 숨어살던 그는 어느 날 다시 축을 연주하며 자신의 소문이 진시황 귀에 들어가게 한다. 고점리의 정체를 알게 된 진시황은 그의 눈을 멀게 만든 뒤 곁에 두고 축을 타게 한다. 고점리는 점점 진시황 가까이 접근할 수 있게 된다. 어느 날 그는 축 안에 납덩어리를 감춰두고 기회를 엿보다가 진시황을 내리친다. 하지만 진시황을 맞추지 못했고 진시황은 고점리를 죽인다. 이 일이 있은 뒤 진시황은 이전의 육국 출신 사람들을 가까이하지 않았다.

누가 영웅인가

형가의 암살사건을 본격적으로 다룬 영화로 〈형가자진왕荊軻刺秦王〉 (1997)이 있다. 천카이거陳凱歌 감독은 이 영화를 촬영하려고 진나라 왕궁 세트 설계에 4년, 제작에 8개월을 쏟았다고 한다. 진 왕궁 세트는 중국의 할리우드라고 불리는 저장浙江성 헝뎬橫店 영화촬영소에 있다. 이곳을 찾는 수많은 관광객은 진 왕궁 세트를 보며 그 옛날 함양궁에서 벌어졌던 암살사건을 떠올릴 것이다.

영화 〈영웅〉에서 무명의 최후 장면

　형가·희단·고점리·전광·번오기·진무양 그리고 하무저와 진
왕. 누구에게는 진왕이 반드시 죽여야 할 인물이었고 누구에게는 진
왕이 반드시 살려야 할 인물이었다. 또 누구에게는 통일이 선이었고
누구에게는 통일이 악이었다. 통일이 선이었던 쪽에서는 진왕이 영
웅이고, 통일이 악이었던 쪽에서는 형가가 영웅이었을 것이다. 그래
서 장이머우의 영웅이 누군지 궁금해진다. '천하'가 궁극의 지향점인
이상 영웅은 진시황이 될 수밖에 없다. 〈영웅〉에서 무명은 자발적으
로 진왕 암살을 포기하고 밖으로 걸어 나온다. 그런 그를 향해 화살이
빗발처럼 쏟아진다. 온몸으로 그 화살들을 받아내는 무명의 모습은
그야말로 비장함 자체다. 그 비장미에 도취되어 잠시 착각하게 된다.
무명이 영웅이라고 말이다. 어쩌면 장이머우가 말하는 영웅이 그일
수도 있다. 대아大我인 천하를 위해 소아小我를 기꺼이 희생하는 영웅
이라는 의미에서. 진시황이 영웅이든 형가가 영웅이든 〈영웅〉의 논
리는 국가주의 자체다.
　2015년 9월 3일 베이징 천안문天安門광장에서 열린 '중국인민

항일전쟁 및 세계 반파시스트전쟁 승리 70주년 대회'는 대포를 56문 발사하는 예포로 시작되었다. 중국의 공식 행사에는 중국 56개 민족을 상징하는 '56'이라는 숫자 상징이 빠지지 않는다. 일찍이 전국칠웅은 진시황에 의해 통일제국이 되었다. 진나라가 이룬 통일의 위업이 여섯 나라에는 망국의 통한이었다. 그 어떤 사후적 논리로도 이를 부인할 수는 없다. 하나만 더 생각해보자. 일본에 이토 히로부미는 영웅이고 안중근은 테러리스트다. 물론 우리에게는 이토 히로부미가 원수이고 안중근이 영웅이다. 만약 내가 일본인으로 태어났다면? 또 만약 내가 중국의 소수민족인 티베트인이나 위구르인으로 태어났다면?

그리하여 우리에게 필요한 것은 영웅이 아니다. 영웅이 필요 없는 시대, 우리에게는 그런 시대가 필요하다. 누군가를 내 발밑에 두어야 하거나, 누군가를 찔러 죽여야 내가 살 수 있거나, 누군가를 위해 내가 빗발치는 화살을 맞으며 죽어야 하는 시대를 끝내버리는 모두가 바로 진정한 영웅이다. 그런 영웅들의 사회에서는 히틀러도 스탈린도 무솔리니도 호찌민도 나올 수 없다.

여산의 불길함인가

시안은 산시陝西성의 광활한 관중평원 중부에 해당한다. 황하黃河의 주요 지류인 위수渭水가 관중평원을 관통하고 있다. 바로 이 위수 주변에 역대 왕조의 궁전이 자리했다.

진시황이라고 하면 으레 떠오르는 것이 바로 아방궁阿房宮이다. 사실 그가 지은 궁전은 아방궁뿐만이 아니다. 진시황은 전국시대의 여러 나라를 하나씩 멸망시킬 때마다 그 나라 궁전을 그대로 본떠서 함양 일대에 지었다. 이러한 재현은 그 나라가 진나라에 속하게 되었음을 상징하는 것이었다.

불멸을 꿈꾼 진시황과 아방궁

진시황을 가장 압축적으로 표현하는 단어는 '통일'이다. 처음으로 중국을 통일한 그는 문자, 도량형, 화폐는 물론 수레바퀴의 폭까지 통일했다. 또 장성이라는 경계를 쌓음으로써 북방 유목민족의 비非

진시황릉 병마용 1호갱

중국세계에 맞선 중국이라는 통일된 공간 관념을 창출했다. 마오쩌
둥이 진시황을 두고 "공자孔子보다 훨씬 더 위대하다"라고 평가한 것
도 바로 통일의 업적 때문이다.

　　오늘날 중국의 원형을 빚은 진시황 영정은 서른아홉이던 기원
전 221년에 중국을 통일한 뒤 대신들에게 자신의 적절한 호칭을 논
의하게 한다. "호칭을 바꾸지 않는다면 지금까지 공적을 드러낼 수
없다"라는 이유였다. 대신들은 논의 끝에, 고대의 위대한 다섯 왕인
오제五帝도 영정의 업적에 미치지 못하고 오제보다 이전에 존재했
던 천황天皇·지황地皇·태황泰皇 가운데 태황이 가장 존귀하니 '태황'
이라는 호칭을 쓰라고 건의했다. 영정은 결국 태황의 '황'과 오제의
'제'를 따서 '황제皇帝'라고 정한 뒤 이렇게 말했다. "짐은 최초로 황

제가 되었으므로 시황제始皇帝라 칭하고 후세는 이세二世, 삼세三世로 이어져 만세에 이르기까지 길이 전해지도록 하라." 정작 만세는커녕 삼세에서 진나라 운명이 끝날 줄 진시황이 어찌 알았으랴. 그는 또 알지 못했다. 자신이 추진한 대규모 토목공사가 멸망의 화근임을.

기원전 212년, 진시황은 이전의 궁전이 너무 작다며 위수 남쪽 상림원上林苑에 새 궁전을 짓기 시작한다. 바로 아방궁이다.『사기』 에 따르면 아방궁 전전前殿의 규모만 해도 1만 명이나 수용할 정도였 다고 한다. 아방궁이 완성되었다면 그 규모는 우리 상상을 초월했을 것이다. 아방궁은 위수를 사이에 두고 함양궁을 마주 보는 자리에 있 었다. 원래 계획대로 아방궁이 완공되었다면 구름다리 형식의 복도 인 각도閣道가 위수를 관통하면서 아방궁과 함양궁을 연결했을 터였 다. 흥미롭게도 이는 천상天象을 땅위에 그대로 구현하고자 한 것이 다. 위수는 은하수를 상징한다. 은하수를 사이에 두고서 북극성과 영 실營室이 있듯이 함양궁과 아방궁이 있고, 두 별이 각도성으로 연결 되듯 함양궁과 아방궁이 각도로 연결되는 구조였다. 북극성과 영실 은 천제天帝가 거주하는 곳이다. 통일을 이루고 삼황과 오제보다 위 대한 '황제'가 된 진시황은 불멸의 신적 존재가 되고자 한 것이다.

진시황은 황제라는 호칭을 정할 때 스스로 '짐朕'이라 부르기 로 결정했다. 이후 아방궁 건설을 시작한 해에 그는 '짐' 대신 '진인 眞人'이라고 부르기로 결정한다. "운기雲氣를 타고 다니며 천지와 더 불어서 영원히 존재"하는 진인이 되려고 그는 불사약을 얻고자 했 다. 진시황에게 진인의 길을 알려준 건 불로장생을 가능케 하는 도술 의 전문가인 방사方士들이다. 방사 노생盧生은 황제가 머무는 장소를 다른 사람이 알지 못하게 해야 불사약을 구할 수 있다고 했다. 이 말을 들은 진시황은 함양 부근 200리(약 80킬로미터) 안의 이궁離宮과 별관別館 270채를 죄다 구름다리 형식의 복도로 연결했다. 그가 함양의 어느 궁전에 행차하고 거처하는지 지상의 사람들은 알지 못했다.

지상에서 모든 것을 성취한 진시황은 '영원'으로 눈길을 돌렸지만 그 역시 인간에 불과했다. 방사 노생은 그에게 불사약을 선사하기는커녕 또 다른 방사 후생侯生과 함께 도망쳤다. 진시황은 불같이 화를 내며 함양에 있던 방사를 죄다 색출해 460명을 생매장했다. 이것이 그 유명한 '갱유坑儒'사건이다. 이때 생매장된 이들 가운데 유생도 일부 있었지만 대부분은 방사였다. 진시황의 악행 가운데 손꼽히는 사건으로 역사에 남게 된 이 일은 그저 분풀이였다기보다는 영생의 꿈이 물거품으로 돌아간 좌절감이 빚어낸 것이다.

기원전 210년, 진시황은 죽어서 여산 기슭에 묻혔다. 아방궁을 짓기 시작한 지 두 해가 되던 해이자 갱유사건이 있은 지도 두 해가 되던 때였다. 통일을 이루고 영생까지 꿈꿨지만 그는 이 땅에서 고작 50년을 살다 갔다. 천제가 은하수 위의 다리를 건너 은하수 이편의 궁전에서 저편의 궁전으로 건너가듯 함양궁과 아방궁을 오가고자 했으나 그마저도 이루지 못했다. 아방궁은 미완으로 남겨졌다.

진시황의 뒤를 이은 2세 황제 호해胡亥는 어떻게든 아방궁을 완공하고자 했다. 황제가 바뀌었으나 가혹한 법 집행, 세금 징수, 노동력 착취는 변함이 없었다. 마침내 진승陳勝이 봉기하자 진나라는 뿌리째 흔들렸다. 여섯 나라는 다시 부활했고 통일제국은 이제 더는 존재하지 않았다. 2세 황제는 자살했고 그 뒤를 이은 자영子嬰은 왕위에 오른 지 46일 되는 날 유방劉邦에게 투항했다. 그로부터 한 달 남짓 지나 함양에 들어온 항우項羽는 자영을 비롯해 진나라 왕족을 모두 죽이고 궁전을 죄다 불태웠다. 당시 불길이 석 달 동안이나 꺼지지 않았다고 한다. 이때가 기원전 206년, 진시황이 죽은 지 불과 4년 뒤였다. 진시황이 이룩한 통일제국은 15년 만에 멸망하고 말았다.

노는 데만 탐닉했던 철없는 황제 경종

"거긴 절대 가시면 아니 되옵니다!"

기어코 가겠다는 황제를 신하들이 극구 말렸다. 좌복야左僕射 이강李絳과 간의대부諫議大夫 장중방張仲方이 여러 번 간언했지만 씨도 먹히지 않았다. 이번에는 습유拾遺 장권여張權輿가 나섰다. 그는 바짝 엎드려 머리를 조아리며 간청했다.

"옛날에 주나라 유왕은 여산에 행차했다가 견융에게 피살되었습니다. 진시황이 여산에 묻힌 뒤 그 나라가 망했사옵니다. 현종玄宗께서 여산에 궁을 짓고 지내시다가 안녹산安祿山의 난(안사의 난)이 일어났습니다. 선제께서는 여산에 행차하셨다가 오래 사시지 못했사옵니다."

이 이야기를 나누던 장소는 장안성 대명궁의 자신전紫宸殿, 때는 바야흐로 당나라 보력寶曆 원년(825), 신하들의 읍소를 듣는 황제는 열일곱 살 된 경종敬宗이다. 엎드려 조아리며 간청했으나 실은 언중유골言中有骨이다. 만약 여산에 갔다가는 목숨도 나라도 잃을 것이라는 섬뜩한 말이 아닌가. 경종이 열여섯 어린 나이에 왕위에 오른 게 바로 지난해인 824년이다. 그의 아버지 목종穆宗은 822년 겨울 어느 날 화청궁華清宮에 다녀온 뒤 앓다가 두 해 만에 서른의 젊은 나이로 세상을 떠났다. 유왕부터 시작해 진시황, 현종 그리고 아버지에게까지 여산의 불길함이 덮쳤다는 말에도 경종은 아랑곳하지 않았다.

"여산이 그토록 불길하단 말인가? 그렇다면 내가 마땅히 가서 그대 말이 맞는지 시험해보지."

결국 경종은 신하들의 만류를 뿌리치고 여산행을 강행했다. 그리고 무사히 환궁한 경종이 "머리 조아리는 자의 말이 어찌 믿을 만한가!"라고 코웃음칠 때만 해도 그는 여산의 불길함이 자신을 휘감고 있음을 전혀 알지 못했다.

경종은 아버지 목종을 여러 면에서 쏙 빼닮았다. 국정에는 관심이 없고 오직 노는 데만 탐닉했다. 두 사람 모두 각저角抵(씨름)와 격국擊鞠(폴로) 마니아였다. 목종이 앓아눕게 된 것도 사실 격국 때문이다. 그는 화청궁에서 돌아오고 며칠 뒤 환관들과 격국을 하다가 그중 한 명이 별안간 말에서 떨어지는 장면을 보고 크게 놀라 중풍에 걸렸다. 목종과 경종은 토목공사에도 열을 올려 여기저기에 건물이 들어섰다.

열일곱의 철없는 황제를 보며 나라의 앞날이 심히 걱정스러운 스물셋의 젊은이가 있었다. 그는 작금의 사태가 1,000년 전 데자뷔로 다가오는 듯했다. 이에 그가 지은 글이 그 유명한 「아방궁부阿房宮賦」다. "여섯 나라가 멸망하고 천하가 통일되자 촉산蜀山이 민둥산이 되고 아방궁이 나타났다네. 300여 리를 덮어 하늘의 해를 가렸지"로 시작하는 이 글에서 시인 두목杜牧은 상상의 나래를 한껏 펼쳐 아방궁의 웅장함과 화려함을 묘사했다.

여산의 불길함은 진나라에서 끝나지 않았다

「아방궁부」에서는 아방궁이 항우에 의해 초토화되었다고 했다. 사실 항우가 불태운 건 아방궁이 아니다. 고고학자들의 연구에 따르면, 아방궁은 겨우 전전의 기초공사만 했을 뿐이며 불에 탄 흔적도 전혀 남아 있지 않다. 시간상으로도 아방궁은 완공되기 어려웠다. 그럼에도 아방궁은 엄연히 망국을 상징한다. 백성에게 그 거대한 궁전 건설의 짐을 지운 진시황 그리고 나라가 위기로 치닫고 있음을 감지하지 못한 채 아방궁 공사를 재개한 2세 황제, 이들 때문에 아방궁은 그 자체로 악의 상징이 되어버렸다.

두목은 자신이 「아방궁부」를 짓게 된 이유가 경종 때에 "궁전을 대대적으로 짓고 가무와 여색이 범람했기" 때문이라고 했다. 토목공사에 열을 올렸던 황제 경종이 군이 여산에 가려고 했던 건 겨울밤 '여우사냥'을 하기 위해서였던 듯하다. 어느 날 밤 경종은 우연히 여우 떼를 활로 쏘아본 뒤 여우사냥에 빠져들었다. 그는 여우굴을 찾아 장안에 있는 산이란 산은 죄다 뒤지고 다녔다. 여산이야말로 장안 외곽에 있어서 여우도 많고 행궁까지 있으니 밤새워 사냥하기엔 안성맞춤인 장소였다. 그래서 경종이 여산행을 강행한 것이다. 그 이듬해 겨울, 경종은 또 야간 여우사냥에 나섰다. 유난히 여우가 잘 잡혀 기분 좋은 날이었다. 한밤중에 궁으로 돌아온 경종은 술자리를 열었다. 술기가 올라와 경종이 옷을 갈아입으러 다른 방으로 간 사이에 갑자기 등불이 꺼졌다. 경종은 어둠 속에서 환관에게 피살되었다. 열여덟 살이었다.

경종 당시 당나라는 진즉 내리막길이었고 환관이 활개를 치던 시절이었다. 환관들은 멋대로 황제를 옹립하고 입맛에 맞지 않으면 시해하기도 했다. 이런 시대에 살면서 유흥에 빠져 지내며 환관을 믿은 경종은 정말 어리석었다. 신하의 만류에도 아랑곳없이 여산행을 강행한 경종은 결국 유왕·진시황·현종·목종의 전철을 밟았다. 이 어찌 여산의 불행이 그를 덮친 것이랴. 나라를 돌보지 않고 자신의 욕망만 좇은 대가일 것이다.

그리고 보니 국민당과 공산당의 운명을 뒤바꾼 시안사변이 일어난 곳도 여산의 화청지華清池다. 장제스蔣介石는 공산당 토벌에는 온힘을 쏟았지만 국민당 내부의 부패는 단속하지 못했다. 그는 그때 공산당 토벌을 독려하러 시안에 갈 것이 아니라 내부 부패부터 척결해야 했다. 결국 장제스는 공산당에 패배해 타이완으로 쫓겨간 뒤에야 부정부패로 대륙을 잃었다고 생각해 친인척까지 가차 없이 처벌하면서 부패와의 전쟁에 들어갔다.

오늘날 시진핑 역시 "호랑이(고위직)와 파리(하위직) 모두 때려잡겠다"라는 모토를 내걸고 집권 초부터 부패와의 전쟁에 총력을 기울였다. 2013년에 시안 당국은 무려 380억 위안 규모의 '아방궁 문화산업 기지' 건설을 기획 중이었는데, 공교롭게도 시진핑의 반부패 드라이브와 맞물려 여론의 뭇매를 맞고 결국 사업을 접었다. 같은 해 초 시진핑은 중국 역사상 통치 집단의 부패로 정권이 무너진 예를 언급하며 진나라 멸망과 관련해 「아방궁부」의 마지막 부분을 인용한 바 있다. 중국은 그 어느 나라보다 적절히 역사를 환기하고 동원한다.

"진나라 사람들은 스스로 슬퍼할 겨를도 없이 망해버려 후세 사

천하 명산이라는 여산

람들이 그들을 슬퍼해주었다. 후세 사람들이 슬퍼만 하고 거울삼지 않는다면 더 후세 사람들 역시 이들을 슬퍼하게 될 것이다." 시진핑이 인용했던 바로 그 구절이다. '신新아방궁'이 건설되기엔 그 원죄가 너무 크다.

진나라의 최후와
조고의 유혹

진시황의 막내아들 호해는 이사李斯·조고趙高와 음모를 꾸미며 큰형 부소扶蘇를 제거하고 제위에 올랐다. 정통성에 대한 열등감은 2세 황제를 불안과 의심 그리고 이에 따른 잔혹함으로 내몰았다. 그는 부소의 측근인 몽염蒙恬과 몽의蒙毅 형제를 죽게 한 것을 시작으로 기존 대신들을 모두 제거했다. 또 본래 황제가 되었어야 할 형 부소를 죽게 했을 뿐만 아니라 손위 형제자매를 죄다 잔인하게 죽였다.

　　신하들과 공자·공주의 죄를 심리하고 처형하는 일은 조고의 몫이었다. 진시황의 수레와 옥새를 관리했던 조고는 호해를 가르친 스승이기도 했다. 조고는 호해 마음속을 누구보다 잘 알았다. 조고는 호해의 불안을 잠재우고 욕망을 충족하기 위해 자기 손에 피를 묻혔다. 어쩌면 조고는 호해의 불안과 욕망을 구실로 자기 불안을 떨치고 욕망을 충족했을지도 모른다. 일찍이 조고에게 사형을 판결했던 몽의가 첫 번째 희생양이 되었다. 조고는 자신을 따르지 않는 인물들을 법망에 걸려들게 해서 제거해나갔다. 다들 몸을 사렸고, 간언하는 소리는 사라졌다.

반란이 잇따르다

음침하고 살벌한 기운은 진나라 전역으로 퍼져나갔다. 법 집행은 진시황 때보다 더 가혹해졌다. 신하들뿐만 아니라 백성들 모두 생존에 위협을 느꼈다. 아방궁 공사가 재개되고 도로를 정비하느라 세금이 가중되었으며 부역이 끊임없이 이어졌다.

2세 원년(기원전 209), 마침내 진승이 반란을 일으켰다. 진승은 북부 변방을 수비하기 위해 징발된 900명을 이끌고 어양漁陽으로 가던 길에 큰비를 만나 정해진 날짜 안에 도착할 수 없게 되었다. 기한 안에 도착하지 못하면 사형이었기에 어차피 죽을 바에야 진나라에 반기를 드는 쪽을 선택한 것이다. 진승 일행은 진시황의 큰아들 부소와 초나라 장수 항연項燕의 이름을 내세워 봉기를 일으켰다. 진승에게 동조하는 반란이 옛 육국(연·조·제·초·한·위) 지역 곳곳에서 잇따라 일어났다. 수많은 반란의 공동 목표는 '진나라 토벌'이었다.

이런 상황에서도 호해는 진나라가 뿌리째 흔들리고 있다는 사실을 알지 못했다. 동쪽으로 갔던 사신이 돌아와 반란을 보고하자 호해는 노하여 그를 감옥에 가두었다. 그다음 사자가 돌아와 그다지 염려할 것이 없다고 보고하자 호해는 기뻐했다. 이렇게 진실이 가려진 사이에 옛 육국이 하나씩 부활했다. 마침내 진승이 파견한 주장周章의 10만 대군이 관중으로 통하는 관문인 함곡관函谷關을 돌파해 여산 동쪽 희수戲水까지 이르렀다. 호해는 그제야 사태의 심각성을 깨닫고

관중으로 통하는 관문인 함곡관

반란군을 진압하기 위한 비상조치를 취했다. 그는 사면령을 내려 죄수들까지 병력으로 동원했다. 그런데 이 비상시국에서 호해는 모든 국사를 조고에게 맡기고 말았다. 조고는 황제가 조정에서 신하들과 국사를 논하다가는 단점을 노출하게 된다면서 호해에게 궁전 깊숙한 곳에서 지내라고 권했다. 호해는 조고의 말을 그대로 따랐다. 다른 신하들은 황제를 볼 기회조차 없었다.

　반란의 기세가 수그러들지 않자 승상 이사가 나서서 간언했다. 도적이 많아지는 것은 병역과 요역과 세금이 과중하기 때문이니 아방궁 공사를 중단하고 백성의 부담을 덜어주라고 건의했다. 하지만 호해는 도리어 이사를 질책하며 그를 심문하게 했다.

이사의 죽음과 조고의 지록위마

사실 이사에게 황제를 만나 간언하라고 부추긴 사람은 조고였다. 조고가 이사에게 말하길, 함곡관 동쪽에서 도적 떼가 일어나는 상황에서 황제가 아방궁이나 지으니 승상이 나서서 간언해야 한다고 했다. 이사가 자신도 그러고 싶지만 황제가 조정에 나오지 않아 간언할 수 없다고 하자 조고는 황제가 한가한 때를 알려주겠다고 약속했다. 하지만 조고는 일부러 호해가 연회를 즐길 때마다 이사가 오도록 했고, 이로써 호해는 이사에 대한 반감이 깊어졌다. 조고는 그사이를 비집고 들어갔다. 조고는 이사가 왕이 되려는 야심을 품고 있으며 이사 아들이 반란군과 내통하고 있다고 호해에게 말했다. 불과 2년 전 함께 어마어마한 음모를 꾸몄던 이들 사이에 커다란 간극이 생긴 것이다.

조고가 자신을 모해한 것을 알게 된 이사는 호해에게 상서를 올렸다. 신하가 군주와 알력이 있으면 나라가 위태로워지는데, 조고가 엄청난 권력을 쥐고 있으니 지금 그를 제대로 처리하지 않으면 반란을 일으킬 것이라는 내용이었다. 호해는 조고가 반란을 일으킬 것이라는 이사의 말을 털끝만큼도 수긍할 수 없었다. 호해에게 조고는 일편단심으로 자신에게 충성하는 가장 믿을 만한 사람이었다. 호해는 자신이 어려서 선친을 잃고 제대로 아는 게 없는 데다가 이사가 고령이라 언제 세상을 뜰지 모르는 상황에서 조고에게 국사를 맡길 수밖에 없다고 했다.

나이로 보면 이사는 호해에게 할아버지뻘이고 조고는 아버지뻘이었다. 사실 호해는 조고를 아버지처럼 믿고 따랐다. 그는 혹시라도 이사가 조고를 죽일까 봐 이사가 조고를 의심한다는 사실을 조고에게 알려주었다. 그러자 조고는 자신이 죽으면 이사야말로 군주를 시해하고 나라를 차지할 것이라고 했다. 결국 호해는 이사를 조고에게 넘겨 심문하게 했다.

조고 손아귀에 넘어간 이상 그 마수에서 벗어날 수 있는 이는 아무도 없었다. 이사는 모반죄로 추궁당했다. 이사는 황제가 자신의 결백함을 알고 사면해주리라고 믿었다. 하지만 그가 옥중에서 올린 상서를 조고가 몰래 가로채 없애버렸다. 조고는 이사에게 가혹한 고문을 가해 거짓 자백을 받아냈다. 호해는 조고가 아니었다면 이사에게 당할 뻔했다며 기뻐했다.

결국 이사는 함양의 저잣거리에서 허리가 잘려 죽었고 삼족이 모두 죽임을 당했다. 이사는 처형되기 직전 감옥에서 나와 둘째 아들을 돌아보면서 이렇게 말했다.

"내가 너와 함께 누런 개를 끌고 고향 상채上蔡의 동문 밖으로 나가 토끼 사냥을 하고 싶었는데 그럴 수 없게 되었구나!"

부소가 죽은 지 두 해가 지난 뒤 이사는 이렇게 호해와 조고에게 죽임을 당했다. 이사가 죽자 호해는 조고를 승상으로 삼았고 모든 일을 조고가 결정하게 했다. 조고는 본격적으로 마각을 드러냈다. 조고는 신하들 마음을 떠보려고 호해에게 사슴을 바치면서 말이라고 했다. 호해는 웃으면서 옆에 있던 신하들에게 물었다. 어떤 이는 침묵했고 어떤 이는 말이라고 했지만 어떤 이는 사슴이라고 했다. 사슴이라고 말한 사람은 결국 조고에게 모함을 당했다.

조고가 사슴을 가리켜 말이라고 했을 때 신하들은 대부분 조고를 거스르지 않으려고 말이라 했다. 호해는 자기 정신이 이상하다는 생각에 태복太卜(점치는 관리)을 불러 점을 치게 했다. 재계齋戒를 제대로 하지 않은 탓이라는 태복의 말을 들은 호해는 궁전을 떠나 황실 정원인 상림원으로 갔다. 그런데 이곳에서 그는 몸과 마음을 깨끗이 하며 근신하기는커녕 사냥에 빠져 지냈다. 그러던 어느 날 어떤 사람이 상림원에 들어왔다가 호해가 쏜 화살에 맞아 죽었다. 조고가 호해에게 말하길, 천자가 죄 없는 사람을 죽였으니 귀신이 제사를 받지 않고 하늘이 재앙을 내릴 것이라며 황궁을 떠나 기도하며 액막이를 해야 한다고 했다. 이렇게 해서 호해는 망이궁望夷宮에서 지내게 되었다.

조고는 어떻게든 호해를 조정에서 떠나 있게 해야 했다. 조고는 동쪽의 반란군이 아무 문제가 아니라고 거듭 말했지만, 육국이 모두 부활하여 서쪽 진나라를 향해 진격해오는 상황이었다. 이때 조고는 관중의 남대문인 무관武關을 함락시킨 유방과 은밀히 접촉했다. 조고는 2세 황제를 죽이고 진나라를 배반하는 대가로 진나라를 유방과 나눠서 차지할 생각이었다.

호해와 조고의 최후

호해도 진나라의 불길한 운명을 감지했다. 그는 불길한 꿈에 시달렸다. 조고는 병을 핑계로 칩거에 들어갔고, 호해는 사람을 보내 관중으로 진격하고 있는 반란군 상황에 대해 조고를 문책했다.

조고는 때가 되었다고 판단했다. 그는 사위 염락閻樂과 동생 조성趙成을 불러 호해를 폐위하기로 모의했다. 염락과 조성은 군사를 이끌고서 호해가 머물고 있던 망이궁을 단번에 점령했다. 염락은 호해를 찾아내 그의 죄상을 열거하며 천하가 모두 배반했으니 스스로 어떻게 해야 할지 생각하라고 말했다. 자살하라는 뜻이었다. 그토록 신임했던 조고가 자신을 배반한 이 순간에도 호해는 조고를 찾았다.

"승상을 만나볼 수 있겠소?"

"안 됩니다."

"군郡 하나를 얻어서 왕이 되었으면 하오."

"안 됩니다."

"만호후萬戶侯(1만 호가 사는 토지를 소유한 제후)가 되었으면 하오."

"안 됩니다."

"처자식과 평범한 백성이 되어 그대들처럼 살았으면 하오."

"신은 승상의 명을 받아 천하를 위해 족하足下(상대방에 대한 존칭)를 주살하려는 것입니다."

호해는 조고를 만날 수 없었다. 황제가 아닌 왕이 될 수도, 왕이 아닌 제후가 될 수도, 제후가 아닌 평범한 백성이 될 수도 없었다. 이렇게 호해는 이사가 죽은 지 한 해 만에 자살하게 되었다. 부소를 자살로 내몬 지 3년 만이었다.

이제 황위 찬탈 음모에 가담했던 세 사람 가운데 조고만 남았다. 호해가 자살하자 조고는 자신이 제위를 차지할 생각이었다. 그런데 조고가 옥새를 가지고 대전에 오르자 대전이 여러 번 무너질 듯했다고 한다. 조고는 하늘이 자신에게 황제 자리를 허락하지 않고 신하들도 따르지 않는다는 것을 알고서 진나라 황족인 자영에게 옥새를 넘겨주었다. 조고는 대신들과 공자들을 불러 2세 황제를 주살한 사실을 알리며 이렇게 말했다.

"진나라는 본래 제후국이었는데 시황제께서 천하를 통치하셨기에 제帝라고 칭했소. 이제 육국이 각자 왕을 세웠고 진나라 땅이 갈수록 줄어드니, 헛되이 제라 칭해서는 안 될 것이오. 이전처럼 왕이라 칭하는 것이 마땅하오."

'황제'라는 호칭은 이렇게 2세로 끝났다. '진왕' 자영은 조고가 자기를 죽이고 진나라 종실을 멸망시킨 뒤 관중의 왕이 되고자 한다는 사실을 알고 있었다. 자영은 두 아들과 함께 조고를 죽이기로 계획했다. 자영이 아프다고 하자 조고가 문병을 왔고 이것이 조고의 마지막이었다. 조고의 삼족이 본보기로 처형되었다. 진나라 운명이 다한 상황에서 자영이 더는 손쓸 수 있는 일이 없었다. 그는 왕위에 오른 지 불과 46일 만에 유방에게 투항하고 말았다.

일찍이 진시황의 유언을 조작해 부소를 죽이고 그 자리를 호해가 차지하는 것이 옳지 않다는 것을 호해도 이사도 알고 있었다. 조고의 유혹에 호해는 주저하며 "천하가 복종하지 않을 것이고 자신의 몸마저 위태롭게 될 것이고 나라도 멸망하게 될 것"이라고 했다. 조고는 "과감하게 행하면 귀신도 피해 가고 반드시 성공할 것"이라며 끝내 호해를 설득했다. 이사는 자신을 음모에 끌어들이려는 조고에게 하늘의 뜻을 거스르면 나라가 멸망하게 될 것이라며 "나도 사람인데 어찌 그런 음모에 참여할 수 있겠소!"라고 거부했다. 그러자 조고는 자기 계획을 따르면 부귀와 장수를 보장받게 되지만 이 기회를 놓친다면 자손에게까지 화가 미칠 것이라며 "처세에 능한 사람은 재앙도 복으로 바꿀 수 있는데 어떻게 처신하시겠습니까?"라며 이사를 회유하고 협박한 끝에 동의를 얻어냈다.

조고의 유혹은 악마의 속삭임이었다. 세 사람의 음모가 성공하고 3년이 지나는 동안 이사가 죽고 호해가 죽고 결국 조고도 죽었다. 천하가 복종하지 않았고 자기 몸마저 지키지 못했고 나라도 멸망했다.

천하를 잃은 항우와
천하를 얻은 유방

"아! 대장부란 마땅히 이래야 한다!"

함양에서 진시황이 행차하는 모습을 본 한 남자가 탄식하며 이렇게 말했다.

여기 또 한 남자가 회계산을 둘러본 뒤 절강浙江을 건너는 진시황 행렬을 보게 된다. 그는 이렇게 말했다.

"저 사람을 내가 대신할 수 있다!"

멸족을 초래할 엄청난 말이 아닌가! 함께 있던 숙부가 그의 입을 틀어막았다.

진시황을 목격한 장소와 시간은 다르지만 두 남자에게 그는 선망의 대상이었다. 그리고 그 짧은 순간이 둘의 뇌리에 잊히지 않는 깊은 인상을 남겼다.

함곡관에 먼저 들어간 유방

"아! 대장부란 마땅히 이래야 한다!"라고 탄식한 남자는 유방이다. 그는 고향 패현沛縣을 떠나 함양의 공사 현장에 요역하러 왔다가 진시황 행차를 우연히 목격했다. "저 사람을 내가 대신할 수 있다!"라고 야심만만하게 말한 남자는 항우다. 항우 말에 화들짝 놀라며 그의 입을 틀어막은 숙부는 항량項梁이다. 항씨 집안은 대대로 초나라의 명문 귀족이었다. 초나라 장수 항연이 항우의 조부이고, 숙부 항량은 오중吳中의 유력자였다. 반면에 유방은 지극히 평범한 평민 출신이었다. 이 엄청난 배경 차이가 "저 사람을 내가 대신할 수 있다!"와 "아! 대장부란 마땅히 이래야 한다!"라는 사뭇 다른 반응의 근본적 원인이었을 것이다.

두 남자가 진시황을 보았던 때는 바야흐로 진나라가 막바지에 이른 시기였다. 기원전 209년, 호해가 2세 황제가 된 첫해에 진승이 봉기했고 여기저기서 이에 호응하는 반란이 일어났다. 항우와 유방은 각각 오중과 패현에서 반진反秦의 기치를 들었다. 이때 항우는 스물네 살, 유방은 마흔여덟 살이었다. 두 사람은 동지였다. 초나라 회왕懷王을 옹립하는 일에 함께했고, 성양城陽·정도定陶·옹구雍丘·진류陳留 등지에서 힘을 합쳐 진나라 군대와 싸웠다. 그런데 이후 두 사람은 관중 지역을 먼저 차지하려고 경쟁하게 된다. 회왕이 약속하길, 제일 먼저 함곡관에 들어가 관중을 함락하는 자를 관중의 왕으로 삼겠다고 한 것이다.

기원전 206년, 유방이 가장 먼저 함양 동남쪽 교외의 파상灞上에 도착했다. 진왕 자영은 흰말이 끄는 흰 수레를 타고 지도정軹道亭(시안 동북쪽에 있었다)으로 나와 항복했다. 진나라의 마지막 순간이었다. 유방은 함양 궁전으로 들어가 승리를 만끽하는 대신 파상으로 회군했다. 누군가 유방에게 다른 군대가 들어오지 못하도록 함곡관을 방어하라고 간언했고, 유방은 그 말을 따랐다.

항우는 군대를 이끌고 함곡관으로 향했다. 유방이 먼저 관중을 차지한 데다가 함곡관까지 막고 있으니 항우는 분노가 치솟았다. 항우는 함곡관을 돌파한 뒤 홍문鴻門에 군대를 주둔했다. 홍문에서 유방 군대가 주둔하고 있는 파상까지는 40리(당시 10리는 약 4킬로미터)에 불과했다. 항우가 당장이라도 공격하면 유방은 속수무책으로 당할 수밖에 없는 상황이었다. 유방의 10만 군대로 항우의 40만 대군을 당해낼 수는 없었다.

그런데 항우가 공격을 개시하기로 정한 전날까지도 유방은 자신이 어떤 처지에 놓여 있는지 전혀 몰랐다. 이튿날 날이 밝으면 모든 게 끝장날 터였다. 하늘이 도왔을까. 항우의 백부 항백項伯이 밤에 유방 군영으로 달려갔다. 그는 유방의 참모 장량張良을 만나 자신과 함께 떠나자고 했다. 일찍이 항백은 장량 덕분에 목숨을 건진 적이 있다. 이 때문에 장량을 그냥 죽도록 내버려둘 수 없었던 것이다. 장량은 항백을 따라나서지 않았다. 장량의 주선으로 항백을 만나게 된 유방은 이렇게 말했다.

"저는 함곡관으로 들어온 뒤 감히 아무것도 건들지 않고 항 장군(항우)을 기다렸습니다. 관문을 지키게 한 것은 도적의 출입을 막고 만약의 사태에 대비하려는 것이었습니다. 항 장군께서 오시기만을 밤낮으로 바랐는데 어찌 감히 반역하겠습니까. 제가 배은망덕하지 않는다는 것을 부디 항 장군께 잘 말씀해주십시오."

이날 유방은 항백을 형님으로 모셨고 두 집안의 혼사까지 약속했다. 항백은 유방에게 날이 밝으면 항우를 찾아가서 사죄하라고 말했다.

항백은 그날 밤 항우 군영으로 돌아가 유방의 말을 전하면서 공을 세운 유방을 공격하는 것은 의롭지 않다며 항우를 설득했다. 항우는 이튿날 공격하기로 했던 명령을 거둬들이고 유방을 만나기로 했다.

홍문연의 아슬아슬한 순간

이튿날 아침 유방은 기병 100여 명을 대동하고 항우를 만나러 홍문으로 갔다. 항우는 술자리를 마련해놓고 있었다. 이 연회가 바로 그 유명한 홍문연鴻門宴이다. 홍문연에 참석한 이는 항우·항백·범증范增 그리고 유방·장량이다.

사실 홍문연에는 숨겨진 음모가 있었다. 바로 범증이 기획한 유방 암살이다. 전부터 범증은 유방이 천자의 기운을 지녔다면서 그를 경계했다. 범증은 재물과 여색을 좋아하는 유방이 함곡관으로 들어온 뒤 아무것도 취하지 않은 것은 큰 뜻을 품었기 때문이라며 항우에게 유방을 제거하라고 권했다. 이제 유방을 손쉽게 없앨 수 있는 절호의 기회가 찾아온 것이다.

그런데 어찌된 일인지 항우는 유방을 죽일 기미가 없었다. 바짝 숙이고 들어와 사죄하는 유방을 죽인다는 게 항우로서는 사나이답지 않다고 여겨졌을 것이다. 어쩌면 유방이라는 존재가 견제하고 경계할 만한 가치가 없다고 생각했기 때문인지도 모른다. 항우는 유방

홍문연 유적지

을 시원스럽게 용서해주기로 했다. 하지만 유방이 항우의 최대 적수라고 본 범증의 생각은 달랐다. 어떻게든 이 자리에서 유방을 없애야했다. 범증은 항우에게 유방을 죽이라는 눈짓을 여러 번 보냈다. 항우가 아무 반응을 보이지 않자 범증은 더 참지 못하고 밖으로 나왔다. 범증은 항우의 사촌동생 항장項莊을 불러 검무를 추다가 기회를 봐서 유방을 죽이라고 했다.

"술자리에 주흥을 돋울 만한 것이 없으니 제가 검무를 추겠습니다."

항장이 검을 뽑아 춤을 추기 시작했다. 유방은 그야말로 백척간두百尺竿頭의 위기에 놓였다. 바로 이때 항백이 다시 한번 나섰다. 항백도 검을 뽑아 춤을 추면서 항장의 검에서 유방을 보호했다. 살벌한 기운이 감도는 이 순간 한 남자가 갑자기 막사의 장막을 들추면서 난입했다. 유방을 호위하고 함께 홍문에 와 있던 번쾌樊噲였다.

번쾌는 눈을 부라리며 항우를 노려보았다. 이런 번쾌를 무엄하다고 질책할 법하건만 뜻밖에도 항우는 그를 '장사'라고 하면서 술을 주게 했다. 번쾌는 단숨에 큰 술잔을 들이켰다. 이번에는 돼지다리를 주자 번쾌가 방패 위에 익히지도 않은 돼지다리를 올려놓고 검으로 썰어 먹었다. 항우는 또 그를 보고 '장사'라고 했다. 이 말에 고무되어서였을까, 술에 취해서였을까, 아니면 작정한 말이었을까. 번쾌가 항우에게 일갈하길, 애써 공로를 세운 유방에게 상을 내리지는 못할망정 죽이려고 하니 이는 멸망한 진나라를 잇는 격이라며 그러지 말라고 했다. 항우는 이에 대해 아무런 대꾸도 하지 않고 번쾌에게 앉으라고 했다. 얼마 뒤 유방이 측간에 다녀오겠다며 번쾌와 함께 밖으로 나갔다. 지금 상황에서 최선은 삼십육계 줄행랑을 놓는 것이었다. 유방은 대동하고 온 기병들과 타고 온 수레를 놔두고 측근 네 사람만 데리고서 샛길로 빠져 서둘러 파상의 군영으로 돌아갔다.

인사도 없이 도망친 유방의 뒤치다꺼리는 장량 몫이었다. 장량은 유방이 항우에게 채 전달하지 못한 예물을 바치며 유방이 술을 이기지 못해 인사조차 못한 채 떠났다고 해명했다. 장량은 유방을 대신해 항우에게 백벽白璧(가운데 구멍이 뚫린 백옥) 한 쌍을 바치고 범증에게 옥두玉斗(옥으로 만든 술잔) 한 쌍을 바쳤다. 옥 술잔을 받은 범증은 즉시 그것을 바닥에 놓고 검으로 깨뜨리며 말했다.

"에이! 풋내기와는 함께 일을 도모할 수 없구나. 항왕(항우)의 천하를 빼앗을 자는 반드시 패공沛公(유방)일 것이다. 우리는 그의 포로가 될 것이다."

범증이 풋내기라며 화를 낸 대상은 검무를 추다가 유방을 죽이는 일에 실패한 항장이지만 실질적으로는 항우를 향해 내뱉은 말이었다.

항우 대 유방

며칠 뒤 항우는 서쪽으로 진격해 함양을 도륙하고 항복한 진왕 자영을 죽인 뒤 진나라 궁실을 불태웠으며, 재물과 여자를 거두어 동쪽으로 돌아갔다. 이때 누군가 항우에게 권하길, 관중에 도읍하면 패왕이될 수 있다고 했으나 항우는 "부귀해져서 고향에 돌아가지 않으면 비단옷을 입고 밤길을 가는 것과 같으니 누가 알아주겠느냐"라며 그 말을 무시했다. 이때만 해도 천하를 차지할 주인공은 누가 봐도 항우였다. 하지만 이후 시간이 흐르면서 상황이 역전되어 홍문연이 있은지 4년 뒤 항우는 최후의 순간을 맞았다.

항우가 자신의 마지막 날에 과거를 돌이키면서 했던 말처럼 그는 패배를 몰랐다. 그는 "하늘이 나를 망하게 하는 것이지 싸움을 잘하지 못한 죄가 아니다"라고 거듭 말하면서 자신을 추적하는 유방의 군사 수백 명을 혼자서 죽였다. 항우는 배를 타고 오강烏江을 건너면 목숨을 부지할 수 있었지만 그렇게 하지 않았다. 그는 스스로 목을 찔러 죽었다. 기원전 202년이었다.

저우언라이周恩來(1898~1976)는 항우와 나폴레옹 두 사람을 일세의 영웅으로 꼽았다. 이런 항우가 왜 유방에게 패했을까. 마오쩌둥은 항우의 실책 가운데 하나로 그가 홍문연에서 범증의 말을 듣지 않고 유방을 놓아준 일을 꼽았다. 송나라 학자 범준范浚은 항우가 범증을 얻었으나 쓰지 못했고 진평陳平을 얻었으나 쓰지 못했으며 한신韓信을 얻었으나 쓰지 못했고 결국 다들 원망하며 떠나가게 했다며, 그가 망하면서 어찌 하늘을 원망했느냐고 비판했다.

　유방은 훗날 자신이 천하를 얻은 까닭과 항우가 천하를 잃은 까닭을 이렇게 설명했다.

　"군막에서 계책을 짜내 천 리 바깥에서 승리를 결정짓는 일은 내가 장량만 못하다. 나라를 안정시키고 백성을 위로하며 군량을 보급하고 운송로가 차단되지 않도록 하는 일은 내가 소하蕭何만 못하다. 백만 대군을 이끌고 전투에서 반드시 승리하고 공격하여 이기는 일은 내가 한신만 못하다. 이 세 사람은 모두 인재인데, 나는 그들을 쓸 줄 알았다. 이것이 바로 내가 천하를 얻게 된 까닭이다. 항우는 범증 한 사람도 제대로 쓰지 못했으니 이것이 바로 그가 나에게 사로잡힌 까닭이다."

　출발 지점에서 한참 앞서 있던 항우가 결국 유방에게 패하고 만 것은 다름 아닌 인재 활용 능력이 부족했기 때문이다. 인재 활용 능력은 바로 오늘날 지도자의 최고 덕목이기도 한 '소통'의 리더십에서 비롯한다. 항우는 명문 귀족 출신에 패배를 모르는 영웅이었다. 어쩌면 이 때문에 그는 자신을 과신하고 교만에 도취해 다른 이의 말을 경청할 수 없었을 것이다. 항우의 불통 리더십은 결국 그를 파멸로 이끌었다. 홍문연에서 범증 말대로 유방을 죽였다면 천하는 항우 차지가 되었을 것이다. 또 관중에 도읍하라는 간언을 받아들였다면 역시 천하는 항우 차지가 되었을 것이다. 항우를 물리치고 천하를 차지한 유방은 장량의 간언을 받아들여 관중에 도읍했다. 함양에서 신중한 행보를 보인 유방과 멋대로 함양을 유린한 항우의 태도 역시 매우 대조적이다. 살기 위해 자존심을 내려놓고 항우를 찾아가 싹싹 빌었던 유방과 살 수 있었는데도 자존심을 지키려고 자살한 항우의 선택 역시 대조를 이룬다. 항우와 유방의 운명을 가른 가장 큰 이유는 송나라 문인 소순蘇洵의 다음 말이 아닐까 싶다.

"항적項籍(항우)에게는 천하를 가질 재능(才)이 있었으나 천하를 가질 헤아림(慮)이 없었다."

병마용 박물관에서 불과 2.5킬로미터 떨어진 지점에 홍문연 유적지가 있다. 이곳에는 "기원전 206년 12월, 서초패왕西楚覇王 항우가 유방에게 연회를 베푼 곳"이라 적힌 비석 좌우로 초(항우)와 한(유방) 양 진영의 인물 소상이 세워져 있다. 비석 왼쪽 항우 옆의 범증, 비석 오른쪽 유방 옆의 장량 두 사람 모두 천하의 전략가였다. 전략가의 전략이 실현되느냐는 그것을 받아들이는 지도자에게 달려 있다. 항우에게 퇴출당하고 화병에 등창까지 도져 실의에 빠진 채 죽은 범증이 만약 유방을 보좌했다면? 심모원려深謀遠慮, 지도자에게도 그리고 지도자를 선택하는 이에게도 깊이 멀리 내다보는 헤아림이 필요하다.

실크로드의 동방기점
미앙궁

'실크로드: 장안−천산天山 회랑 노선망Silk Roads: the Routes Network of Chang'an-Tianshan Corridor.' 2014년 6월 22일 중국이 카자흐스탄, 키르기스스탄과 공동으로 신청하여 세계문화유산으로 등재된 실크로드 유산 가운데 중국 구간 유산의 정식 명칭이다. 이때 등재된 유산 가운데 한나라 미앙궁 유적지가 있다.

기원전 139년, 장건張騫은 바로 미앙궁에서 한 무제武帝의 명을 받고 월지月氏와 동맹을 맺기 위해 서역으로 떠났다. 장건의 서역 원정이 실크로드 개통의 계기가 되었던 만큼 미앙궁은 시공간적으로 실크로드의 기원과 관련된 상징적 장소다. 실크로드의 동방기점으로 불리는 미앙궁은 당나라의 운명과 함께 장안이 정치 중심지에서 물러나게 될 때까지 무려 1,000여 년이 넘도록 존재한 황궁이다.

천자의 위엄을 드러내려고 지은 미앙궁

미앙궁이 세워진 시기는 한 고조 8년(기원전 199)으로, 유방이 해하垓下에서 항우와 마지막 결전을 벌여 승리하고 황제에 즉위한 지 3년이 지난 때다. 황제가 된 유방은 이성異姓 왕과 제후의 잇따른 모반을 진압해야 했다. 유방이 한왕韓王 한신韓信(유방에 의해 한왕에 봉해졌으나 모반을 일으켰다가 흉노로 달아난 인물로, 뒤에 나오는 회음후 한신과는 동명이인이다. 혼동을 피하려고 일반적으로 '한왕 신'이라고 칭한다)의 잔존 반군 세력을 치러 출정한 사이에 승상 소하는 장안에 미앙궁을 짓기 시작했다. 바로 전해에 장락궁長樂宮이 완공되었던 터라 어찌 보면 불필요한 낭비였다. 출정에서 돌아온 유방은 미앙궁의 웅장한 규모를 보고 소하에게 화를 냈다.

"천하가 뒤숭숭하여 여러 해 동안 고전하면서 아직 그 성패를 알 수 없는데, 어찌 이처럼 도가 지나친 궁실을 짓는단 말인가?"

"천하가 아직 안정되지 않았기 때문에 궁실을 짓는 것입니다. 천자는 사해四海를 집으로 삼는 법이니, 웅장하고 화려하지 않으면 위엄을 세울 수 없습니다. 또 후세에 이보다 더한 궁실을 세울 수 없게 해야 하옵니다."

유방은 소하의 말을 듣고 기뻐했다. 미앙궁은 그 누구도 넘볼 수 없는 천자의 위엄을 드러내려는 상징적 건축이었다. 평민 출신으로 천자가 된 것이 유방에게는 긍지이자 콤플렉스였다. 이런 요소가 유방이 천하를 차지하기 전에는 남의 말에 귀 기울이는 긍정적인 측면으로 작용했다면, 이미 천하를 차지한 뒤에는 다른 이가 자기 자리를 빼앗을지 모른다는 의심과 불안을 낳는 부정적 측면으로 작용했다.

디지털로 복원한 미앙궁

사실 한나라 초의 잇따른 모반과 진압은 개국공신들을 제거해나가
는 일련의 과정이었다고 할 수 있다. 이 과정에서 모반을 일으킨 이
들은 정말로 유방의 자리를 넘보았던 것이 아니라 오히려 스스로를
지키기 위한 자구책으로서 모반을 꾀할 수밖에 없었다.

한신, 토사구팽되다

웅장한 미앙궁으로도 유방의 의심과 불안을 잠재울 수 없었다. 유방
의 천하통일에 큰 공을 세운 사람일수록 견제를 더 많이 받았다. 가
장 대표적인 이가 한신이다. 유방은 한나라 창업 삼걸三傑인 장량·소
하·한신의 능력을 평가하면서 "백만 대군을 이끌고 전투에서 반드
시 승리하고 공격하여 이기는 일은 내가 한신만 못하다"라고 말한
바 있다. 대군을 이끄는 능력에서 한신은 누구보다 탁월했다. 일찍이
두 사람은 이런 대화를 나눴다.

"내 능력으로 얼마나 되는 군대를 거느릴 수 있겠는가?"

"폐하는 10만을 거느리실 수 있을 뿐입니다."

"그대는 어떠한가?"

"신은 많으면 많을수록 좋습니다."

"많으면 많을수록 좋다면서 어째서 내 밑에 있는가?"

"폐하께서는 병사를 잘 거느릴 수는 없으시나 장수는 잘 거느리십니다. 이것이 바로 제가 폐하 밑에 있는 이유입니다. 폐하는 하늘이 주신 분이지 인력으로 되는 게 아니옵니다."

다다익선多多益善, 아무리 많은 대군이라도 능히 거느릴 수 있는 한신의 능력 때문에 유방은 그가 절실히 필요했고, 역설적이게도 절실히 그를 제거해야만 했다. 그 능력이 필요해서 유방은 한신을 제왕齊王에 임명해 항우를 치게 했다. 하지만 항우를 물리친 뒤에는 즉시 한신의 병권을 박탈하고 그를 제왕에서 초왕楚王으로 바꾸었다.

이것으로 끝나지 않았다. 누군가 한신이 모반했다고 밀고하자 유방은 거짓 순행을 구실로 제후들을 진陳에 모이게 했다. 마침 항우의 부하장수였던 종리매鍾離昧가 항우가 죽은 뒤 평소 사이가 좋았던 한신에게 와 있던 때였다. 유방은 종리매에게 원한이 있기 때문에 체포령을 내린 바 있다. 이제 곧 황제의 부름에 응해야 하는 한신에게 누군가 말하길, 종리매의 목을 가져간다면 황제가 기뻐할 것이라고 했다. 한신은 종리매를 만나 이야기를 나누었고, 종리매는 "나는 오늘 죽지만 공 역시 곧 죽게 될 거요"라는 말을 남기고 스스로 목을 찔러 죽었다. 한신은 종리매의 목을 가지고 유방을 만나러 갔지만 유방은 그를 결박하게 했다. 한신은 그제야 깨닫고 이렇게 말했다.

"과연 사람들 말대로구나. 교활한 토끼가 죽고 나면 훌륭한 사냥개는 삶기고, 높이 나는 새가 없어지면 훌륭한 활은 치워지고, 적국이 격파되고 나면 지모가 있는 신하는 죽는다고 했다. 천하가 이미 평정되었으니 나는 당연히 삶기고 마는구나!"

유방은 결국 한신을 초왕에서 회음후淮陰侯로 강등했다. 이때가 고조 6년(기원전 201)이다. 이제 한신은 확실히 알게 되었다. 유방이 자기 능력을 두려워하고 미워한다는 것을. 한신과 유방 사이에 감정의 골이 깊어졌다. 한신은 자주 병을 핑계로 조회에 참석하지 않았다. 그는 밤낮으로 원망하며 늘 불만족스러워하고 울적해했다. 자기 지위가 수치스럽기까지 했다. 이렇게 몇 년이 흘러갔다. 고조 11년, 진희秦豨가 대代 땅에서 반역을 일으켜 유방이 친히 토벌하러 간 사이에 한신은 죽음을 맞았다. 한신이 진희와 함께 모반을 꾀했다는 정보가 황후인 여후呂后에게 들어간 것이다. 여후는 소하와 의논한 뒤한신에게 사람을 보내 진희가 이미 사형되었다고 거짓말하게 했다. 소하는 한신에게 다른 신하들처럼 궁전으로 가서 축하하라고 했다. 소하의 말이니만큼 한신은 믿을 수밖에 없었다.

일찍이 한신을 대장군으로 만들어준 인물이 바로 소하다. 도망친 한신을 추적해 다시 유방에게 데리고 온 소하는 한신이 국사무쌍國士無雙, 즉 둘도 없는 나라의 인재이니 천하를 쟁취하고자 한다면 반드시 한신과 일을 도모해야 한다고 주장했다. 이렇게 해서 유방은 한신을 대장군으로 삼았고, 마침내 천하를 쟁취하게 된다. 본래 한신은 너무 가난해서 굶주리기를 밥 먹듯하고 남들에게 멸시당하기 일쑤였다. 이랬던 한신이 소하 덕분에 대장군이 되었으니 그에 대한 신뢰가 얼마나 대단했겠는가.

한신은 궁전으로 들어오라는 소하 말을 따랐다. 한신이 궁전 안에 들어오는 순간 여후가 한신을 포박하게 했고, 장락궁 종실鍾室에서 그의 목을 베었다. 한신은 죽는 순간 소하를 가장 원망했을 것이다. 송나라 홍매洪邁는 『용재속필容齋續筆』에서 이렇게 말했다.

"한신이 대장군이 된 것은 소하가 추천해서였고, 이제 그가 죽게 된 것 역시 소하의 계책에 따른 것이었다. 그래서 '성공도 소하 때문이고 패망도 소하 때문이다(成也蕭何, 敗也蕭何)'라는 말이 항간에 나돌게 되었다."

『사기』「회음후열전」에 따르면 한신은 죽기 직전 괴통蒯通의 계책을 쓰지 않은 것을 후회했다고 한다. 일찍이 유방과 항우가 경쟁할 때 천하 대권의 향방이 한신에게 달려 있는 상황에서 괴통은 한신에게 한漢나라·초나라와 더불어 천하를 셋으로 나누라는 계책을 내놓은 바 있다. 이때 한신은 괴통에게 "한왕漢王(유방)이 자신의 수레로 나를 태워주고 자신의 옷으로 나를 입혀주고 자신의 먹을 것으로 나를 먹여주었다"라면서 의리를 저버릴 수 없다며 단호히 거절했다. 괴통은 "들짐승이 다 없어지면 사냥개도 삶겨진다"라면서 "군주가 위협을 느낄 정도의 용기와 지략이 있는 자는 몸이 위태롭고, 공로가 천하를 덮는 자는 상을 받지 못한다"라는 경고의 말을 건넸다. 그 누구의 신하가 되더라도 위태로우니 차라리 독자적으로 왕이 되라는 말이었다.

괴통이 찾아오기 직전 항우 역시 한신에게 사람을 보내 똑같은 제안을 했다. 항우와 유방의 싸움에서 승리의 관건은 한신에게 달려 있으며 항우가 망하고 난 다음에는 유방이 한신을 멸할 테니, 한나라를 배반하고 초나라와 화친함으로써 천하를 나누어 왕이 되라는 것이었다. 한신은 이렇게 말하면서 그 제안을 거절했다.

"한왕은 나에게 상장군上將軍의 인印을 주셨고 군사를 수만 명이나 주셨소. 자신의 옷을 벗어서 나를 입히고 자신의 밥을 내가 먹도록 하셨소. 내 말을 들어주시고 내 계책을 쓰셨기에 지금의 내가 있을 수 있었던 거요. 나를 가까이 여기고 신뢰하는 이를 배반하는 것은 상서롭지 못하오. 비록 죽는다 하더라도 마음을 바꿀 수는 없소."

만약 이때 한신이 천하삼분지계를 받아들였다면 그가 천하를 차지했을지도 모를 일이다. 왕이 되라는 연이은 제안은 분명 한신에게 큰 유혹이었을 것이다. 천하의 대세로 보나 한신의 능력으로 보나 성공할 가능성이 아주 컸던 게 사실이다. 하지만 의리를 저버릴 수 없었고 자신을 신뢰하는 이를 배반할 수 없었기에 한신은 유방을 위해 자신의 모든 것을 쏟아 부었다. 그 덕분에 유방은 천하를 차지했다. 그러나 그 결과 한신은 병권을 빼앗겼고 회음후로 강등되었고 마침내 목숨까지 잃게 되었다. 그가 죽기 직전 괴통의 계책을 쓰지 않은 것을 후회한 건 너무나 당연하지 않은가.

진희를 토벌하러 갔던 유방이 장안으로 돌아와 한신이 죽은 것을 보고 과연 어땠을까? '기뻐하면서도 가엾게 여겼다'고 한다. 가장 두려운 존재가 제거되었으니 기뻤을 테고 뛰어난 공적과 능력 때문에 허망하게 죽었으니 가여웠을 것이다.

최고 전략가 장량

장안성의 장락궁과 미앙궁은 동서로 마주하고 있었으므로 각각 동궁·서궁이라고도 한다. '미앙未央'은 다함이 없다는 뜻이니, '장락미

황석공黃石公에게서 태공병법太公兵法을 배우는 장량

앙'은 오래도록 즐거움이 다함이 없다는 의미가 된다. 다함이 없는
한나라의 오랜 즐거움을 위해 정작 개국공신은 거의 다 제거되었다.

한신이 장락궁에서 죽임을 당한 이듬해인 기원전 195년, 유방
역시 장락궁에서 세상을 떠났다. 오래도록 즐거우리라는 의미의 '장
락'을 한신도 유방도 누리지 못했다.

유방이 죽은 지 두 해 뒤에는 소하가 죽었다. 소하는 토사구팽兎
死狗烹을 당하지는 않았으나 유방의 의심에서 자유롭지 못했다. 유방
이 항우 군대와 싸우러 나간 사이에도 여러 번 사자를 보내 관중에서
보급을 담당하던 소하를 위로한 것은 소하를 의심해서였다. 소하는
유방의 의심을 씻어내려고 자기 자식과 형제 중에서 싸울 수 있는 이
는 죄다 전장으로 보냈다.

소하는 자기 계략으로 한신이 죽고 난 뒤에는 더 신중해졌다. 유
방은 소하를 상국相國에 임명하고 더 많은 식읍食邑을 하사했으며 호
위부대까지 배치해주었지만, 소하는 식읍을 사양하고 재산 전부를
군비로 내놓았다. 자신을 호위하도록 한 것이 은총이 아니라 의심이

라는 사실을 알았기 때문이다. 이듬해 경포黥布가 반란을 일으키자 유방은 그를 토벌하러 간 사이에도 여러 번 사자를 보내 소하의 동정을 살폈다. 이때 관중의 민심을 크게 얻고 있던 소하는 백성들의 밭과 집을 강제로 싸게 사들였다. 일부러 자기 명예를 훼손하고 백성들의 원망을 들음으로써 유방을 안심시키기 위해서였다.

천하가 평정된 뒤 개국공신으로서 토사구팽당하지 않기란 참으로 어려운 일이다. 한나라 창업 삼걸 가운데 나머지 한 명인 장량은 어땠을까. 유방이 장량을 의심했다는 기록은 찾아볼 수 없다. 홍문에서 장량 덕분에 유방이 목숨을 건졌기 때문일까. 따지고 보면 유방을 배신하고 천하를 삼분할 수 있었으나 끝까지 항우와 싸워준 한신도 유방에게는 생명의 은인이었다. 또 유방이 전방에서 위기에 빠질 때마다 후방에서 든든히 지원해 유방의 재기를 도운 소하 역시 유방의 생명을 지켜준 셈이다.

무엇 때문에 유방은 장량을 의심하지 않았을까? 장량은 예쁜 여자처럼 생겼고 병약했다고 한다. 이런 장량에게서 유방은 위협감을 느끼지 않았을 것이다. 물론 최고 전략가답게 장량은 자기 말년을 잘 설계했다. 개국공신들이 차례차례 제거되어가던 즈음, 장량은 인간 세상의 일을 떨쳐버리고 신선 적송자赤松子처럼 노닐겠다고 공언하며 도인처럼 지냈다. 장량은 유방이 죽은 뒤 9년을 더 살았다. "공이 이루어지면 물러나는 것이 하늘의 도다(功遂身退, 天之道也)"라는 노자老子의 말을 실천한 덕분일 것이다.

소년출세 곽거병을 기리는
'마답흉노' 석상

열여덟 살에 부대장, 스무 살에 장군, 스물두 살에 장관, 스물네 살에
사망. 한나라 때 곽거병霍去病(기원전 140~기원전 117) 이야기다. 그는
열여덟 살(기원전 123)에 표요교위驃姚校尉로 임명되어 몽골고원 대사
막 남쪽에서 흉노를 격파했다. 스무 살에는 표기驃騎장군이 되어 간
쑤甘肅·닝샤寧夏·산시陝西 일대 흉노 세력을 잇달아 공격해 눈부신
전공을 세웠다. 스물두 살에는 고비사막을 건너 흉노 본진을 공격해
큰 전공을 세움으로써 대장군 위청衛靑과 더불어 대사마大司馬(국방부
장관 격)가 되었다.

　　그리고 스물넷, 젊은 영웅 곽거병은 돌연 사망하고 만다. 전장
에서 죽은 것도 아니다. 죽은 원인에 대한 믿을 만한 기록조차 없다.
『사기』에서는 다만 이렇게 말하고 있다.

　　표기장군은 원수元狩 4년에 출정하고서 3년째 접어든 원수 6년에 세

곽거병 무덤 앞의 '마답흉노' 석상

상을 떴다. 천자가 그의 죽음을 애도하며 속국의 현갑군玄甲軍을 동원해 장안에서 무릉茂陵까지 늘어서도록 했으며, 기련산祈連山을 본떠 분묘를 만들도록 했다. 그에게 시호諡號를 내리길, 용맹함으로 영토를 넓혔다는 의미에서 경환후景桓侯라고 했다.

마답흉노 석상과 곽거병의 무덤

장안에서 무릉까지 40여 킬로미터나 되는 거리에 철갑 무장병이 죽늘어서는 장관을 연출할 정도로 곽거병의 공적이 컸고 그에 대한 무제의 정이 깊었다. 무제는 자신이 묻힐 능 옆에 곽거병의 무덤을 두도록 했다. 기원전 139년부터 기원전 87년까지 무려 반세기가 넘게 조성된 무릉의 사방에는 비빈과 공신, 궁녀의 배장묘陪葬墓(황제 능 주변의 황족이나 신하의 무덤)가 분포해 있다. 그 가운데 가장 돋보이는 건 곽거병의 무덤이다.

누군가는 평생을 바쳐도 이룰 수 없는 공적을 너무도 젊은 나이에 성취한 곽거병은 죽어서도 남다르다. 거대한 석상 16개가 그의 무덤을 지키기 때문이다. 호랑이·곰·코끼리·멧돼지·소·말·두꺼비·개구리·물고기 등 다양한 석상 가운데 가장 눈에 띄는 것은 '마답흉노馬踏匈奴' 석상이다.

말과 흉노는 그야말로 잘 어울리는 조합이다. 유목 기마민족인 흉노에게 말은 분신과 같은 존재가 아닌가. 그런데 마답흉노 석상은 우리가 일반적으로 떠올리는 말과 흉노 이미지에서 아주 많이 어긋나 있다. 달리는 말 위에서 활을 쏘고 있어야 할 흉노가 말 아래 깔린 채 벗어나려고 안간힘을 쓰는 모습이다. 왼손에는 활을, 오른손에는 화살을 쥔 수염이 덥수룩한 이 남자, 이를 악물고 눈알은 튀어나올 듯하다. 죽기 살기로 발버둥치지만 결코 벗어날 수 없다. 정말 어처구니없는 형상이다. 말 위의 기마민족이 이렇게 말 아래 깔려 있다니!

높이 1.68미터, 길이 1.9미터인 이 화강암 석상은 흉노와 한나라의 관계 전환을 극명히 반영하고 있다. 그 과정을 간단히 살펴보자. 일찍이 진시황은 장성을 쌓는 등 강성한 흉노를 늘 경계했다. 기원전 210년 진시황의 죽음으로 중국은 혼란에 빠진 반면, 이듬해 흉노에서는 묵특冒頓이 선우單于가 되어 북방 초원지대를 통일해나갔다. 이어서 중국에서도 유방이 항우와 4년 동안 벌인 초한지쟁楚漢之爭에서 승리를 거두고 기원전 202년 황제로 즉위했다. 그리고 기원전 200년, 한 고조 유방과 흉노의 묵특선우가 평성平城에서 맞붙게 된

다. 이때 고조는 흉노에게 포위된 채 백등산白登山에서 일주일 동안 꼼짝없이 갇혀 있다가 묵특선우의 아내에게 몰래 뇌물을 써서 겨우 목숨만 건져 장안으로 도망쳤다. 이 사건이 있은 이후 한나라는 황실 여인을 선우에게 바치고 해마다 비단·쌀·솜 등을 흉노에게 바쳐야 했다. 그 덕분에 흉노와 큰 전쟁을 피할 수 있었던 한나라는 무제가 즉위할 즈음엔 곳간이 가득 차고 재물이 남아돌았다.

기원전 141년, 열여섯에 즉위한 무제는 흉노와의 굴욕적인 화친 관계를 끝장내고자 했다. 넘쳐나는 재원과 젊디젊은 황제의 의지, 한나라와 흉노의 관계는 새로운 단계로 접어들 수밖에 없었다. 마침 흉노가 월지의 왕을 죽이고 그 두개골을 술잔으로 삼자 월지가 흉노를 원수로 여긴다는 소식이 전해졌다. 무제는 월지와 연합해 흉노를 치고자 했다. 이때 월지와의 동맹을 책임지겠다고 나선 이가 장건이다. 기원전 139년, 장건은 사절단 100여 명을 이끌고 장안을 출발했다.

장건도 무제도 그 누구도 상상조차 못했을 것이다. 장건이 도중에 흉노에게 붙잡혀 10년 동안 억류되리라는 것을, 겨우 도망쳐 월지에 도착했건만 월지에 더는 흉노와 싸울 생각이 없다는 것을, 허망하게 한나라로 돌아가는 길에 또다시 흉노에게 잡히리라는 것을. 마침내 탈출에 성공한 장건이 장안으로 돌아온 건 기원전 126년이다. 동맹 체결은 실패로 끝났지만 그가 가지고 온 귀한 정보는 서역을 개척하겠다는 무제의 의지를 불태웠다.

서역으로 통하는 하서주랑河西走廊 일대를 장악하려면 흉노와 일전이 불가피했다. 무제는 위청을 대장군에 임명한 기원전 124년부터 막대한 병력을 동원해 흉노 토벌에 나섰다. 이때 혜성처럼 등장해 외삼촌 위청보다 빛나는 전공을 세운 이가 곽거병이다. 특히 그의 스물은 실로 대단했다. 봄·여름·가을에 잇달아 출병한 그는 흉노의 여러 왕을 죽이거나 사로잡거나 투항하게 함으로써 흉노의 기반을 뒤흔들었다. 이해에 그가 공격한 지역에는 언지산焉支山과 기련산이 포함되어 있었는데, 이와 관련해 흉노에는 슬픈 노래가 전해졌다. "우리의 기련산을 잃어 우리 가축이 번식할 수 없게 되었네. 우리의 언지산을 잃어 우리 여인들의 얼굴빛이 사라지게 되었네."(『서하구사西河舊事』)

언지산은 연지산臙脂山이라고도 하는데, 이곳에서 자라는 화초의 붉은 즙이 연지로 사용된 데서 유래한 명칭이다. 기련은 흉노어로 하늘을 의미한다. 기련산은 바로 '천산'이라는 뜻이다. 그만큼 흉노에게는 중요한 곳이었다. 삶의 근거지를 잃게 된 흉노의 슬픔이 이 노래에 담겨 있다. 한편 한나라로서는 기련산에서 흉노를 몰아낸 건 하서주랑 일대 영유권을 확보하게 된 쾌거였다. 곽거병의 무덤이 기련산을 본떠 만들어진 이유가 바로 이것이다.

마답흉노 석상은 기련산 모양의 곽거병 무덤과 어우러져야만 그 의미가 오롯이 살아난다. 오늘날 곽거병 무덤 앞의 석상들은 질서 있게 정돈되어 있지만 원래 배치는 이와 달랐다. 프랑스 작가 빅토르 세갈렌Victor Segalen이 1914년 촬영한 사진으로 석상들의 원래 배치를 짐작할 수 있다. 해군의 견습 통역원 신분으로 중국에 들어와 지내던 그는 진나라와 한나라의 무덤 조각예술과 관련된 고고 탐사 임무를 수행하다가 곽거병 무덤에 있는 석상들을 발견하고 사진으로 남겼다. 사진을 보면 마답흉노 석상은 곽거병 무덤 바로 앞에 있고, 나머지 석상은 여기저기 무질서하게 배치되어 있다. 기련산 모양의 무덤과 일련의 석상은 바로 한나라 손에 들어온 옛 흉노의 세계를 구현한 것이다. 마답흉노 석상에 나타난 말과 흉노의 기묘한 모습은 한나라의 승리를 상징하는 것이다. 타자의 분신을 자기화하는 것만큼 완벽한 승리는 없을 터. 이 석상은 곽거병의 공적과 한나라의 권위에 대한 최고의 찬가다.

한혈마를 갈구한 무제

마답흉노 석상은 '좋은 말'에 대한 무제의 갈망을 말해주는 것이기도 하다. 월지와 동맹을 맺으러 떠났다가 13년 만에 돌아온 장건은 무제에게 서역 여러 나라에 관한 정보를 제공했다. 그중에서 무제가 유난히 관심을 보인 것은 대완大宛(페르가나)의 말, 즉 피와 같은 땀을 흘린다는 한혈마汗血馬다. 유목민족과 싸워 이기려면 궁극적으로 그들보다 앞선 장비, 즉 우수한 말이 필요했다.

　　장건이 서역에 사신으로 갔던 경력으로 출세하자 그 이후 많은 지원자가 나섰고 무제는 그들을 계속해서 서역으로 파견했다. 서역과 더 많이 교류하면서 마침내 한혈마의 정확한 산지까지 알게 되었다. 대완의 이사성貳師城에서 좋은 말이 난다는 소식을 전해들은 무제는 사신을 보냈다. 그런데 대완은 말을 주지 않은 것은 물론 사신을 죽이고 재물까지 약탈했다. 이에 무제는 기원전 104년, 이광리李廣利를 이사장군에 임명해 대완을 치게 했다. 이사장군의 명칭에는 이사성에 가서 좋은 말을 빼앗아 오라는 의미가 담겨 있다. 이광리는 우여곡절 끝에 좋은 말 수십 필과 중등 이하의 말 3,000필을 가지고 장안으로 돌아왔다. 이때 무제는 '천마天馬'가 왔다며 기뻐했다.

무제가 그토록 갈망했던 한혈마는 대체 어떤 모습일까? 1981년 무릉의 배장묘 가운데 하나인 평양平陽공주 무덤 남쪽에서 도금 청동말이 출토되었는데, 이것이 바로 한혈마를 모델로 한 것이라 추정된다. 평양공주는 무제의 누이이자 위청의 아내로, 고고학자들은 이 도금 청동말이 무제의 하사품일 것이라고 추측한다. 곽거병 무덤 앞에 세워진 무릉박물관에 소장되어 있으니, 이곳에 들르면 놓치지 말고 꼭 찾아보길 바란다.

장안의 대하석마

마답흉노 석상을 보는 순간 시안 비림碑林박물관에 있는 '대하석마大夏石馬'를 떠올리게 된다. 그만큼 두 말의 모습이 비슷하다. 그런데 대하석마는 마답흉노 석상과 전혀 다른 맥락에 있다. 대하석마의 앞다리 사이에 새겨진 문장에는 '대하 진흥 육년大夏眞興六年'이라는 구절이 있는데, 바로 424년에 해당한다. 대하의 연호를 썼으니 분명 대하의 유물이다. 5호 16국의 하나인 대하는 흉노 출신 혁련발발赫連勃勃이 407년에 세운 나라다. 418년에 그는 장안을 차지하고 황제라

비림박물관에 있는 대하석마

칭했으며, 맏아들 혁련궤赫連潰에게 군대를 주둔시켜 장안을 지키도
록 했다. 이후 431년에 대하를 멸망시킨 건 선비족의 한 지파인 탁발
선비가 세운 북위北魏의 속국 토욕혼吐谷渾이다.

　높이 2미터, 길이 2.25미터인 대하석마는 한족이 자신의 안방인
장안조차 지킬 수 없었음을 상징하는 것이기도 하다. 대하석마가 있
던 때로부터 500여 년 전 마답흉노 석상의 상징은 이렇게 또다시 전
복된다. 흉노의 분신인 말을 자기화하고자 했던 무제의 꿈은 그야말
로 일장춘몽이었다.

당나라 건국을 함께한
여섯 준마

"하늘이 수隋나라의 어지러움을 없애려 하시니 상제께서 육룡六龍을 보내셨도다."

송나라 시인 장뢰張耒는 「소릉육준昭陵六駿」이라는 시에서 당 태종太宗 이세민李世民의 여섯 준마를 이렇게 칭송했다. 시안에서 70킬로미터 떨어진 리취안醴泉에 태종과 문덕文德황후의 합장릉인 소릉昭陵이 있다. 능 북쪽 제단에는 말이 새겨진 석각(너비 2미터, 높이 1.72미터)이 동서 양쪽으로 각각 세 개씩 세워져 있다. 정관貞觀 10년(636)에 문덕황후가 병사하자 태종이 소릉을 조성하라는 조서를 내린 뒤 만들어진 이것이 바로 소릉육준 석각이다.

"짐이 탔던 전마戰馬는 짐을 위난에서 구해주었으니, 그 진짜 모습대로 새겨서 좌우에 두도록 하라." 태종은 자신과 생사를 함께했던 여섯 준마를 이렇게 돌에 생생히 새김으로써 영원히 함께하고자 했다.

용감히 적진으로 돌격한 여섯 준마

이세민이 여섯 준마와 생사를 함께한 건 618년부터 622년까지다. 618년 수 양제煬帝가 죽고 이연李淵이 당나라를 세웠지만 여기저기서 황제를 자칭하며 반란을 일으켰다. 이들을 평정하는 데 당나라의 정예 기병부대는 핵심적 역할을 했다. 이연은 수나라 말에 태원유수太原留守를 지내면서 돌궐突厥을 상대로 전투를 치른 경험이 많았다. 이때 그는 돌궐의 기마전술이 뛰어나다는 것을 알고 기병을 양성했다. 당시 가장 효율적인 군사술을 도입함으로써 건국의 기반을 다진 셈이다. 이세민은 직접 정예부대를 이끌고 적진으로 돌격해 싸우면서 당나라의 확고한 기반을 다지는 데 혁혁한 전공을 세웠다.

삽로자颯露紫, 권모과拳毛騧, 백제오白蹄烏, 특근표特勤驃, 청추靑騅, 십벌적什伐赤. 이세민과 함께 용감히 적진으로 돌격한 여섯 준마의 이름이다. 돌궐어와 한자를 합성한 이들 명칭에서 마지막 글자는 말의 빛깔과 관련되어 있다. 자는 자줏빛 말, 과는 주둥이가 검은 말, 오는 검은 말, 표는 누런 바탕에 흰 털이 섞인 말, 추는 검푸른 털과 흰 털이 섞인 말, 적은 붉은 말이다. 거청옹葛承雍의 연구에 따르면, 삽로·백제·특근·십벌은 돌궐의 고위 관직에 해당하는 단어다. 이처럼 말에 고위 관직의 직함을 붙인 것은 말에 대한 칭송이자 말의 주인 이세민에 대한 칭송이라 하겠다. 권모과와 청추는 말의 산지와 관련된 명칭이다. '권모'는 돌궐어 'khowar'에서 유래한 것으로, 『북사北史』에서 '권어마權於摩'로 음사音寫한 나라(파키스탄 북부에 위치)다. 따라서 권모과는 권어마에서 온 주둥이가 검은 말이라는 의미다. 청은 돌궐어 'cin'에서 유래한 것으로, 한자로는 '진秦'으로 음사할

비림박물관 석각예술실에 소장되어 있는 소릉육준 석각

수 있다. 그러니까 청추는 대진大秦, 즉 로마에서 온 검푸른 털과 흰 털이 섞인 말이라는 의미다.

여섯 준마 가운데 이세민이 처음으로 함께한 말은 설인고薛仁杲를 평정할 때 탔던 백제오다. 다음은 송금강宋金剛을 평정할 때 탔던 특근표, 그다음은 왕세충王世充과 두건덕竇建德에 맞서 싸울 때 탔던 십벌적이다. 이후 청추를 타고 두건덕을 평정했으며, 삽로자를 타고 왕세충을 평정했고, 마지막으로 권모과를 타고 유흑달劉黑闥을 평정했다. 이렇게 해서 당나라의 통일이 온전히 완성되었다.

삽로자와 권모과

소릉육준 석각의 여섯 준마는 모두 세 갈래 말갈기에 꼬리는 하나로 묶여 있다. 이것은 당나라 전마의 특징이다. 이들 석각은 안장·등자·고삐까지도 모두 당나라 전마의 양식을 그대로 재현하고 있다. 이제 여섯 준마 가운데 삽로자와 권모과에 대해 좀 더 자세히 들여다

삽로자 석각(펜실베이니아대학교 박물관 소장)

보자. 왜 하필 이 둘인지는 자연스레 이야기될 것이다.

　소릉육준 석각 가운데 삽로자 석각에는 유일하게 사람이 새겨
져 있다. 말의 가슴에 박힌 화살을 빼내고 있는 그는 구행공丘行恭이
다.『신당서新唐書』「구행공전」에 따르면, 621년 당나라 군대와 왕세
충 군대는 낙양에서 결전을 치렀다. 이세민이 기병 수십 기를 이끌고
적진을 살피러 갔다가 교전이 벌어진 것이다. 이때 삽로자를 타고 너
무 앞서 달린 탓에 후방과 연계가 끊긴 이세민은 적에게 포위당하고
만다. 삽로자마저 적의 화살에 맞아 위태로운 순간, 구행공이 나타나
화살을 쏘며 적이 감히 다가오지 못하게 한다. 구행공은 삽로자 가슴
에 박힌 화살을 뽑아내고 자신의 말을 이세민에게 준다. 구행공은 한
손으로는 부상당한 삽로자를 끌면서 다른 한손으로는 칼을 휘둘러
적을 뗐다. 결국 두 사람은 무사히 본진으로 돌아올 수 있었다. 과연
석각에 새겨질 만한 사연이다.

　권모과는 육준 가운데 유일하게 전투 중 죽었다. 두건덕이 이세
민에게 죽임을 당한 뒤, 유흑달은 두건덕의 병사를 모아 반란을 일

으키고 한동왕漢東王이라 자처했다. 622년 3월, 이세민은 유흑달의 식량 조달 통로를 차단하고 성안의 양식이 떨어지길 기다리면서 낙수洛水 상류에 제방을 쌓았다. 양식이 떨어진 유흑달 군대는 싸우러 나올 수밖에 없었다. 유흑달의 주력군이 강을 건널 때 당나라 군대는 상류의 방죽을 터뜨렸다. 2만 명 가운데 물에 빠져 죽은 이가 수천 명이고 1만 명이 넘는 이가 당나라 군대에 죽임을 당했다. 유흑달은 나머지 1,000여 명을 데리고 돌궐 지역으로 도망쳤다. 석각에 새겨진 권모과 몸에 박힌 화살 아홉 대는 이 전투가 얼마나 격렬했는지 말해 준다.

제자리를 떠난 육준

소릉에서 영원히 이세민과 함께해야 할 여섯 준마는 죄다 제자리에 없다. 지금 소릉에 있는 육준 석각은 복제품이다. 각각의 무게가 2.5톤이나 되는 이 석각들은 대체 어디로 갔을까? 여섯 준마 가운데 삽로자와 권모과는 1914년에 미국으로 반출되어 현재 펜실베이니아 대학교에 소장되어 있다. 나머지 넷 역시 해외로 반출될 위기를 겪은 뒤 1918년 산시성도서관에서 보관되다가 1949년에 비림박물관으로 옮겨졌다.

열강이 세계 각국의 문화재를 수집하는 데 열을 올리던 20세기 초, 예술적으로나 역사적으로나 그 가치를 헤아릴 수 없는 소릉육준 석각 역시 그 마수를 피할 수 없었다. 타국의 문화재를 어떻게든 소유하려는 제국의 욕망 그리고 그 욕망을 이용해 한몫 잡으려는 문화재 중개상의 욕망, 제국주의와 자본주의의 욕망이 아우러진 결과 수많은 문화재가 제자리를 떠나야 했다. 수백 년, 수천 년 지내온 보금자리에서 떼내진 고귀한 문화재들이 머나먼 이국땅의 아무개 박물관에 강제 이식된 것이다.

삽로자와 권모과가 소릉을 떠나게 된 때는 1913년 5월 어느 날이다. 프랑스 상인의 밀반출 시도는 다행히 소식을 듣고 달려온 주민들에게 저지된다. 이후 두 석각은 산시 정부에서 보관하게 된다. 그런데 어떻게 해외로 반출되었을까? 그 당시 중국은 너무나 약한 상태였다. 여기저기서 군벌이 난립했고, 이제 갓 탄생한 공화국의 총통은 황제를 꿈꾸며 역사의 수레바퀴를 되돌리려는 위안스카이袁世凱가 차지하고 있었다. 총통이 된 위안스카이는 자신의 지위에 걸맞은 '화원'을 조성했다. 위안스카이의 둘째 아들 위안커원袁克文은 그곳에 채워 넣을 유물을 수소문하던 중 산시독군督軍이자 위안스카이 총통부 경위군警衛軍의 참모관 루젠장陸建章이 삽로자와 권모과를 갖고 있다는 소식을 듣게 된다. 이후 두 석각은 베이징으로 운반되었지만 무슨 이유에선지 위안스카이의 화원에 자리 잡지 못한 채 1914년 골동품상 루친자이盧芹齋에게 넘어간다. 결국 루친자이가 이 두 석각을 미국으로 반출한다.

미국으로 반출된 삽로자와 권모과가 뉴욕 메트로폴리탄미술관 수장고에 임시로 보관되어 있던 어느 날, 펜실베이니아대학교 박물관 관장 고든George Byron Gordon이 루친자이 소개로 이 석각을 보게 된다. 이때가 1918년 3월 9일이다. 중국 컬렉션에 몰두한 고든은 루친자이가 제시한, 당시로는 천문학적 금액인 15만 달러를 지불하더라도 이것을 손에 넣고자 했다. 그는 이사장 해리슨에게 간곡한 편지를 보내는 등 박물관 이사회를 설득하는 한편 사방으로 자금 조달에 나섰다. 1920년 말, 자선가의 기부금을 유치한 펜실베이니아대학교 박물관은 최종 협상 끝에 12만 5,000달러에 삽로자와 권모과를 사들였다. 이렇게 해서 두 석각은 해리슨 로툰다The Harrison Rotunda, 즉 차이니즈 로툰다The Chinese Rotunda로 더 잘 알려진 둥근 천장의 중국 컬렉션관에 고이 모셔지게 된다.

고든과 루친자이의 거래는 펜실베이니아대학교 박물관에서 근무했던 저우슈친周秀琴이 2001년 「태종 황제와 그의 여섯 전마」라는 글을 발표하면서 세상에 알려졌다. 이를 계기로 석각 입수 과정이 도마에 오르자 펜실베이니아대학교 박물관 측은 합법적인 거래라고 주장했지만 중국인은 그 거래가 밀반출한 '장물'을 구입한 불법이었다고 확신한다.

루친자이는 국민당 유력자였던 장징장張靜江의 도움으로 골동품 회사를 차리고 중국의 도자기·서화·청동기·석각을 서구 각 대학 박물관과 골동품 수집가들에게 팔아넘긴 인물이다. 해외로 반출된 중국 문화재 상당수가 그의 손을 거쳤다고 한다. 중국인이 보기엔 영락없는 매국노가 서양인에게는 동양문화를 전파해준 사자이자 영웅으로 평가받고 있다.

소릉육준 석각은 온전한 게 하나도 없다. 불법 반출을 시도하는 과정에서 쪼개졌기 때문이다. 문화재 수집광이었던 열강의 후안무치보다 더 무시무시한 건 자국의 문화재 반출에 빌미를 제공하고 심지어 큰 도움을 준 무능하고 부패한 정부다.

문성공주와
영국공주 이야기

"대국大國이 나에게 공주를 시집보내지 않는다면 당장 침략해 들어
갈 것이다."

티베트 지역을 통일하고 토번吐蕃의 전성기를 열어가던 토번 왕
손챈감포(중국 사서에서는 기종농찬棄宗弄讚으로 표기)는 자신감이 가득
했다. 이번엔 어떻게든 당나라 공주를 아내로 삼을 작정이었다. '돌
궐과 토욕혼吐谷渾에는 공주를 시집보냈으면서 어째서 내 요청은 거
절한단 말인가!' 손챈감포는 결국 쓰촨四川 지역 송주松州를 공격했
다. 거침없었다. 하지만 상대는 막강한 당나라가 아닌가. 당나라 선
봉대가 토번 군영을 야습해 1,000여 급을 베자 두려워진 손챈감포는
병사를 이끌고 후퇴할 수밖에 없었다. 하지만 당나라와의 통혼은 포
기할 수 없는 일이었다. 손챈감포는 사신을 보내 사죄하면서 다시 혼
인을 요청했다. 강성해지는 토번을 마냥 무시할 수만은 없었던 당 태
종은 그 요청을 받아들이게 된다.

태종이 가르통첸을 맞이하는 장면을 묘사한 〈보련도〉(베이징 고궁박물원 소장)

혼인하려면 여섯 가지 난제를 풀라!

640년에 손챈감포의 명을 받아 구혼 사절단을 이끌고 장안으로 온 이는 가르통첸(중국 사서에서는 녹동찬線東贊으로 표기)이다. 그는 막중한 임무에 어깨가 무거웠다. 당나라에 구혼하러 온 사신은 그뿐만이 아니었다. 태종은 각국의 구혼 사신들에게 여섯 가지 어려운 문제를 풀게 한 뒤, 승리하는 자가 공주를 데려갈 수 있게 했다. 다음이 바로 그 문제들이다.

첫째, 안쪽이 꼬불꼬불하게 뚫린 구슬을 부드러운 비단실로 꿸 것

둘째, 어미 말 100필과 망아지 100필의 모자 관계를 판별할 것. 또 어미닭 100마리와 병아리 100마리의 모자 관계를 판별할 것

셋째, 하루 안에 100명이서 술을 100단지 마시고 양을 100마리 먹고 양가죽을 죄다 무두질할 것

넷째, 통나무 형태 소나무의 위쪽과 아래쪽을 판별할 것

다섯째, 한밤중에 황궁에서 숙소까지 길을 잃지 않고 돌아갈 것

여섯째, 여인 300명(또는 500명 또는 2,500명) 가운데 누가 공주인지 분간할 것

가르통첸은 어떻게 이 난제들을 풀었을까? 첫 번째 문제는, 개미 허리에 비단실을 묶어 구슬 구멍 앞에 놓고 반대쪽 구멍에 꿀을 발라 놓자 개미가 구멍 속으로 지나가면서 비단실도 구멍을 통과했다. 두 번째 문제에서는 어미말과 망아지를 격리해놓고 망아지에게 하루 종일 물은 주지 않고 사료만 주다가 다음 날 어미말과 섞어두자 각기 자기 어미의 젖을 물었다. 다음으로 모이를 바닥에 뿌리자 어미닭이 새끼 병아리를 불러들였다. 어미닭이 불러도 오지 않는 병아리가 있어서 새매 소리를 흉내 내자 죄다 자기 어미의 날개 밑으로 숨어들었다. 세 번째 문제는 고기를 다 먹기 전에 술에 취하지 않는 게 관건이었다. 고기를 아주 잘게 썰어 술 한 모금에 고기 한 조각씩 먹게 하자 술도 고기도 다 먹고 무두질까지 끝낼 수 있었다. 네 번째 문제는 나무를 강물에 집어넣자 무거운 아래쪽이 가라앉고 가벼운 위쪽은 물 위로 떴다. 다섯 번째 문제는 애초에 가르통첸이 장안에 오자마자 길을 잃지 않도록 주요 지점마다 표시를 해두었기에 쉽사리 황궁에서 숙소로 돌아갈 수 있었다. 여섯 번째 문제에서 가르통첸은 일찍이 공주를 모셨던 이를 통해 공주의 생김새를 미리 파악했기에 수많은 여인 가운데 공주를 알아낼 수 있었다.

가르통첸이 구혼 사신으로서 여섯 가지 난제를 풀었던 일을 가리켜 '육시혼사六試婚使' 또는 '육난혼사六難婚使'라고 한다. 다분히

광인사에 있는 녹도모(녹색 타라)상

전설적이긴 하지만 가르통첸의 지혜와 치밀함을 대변해주는 이야기다. 『구당서舊唐書』에서는 가르통첸이 비록 글자는 몰랐으나 천성이 사리에 밝고 굳세고 진중했으며, 그의 지모 덕분에 토번이 강성할 수 있었다고 했다.

중국의 10대 명화에 속하는 염입본閻立本의 〈보련도步輦圖〉는 태종이 사신으로 온 가르통첸을 맞이하는 장면을 묘사한 것이다. 수레에 앉아 시녀들에 둘러싸여 있는 이가 태종이고 그를 마주한 이가 전례관典禮官이며 그 뒤에 가르통첸과 역관譯官(또는 내시)이 있다. 당나라 관리인 전례관은 토번 사신인 가르통첸보다 상대적으로 크고 당당하게 그려져 있는데, 이는 당나라를 우월하게 표현하고자 한 것이다. 이러한 우월의식은 역사서에도 어김없이 반영되어 있다.

정관 15년(641), 가르통첸 일행을 따라 장안을 떠난 문성文成공주가 토번의 변경에 도착했다. 『구당서』에 따르면, 문성공주를 몸소 맞이하러 나온 손챈감포가 대국의 복식과 예의禮儀의 아름다움에 감탄하여 부끄러운 기색을 띠었다고 한다. 또 돌아와서 친척들에게 말하길, "우리 조상 중에는 상국上國과 통혼한 이가 없는데 지금 내가 대당大唐의 공주를 얻었으니 정말 행운이다"라고 했단다. 문명/야만, 상국/하국 프레임에 따른 서술은 그 뒤에도 이어진다. 토번 사람들이 얼굴을 붉게 칠하는 것을 문성공주가 싫어하자 손챈감포가 이를 금지한다, 손챈감포는 털가죽 옷을 벗고 비단옷을 입는다, 점차 중화 풍속을 연모하게 된다, 귀족 자제들을 당나라로 유학 보낸다…….

문성공주가 토번에 시집온 것을 계기로 당나라 문물이 전해진 것은 사실이다. 그런데 이 사실을 어떤 프레임으로 담아내느냐는 또 다른 문제다. 토번 역사서도 과연 이처럼 문명국을 우러르며 갈망하는 부끄럽고 무지한 야만국으로 자기 나라를 기술했겠는가. 당나라 우위의 일방적 관점에서 손챈감포와 문성공주의 결혼을 해석하는 것은 그야말로 착오다. 토번으로서는 문성공주와의 혼인을 오히려 자국의 강성함으로 받아들였다.

게다가 손챈감포는 당나라와 통혼하기 이전인 632년에 네팔 공주 브리쿠티를 아내로 맞이한 바 있다. 문성공주가 토번으로 시집갈 때 불상과 불경, 각종 공예품을 가지고 갔으며 여러 장인도 데려갔다는 건 잘 알려진 사실이다. 브리쿠티 역시 그 이전에 이미 같은 방식으로 시집갔다. 브리쿠티가 가져갔던 불상(석가모니 8세 등신상)은 현재 티베트 라모체사원(小昭寺)에 모셔져 있고, 문성공주가 가져갔던 불상(석가모니 12세 등신상)은 조캉사원(大昭寺)에 모셔져 있다.

녹색 타라의 화신이 된 문성공주

문성공주가 토번으로 가져간 석가모니 12세 등신상은 본래 황실 사원인 장안 개원사開元寺에 있었던 것이라고 한다. 손챈감포가 황금으로 만들어진 녹도모綠度母상을 혼인 예물로 바치자 당 태종이 그에 대한 화답으로 석가모니 12세 등신상을 혼수로 보낸 것이다. 태종은 등신상의 연화보좌만큼은 개원사에 그대로 남겨두었는데, 전설에 따르면 태종이 비어 있는 연화보좌를 보며 어떤 불상을 모셔야 할지 고민하던 찰나에 녹도모 보살이 현신하여 "내가 이곳 중생을 제도할 테니 다른 불상을 모실 필요가 없다"라고 말했다고 한다.

도모度母는 티베트어로 '돌마'라고 하는데, 바로 고통의 강을 건너게 해주는 어머니 '타라'다. 녹도모는 '녹색 타라'다. 모든 중생이 해탈할 때까지 자신은 성불하지 않겠다고 맹세한 관음보살, 이 관음보살이 고해에 빠진 중생을 보며 오른쪽 눈으로 흘린 눈물이 녹색 타라가 되고 왼쪽 눈으로 흘린 눈물이 흰색 타라가 되었다고 한다. 녹색 타라와 흰색 타라는 관음보살을 도와 중생을 제도하는 보살이다. 티베트에서는 문성공주를 녹색 타라의 화신으로 여기고, 브리쿠티를 백색 타라의 화신으로 여긴다.

다시 개원사의 연화보좌 이야기로 돌아가자. 그 연화보좌는 지금 시안의 광인사廣仁寺에 있고, 조캉사원에 있는 석가모니 12세 등신상과 같은 형태의 불상을 그 위에 모셔놓았다. 광인사는 산시성 유일의 티베트 불교 겔룩파 사원이다. 1705년 청나라 강희제康熙帝의 명으로 광인사가 세워지면서 개원사의 녹도모상 역시 광인사로 옮겨오게 된다. 광인사 대웅보전 중앙에 녹도모상이 모셔져 있다. 물론 광인사에서 문성공주의 상도 찾아볼 수 있다.

순장될 뻔한 영국공주

문성공주가 화번和蕃공주(이민족 군주에게 출가시킨 공주)가 되어 토번으로 시집간 지 100여 년 뒤, 영국寧國공주가 화번공주가 되어 회흘回紇(위구르의 전신)의 비가궐가한毗伽闕可汗에게 시집가게 된다. 황제 친딸이 화번공주로 시집가는 경우는 드문 일인데, 영국공주는 숙종肅宗의 친딸이다. 그런데 운명이 얼마나 기구한지, 영국공주는 이것이 세 번째 혼인이다. 처음엔 정손鄭巽에게 시집갔는데 사별한 뒤 설강형薛康衡에게 재가했다. 그런데 설강형과도 사별하고 말았다. 남편이 그렇게 일찍 세상을 뜨지만 않았더라도 이역만리 먼 곳으로 다시 시집갈 일은 없었을 것이다.

758년 7월 17일 영국공주가 장안을 떠나던 날, 아버지도 딸도 눈물을 감추지 못했다. "나라의 일이 중요하니 죽어도 한이 없습니다." 영국공주가 울면서 떠날 때 남긴 말이다. 영국공주가 오자 회흘 추장들은 '진짜' 공주가 왔다고 기뻐하며 당나라에서 보내온 혼수품을 나눠 가졌다. 회흘에서는 영국공주를 빌미로 한몫 챙기기에 바빴던 듯하다. 『구당서』기록에 따르면, 회흘에서는 그해 8월·9월·12월에 당나라로 사람을 보냈고 그때마다 숙종은 성대한 연회를 베풀어주었다. 후한 물품을 하사했음은 물론이다.

그런데 뜻밖의 일이 생겼다. 영국공주가 시집간 이듬해 4월에 비가궐가한이 사망한 것이다. 나이도 많고 쇠약하긴 했어도 너무 급작스러운 일이었다. 설상가상으로 회흘의 가혹한 풍속이 영국공주를 압박했다. 바로 '순장'이었다. 자신을 순장하려는 이들에게 영국 공주는 이렇게 따졌다.

"우리 중국의 법은 남편이 죽으면 상복을 입고 아침저녁으로 곡을 하면서 삼년상을 치르면 된다. 지금 회흘이 아내를 맞았으니 반드시 중국 예법을 따라야 한다. 만약 지금 이 나라 법을 따라야 한다면 구태여 만 리에서 결혼하러 왔겠느냐?"

영국공주는 다행히 순장은 면했지만 회흘 법에 따라 자신의 얼굴을 칼로 그으면서 크게 울어야 했다. 759년 8월, 영국공주는 당나라로 돌아오게 된다. 숙종은 문무백관에게 대명궁 정문 밖에서 그녀를 맞이하게 했다. 몸도 마음도 만신창이가 된 영국공주에게 아버지로서 최선을 다하고 싶었을 것이다.

영국공주가 돌아온 뒤에도 회흘에 대한 당나라의 물품 세례는 그치지 않았다. 회흘에서는 760년 9월에 두 차례, 그리고 11월에도 사신을 보내 숙종을 알현하고 물품을 하사받았다. 영국공주에게 자식이 없었기 때문에 당나라로 돌아왔다(『구당서』)고 하지만 그 때문만은 아닐 것이다. 한나라 때 흉노로 잡혀갔던 채염蔡琰(한나라 말의 뛰어난 학자 채옹蔡邕의 딸)을 데려오기 위해 조조曹操가 흉노에 막대한 금품을 제공했듯이 숙종도 영국공주를 데려오려고 그렇게 했을 것이다. 이후 영국공주가 어떻게 살았는지는 알 수 없다. 기록이 없기 때문이다. 당시 역사가의 관심사는 "나라의 일이 중요하니 죽어도 한이 없습니다"라고 말하며 기꺼이 고국을 떠난 영국공주이지, 고국으로 돌아와 고통스럽게 살아야 했던 영국공주가 아니었다. 이민족 땅에서 얼굴이 칼자국투성이가 된 그녀의 귀국 후 삶은 과연 어땠을까.

누구를 원망해야 하는가

756년, 안사安史의 난으로 장안이 함락되기 직전 현종은 양귀비楊貴妃와 도피하며 태자에게 황위를 물려주었다. 최악의 상황에서 황제가 된 숙종은 반란을 진압하기 위해 회흘에 원병을 요청했다. 회흘은 이를 빌미로 기세등등하게 많은 것을 당나라에 요구했다. 영국공주를 회흘에 화번공주로 보낸 것도 바로 이 때문이다.

안사의 난이 진압된 이후에도 회흘은 지속적으로 당나라에 혼인을 통한 화친을 요구했고 당나라는 그 비용을 감당할 수 없을 정도였다고 한다. 게다가 당나라는 해마다 비단 수만 필을 회흘에 주어야 했고, 견마絹馬무역에서 부당한 거래를 강요받았다.

'개원開元의 치治(개원 연간(713~741)의 치세)'라는 태평성세를 이끈 현종은 아이러니하게도 바로 당나라를 내리막길로 내몬 장본인이다. 양귀비는 망국의 원흉으로 몰려 서른여덟에 자살할 수밖에 없었지만 현종은 일흔여덟까지 천수를 누렸다. 현종의 손녀 영국공주는 '영국寧國'이라는 이름처럼 나라를 평안히 해야 할 무거운 짐을 져야만 했다. 영국공주는 과연 누구를 원망해야 하는가?

기러기 탑,
대안탑과 소안탑

지금부터 1,400여 년 전인 602년 진陳씨 집안에 넷째 아들이 태어났다. 10년 뒤 그 아이의 아버지는 세상을 떴다. 둘째 형은 출가했다. 아이 역시 삭발하고 스님이 되었다. 그리고 처음엔 형을 따라서, 나중엔 홀로 각지를 다니며 고승에게서 가르침을 받았다. 그런데 배우면 배울수록 그는 혼란스러워졌다. 같은 불교이건만 종파와 교리가 너무 달랐다. 불경이 '번역'을 거치는 과정에서 생겨나는 오류는 그러한 분규의 주요 원인이기도 했다.

'무엇이 진리란 말인가? 어디서 답을 구할 수 있을까?' 한창 고민에 빠져 있던 그에게 결단의 날이 다가왔다. 답은 불경에 있으니 그것을 직접 보고 배우고 가져와야 했다.

운명이었다. 일찍이 그가 태어나던 날 어머니는 꿈을 꾸었다. 흰옷을 입은 스님이 서쪽으로 가고 있는 꿈이었다. "아들아, 지금 어디로 가려는 거냐?" "부처님의 진리를 구하러 갑니다."

현장의 서천취경

운명이고 사명使命이었다. 그 옛날 법현法顯대사와 지엄智嚴대사 모두 중생을 계도하고자 서천西天으로 가지 않았던가! 그 뒤를 이어야 한다는 사명감이 그를 움직였다. 여정을 짜고 여비를 모았다. 부처님께 상서로움의 징조를 간구했다. 그리고 꿈을 꾸었다. 망망대해에 수미산이 높이 솟아 있는 꿈. 그 산에 올라가고 싶지만 파도가 포효하고 배조차 없다. 하지만 두렵지 않았다. 바다에 발을 들여놓았다. 순간 파도를 뚫고 석연화石蓮花가 솟아나는 게 아닌가! 걸음을 내디딜 때마다 석연화가 생겨났다. 순식간에 산 아래까지 갔다. 하지만 깎아지른 듯한 산을 올라갈 방법이 없었다. 이번에는 휙 몸을 위로 솟구쳤다. 순간 회오리바람이 불어와 산 정상에 올랐다. 사방을 바라보니 그 어떤 장애물도 없이 확 트여 있다.

그는 기뻐하며 잠에서 깼다. 그리고 즉시 길을 떠났다. 이때가 정관 3년(629). 두려움 없이 바라는 길을 가면 '탁 트임'에 도달할 수 있으리라는 믿음, 20대의 현장(602~664)은 그 믿음에 의지하여 장안을 떠나 인도로 향했다. 목숨을 걸어야 하는 여정이었다. 오늘날 우리처럼 그저 비행기에 몸을 싣기만 하면 손쉽게 갈 수 있는 곳이 아니었다. 고비사막에 들어선 현장을 떠올리면 그가 느꼈을 절대고독에 몸서리가 쳐진다. 방향조차 가늠할 수 없는, 새도 짐승도 풀도 없고 물도 없는 망망한 사막을 홀로 헤쳐 나가야 하는 이의 마음이란! 가고 또 가도 모래뿐인 사막, 할 수 있는 건 끝없는 그 길을 그저 쉼 없이 걷고 또 걷는 일. 적막감이 그를 휘감고 두려움이 엄습했다.

사막에서 길을 잃고 여러 날 물 한 방울 축이지 못한 그는 결국

서역으로 불경을 가지러 떠나는 삼장법사 일행(『서유기』)

쓰러졌다. 쓰러진 채 기도했다. 재물을 탐내서도 아니고 명예를 바라서도 아니고 오로지 중생을 구제하기 위해 가는 길이니 제발 굽어 살펴주시라고. 그날 밤 그는 꿈을 꾸었다. 아주 커다란 신이 나타나서 말하길, 왜 나아가지 않고 누워 있느냐고 했다. 깜짝 놀라 잠에서 깬 그는 계속 앞으로 나아갔다. 놀랍게도 맑은 연못이 그를 기다리고 있었다. 이 기적의 장소에서 하루를 머문 그는 이튿날 다시 길을 떠났다. 그리고 이틀 뒤에 사막에서 벗어났다.

　우리에게는 삼장법사三藏法師로 더 익숙한 그 현장법사의 이야기다. 『서유기西遊記』에 나오는 삼장법사의 실제 모델이 바로 그다. 판타지 『서유기』에 현실의 논리를 갖다대는 게 어불성설이긴 하지만 그럼에도 불쑥 드는 생각이 있다. '손오공이 휙 가서 불경을 가져오면 다들 고생하지 않아도 될 텐데.' 『서유기』의 핵심은 바로 이런 생각의 대척점에 있다. 중생을 구제할 수 있는 부처님 말씀은 결코 '휙' 가져올 수 있는 게 아니다. '고생 없이' 가져올 수 있는 것도 결코 아니다. 81난難의 지난한 과정이야말로 '서천취경西天取經'의 합법성을 담보해주는 것이리라.

그런데『대자은사삼장법사전大慈恩寺三藏法師傳』의 기록에 따르면, 현장이 '구도求道의 길'에서 처음으로 극복해야 했던 난관은 놀랍게도 당나라 조정이었다. 그 당시 당나라는 나라 밖으로 나가는 것을 엄격히 금했다. 현장은 인도로 가는 것을 허락해달라고 태종에게 여러 차례 상소를 올렸지만 번번이 거절당했다. 합법적인 길은 막혀 있었다. 그는 국법을 어기는 것을 감수하고 몰래 인도로 향했다. 현장의 행적을 알게 된 조정에서는 그를 잡아들이라고 명했다. 잡혀서 장안으로 압송될 뻔한 위기도 여러 번 겪었다. 어디 그뿐인가. 변방 수비대가 낯선 이를 향해 날리는 화살에 하마터면 목숨을 잃을 수도 있었다. 겨우 월경에 성공한 뒤 갖은 고생 끝에 도착한 인도에서 그는 열심히 답을 구했다.

정관 19년(645) 정월, 현장은 마침내 장안으로 돌아왔다. 645년은 우리 역사에서도 잊을 수 없는 해다. 당 태종이 고구려를 침공한 바로 그해가 아닌가! 현장이 장안으로 돌아왔을 때 공교롭게도 태종은 장안에 없었다. 요동 출정을 앞두고 낙양에 머물렀던 것이다. 현장의 귀국 소식을 들은 태종은 서둘러 그를 낙양으로 불러들였다. 태종의 팽창 야욕은 동서로 모두 뻗어 있었다. 그에게는 현장이야말로 서역의 정보를 알려줄 가장 믿을 만한 정보원이었다. 제사보다 젯밥에 관심이 있었던 태종이 현장을 만나서 건넨 첫마디는 정말 기가 차는 말이다.

"법사는 떠나면서 왜 조정에 알리지 않았소?"

"제가 떠나고자 할 때 거듭 아뢰었나이다. 하지만 정성이 미천하여 윤허를 받지 못했나이다. 도를 흠모하는 마음을 이기지 못해 몰래 떠났사옵니다. 멋대로 행동한 죄, 심히 부끄럽고 두렵사옵니다."

절대권력을 쥔 자의 후안무치함 앞에서 도리어 용서를 빌어야 하는 어처구니없는 상황이었다! 그런데 『서유기』에는 장안에서 현장을 맞이한 태종이 건넨 첫마디가 "동생(御弟), 오셨는가?"로 되어 있다. 이후 펼쳐진 환대는 두말할 나위 없다. 실제 역사에서 현장이 태종의 부름을 받고 낙양으로 간 때가 정관 19년 2월이고 태종이 고구려로 쳐들어간 때도 2월이다. 태종이 현장을 만난 뒤 바로 침략 전쟁에 나섰던 것이다. 춘추시대 공자도 자신의 이상을 현실에 구현하지 못했듯 현장도 그러했다. 왕은 그들을 존중하는 척했을 뿐 그들의 진심에는 마음을 열지 않았다.

『서유기』가 아무리 판타지라지만 소설 속에서 뒤틀려버린 이 내용은 꼭 짚고 넘어갔으면 한다. 현장이 인도로 떠나게 되는 장면이 담긴 12회回 이야기다. 태종은 수륙재水陸齋가 열린 자리에서 이렇게 말했다.

"누가 짐의 뜻을 받들어 서천으로 가서 부처에게 경배하고 경을 구해오겠는가?"

"소승이 비록 재주는 없사오나 견마지로犬馬之勞를 다하겠나이다. 폐하께 진경眞經을 구해드리고 우리 왕의 강산이 영원히 굳건하길 기원하겠사옵니다."

'진리'를 찾고자 목숨을 걸고 떠났던 현장의 열정이 위대한 '왕조'를 위한 서사로 탈바꿈되는 순간이다. 국법을 어기고 감행한 구도의 길이었거늘, 소설에서는 공식적인 출사出使가 된 것이다. 태종은 현장과 형제의 의를 맺고 그를 '어제御弟 성승聖僧'이라 부른다. 현장을 위해 통행 허가증을 발급해주고 시종과 말도 준비해준다. 그리고 관문까지 현장을 배웅하러 간다. 한사코 거절하는 현장에게 태종이 기어코 이별주를 권하는 장면은 의미심장하다. 현장이 마지못해 술잔을 받아든 순간 태종은 술잔에 흙을 집어넣으며 이렇게 말한다. "오랜 시간이 걸릴 것이고 길이 멀다오. 동생은 이 술을 마시도록 하오. 고향의 흙을 그리워할지언정 타향의 황금 만 냥을 사랑하진 마시게." 태종의 깊은 뜻에 감격한 현장은 그 술을 남김없이 마신 뒤 길을 떠난다.

『서유기』 곳곳에 등장하는 온갖 요괴 이야기보다 이 장면이 더 판타지답다. 현장의 길을 어떻게든 막으려 했던 훼방꾼이 그 길을 떠나도록 만든 주관자로 탈바꿈된 역사 판타지! 사실의 왜곡을 넘어 '진실'을 왜곡한 것이다. 소설이니까 이쯤에서 그만 다그치자. 아무튼 현실의 절대권력이 상상세계의 질서에까지 그 힘을 뻗친다는 또 다른 사실 앞에서 오싹할 뿐이다.

현종과 자은사 대안탑

현장 같은 대안탑이여! 그대는 자랑스러워할지니,
현장이 영혼으로 그대를 설계했음이라.
대안탑 같은 현장이여! 그대는 행복하나니,
평생 부지런히 추구하여 마침내 이상을 실현했음이라.

시인 거자잉葛佳暎의 「대안탑」에 나오는 구절이다. 진리를 찾고자 인도로 떠났던 현장은 불경을 가지고 돌아왔다. 그 불경을 보관하려고 만든 대안탑은 현장의 삶이 농축된 상징물이다.

대안탑이 있는 자은사터에는 일찍이 북위 때 정각사淨覺寺라는 절이 있었고, 수나라 때는 무루사無漏寺라는 절이 있었다. 648년, 태자 이치李治(훗날의 고종)가 태종에게 주청하여 어머니 문덕황후를 위해 절을 짓게 되는데, 이것이 바로 자은사다. 자애로운 어머니의 은덕에 보답한다는 의미에서 '자은사慈恩寺'라고 명명한 것이다. 현장이 불경을 번역하고 유식종唯識宗이 탄생한 곳이 바로 이 자은사다.

652년, 자은사 주지였던 현장은 불경과 사리를 안전하게 보관하기 위해 탑을 세우라고 고종에게 상주했다. 현장은 대안탑을 설계했을 뿐만 아니라 공사에도 몸소 참여했다. 2년 뒤 완성된 60미터 높이의 5층탑은 인도의 스투파 형태로, 지금과는 외형이 완전히 달랐다. 내부 역시 현재의 누각식이 아니었고 탑 안을 올라갈 수 없는 구조였다. 그런데 탑이 완성된 뒤 고종이 이를 개조하면서 형태가 바뀌었고, 역대로 여러 차례 개보수를 거친 끝(1604)에 오늘날 우리가 보는 64.5미터의 4각 7층탑 구조로 고정되었다.

60미터 높이로 우뚝 솟은 대안탑 위에 올라가면 장안성이 한눈에 들어왔다. 시의 전성기를 구가한 당나라의 수많은 시인이 대안탑에 올라가 1,000편에 달하는 시를 남겼다. 두보杜甫·백거이白居易·유우석劉禹錫·원진元稹·위응물韋應物 등 위대한 시인들의 시상을 불러일으킨 곳이 바로 대안탑이다. 대안탑 6층에는 천보天寶 11년(752) 가을에 두보·잠삼岑參·고적高適·설거薛據 등이 함께 대안탑에 올라

자은사 대안탑

양홍쉰楊鴻勛이 추정한, 대안탑의 최초 형태

바깥 풍경을 내다보며 지은 오언시가 걸려 있다.

대안탑은 '안탑제명雁塔題名'으로도 유명하다. 진사進士 급제자를 위한 축하연회인 행원연杏園宴이 끝나고 나면 다들 자은사로 가서 대안탑에 급제자 이름과 관적, 급제 시기를 검은색으로 써넣었다. 당나라 고관 가운데 상당수는 진사 출신이었는데, 대안탑에 이름이 적힌 진사 급제자들 가운데 훗날 경상卿相 지위에 오르는 이가 생기면 그 이름을 붉은색으로 바꾸었다. 안탑제명은 중종中宗 이후 순식간에 유행이 되어 당나라 말까지 이어졌다.

오늘날 대안탑에서 당나라 때 안탑제명의 자취는 찾아볼 수 없다. 당 무종武宗 때 재상 이덕유李德裕가 진사 출신이 아니라서 대안탑에 적힌 이름을 지워버렸다는 설도 있지만, 사실은 북송 신종神宗 때 대안탑에 불이 나서 탑에 적힌 이름들도 사라지고 말았다. 당나라가 멸망하면서 안탑제명도 사라졌지만 산시·간쑤의 향시鄕試에 합격한 거인擧人들은 여전히 자은사에 그 이름을 남겨놓았다. 지금 자은사에 보존되어 있는 명·청 시대 제명비題名碑가 바로 그 증거다.

세계문화유산에 등재되면서 세계적 명성을 떨치고 있는 대안탑은 중국인이 휴가철에 많이 찾는 곳 가운데 하나이기도 하다. 국내외에서 많은 인파가 몰려드는 유적지의 문화유산은 보호에 각별히 신경 쓰기 마련이지만, 대안탑의 경우 더욱 그래야 할 이유가 있다. 바로 대안탑의 기울기 때문이다. 바닥과 수직이어야 할 대안탑 꼭대기가 서북 방향으로 많이 기운 상태다. 청나라 때 이미 이에 관한 기록이 나온다. 강희 58년(1719)에 측정한 바에 따르면, 대안탑은 서북 방향으로 19.8센티미터 기울어 있었다. 이후 계속해서 기울기가 심화되었는데, 1941년에는 41.3센티미터, 1964년에는 87.3센티미터, 1983년에는 99.9센티미터, 급기야 1991년에는 101센티미터로 1미터가 넘기까지 했다.

대안탑이 이렇게 기울게 된 가장 큰 원인은 지하수의 변화다. 당나라 때만 해도 관중 지역은 강수량이 많았는데 송나라 때부터 기온이 떨어지고 건조해지기 시작하면서 지하수 수위가 낮아졌다고 한다. 인위적 요소는 대안탑 기울기에 더 큰 영향을 미쳤다. 1960년대에 들어와 대안탑 부근에서 지하수를 대량으로 뽑아 쓴 것이다. 1980년대 후반부터는 시안의 경제가 급속히 발전하고 인구가 증가하면서 지속적으로 지하수 개발이 이루어지고 대안탑도 계속 기울어졌다. 다행히 최근 들어 지하수 개발을 금지하면서 대안탑도 조금씩 원래 상태로 돌아가고 있다. 2009년부터는 해마다 대안탑 주변 지역에 지하수를 40만 톤씩 채워넣는데, 이렇게 해서 해마다 0.1센티미터씩 원래 상태를 회복해가는 중이라고 한다. 계산대로라면 1,000년 후에는 원래 상태로 돌아갈 수 있단다.

의정과 천복사 소안탑

대안탑의 원래 명칭은 안탑雁塔이다. '기러기 탑'이라는 탑명에는 소승불교도가 대승불교도로 전향한 사연이 담겨 있다. 마갈타왕국의 어떤 승려가 육식을 허용하는 소승불교를 받들고 있었다. 어느 날 그 승려는 굶주린 상태에서 하늘을 보았는데, 마침 기러기 떼가 날아가고 있었다. 배고픈 것을 알아달라는 말을 그가 하자마자 기러기 한 마리가 바로 앞에 떨어져 죽었다. 놀란 그가 다른 승려들에게 이 일

천복사 소안탑

을 알리자, 다들 부처가 그들을 교화하기 위한 것이라 여기고 대승불교를 받들게 되었다. 부처의 가르침을 기리기 위해 탑을 세우고 죽은 기러기를 그 아래에 묻었는데, 이 탑이 바로 안탑이다. 이상은 현장의 『대당서역기大唐西域記』에 기록된 내용이다. 인도에서 안탑 이야기를 알게 된 현장이 당나라로 돌아온 뒤 자은사에 탑을 세우고 '안탑'이라는 이름을 붙였다고 한다.

안탑이 대안탑이 된 것은 나중에 생겨난 소안탑과 구별하기 위해서다. 소안탑이 있는 천복사薦福寺의 원래 이름은 헌복사獻福寺였다. 684년에 예종睿宗이 아버지 고종의 명복을 빌기 위해 헌복사를 지었는데, 690년 측천무후則天武后가 황제로 즉위하면서 천복사로 이름을 바꿨다. 이후 중종 때인 707년에 소안탑이 세워지는데, 이 시기는 바로 의정義淨(635~713)이 천복사 주지로 있으면서 불경을 번역하던 때였다. 인도에서 불경을 가져온 법현과 현장을 어려서부터 흠모한 의정 역시 불경을 구하러 인도를 다녀왔다.

　의정이 이용한 길은 육상 실크로드가 아닌 해상 실크로드다. 당시에는 육로보다 안전하고 편리한 바닷길이 활발히 이용되었다. 671년 광저우廣州에서 상선을 타고 인도로 떠난 의정은 20여 년이 훌쩍 넘은 695년에야 당나라로 돌아왔고, 이후 장안과 낙양의 여러 절에서 230권에 달하는 불경을 번역했다. 소안탑이 있는 천복사는 장안의 3대 역경장(홍선사興善寺·자은사·천복사) 가운데 하나였으며, 의정이 세상을 뜬 곳도 바로 천복사다.

　소안탑은 이름뿐 아니라 여러 면에서 대안탑과 비슷하다. 현장이 인도에서 가져온 불경을 보관하기 위해 대안탑이 세워졌다면, 의정이 인도에서 가져온 불경을 보관하기 위해 소안탑이 세워졌다. 그리고 명·청 시대에도 당나라 풍속을 모방해 향시 합격자들이 대안탑에서 안탑제명했던 것처럼, 향시의 무과武科에 합격한 거인들이 천복사를 찾아와 소안탑 아래서 비석에다 이름을 남기는 풍속이 있었다. 지금 천복사에 보존된 명·청 시대의 제명비가 바로 그 증거다.

　현존하는 형태가 원래 것과 다르다는 점에서도 두 탑은 비슷하다. 기록에 따르면 소안탑은 본래 위아래가 가늘고 가운데가 두꺼운 방추형이었다고 한다. 당시 소안탑 높이는 약 53미터에 15층이었다. 소안탑이 현재처럼 죽순형으로 된 것은 강희 29년(1690)에 탑의 기단에 벽돌을 둘러서 두께가 70센티미터 정도 더 두꺼워졌기 때문이다. 현재 소안탑은 43.38미터에 13층만 남아 있다. 층수와 높이가 줄어든 것은 다름 아닌 지진 때문이다. 명나라 가정嘉靖 34년(1556) 관중 지역 대지진으로 꼭대기 두 층이 무너져 떨어졌고, 지금까지도 소안탑의 꼭대기 두 층은 없는 상태다.

피사의 사탑처럼 기울다가 회복되고 있는 대안탑보다 더 신비한 일이 소안탑에 있었는데, 바로 '삼열삼합三裂三合' 현상이다. 말 그대로 소안탑은 세 차례 갈라졌다가 다시 세 차례 합쳐졌다고 한다. 그 원인은 바로 지진이다. 1487년 지진으로 탑 가운데가 갈라졌는데, 34년이 지난 1521년 어느 날 지진이 일어났고 이날 밤에 탑이 한데 합쳐졌다고 한다. 이 일은 소안탑 북문 문미門楣에 새겨져 있다. 당시 하룻밤 사이에 탑이 원래대로 합쳐진 것을 목격한 이는 "마치 신이 합쳐놓은 것 같다"라고 표현했다. 이런 기적 같은 일이 그 뒤로 두 번이나 더 있었다. 1556년 지진으로 다시 갈라졌다가 1664년에 또 합쳐졌고, 1691년에 다시 갈라졌다가 1721년에 또 합쳐졌다. 이렇게 여러 차례 지진에도 소안탑이 무사했던 것은 신의 힘이 아니라 장인의 뛰어난 건축술 덕분이라고 한다. 탑의 토대를 반원의 구체로 만들었기 때문에 지진이 일어났을 때 압력이 골고루 분산되어 마치 오뚝이처럼 넘어지지 않을 수 있었다는 것이다. 지금 소안탑은 꼭대기 두 층만 없을 뿐 지진으로 갈라진 흔적은 찾아볼 수 없는데, 이는 1964년에 정밀 보수 작업을 한 결과다.

똑같이 기러기 탑으로 명명된 대안탑과 소안탑은 2014년 실크로드 유산으로서 세계문화유산에 나란히 등재되었다. 육상 실크로드로 인도에 다녀온 현장, 해상 실크로드로 인도에 다녀온 의정, 두 사람은 실크로드를 통한 문명 교류의 상징이다. 두 사람과 뗄 수 없는 인연이 있는 대안탑과 소안탑 역시 그러하다.

현장의 두 제자,
규기와 원측

당 태종 정관 19년, 인도로 구법 여행을 떠났던 현장이 17년 만에 장
안으로 돌아왔다. 이후 약 20년 동안 현장은 일생을 경전 번역에 쏟
아 부었다. 『유가론瑜伽論』과 『성유식론成唯識論』으로 대표되는 경전
번역을 기반으로 그는 유식종을 창시하게 된다.

　　현장의 번역 작업은 규모면에서 방대하고 가치면에서 위대한
일이었다. 존재의 궁극을 부처님 말씀에서 찾고자 했던 이들에게 이
일을 함께하는 것은 무엇으로 표현할 수 없을 정도로 가슴 뛰는 일이
었을 것이다. 현장과 함께한 이들은 모두 같은 마음이었으리라. 그들
에게 경전 번역은 단순한 언어의 전환이 아니었다. 그것은 풀리지 않
는 의문과 해소되지 않는 갈증에 대한 해답을 찾는 구도의 길이자 깨
달음의 과정이었다.

규기의 자은학파 대 원측의 서명학파

현장의 직계제자였을 뿐만 아니라 수제자로서 법맥을 이어받게 된
이는 바로 규기窺基(632~682)다. 현장은 처음부터 규기를 남달리 아
꼈다. 그는 규기를 제자로 삼으려고 불교의 금계까지 범할 수 있는
특권까지 허용했다고 한다. 규기는 술과 고기와 여자를 금하지 않는
것을 출가 조건으로 내걸었고, 현장은 이를 수용했다. 규기는 수레
석 대를 거느리고 다녔는데, 앞쪽 수레에는 경전을 싣고 가운데 수레
에는 자신이 타고 뒤쪽 수레에는 술과 고기와 여자를 싣고 다녔다.
그래서 규기를 '삼거三車 법사'라고도 한다. 송나라의 승려 찬영贊寧
은 『송고승전宋高僧傳』에서 이런 이야기가 '엄청난 무고厚誣'라고 했
다. 하지만 규기에 관한 서술 분량이나 서술 태도를 보면, 찬영의 이
런 평가는 규기를 옹호하기 위한 것이라는 생각이 든다. 당시 진실은
어렴풋한 베일에 가려져 있다.

규기를 이야기할 때면 반드시 언급되는 인물이 있으니 바로 원
측圓測(613~696)이다. 그리고 이 둘을 언급할 때면 빼놓을 수 없는 이
야기가 있으니 바로 원측의 '도강盜講'사건이다. 규기만을 위한 현장
의 특강을 원측이 몰래 훔쳐 들었다는 것이다. 그것도 문을 지키는
이를 돈으로 매수한 뒤 몰래 숨어서 엿들었다고 한다. 원측이 신라
출신이어서일까. 국내에서는 원측의 도강사건을 규기 측에서 날조
해낸 이야기라고 단언한다. 원측의 인품으로는 도강할 리도 없고 원
측의 실력으로는 도강할 필요도 없었다는 것이다. 하지만 이 일의 진
실 역시 어렴풋한 베일에 가려져 있다. 원측의 도강사건은 날조이든
사실이든 다시 한번 곱씹어봐야 한다.

현장의 수제자였던 규기

『송고승전』의 기록에 따르면 현장이 유식론을 번역할 때 처음에는 네 제자와 함께했는데 나중에는 다른 세 명을 그만두게 하고 규기에게 일임했다고 한다. 집필·윤색·검토 등의 작업을 여럿이 나눠서 하면 법문의 찌꺼기는 얻을 수 있을지언정 정수는 잃고 만다며 혼자 책임지고서 완성하고 싶다는 규기의 바람을 현장이 받아들인 것이다. 그만큼 규기의 실력이 뛰어나고 의지도 강했던 듯하다.

이런 규기에게 운명의 라이벌이었던 존재가 바로 원측이다. 규기가 현장의 유식론 강의를 독점할 때 원측은 그 강의를 몰래 엿들었다. 정식 강의는 규기가 들었고 원측은 도강했지만 원측이 한 발 앞서 승려들을 모아놓고 유식론을 강의했다. 규기는 자신이 뒤졌다는 사실에 부끄러웠고 실망했다. 현장은 규기를 격려하기 위해 진나陳那의 인명학因明學을 독점 전수해준다. 이것만으로는 원측을 상대하기에 부족하다고 여겼는지, 규기는 현장에게 유가론을 오직 자기에게

만 강의해달라고 요청한다. 그런데 이번에도 원측이 몰래 엿듣고 한 발 앞서 강의하게 된다. 원나라 승려 담악曇噩의『신수과분육학승전新修科分六學僧傳』에서도 이 일을 언급했다. 유식론과 유가론의 번역이 끝나자 현장이 규기에게 상세하게 강의해주었는데, 원측이 번번이 훔쳐 듣고서 한 발 앞서 강의했다는 것이다.

원측이 정말 문지기를 매수했을까, 정말 현장의 강의를 몰래 엿들었을까? 그것은 사실일 수도 거짓일 수도 있다. 하지만 원측이 규기보다 먼저 유식론과 유가론을 자기화하여 다른 이에게 강론했다는 것은 엄연한 사실이다.『송고승전』에서는 선수를 치려는 원측을 규기가 싫어했고 결국 원측에게 강론을 양보했다고 한다. 애초에 현장과의 작업을 독점하고 강의까지 독점한 규기가 과연 원측에게 양보했을까? 양보할 수밖에 없었다고 하는 게 진실에 더 가까울 것이다. 일본 승려 엔닌圓仁의『입당구법순례행기入唐求法巡禮行記』에서는 태원太原의 동자사童子寺에 대해 말하길, 자은법사 규기가 신라 승려 현측玄測(원측)법사를 피해 장안을 떠나와서 유식론을 강의하기 시작한 곳이라고 했다. 규기는 강론 능력에서도 원측을 따라가지 못했던 듯하다. 현장의 수제자이자 자타공인 유식종의 정통인 규기를 장안에서 몰아낼 외부적 핍박은 없었을 것이다. 규기가 원측을 피한 것은 이길 수 없는 라이벌에 대한 열등감의 발로가 아니었을까.

규기와 원측은 나이차가 거의 스무 살 난다. 현장이 인도에서 돌아왔을 때 규기는 10대 소년이었다. 그가 정식으로 현장의 제자가 된건 열일곱 살 때다. 당시 원측은 서른 중반으로, 10대 중반에 당나라로 와서 불교를 공부한 지 20년이나 된 시점이었고 이미 사상의 토대가 충분히 무르익은 상태였다. 규기가 불경 번역에 참여하기 시작했을 때 나이는 스물다섯이었고 그 당시 원측은 마흔네 살이었다. 규기가 아무리 속성 코스를 밟는다 하더라도 원측이 쌓아온 내공을 따라잡기는 역부족이었을 것이다. 이후 당 고종 인덕麟德 원년(664)에 현장이 세상을 뜨기까지 규기는 현장 곁에서 번역 작업을 함께하며 불법을 전수받았다. 그사이에 규기는 많은 실력과 업적을 쌓았다.

규기와 원측은 유식학의 쌍벽을 이루었다. 규기의 유식학은 자은사를 중심으로 형성·전승되고, 원측의 유식학은 서명사西明寺를 중심으로 형성·전승되었다. 규기·혜소慧沼·지주智周로 계승된 자은학파는 정통을 자처했고, 서명학파는 이들의 배척을 받았다. 두 학파 간에는 관점 차이가 극명했던 만큼 많은 쟁론이 펼쳐졌다. 공교롭게도 원측과 그의 제자 도증道證과 승장勝莊 모두 신라인이었다.

외국인이었던 원측이 장안의 대표적 사찰 가운데 하나인 서명사의 대덕이 될 수 있었던 데는 여러 요소가 작용했다. 원측의 탁월한 실력, 외국인에게 관대했던 당나라의 문화적 분위기 그리고 측천무후의 전폭적 지지가 있었다. 측천무후는 명승들의 강론이 펼쳐질 때마다 원측이 가장 먼저 강론하게 했다고 한다. 신라에서 여러 번 원측의 귀국을 요청했지만 측천무후의 거절로 번번이 무산되었고, 원측은 세상을 뜨기까지 내내 당나라에서 지냈다. 하지만 그의 제자 도증이 신라로 돌아와 태현太賢에게 유식학을 전함으로써 신라에서 유식종이 성립되었다.

흥교사탑, 세 스님의 사리탑이 나란히

시안의 흥교사에는 현장과 원측과 규기의 사리탑이 나란히 모셔져 있다. 이를 흥교사탑이라고 한다. 흥교사탑은 2014년 세계문화유산으로 등재된 실크로드 유산 가운데 하나다. 현장의 구법 여행, 중국의 유식종 탄생, 신라의 유식종 탄생이라는 동아시아 불교사에서 일련의 중요한 사건이 압축된 상징물이 바로 흥교사탑이다. 실크로드를 통한 문명의 교류를 말해주는 세 흥교사탑의 명칭은 각각 당삼장탑, 측사탑測師塔, 기사탑基師塔이다. 높이가 21미터인 당삼장탑을 가운데 두고 그 양쪽으로 7미터 높이인 측사탑과 기사탑이 있다.

애초에 흥교사는 현장의 사리탑을 계기로 세워진 사원이다. 현장은 산골짜기 외진 곳에 자신을 안치해달라는 유언을 남겼다. 고종은 그 유언에 따라 화장한 현장의 유골을 장안 동쪽 교외의 백록원白鹿原에 묻었다. 현장을 무척이나 존경했던 고종이 함원전含元殿에서 늘 백록원을 바라보며 그의 유골이 안전한지 노심초사하며 눈물을 흘리자, 측천무후가 669년에 현장의 유골을 장안 남쪽의 소릉원少陵原으로 이장하면서 사리탑을 세웠다고 한다. 이와 더불어 사원도 세웠는데 그게 바로 흥교사다. 흥교사라는 이름은 숙종이 현장의 사리탑에 '흥교興敎'라는 글자를 써넣으면서 지어진 것으로, '불교를 크게 일으킨다'는 의미다.

현장의 사리탑 곁에 먼저 자리하게 된 이는 원측보다 앞서 세상을 뜬 규기다. 원측도 자신을 스승 현장의 사리탑 옆에 묻어달라고 유언했는데, 원측의 제자는 화장한 그의 유골을 흥교사에서 바로 바라다보이는 종남산終南山 풍덕사豐德寺에 묻었다. 원측과 규기 세력

홍교사탑

간의 갈등 때문이었을까? 아무튼 원측을 현장의 사리탑 옆에 묻을 수 없었던 사정이 있었을 것이다. 원측이 스승 곁에 묻히게 된 건 그로부터 400여 년이 지난 1115년이다. 송 휘종徽宗 때 풍덕사에 있던 유골 일부를 가져다 현장의 사리탑 동쪽에 묻은 것이다. 이때 원측의 사리탑 규모와 모양을 규기의 것과 같게 만들었다고 한다.

측사탑에 새겨진 글에 따르면, 원측은 현장과 뜻이 잘 맞았고 현장이 원측에게 『유가사지론瑜伽師地論』, 『성유식론』 등에 소疏(뜻풀이)를 달도록 했다고 한다. 또 원측이 현장을 도와서 불법을 동쪽으로 흐르게 했다고 한다. 이 글을 보면서 원측의 도강사건을 다시 떠올리며 재미난 상상을 해본다. 혹시 현장이 원측에게 몰래 와서 들으라고 했던 건 아닐까.

규기는 현장의 법맥을 전수받는 수제자의 권리로 독점 강의를 요구했다. 이를 거절할 수 없었던 현장이 형식적으로는 규기의 요구를 들어주되 실질적으로는 원측에게도 가르침을 나눠주고자 했을 가능성은 충분하다. 현장이 부처의 가르침을 일파의 자산으로 지키고자 하는 생각이 앞섰다면, 오직 자신의 수제자인 규기에게만 전수하려 했을 것이다. 하지만 그가 그것을 공공제로 여겼다면 그 가르침을 가장 잘 받아들일 준비가 되어 있었고 누구보다 가르침을 갈망하던 원측을 배제할 리가 없었을 것이다.

흥교사 사건, 세계문화유산의 의미는?

흥교사와 관련해 빼놓을 수 없는 이야기가 또 있다. 2013년 봄에 중국을 떠들썩하게 만들었던 '흥교사 사건'이다. 2013년 3월, 세계문화유산 등재 신청과 관련해 시안시 당국이 5월 30일 이전까지 흥교사 건축물의 3분의 2를 철거하겠다는 공문을 흥교사에 보낸 것이 발단이었다. 흥교사와 그 어떤 사전 교감도 없던 상태에서 일방적인 요구였다. 철거 계획이 그대로 진행될 경우 흥교사 승려들은 흥교사에서 더는 지낼 수 없게 되는 상황이었다. 흥교사 측에서는 즉시 강하게 반발했고, 전국적으로 비판 여론이 확산되자 결국 당초 철거 계획은 철회되었다.

흥교사 사건은 오늘날 우리의 가치 기준을 돌아보게 하는 하나의 '징후'라고 할 수 있다. 흥교사탑을 세계문화유산에 등재하기 위해 흥교사 내에서 이른바 가치가 떨어지는 건축물을 철거하겠다는 논리에는 오직 흥교사탑만 존재한다. 그 논리에서는 정작 신앙의 주체인 승려들은 배제되고 만다. 그들이 있기에 그곳이 비로소 살아 있는 공간이 된다는 중요한 사실을 놓치는 셈이다. 흥교사 사건이 경각심을 불러일으켰던 건 신앙의 공간이 문화상품으로 전락하는 것에 대한 우려 때문이다. 신앙이 본질을 잃은 채 껍데기만 남게 될 것이라는 우려다. 승려가 살지 않고 예배가 행해지지 않는 사원에서 과연 어떤 가치를 찾을 수 있을까?

세계문화유산이라는 화려한 타이틀을 단 공간이 박제화·상업화된 경우는 수없이 많다. 세계문화유산은 숙명적으로 '맥도날드화' 된다고 해도 지나친 말이 아니다. 넘쳐나는 관광객을 상대로 하는 식당과 호텔, 기념품 가게로 가득한 그곳은 원래 그 공간이 갖고 있던 고유한 빛깔을 잃고 만다. 고유한 가치를 인정해 그 가치를 지키고자 부여한 세계문화유산이라는 타이틀이 정작 그 고유함을 앗아가고 만다. 흥교사탑이 세계문화유산에 선정된 뒤 흥교사에서는 13,450존 의 옥불상을 전 세계인을 대상으로 한정 판매하겠다고 했다. 자신들의 생존권을 지켜낸 흥교사가 과연 본연의 색도 지켜낼 수 있을까.

실크로드의 동방성전
대명궁

"옛날 하나라의 우왕禹王이 산을 깎고 치수했을 때 백성들이 비방하지 않았던 이유는 그 이익을 다른 이들과 함께 누리고자 했기 때문이다. 진시황이 궁전을 만들 때 백성들이 원망하며 반대한 이유는 자신만을 위하고 남에게 해를 끼쳤기 때문이다. 아름답고 진기한 것은 물론 사람이 욕망하는 바다. 하지만 그 욕망을 끊임없이 추구한다면 멸망의 위기가 곧 닥치게 된다. 짐은 궁전을 짓고 싶고 필요한 자재도 이미 갖추어져 있지만, 진나라를 교훈으로 삼아 자제할 것이다. 왕공이하 대신들은 마땅히 짐의 뜻을 이해하라."

정관 원년(627), 당 태종은 자신만을 위한 토목공사에 국고를 낭비하지 않겠노라고 이렇게 대신들 앞에서 공포했다.

장현소와 위징, 그들은 왜 궁전 건축에 반대했나

그런데 불과 3년 뒤, 태종은 낙양의 건원전乾元殿을 대대적으로 건립하고자 했다. 이때 태종에게 자주 옳은 말로 간언을 올리던 신하 장현소張玄素가 반대하는 상소를 올렸다. 아방궁을 짓고서 진나라가 넘어졌고 건원전을 짓고서 수나라가 무너졌다, 힘든 백성들에게 부역을 시키는 것은 수나라의 폐단을 답습하는 일이며 그 화는 양제보다 더할 것이라는 내용이었다. 그야말로 발칙하고 대담한 상소였다.

태종은 장현소를 불러들였다.

"내가 수 양제보다 못하다고 했는데, 그렇다면 하나라 걸왕이나 상나라 주왕과 비교하면 어떠냐?"

최악의 폭군인 걸왕과 주왕을 자신과 비교하라는 태종의 위협 앞에서도 장현소는 절대 물러서지 않았다. 정말로 건원전을 수축한다면 걸왕이나 주왕과 마찬가지라고 직간했다. 결국 태종은 건원전 건립을 포기했고 장현소에게 비단을 하사했다. 태종과 장현소의 일화는 태종이 신하의 간언을 얼마나 잘 받아들였는지를 보여주는 사례로 회자된다. "절대권력은 절대 부패한다"라는 관점에서 이 일화의 선후를 추적해보자.

당 고조 무덕武德 4년(621), 이세민은 낙양을 공격한다. 당시 낙양에서는 수 양제의 손자를 살해한 왕세충이 황제를 자처하고 있었다. 낙양을 성공적으로 접수한 이세민은 일찍이 양제가 지은 궁전을 휙 둘러보았다. "이토록 사치와 욕심을 다 부렸으니 나라가 망하지 않을 수 없지!"라는 탄식이 절로 나왔다. 이세민은 이 궁전을 부수도록 명했다. 6년 뒤 황제가 된 첫해에 그가 여러 신하 앞에서 호화로운 궁전을 짓지 않겠노라 다짐한 데는 이런 배경이 있었다. 이렇게 다짐했던 태종이 건원전을 다시 짓고자 했으니, 인간의 다짐이란 나약하기 짝이 없고 욕망의 위력은 불가항력적이지 않은가.

태종은 장현소의 반대로 건원전을 단념한 이듬해인 630년에 기주岐州(지금의 바오지寶鷄시 경내)에 있는 인수궁仁壽宮을 크게 확장했다. 인수궁은 수 문제文帝가 피서용 행궁으로 지었던 것이다. 태종은 인수궁을 구성궁九成宮이라 개칭하고 역시 피서용 행궁으로 사용했다. 또 정관 8년에는 장안의 대명궁 공사에 착수했고, 정관 11년에는 낙양에 비산궁飛山宮을 짓는다. 비산궁이 완공되자 태종은 득의만만했다. 이를 보고 위기를 감지한 위징魏徵은 「태종께 열 가지 생각을 간하는 상소(諫太宗十思疏)」를 올린다. 나무가 크게 자라기를 바라면 뿌리를 견고히 해야 하고 물이 멀리 흐르기를 바라면 원천을 깊게 해야 하고 나라를 평안히 하려면 반드시 덕을 쌓아야 한다, 원천이 깊지 않은데 멀리 흐르길 바라고 뿌리가 견고하지 않은데 크게 자라길 바라고 덕이 두텁지 않은데 나라가 평안하길 바라는 것은 불가하다는 말로 시작한 위징의 상소는, 편안할 때 위태로움을 생각하면서 사치를 경계하고 덕을 쌓고 욕망을 억누를 것을 태종에게 주문했다.

이처럼 태종을 견제하는 균형추 역할을 했던 위징이 643년에 죽고 만다. 태종은 "구리를 거울로 삼으면 의관衣冠을 바로잡을 수 있고, 역사를 거울로 삼으면 천하의 흥망을 알 수 있고, 사람을 거울로 삼으면 득실을 밝힐 수 있다"라면서 위징의 죽음을 몹시 슬퍼했다. 태종이 '정관의 치'라는 태평성세를 이끌 수 있었던 데는 위징의 힘이 컸다. 위징의 간언을 거울삼아 모든 것의 득실을 살폈던 만큼, 그 거울의 부재는 태종이 건강한 견제력을 상실했음을 의미한다. 645년 태종은 고구려 침공에 참혹하게 실패한 뒤, 만약 위징이 살아 있었다면 자신을 말렸을 거라며 후회하고 한탄했다. 그런데 불과 두 해 뒤 태종은 고구려 침공을 다시 강행한다. 바로 이해에 그는 장안 북쪽에 옥화궁玉華宮을 짓는다. 위징이 사치를 경계하고 욕망을 억누르라는 상소를 올린 지 10년째 되는 해였다.

이후 태종의 건강은 급속히 악화되었고 장생술에 빠져 온갖 단약丹藥을 복용한 결과 쉰두 살에 세상을 뜨고 말았다. 그가 숨을 거둔 장소는 장안 남쪽에 있는 취미궁翠微宮으로, 647년에 완공한 피서용 행궁이다. 절대권력 아래에서 토목공사와 전쟁과 혼미함과 죽음의 기운은 이렇게 지척지간에 있었다.

대당 제국의 상징, 대명궁

당나라 장안성에는 궁전 건축군이 세 개 있었다. 태극궁太極宮·대명궁·흥경궁興慶宮이다. 장안성의 중축선中軸線(중심선) 북쪽에 자리한 태극궁을 기준으로, 대명궁은 그 동북쪽에 자리하고 흥경궁은 동남쪽에 자리했다. 이 중에 대명궁이야말로 대당 제국을 상징하는 궁전이다.

"구중궁궐 궁문이 열리고 만국의 사신이 황제에게 절을 올린다"라고 왕유王維(701~761)가 노래했던, 실크로드의 동방 성전聖殿 대명궁은 고종 이후 당나라가 멸망하기까지 200여 년 동안 정치의 중심지였다. 둘레 7,628미터에 면적은 3.2제곱킬로미터로, 베이징 자금성紫禁城의 4.5배 규모인 대명궁은 대당성세大唐盛世의 상징이다.

현무문 유적지(대명궁 국가유적지공원)

이 대명궁을 처음 지은 이가 바로 태종이다. 태종이 대명궁을 짓게 된 건 그가 피서용 행궁으로 사용하던 구성궁을 아버지 이연(고조)이 혐오했기 때문이다. 구성궁은 수 문제가 아들 양제에게 살해당한 곳이다. 이연에게 구성궁은 매우 꺼림칙한 곳이었다. 일찍이 이세민(태종)이 '현무문玄武門의 변變'(626)을 일으켜 형제를 죽이고 이어서 이연으로부터 제위를 넘겨받은 뒤, 이연은 트라우마에 시달렸다. 태종이 아무리 오길 청해도 이연은 그곳에 가지 않았다. 때마침·이연을 위한 피서용 궁전을 지음으로써 황제의 효성을 만천하에 알리자는 상소가 올라온다.

태종은 태극궁 동북쪽의 용수원龍首塬에 아버지를 위한 피서용 궁전을 짓기 시작했다. 영원히 평안하라는 의미에서 '영안궁永安宮'이라고 이름을 지었다. 그런데 영안궁을 짓기 시작한 이듬해인 635년에 이연이 사망하면서 공사는 중지된다. 대명궁으로 개칭한 것도 이때다. 이후 대명궁은 고종 손에 완성된다. 류머티즘을 앓던 고종은 습기 있는 곳을 피하고자 태극궁에서 대명궁으로 거처를 옮겼다. 이후 마지막 황제 소종昭宗에 이르기까지 대명궁은 당나라 역사를 통틀어 가장 중요한 정치 중심지였다.

고종 이후의 황제 가운데 단 한 명, 대명궁이 아닌 '흥경궁'에서 지낸 이가 있으니 바로 현종이다. 융경방隆慶坊에 거주하던 이융기李隆基가 황제가 된 뒤 그의 형제들은 축하하는 의미로 융경방에 있는 자신들의 저택을 헌납하고 인근으로 이사했다. 이후 융경방에 흥경궁이 들어섰다. 개원 16년(728)부터 안사의 난으로 현종이 장안에서 도망치기 전(756)까지가 흥경궁의 전성기였다. 안사의 난 이후 흥경궁은 정치 중심지로서 기능을 상실하고 퇴위한 황제가 머무는 곳이 되었다. 당나라의 멸망과 더불어 자취가 사라졌던 흥경궁은 1958년에 복원 공사를 거쳐 시안 시민을 위한 흥경궁공원으로 거듭났다.

현종과 양귀비의 흥경궁

현종이 양귀비에게 빠져 지냈던 곳인 만큼 흥경궁공원은 그들에 관한 기억을 떠올리기에 안성맞춤인 장소다. 그 옛날 두 사람이 모란을 감상하던 화려한 봄날 속으로 들어가보자.

붉은빛, 자줏빛, 분홍빛, 새하얀 빛 모란이 활짝 핀 침향정沈香亭 가에 음악이 울려 퍼진다. 양귀비와 술을 마시며 모란을 감상하던 현종이 갑자기 한림학사翰林學士 이백李白을 불러오라고 명한다. 공교롭게도 이백은 잔뜩 취해 있다. 황제 앞에 불려와서도 여전히 취한 상태다. 현종은 그를 곁으로 올라오게 한다. 이백은 환관 고역사高力士에게 자신의 신발을 벗기라고 한다. 고역사는 황제의 신임을 한 몸에 받고 있었지만 무릎을 꿇고 이백의 신발을 벗겨줄 수밖에 없다. 겨우 정신을 차린 이백에게 현종이 어서 시를 지으라고 재촉한다. 붓을 집어든 이백은 일필휘지로 시를 써 내려간다. 바로「청평조사清平

홍경궁공원에 있는 침향정

調詞」 3수이다.

　이백은 양귀비를 선녀에 비유한 뒤, 마지막에는 아름다운 꽃(모란)과 미인(양귀비) 덕분에 온갖 근심을 날리고 침향정 난간에 기대어 웃음 짓는 군왕(현종)을 노래했다. 현종과 양귀비를 모두 만족시킨 이 시가 뜻밖에도 화근이 될 줄이야! 조비연趙飛燕도 양귀비보다 못할 거라는 구절이 문제였다. 한나라 성제成帝의 황후였던 조비연은 후궁이 낳은 아이를 죄다 죽여 황실의 후사後嗣가 끊어지게 만든 악녀의 전형이다. 물론 이백은 조비연을 미인의 대표 격으로 인용했지만, 무릎 꿇고 이백의 신발을 벗겨야 했던 고역사가 이 구절을 트집 잡아 양귀비에게 참소했다. 그리고 마침내 현종은 이백에게 궁을 떠나라고 명한다.

이백은 자신을 '술에 취한 신선'이라고 했다. 그가 살았던 당나라 전성기 성당盛唐은 잔뜩 취한 봄날이었다. 그 봄날은 문득 스러져가고 바로 스산한 찬바람이 불어왔다. 안사의 난 이후 성당의 기운은 더는 회복할 수 없었다. 이후 장안의 화려한 궁전들도 당나라와 운명을 함께했다.

이백은 「청평조사」에서 미인을 '경국傾國'이라는 말로 표현했다. 경국이란 나라를 기울게 할 정도의 미모, 황제가 미혹되어 나라의 위기조차 감지하지 못할 정도의 아름다운 여인을 일컫는 말이다. 엄밀히 따지면 미인에게는 죄가 없다. 미혹된 황제가 죄인일 뿐이다. 현종도 그리고 태종도 자신의 갖가지 욕망 앞에서 무너졌다. 그들의 진짜 죄는 백성을 두려워하지 않은 죄다. 앞서 말한, 위징이 태종에게 올린 상소에는 이런 말이 나온다.

"두려워할 것은 오로지 백성뿐입니다. 물은 배를 띄우기도 하지만 배를 뒤집을 수도 있습니다."

"영원히 나라의 안정을 누리고자 하되 마음의 욕망을 이기지 못하면, 뿌리를 베고서 나무가 무성하길 바라고 원천을 막고서 물이 멀리까지 흐르기를 바라는 것입니다."

'비림'의
사연 많은 비석

비림碑林, 비석의 숲이라는 명칭에 걸맞게 수많은 비석을 이곳에서 만날 수 있다. 구양순歐陽詢과 안진경顏眞卿을 비롯해 내로라하는 서예 대가의 친필 석각을 한자리에서 볼 수 있는 이곳, 한나라 때 비석부터 소장되어 있으니 무려 2,000여 년 세월의 흔적을 만날 수 있는 문화의 보고다.

　이곳이 처음부터 비석의 숲이었던 건 아니다. 북송 철종哲宗 때 (1087) 여대충呂大忠이 당나라 말 이후 전란으로 방치되어 있던 '개성석경開成石經'과 '석대효경石臺孝經'을 현재의 비림이 위치한 곳으로 옮기도록 했고, 이를 계기로 역대 비석들이 이곳에 한데 모이게 되었다.

돌에 새긴 유가 경전, 개성석경
개성석경과 석대효경이 대체 얼마나 중요하기에 비림 탄생의 계기가 되었을까? 개성석경은 『주역周易』, 『상서尙書』 등 유가의 12경을 새겨놓은 비석이다. 여기에 『맹자孟子』를 보충해서 13경이 된 건 청나라 건륭제乾隆帝 때에 이르러서다.

개성석경은 830년 당나라 문종文宗이 국자감國子監(국립대학에 해당) 총장격인 좨주祭酒 정담鄭覃의 건의를 받아들여 만들기 시작해 개성 2년(837)에 완성한 것으로, 114개 비석으로 이루어져 있다. 여기에 새겨진 글자는 65만 252자에 달한다. 엄청난 자원이 투입된 이 작업의 목적은 무엇일까? 당나라는 과거가 본격적으로 시행되었던 시기이므로 과거시험과 직결된 유가 경전의 수요가 많았다. 그런데 인쇄술이 발달하기 전이라 경전을 베껴 쓰는 방식이다 보니 오류가 많을 수밖에 없었다. 경전의 권위와 정확성을 보증하기 위한 문화 프로젝트, 그 결과물이 개성석경이다. 장안성 국자감 안에 세워진 개성석경은 유가 경전의 최고 권위를 지닌 판본이 되었다. 그 당시 지식인에게 과거시험의 필독서였던 것이다. 비림의 일곱 개 전시실 가운데 제1전시실에서 개성석경을 만날 수 있다.

석대효경에 얽힌 비화

비림의 대문을 들어선 뒤 일곱 개 전시실이 있는 곳까지 걷다 보면 이곳이 공자 사당인 문묘文廟임을 실감할 수 있다. 북송 휘종 때(1103) 문묘가 현재 위치로 옮겨오면서 문묘와 비림이 한자리에 있게 되었다. 문묘의 핵심인 대성전大成殿은 불타 없어졌지만, 양무兩廡를 비롯해 극문戟門·영성문欞星門·반수교泮水橋·태화원기방太和元氣坊·비정碑亭 등은 잘 보존되어 있다.

제1전시실 앞에 자리한, 처마가 높게 들린 비정이 바로 석대효

석대효경이 있는 효경정(왼쪽)과 '대진경교유행중국비'의 머리 부분(오른쪽)

경이 있는 효경정孝經亭이다. 석대효경의 높이는 6미터나 되는데, 개성석경의 높이가 약 2미터임을 감안하면 그 압도적 크기를 짐작할 수 있다. 『효경』을 새긴 비석이 석대石臺, 즉 돌 밑받침 위에 세워진 데서 석대효경이라는 명칭이 유래했다.

석대효경은 당 현종의 친필로 유명하다. 유가의 효제孝悌 사상을 치국 이념으로 삼고자 했던 현종은 『효경』의 서문과 주석까지 직접 써서 석대효경에 담았다. 이때가 천보 4년(745)으로 공교롭게도 양옥환楊玉環이 귀비로 책봉된 해다. 전해지는 비화에 따르면, 아들 수왕壽王의 아내에게 마음을 뺏긴 현종에게 환관 고역사가 건의하길 황자들에게 『효경』을 공부하게 하라고 했다. 이렇게 하면 수왕이 양옥환을 내놓으리라는 속셈이었던 것이다. 부모가 원하는 것을 해드리는 게 효 아닌가. 고역사는 양옥환을 도교의 도사가 되게 하는 계책까지 내놓았다. 도사가 되면 속세의 인연은 깔끔히 정리할 수 있기 때문이다.

천보 4년에 현종은 석대효경을 세웠고, 위소훈韋昭訓의 딸을 수왕의 비로 책봉했으며, 양옥환을 환속시켜 귀비로 책봉했다. 수왕이 양옥환을 아내로 맞이했던 게 꼭 10년 전이다. 아내를 아버지에게 뺏긴 그가 과연 효를 다했다고 만족했을까? 현종은 정말 아들의 여자를 뺏기 위해 석대효경을 세웠을까?

'대진경교유행중국비'의 파란만장한 사연

비림의 수많은 비석 가운데 가장 파란만장한 사연을 지닌 건 제2전시실에 전시되어 있다. 바로 '대진경교유행중국비大秦景敎流行中國碑'다. 당나라 때 네스토리우스교가 전래되었음을 알려주는 이 비석의 사연을 알아보기 전에, 431년 에게해 연안의 에페소에서 열린 공의회부터 살펴보자.

당시 콘스탄티노플 대주교였던 네스토리우스는 마리아를 '하느님의 어머니'로 선언한 공의회의 결정에 반대했다. 그는 마리아를 '테오토코스(하느님을 낳은 어머니)'라 하는 것은 잘못이며 '그리스도 토코스(그리스도를 낳은 어머니)'라 해야 한다고 주장했다. 인간 마리아가 신의 어머니가 될 수 없다는 것이었다. 네스토리우스의 주장은 완전한 신이자 인간인 예수의 신격과 인격을 분리하는 것으로 오해받았고, 결국 그는 이단으로 몰렸다. 네스토리우스는 파면되고 이집트 북부로 유배되었다. 그를 지지하던 이들은 페르시아에 독자적인 교회를 세웠고 이후 점차 동쪽으로 교세가 확장되면서 마침내 중국과도 인연을 맺게 된다.

당 태종 정관 9년(635), 알로펜Alopen을 비롯한 네스토리우스교 선교사들이 장안에 도착한다. 태종은 재상 방현령房玄齡을 시켜 의장 행렬을 갖추고서 그들을 영접한다. 3년 뒤에는 의녕방義寧坊에 네스토리우스교 교회당인 대진사大秦寺가 들어서게 된다. 이렇게 네스토리우스교는 중국에 착실히 뿌리를 내려갔다. 이러한 사실은 덕종德宗 건중建中 2년(781)에 세워진 '대진경교유행중국비'(이하 '경교비')에서 알 수 있다. '대진'은 로마, '경교'는 네스토리우스교를 의미한다. 비문에는 예수가 "빛나고 큰 태양의 빛으로 흑암의 음부를 파괴했다"라고 나오는데, 빛나고 크다는 의미로 쓴 글자가 바로 경교의 '경景'이다. 즉 경교는 '태양처럼 빛나는 종교'를 뜻한다.

경교비 앞부분에는 여호와의 천지창조, 사탄에 의한 인간의 타락, 예수 탄생, 예수에 의한 인간의 구원에 관한 내용이 있다. 이어서 경교가 중국에 들어와 유행하게 된 상황과 태종 이하 고종·현종·숙종·대종代宗·덕종에 대한 칭송이 앞의 서너 배 분량으로 서술되어 있다. 이렇듯 중국에서 '유행'했던 경교가 자취를 감추게 된 건 도교를 숭상한 무종 때문이다. 회창會昌 5년(845), 무종은 불교 사원을 없애고 승려를 환속시키는 등 폐불廢佛 정책을 단행한다. 이때 불교뿐 아니라 현교祆敎(조로아스터교)와 경교 역시 큰 타격을 입는다. 이후 선종宣宗이 즉위하면서 불교는 부흥하게 되지만 경교는 이미 불씨가 꺼진 상태였다.

경교와 더불어 경교비가 자취를 감춘 지 800년쯤 지난 어느 날, 집을 짓기 위해 땅을 파던 농부들이 경교비를 발굴하게 된다. 이때가 명 희종熹宗 천계天啓 3년(1623)이다. 비석에 관한 소문은 금세 퍼져나갔다. 당나라 때 이미 중국에 기독교 교파가 들어왔음을 증명해주는 비문에 그 당시 천주교도들이 얼마나 고무되었겠는가! 제수이트 선교사 니콜라스 트리고Nicolas Trigault와 알바로 세메도Alvaro Semedo

를 비롯해 서양의 많은 선교사가 비문을 탁본해 번역한 뒤 본국으로 보냈다. 라틴어·프랑스어·포르투갈어·이탈리아어·영어 등으로 번역된 경교비는 유럽 각국의 관심을 불러일으켰다.

다시 세상으로 나온 경교비에 또 시련이 닥친다. 경교비가 금승사金勝寺에 보관되어 있던 청나라 때 전란으로 절이 불타 없어지면서 경교비도 방치된 것이다. 프랑스의 동양학자 에두아르 샤반Édouard Emmanuel Chavannes이 1907년 촬영한 금승사 사진에는 비정碑亭조차 없이 비바람에 그대로 노출되어 있는 경교비 모습이 담겨 있다. 이즈음에는 급기야 서양인들 사이에서 비석을 유럽으로 옮겨서 보관하자는 주장까지 대두되었다.

덴마크인 프리츠 홀름Frits Holm은 실제로 경교비를 서구세계로 가져가고자 시도했다. 1907년 5월에 시안을 찾은 그는 금승사 주지와 친밀한 관계를 맺는 한편 인부를 고용해 경교비와 완전히 똑같은 복제본을 만든다. 홀름의 수상한 낌새를 눈치 챈 섬서순무陝西巡撫(장안이 있는 산시성의 장관) 조홍훈曹鴻勛은 경교비를 비림으로 옮기도록 조치했다. 이렇게 해서 1907년 10월 2일, 경교비가 최종적으로 비림에 자리 잡게 된다.

홀름은 복제본이라도 가져가야 했다. 그런데 무려 2톤이나 나가는 비석을 운반하는 건 여간 어려운 일이 아니었다. 간신히 상하이上海까지 운반한 뒤 그가 선택한 최종 행선지는 뉴욕이다. 1908년 6월 16일 뉴욕에 도착한 복제 비석은 1916년까지 메트로폴리탄미술관에 임대 전시되었다. 그사이에 홀름은 석고로 이 복제 비석을 떠서 10여 국가의 박물관과 대학에 보냈고, 세계 각국을 돌아다니며 경교비와 관련된 강연을 했다.

시안에서 가져온 복제 비석은 1917년에 뉴욕의 돈 많은 가톨릭 교도가 구입해서 바티칸에 기증했다. 홀름은 이 일로 교황에게서 상까지 받는다. 그는 경교비와 관련된 자신의 여정을 『중국에서의 네스토리우스 모험기My Nestorian Adventure in China』라는 책으로 펴냈다. 책에 실린 요하난Yohannan(뉴욕 컬럼비아대학교 동양어학부 교수)의 추천사에 사용된 표현을 보면 홀름의 행위에 대한 서구세계의 평가를 짐작할 수 있다. 현명한 조사enlightened researches, 훌륭한 연구wonderful industry, 위대한 업적great achievement, 위대한 탐험great expedition.

홀름은 누군가 오리지널 경교비를 영국박물관에 가져갈 수 있다면, 로제타석Rosetta Stone처럼 매우 훌륭한 보살핌을 받으리라 믿었다. 비석 무게가 2톤이나 나가지 않았다면, 중국인이 그를 경계하지 않았다면, 경교비는 비림이 아닌 서구 열강의 어느 박물관에 있게 되었을지도 모른다. 그러고 보니 세계 4대 명비名碑 가운데 아즈텍 달력 석판Aztec Calendar Stone만이 약탈 위기 없이 멕시코에 보존되어 있다. 1970년에 발굴된 덕분일 것이다. 19세기나 20세기 초였다면 영락없이 서구 열강에 빼앗겼을 것이다. 로제타석은 영국박물관에 있고 모압 석비Moabite Stone는 루브르 박물관에 있지 않은가.

건릉의 61개 석인상

당 태종 정관 14년(640), 한 여인이 고향 장안을 떠나 멀고 먼 서북쪽의 낯설고 물선 토욕혼吐谷渾으로 시집갔다. 열여덟 살 홍화弘化공주다. 그녀의 남편은 모용낙갈발慕容諾曷鉢이다. 당나라에서 종실 여성을 이민족 수장에게 시집보낸 건 홍화공주가 처음이다. 홍화공주도 낙갈발도 그리고 태종도 전혀 예상하지 못했을 것이다. 낙갈발이 토욕혼의 마지막 왕이 되리라는 것을.

토욕혼의 마지막 왕 모용낙갈발

일찍이 낙갈발의 할아버지인 토욕혼의 왕 모용복윤慕容伏允은 여러 차례 당나라 변방을 침입했고, 결국 태종 정관 9년 당나라 군대에 대파당한 뒤 자살했다. 당시 낙갈발의 아버지 모용순慕容順은 당나라에 항복하고 왕위를 이었지만 이에 불만을 품은 부하에게 살해되었다. 낙갈발은 어린 나이에 왕위에 오르게 되고, 대신들의 정권 다툼으로 나라는 혼란에 빠진다. 태종은 군사를 보내 낙갈발을 지원하는 한편 그를 하원군왕河源郡王에 봉하고 오지야발륵두가한烏地也拔勒豆可汗에 제수했다. 낙갈발로서는 왕위와 생명을 보존하려면 당나라 지원이 절실했다. 그는 직접 태종을 찾아가 통혼을 청했다. 태종에게는 세력이 막강한 토번을 견제하려면 토욕혼과의 군건한 우호가 필요했기에 홍화공주가 낙갈발에게 시집가게 된다.

어느덧 세월이 흘러 고종 현경顯慶 5년(660)에 토번이 토욕혼을 공격했고 토번과 토욕혼 모두 당나라에 사신을 보내 각자 상황을 호소했다. 고종은 백제와 고구려를 치는 일에 한창 몰두해 있었기에 그들 일에 개입하지 않았다. 토번은 토욕혼을 끊임없이 침략했다. 결국 663년에 토욕혼은 토번에게 멸망당한다. 토욕혼의 350년 역사가 막을 내리게 된 것이다.

낙갈발과 홍화공주는 양주涼州로 이주했다. 낙갈발은 고토 수복의 희망을 버리지 않고 당나라에 계속 지원을 청했다. 드디어 함형咸亨 원년(670)에 고종은 설인귀薛仁貴에게 10만이 넘는 대군을 이끌고 토번을 치게 했다. 결과는 당나라 군대의 대패였다. 잠깐 덧붙이면, 당나라와 토번의 이 대비천大非川전투가 신라에는 천우신조였다. 백제가 멸망하고(660) 고구려가 멸망한(668) 뒤 당나라는 신라마저 직할지로 삼으려 했다. 바로 이때 토번 덕에 신라와의 전투를 준비하던 설인귀가 대군을 이끌고 서역으로 이동함으로써 신라가 위기에서 벗어날 수 있었다.

대비천전투에서 당나라가 대패하자 토욕혼 부흥의 희망도 꺾이고 말았다. 고종은 낙갈발 무리를 영주靈州로 이주하게 하고 그곳에 기미주羈縻州(일종의 이민족 자치주)인 안락주安樂州를 설치했으며 낙갈발을 자사刺史로 삼았다. 평안하고 즐겁길 바라는 염원이 담긴 안락주에서 낙갈발과 홍화공주가 정말 그렇게 살았는지는 알 수 없다. 아무튼 낙갈발은 할아버지처럼 자살하지도 않았고 아버지처럼 살해되지도 않았다. 홍화공주는 낙갈발보다 10년을 더 살고 698년 일흔의 나이로 세상을 떠났다.

고종과 측천무후가 묻힌 건릉

낙갈발을 떠올리게 되는 곳이 있다. 바로 건릉乾陵이다. 시안에서 서북쪽으로 80킬로미터 되는 곳에 있는 건릉은 당 고종과 측천무후를 합장한 곳이다. 당나라 황제의 18개 능 가운데 유일하게 도굴되지 않은 것으로 유명한 건릉은 규모도 대단하다. 당 태종 때부터 산을 능으로 삼는 방식을 택했는데, 건릉은 양산梁山의 일부다.

당나라 말 황소黃巢가 건릉을 도굴하려고 40만 명을 동원했지만 묘도墓道의 입구조차 찾지 못했다고 한다. 중화민국 초에는 국민당의 쑨롄중孫連仲 장군이 건릉 보호를 구실로 양산에 주둔하면서 군사훈련으로 위장하여 폭약까지 사용해 도굴을 시도했지만 실패했다. 어디 황소와 쑨롄중뿐이랴. 셀 수 없을 만큼 도굴 시도가 많았다.

그런데 정작 묘도 입구가 세상에 알려지게 된 건 우연이었다. 1958년 겨울, 시란西蘭고속도로 공사에 석재가 많이 필요했는데 농민 몇 명이 양산의 주봉 동남쪽에서 석재를 채취하려고 폭파 작업을 하게 된다. 이때 그들은 이곳이 묘도 입구임을 직감했다. 돌에 가공한 흔적이 있고 철까지 붙어 있었던 것이다. 『구당서』 기록에 따르면

건릉에 있는 61개 석인상(왼쪽)과
그중 넓은 소매에 활을 쥔 한반도 양식의 석인상(오른쪽)

건릉의 묘도 입구를 돌로 막고 철을 녹여 부어 돌과 철이 한덩어리가
되게 만들었다고 한다. 만약 이곳이 정말 건릉 묘도 입구라면 그야말
로 '대사건'이었다. 그들은 즉시 현지 정부에 보고했고, 산시성 문물
관리위원회에서 조사에 나섰다. 마침내 1960년 '건릉 발굴 위원회'
가 성립되었고 묘도 위치가 세상에 알려졌다. 하지만 건릉 발굴은 계
획대로 진행되지 못했다. 그 당시 국무원총리였던 저우언라이가 "이
일은 후대가 완성하도록 남겨두자"라는 지침을 내렸기 때문이다. 섣
부른 발굴로 만회할 수 없는 피해를 당할 우려가 크니 그냥 두는 편
이 가장 좋은 보존일 것이다.

　　최근 들어 건릉 발굴의 가능성과 필요성이 대두되긴 하지만 정
작 언제 발굴을 진행할지는 알 수 없다. 건릉이 역대 황제의 능 가운
데 으뜸이라는 평가를 받는 만큼 그 발굴은 세기의 사건이 될 것이다.

건릉의 지하궁전은 온전히 보존되어 있지만 지면에 있던 것들은 이미 세월 속에서 사라지고 훼손되었다. 건릉은 본래 수도 장안성의 구조를 그대로 본떠 만들어졌다고 한다. 능의 내성은 정방형으로, 동·서·남·북에 각각 문이 있고 성안에는 헌전獻殿·편방偏房·회랑回廊·궐루闕樓·사당이 있었다. 『당회요唐會要』의 기록에 따르면 덕종 정원貞元 14년(798)에 건릉을 보수할 때 건물이 378칸에 달했다고 한다. 이것들의 자취는 일찌감치 사라졌지만 남쪽 주작문朱雀門 밖의 중심선을 따라 배치된 대형 석각들은 여전히 건릉을 지키고 있다. 이 석각들 가운데 석인상이 61개 있는데 낙갈발이 바로 그중 하나다.

건릉의 61개 석인상

건릉의 61개 석인상은 61번왕상蕃王像, 61번신상蕃臣像이라고 칭한다. 이 명칭에 주의할 필요가 있다. 번왕은 중앙 왕조와 조공·책봉 관계에 있는 제후왕이나 외국의 왕을 가리킨다. 번신은 번국蕃國의 신하라는 의미로 번국은 오랑캐의 나라, 변방의 나라를 의미한다. 즉 번왕과 번신에는 변방 오랑캐 나라의 왕 또는 당나라 변방의 오랑캐 신하라는 의미가 담겨 있다. '번蕃'은 오랑캐뿐 아니라 울타리를 뜻하기도 하는데, 울타리를 의미하는 이 말에는 중화의 세계와 그 바깥을 구분 짓는 중심(문명)과 주변(야만)의 가치관이 작동한다. 중심에서 권력이 나오고 울타리 너머 세계는 그 권력에 복종하는 질서의 현시顯示, 이것이 바로 건릉에 61번신상이 세워진 이유다.

애초에 각 석인상의 등 부분에는 출신 나라와 관직명과 이름이 새겨져 있었다. 세월이 흐르면서 글자가 옅어진 탓에 지금 알아볼 수 있는 건 여섯 명뿐이다. 그나마 다행히 『장안지도長安志圖』에서 36명의 관직명과 이름을 알 수 있다. 낙갈발도 그 명단에 들어 있다. '토욕혼 청해왕青海王 부마도위駙馬都尉 모용낙갈발'이다. 고종에 의해 '토욕혼 청해왕'에 봉해지고 '부마도위'에 제수된 낙갈발이 고종의 능 앞에 공손한 신하 모습으로 서 있는 것이다. 그런데 61개 석인상 가운데 낙갈발이 있는 건 분명하지만 글자가 사라진 탓에 어떤 게 그인지는 알 수 없다. 만약 낙갈발이 '토욕혼 청해왕 부마도위 모용낙갈발'이라는 글자가 등에 새겨진 자기 모습을 본다면 어떤 생각이 들까? 망국의 군주이니 기꺼이 감수할까?

61개 석인상 가운데 둘을 제외하곤 죄다 머리가 없다. 등에 이름이 남아 있는 여섯 석인상도 그 얼굴을 알 수 없다. 머리가 없기 때문이다. 왜일까? 알 수 없고 증명할 수 없는 일에는 늘 추측과 소문이 무성하기 마련이다. 석인상이 밤마다 요괴로 변해 민가의 양식을 망쳐놓았기 때문에 백성들이 부숴버렸다는 이야기부터 명나라 때 (1555년 1월 23일) 이 일대에 일어났던 진도 8 이상 대지진 이야기까지 많은 이야기가 난무하지만 의문을 속 시원히 해결해주진 못한다. 두려움에서 기인했는지 기복신앙에서 비롯했는지 또는 경제적 이익을 노렸는지, 그렇게 수많은 석인상의 머리가 사라진 데는 분명 인위적 이유가 있을 것이다. 그렇지 않다면 그 많은 머리가 다 어디로 갔단 말인가. 자연적으로 잘릴 순 있어도 발이 달려 다른 곳으로 갈 순 없지 않은가.

활을 쥔 석인상은 누구?

동쪽 석인상들 가운데 제일 뒷줄에 홀로 있는 석인상의 주인공은 여러 면에서 차림새가 독특하다. 다른 석인상과 달리 옷의 소매가 매우 넓고, 옷이 세 겹으로 층층이 드리워져 있다. 왼손에는 활까지 쥐고 있다. 영락없는 한반도 양식이다. 과연 누구일까? 백제 의자왕의 아들 부여륭夫餘隆, 고구려왕 고장高藏(보장왕), 신라왕 김법민金法敏(문무왕), 고구려 대막리지大莫离支 연남생淵男生이 후보군이다. 누가 주인공인지 궁금하기 짝이 없지만 더는 추측하기 어렵다. 고종을 돋보이게 하는 데 누가 가장 적합했을지 생각해보면 해답에 좀 더 가까이 접근할 수 있을지도 모른다.

건릉보다 먼저 조성된 태종의 소릉에도 주변 나라의 우두머리를 14개 석인상으로 세워두었다. 『장안지도』에 그 이름이 모두 기록되어 있는데, '신라 낙랑군왕樂浪郡王 김진덕金眞德'이라는 구절이 보인다. 2003년 발굴된 소릉의 14개 석인상은 거의 다 훼손되었다. 진덕眞德여왕으로 추정되는 석인상 역시 하반신만 남은 상태다. 진덕여왕으로서는 소릉 앞 석인상으로 서 있는 게 기꺼웠을까? 14개 석인상 명단에는 티베트를 통일한 토번의 손챈감포도 있다. 그러고 보니 토욕혼의 마지막 왕 낙갈발은 이 명단에도 들어 있다. 태종과 고종에게 의지해야만 했던 그의 고단함이 느껴진다. 죽어서도 원수 나라인 토번의 우두머리와 나란히 서서 당나라 황제를 모셔야 하다니, 황제 능 앞의 석인상으로 채택되는 건 본인의 의지와는 정말 무관하다. 원칙은 오직 하나다. 당나라와 그 황제의 위대함을 돋보이게할 것!

건릉 61개 석인상은 배열에서 동서의 균형이 맞지 않는다. 동쪽에 29개, 서쪽에 32개 있다. 동쪽에 세 개가 모자란다. 누군가는 그 세 개가 바로 고구려·백제·신라의 우두머리인데, 유실되었다고 주장한다. 물론 중국 측 주장이다. 정말 사라진 세 개가 있는지도 모를 일이다. 만약 그렇다면 그것이 왜 고구려·백제·신라의 석인상이라고 상상하는가? 제국의 수집욕과 과시욕을 감안하면 대답은 오히려 간단하다. 그래야 구색이 맞추어지기 때문이다. 천하를 장악하고 군림하는 제국의 위상에 동북쪽 번신상이 필요했던 것이다. 활을 쥔 석인상이 누구인지는 알 수 없으나 분명 이러한 맥락에서 61번신상 구성원으로 세워졌을 테고, 오늘날에 와서 그 존재조차 불확실한 세 석인상 후보 역시 넓은 소매 옷에 활을 쥔 한반도의 석인상이라고 주장되는 것이다.

건릉에 가면 당나라에 호명된 61번신상의 한 덩어리가 아닌, 석인상 하나하나의 목소리에 귀 기울였으면 좋겠다. 낙갈발은 61명 가운데 한 명이다.

글자 없는 측천무후 비에
무어라 쓸까

701년, 공간의 명칭이 역사의 시간 좌표인 연호로 사용된 해다. 바로 장안長安 원년이다. 연호를 '장안'이라 할 만큼 이해는 장안에 특별했다. 그도 그럴 것이 장안이 한동안 상실했던 수도 지위를 회복한 것이다.

690년, 측천무후는 황제로 즉위하면서 나라 이름까지 주周(고대 주나라와 구분해 무주武周라고도 한다)라고 바꿨다. 중국 역사상 유일무이한 이 여황제는 장안에서 낙양으로 천도를 단행했다. 이해에 연호가 재초載初에서 천수天授로 바뀌었다. 세계가 황제에게 속한다는 것을 상징하는 게 바로 연호다. 새 황제가 즉위하면 자신만의 새 연호를 사용했다. 하늘의 길조나 나라 안팎으로 큰일이 생기면 연호를 바꾸기도 하는데, 측천무후는 690년부터 705년까지 연호를 무려 14개나 사용했다. 하늘이 내려주었다는 의미의 '천수'는 측천무후의 첫 번째 연호다. 측천무후가 황제가 된 것은 하늘의 뜻이라는 의미를 담왔다.

중국의 세계관에서는 연호를 쓸 수 있는 이는 오직 세상의 주인인 황제뿐이고 그가 머무는 수도가 세상의 중심이었다. 701년 장안은 다시 세상의 중심이 된다. 이때가 바로 장안 원년 10월이다.

701년에 일어난 황실의 비극과 영태공주·의덕태자의 묘

장안 원년으로 접어들기 한 달 전인 대족大足 원년 9월 황실에 엄청난 비극이 일어났다. 이 비극 이후 측천무후는 수도를 낙양에서 다시 장안으로 옮긴다. 비극의 주인공은 이중윤李重潤과 이선혜李仙蕙다. 남매지간인 이들은 열아홉, 열일곱 꽃다운 나이에 세상과 작별했다. 그 사연을 알아보자.

682년, 의덕태자 이중윤은 아버지 이현李顯(훗날의 중종)이 황태자로 있을 때 태어났다. 고종은 손자의 탄생이 얼마나 기뻤던지 천하에 대사면령을 내리고 연호까지 영순永淳으로 바꿨다. 그리고 이 손자를 황태손으로 정했다. 이듬해 고종이 병사하고 중종이 즉위하지만 두 달도 못 돼 어머니 측천무후의 손에 폐위되고 만다. 이중윤 역시 폐서인이 되어 부모와 함께 장안에서 쫓겨났다. 이후 시간은 흘러 699년, 황제로 있던 측천무후가 중종을 불러들여 황태자로 세웠다. 순리대로라면 언젠가 황위는 이중윤에게 돌아올 터였다. 하지만 운명은 그에게 너무 가혹했다. 701년 열아홉의 그는 측천무후의 명으로 맞아 죽었다.

이중윤뿐 아니라 여동생 이선혜와 그녀의 남편 무연기武延基 역시 측천무후의 명으로 죽게 된다. 이중윤은 훗날 황제가 될 손자였고, 이선혜는 임신까지 한 터였다. 게다가 이 둘에 대한 중종의 사랑도 각별했다. 무연기는 또 어떤가. 그는 바로 무승사武承嗣의 맏아들이다. 무승사는 측천무후가 만년에 황위까지 물려줄 생각을 했을 정도로 아끼던 조카다. 그런데 무엇 때문에 측천무후는 이들을 죽게 했을까?

이중윤이 여동생이랑 매제와 은밀히 논의한 게 화근이었다. 이들이 나눈 이야기는 장역지張易之 형제가 어찌 제멋대로 궁중을 드나드느냐는 것이었다. 장역지 형제, 즉 장역지와 장창종張昌宗은 측천무후의 남총男寵이었다. 남총이란 권력자의 총애를 받는 젊고 잘생긴 남자다. 측천무후는 이들과 정신적·육체적으로 가까운 관계였다. 장역지 형제가 국정을 농단하던 상황에서 세 사람이 이를 논의한 것은 당연한 일이었다. 하지만 결코 바깥으로 알려져서는 안 될 논의였다. 불행히도 이 소식은 측천무후에게 알려졌고 결국 이들은 죽음을 면치 못했다.

고종과 측천무후의 합장릉인 건릉 남동쪽에 이중윤과 이선혜의 무덤이 있다. 건릉의 17개 배장묘 중에서 규모가 가장 크다. 황제인 할머니에게 죽임을 당한 이들의 무덤이 어떻게 이토록 위풍당당할 수 있을까?

이중윤과 이선혜가 죽은 지 네 해가 지난 705년, 재상 장간지張柬之가 병사를 이끌고 황궁으로 들어가 장역지 형제를 죽였다. 측천무후는 황위를 내려놓을 수밖에 없었다. 중종이 복위한 이해 겨울 측천무후는 여든두 살로 세상을 떠났다. 복위한 중종은 아들 이중윤을 황태자로 추증追贈(사후에 직급을 높임)하고 '의덕懿德'이라는 시호를 내렸으며 딸 이선혜를 영태永泰공주로 추증했다. 그리고 두 사람을 건릉에 배장했다. 개장改葬하면서 두 사람 묘는 제왕의 능에 준하여 조성되었다. 이는 이씨 왕조의 복벽復辟(무너진 왕조가 다시 일어남)을 상징하는 것이기도 하다.

둘 중에서 먼저 세상에 알려진 건 영태공주의 묘다. 1960년에 '건릉 발굴 위원회'가 성립되었지만 결국 건릉의 발굴이 훗날을 기약하게 되면서, 그 대신 배장묘 가운데 하나를 발굴하기로 했다. 이때 선택된 것이 측천무후의 둘째 아들 장회章懷태자의 것으로 추정되는 묘였다. 그런데 지하궁전에서 '대당 고영태공주 지명大唐故永泰公主志銘'이라는 묘지명이 발견되면서 묘주가 영태공주임이 밝혀졌다. 또 영태공주의 사인에 대한 새로운 견해가 나오게 된다.

의덕태자를 비롯한 세 사람이 어떻게 죽었는지 기존에 여러 견해가 있었다. 『구당서』만 하더라도 측천무후가 자살하도록 명했다, 장형杖刑에 처해 죽이도록 했다, 교수형에 처해 죽이도록 했다는 등 각 편에 따라 기록이 다르다. 하지만 측천무후가 죽게 했다는 점에서는 일치한다. 그런데 영태공주 묘지명에는 직접적인 사인이 밝혀져 있지 않지만 '주태훼월珠胎毀月'이라는 구절이 나온다. '주태'란 임신했음을 의미하고 '훼월'이란 달을 채우지 못하고 유산했음을 의미한다. 이 때문에 영태공주가 난산으로 죽었을 것이라는 설이 나왔다. 게다가 유골 조각을 이용해 골반뼈를 복원한 결과 영태공주의 골반이 매우 작았음이 밝혀지자 난산설에 무게가 실리기도 했다.

그렇다고 측천무후가 혐의를 벗을 수 있는 건 절대 아니다. 영태공주가 죽은 때는 대족 원년 9월 초나흘, 바로 전날 그녀의 남편과 오빠가 죽었다. 열일곱 어린 임부가 받았을 충격이 얼마나 컸겠는가. 그래서 조산했고 난산으로 죽었을지 모른다. 사실, 난산이 아니더라도 영태공주는 죽을 운명이었다. 그녀가 남편과 오빠와 함께 처형당하지 않은 것은 임신 중이었기 때문이다. 당나라 법률에 따르면 임신한 여성은 죽을죄를 지었더라도 곧바로 형을 집행할 수 없었으며, 출산하고 100일이 지나야 형 집행이 가능했다. 즉 영태공주가 순산했다 하더라도 100일 뒤에는 처형되었을 거라는 의미다. 남편이 죽은 바로 다음 날 그 뒤를 따르게 된 그녀는 몇 년 뒤 건릉 남동쪽에 남편과 합장되었다.

영태공주 묘에서 동북쪽으로 약간 떨어진 지점에 의덕태자의 묘가 있다. 의덕태자 묘 역시 합장묘다. 그런데 의덕태자는 결혼한 적이 없다. 『구당서』에 따르면, 중종이 복위한 뒤 그를 건릉에 배장하면서 국자감승國子監丞 배수裵粹의 죽은 딸과 합장했다고 한다. 의덕태자와 배수의 딸은 결혼하지 않고 죽은 남녀를 혼인시키는 명혼冥婚을 통해 부부가 되었다. 1971년 의덕태자 묘가 발굴되었을 때 묘실의 석관 안에서 정말로 남녀 유골이 함께 발견되었다. '부모에 대한 효도와 형제에 대한 우애가 각별했던' 아들을 측천무후로부터 지켜주지 못했던 중종은 이렇게라도 그 한을 풀어주고자 애썼던 듯하다.

무덤 벽의 〈의장도儀仗圖〉와 〈궐루도闕樓圖〉 역시 의덕태자가 살아서 마땅히 향유했어야 할 것들을 상징한다. 화려한 수레, 질서정연한 호위대, 수많은 문무백관으로 구성된 이 의장행렬을 의덕태자는 생전에 단 한 번도 경험하지 못했다. 〈궐루도〉에는 몸채 하나와 곁채 두 개로 구성된 '삼출궐三出闕' 형식의 건축물이 그려져 있다. 이는 황제가 거주하는 궁전 대문 앞에 세우는 것으로, 황제의 존엄을 상징한다. 이를 향유하기도 전에 의덕태자는 맞아 죽었다.

장회태자 묘

중종은 아들과 딸뿐 아니라 형 장회태자 역시 건릉에 배장했다. 준수한 용모와 바른 행동거지, 뛰어난 학식으로 아버지 고종의 사랑을 한 몸에 받았던 장회태자는 일찍이 태자로 세워졌지만 비극적으로 생을 마감하고 말았다. 어머니 측천무후가 장회태자를 모반죄로 몰아 폐서인시키고 머나먼 파주巴州로 유배 보낸 것도 모자라 몇 년이 지난 684년에 결국 자진하라고 명한 것이다. 이때 그의 나이 스물아홉이었다.

중종은 생때같은 자식을 측천무후 때문에 잃었던 만큼 형에 대한 동병상련의 정도 깊었을 것이다. 그는 형의 묘도 자신의 아들딸에 못지않은 규모로 개장했다. 영태공주 묘 서쪽에 자리한 장회태자의 묘 역시 벽화가 많다. 그중 유난히 주목을 끄는 게 있는데, 바로 〈예빈도禮賓圖〉다. 왼쪽 세 사람은 당나라 관리고 오른쪽 세 사람은 외국 사절이다. 외국 사절 가운데 머리가 벗겨지고 코가 높은 이는 생김새나 옷차림으로 봤을 때 동로마제국에서 왔으리라 추정된다. 바로 옆 조우관鳥羽冠을 쓰고 있는 이가 다름 아닌 한반도에서 온 사신이다. 조우관은 고구려·백제·신라가 공유했던 복식이다. 시간상으로 보면 고구려와 백제가 이미 멸망한 뒤인 만큼 신라 사신일 가능성이 크다. 하지만 무덤 벽화가 사실보다는 상징을 중시한다는 점을 고려한다면 중국의 가장 큰 골칫거리였던 고구려 사신일 가능성도 크다. 사신으로 그려 넣는다는 것은 중국의 세계로 편입하는 것을 의미하기 때문이다.

글자 없는 '무자비'의 의미

의덕태자·영태공주·장회태자 등 눈부신 청춘에 비명횡사한 이들에게 측천무후는 할머니나 어머니가 아닌 저승사자였다. 측천무후에게 죽임을 당한 피붙이가 어디 이들뿐인가. 일찍이 측천무후는 갓난아기인 자신의 딸을 목 졸라 죽이고 황후에게 죄를 덮어씌워 그 자리를 꿰찼다. 황후가 된 뒤로는 원래 황태자를 폐하고 자신의 맏아들을 황태자로 세웠다. 건강이 나쁜 고종 뒤에서 수렴청정을 하던 그녀는 맏아들을 견제하다가 결국에는 독살하기까지 했다. 능력 있던 첫째·둘째 아들은 어머니에게 죽임을 당했고 꼭두각시 셋째·넷째 아들은 어머니 입맛에 따라 황제가 되기도 하고 폐위되기도 했다.

건릉에 우뚝 세워진 측천무후 비에는 글자가 없다. 그래서 비명이 '무자비無字碑'다. 측천무후의 유언에 따라 아무 글자도 새기지 않았다고 한다. 항간의 이야기처럼 비문에 다 적기에는 너무 많은 공적을 세워서일까, 아니면 권력을 차지하기 위해 저지른 잔인한 일들을 차마 적을 수 없었기 때문일까? 측천무후 치세가 '무주武周의 치'라는 평가를 받을 만큼 그녀가 뛰어난 통치능력을 발휘한 것도 사실이긴 하다.

하지만 측천무후를 능력 있는 '여성'으로 강조하는 건 문제다. 그녀는 생물학적으로 여성이었을 뿐 보살핌과 배려의 '여성성'은 전무했던 인물이다. 여성성은 생물학적 성에 구애를 받는 게 아니니

건릉에 있는 무자비

'인간성'이라 해도 좋을 것이다. 무엇이 측천무후의 인간성 DNA에 돌연변이를 일으켰는지 궁금하기 짝이 없다. 아무튼 그녀는 맘대로 살았고 죽어서도 건릉에 견고히 모셔져 있다. 그녀가 감내해야 할 것은 오로지 역사의 평가다. 우리는 '무자비'에 과연 어떤 내용을 새겨 넣을 것인가.

봄날 곡강연에는
환호와 눈물이 한가득

봄바람이 살랑인다. 살구꽃이 꽃망울을 터뜨린다. 급제화及第花(살구꽃)가 핀 행월杏月(음력 2월) 방방일放榜日(과거 합격자 발표일), 급제자와 낙제자의 운명이 갈리고 그들의 환호와 눈물이 1,300년 전 당나라 수도 장안을 가득 채운다.

　응시생 수천 명 가운데 진사進士 합격자는 서른 명 남짓이다. 창창한 미래에 대한 기대가 그들을 설레게 한다. "서른에 명경과明經科 합격은 늦은 셈이고 쉰에 진사과 합격은 이른 셈"이라는 당나라 속담이 대변하듯, 진사과 합격은 정말 쉽지 않은 일이다. 재수 삼수는 기본이고 10년, 20년 심지어 평생을 시험에 매달려서야 겨우 진사에 합격한다. 물론 평생을 바쳐도 끝내 낙방의 쓴잔을 마실 수밖에 없는 이들이 비일비재하다.

낙제자의 눈에는 봄꽃 위 서리가 보인다

"백만이 넘게 사는 장안인데 문 나서면 갈 곳이 없네"(한유韓愈의「출문出門」), "장안에 한번 들어왔다가 십 년 내내 고생"(손초孫樵의「우거대寓居對」). 이들 시에서 토로하듯, 타지에서 온 과거 준비생에게 장안에서 사는 삶은 결코 녹록하지 않다. 물가가 비싼 수도이니만큼 웬만한 재력가가 아닌 다음에야 의식주 문제를 해결하는 것도 큰 부담이다. 그보다 더 그들을 짓누른 것은 낙방의 두려움이다. 그도 그럴 것이, 자신의 합격과 불합격에 온 집안사람들의 행복과 불행이 달려 있지 않은가. 고향 떠난 고생과 외로움에다 낙방에 대한 두려움으로 "머리털은 눈처럼 하얗게 새고 마음은 재처럼 사그라지거늘 여전히 장안의 낙방생이 되고 만다"(온헌溫憲의「제숭경사벽題崇慶寺壁」).

아름다운 봄날 경치에 낙제자 신세는 더 처량할 수밖에 없다. 그에게는 낙제야말로 이 세상에서 가장 근심스러운 일이다. 차마 집으로 돌아갈 수 없다. 그래도 몸과 마음을 추슬러서 집으로 돌아가려는데 아내한테서 온 편지가 다시 그의 발걸음을 잡는다.

> 당신은 재주가 그렇게 뛰어나신데,
> 왜 해마다 낙방하고 돌아오시나요?
> 이제 저는 당신 얼굴 뵙기가 민망하니,
> 오시려거든 밤중에 오세요.

편지를 받은 이는 두고杜羔이고, 편지를 쓴 이는 그의 부인 조씨趙氏다. 이번에도 낙방이니 동네 사람들 보기가 부끄러워서라도

가만히 돌아오라는 아내의 말이 꽤 충격이었나 보다. 두고는 결국 집으로 돌아가지 않고 장안에 남는다. 그리고 다음 과거에서 드디어 진사에 합격한다. 아내가 또 편지를 보낸다.

장안은 여기서 멀지 않은 곳,
융성하고 상서로운 기운이 넘치지요.
당신은 뜻을 이루셨고 한창 젊은 나이,
오늘밤 어느 술집에서 취해 잠드실지.

합격한 남편이 장안의 기생집을 들락거리는 게 영 마뜩잖은 속내다. 과거 합격 여부에 따라 이렇게 모든 것이 달라진다. 낙제자의 좌절은 진사 합격자의 득의양양함으로 변하고, 낙방한 남편을 타박하던 아내가 이제는 남편 간수에 전전긍긍하게 된다.

과거는 이렇게 사람의 마음을 들었다 놓았다 한다. 장안의 봄날에 핀 꽃도 사람에 따라 다르게 보인다. 누군가는 그 꽃을 즐기지만 또 누군가는 그 꽃에 마음을 다친다. 낙제를 거듭한 끝에 급제한 맹교孟郊가 남긴 시는 과거 합격에 울고 웃던 이들의 마음을 대변한다. 첫 번째 과거에 낙방한 후 지은 「낙제落第」에서 맹교는 버려진 처지라 마음이 칼에 베인 듯하다고 토로했다. 남들은 봄꽃이 무성하다고 말하지만 그의 눈에는 꽃 위의 서리가 보였다. 이후 또 낙방, 두 번째 낙방한 뒤 지은 「재하제再下第」에서 맹교는 하룻밤에도 수없이 잠에서 깨어나 한숨짓느라 꿈에서조차 고향집에 가지 못함을 토로했다. 장안에서 두 차례 낙방한 그는 눈물로 꽃을 바라볼 수밖에 없었다. 그리고 마침내 합격해 드디어 봄꽃을 즐길 수 있게 되었다. 환희에 찬 그는 이렇게 노래했다. "봄바람에 득의양양하여 말 타고 내달리며, 하루 동안에 장안의 꽃 죄다 보리라."(「등제登第」)

사윗감 찾아 곡강으로 몰려드는 수레 행렬

과거 합격자 명단이 발표되고, 낙제자의 좌절과 급제자의 환희가 교차한다. 장안성 동남쪽 곡강曲江 일대가 시끌벅적해진다. 진사 급제자를 위한 축하연회가 이곳에서 잇달아 열리기 때문이다. 세상물정 모르고 공부만 하던 샌님들이 감당하기에는 행사가 너무 많다. 그래도 문제없다. '진사단進士團'이라는 통합 서비스 업체가 있기 때문이다. 진사 합격자는 진사단을 찾아가 각종 연회와 관련된 일을 위임하고 경비를 낸다. 돈이 없어 빚을 내는 이들도 있지만 문제없다. 어차피 금방 좋은 벼슬자리를 꿰찰 테니 그까짓 것 걱정하지 않는다.

봄꽃 구경하기에 적당한 이 시기, 진사 급제자 가운데 젊고 잘생긴 두 사람이 '탐화랑探花郎(탐화사探花使라고도 한다)'으로 선발된다. 이들은 말을 타고 곡강 부근의 이름난 정원들을 돌아다니면서 진귀한 꽃을 꺾어온다. 급제자들이 함께 돌아다니면서 즐기기도 하는데, 각자 주머니에 술잔을 넣고 말을 타고 가다가 아름다운 꽃을 보면 그 자리에 멈춰서 꽃을 감상하며 술을 마신다. 합격하기까지 고생에 대한 보상이랄까, 전에는 눈물로 바라보던 장안의 꽃이었건만 이제 그 꽃을 보며 행복에 흠뻑 취한다.

이맘때쯤이면 장안 모든 이의 시선이 그들에게 집중된다. 합격자 명단이 발표되고 곡강에서 연회가 열리는 날, 장안의 내로라하는 명사와 귀족과 부자가 아들딸을 이끌고 진사 합격자들을 보러 곡강으로 몰려든다.

"아들아, 너도 열심히 공부해서 저렇게 돼야 한다."

"딸아, 저 진사가 어떠냐? 사윗감으로 제격인데 말이야."

특히 혼기에 다다른 딸이 있는 경우, 곡강연曲江宴은 사위를 고르는 중요한 기회다. 오늘의 진사가 내일의 고관이 될 터, 전도유망한 사위를 고르기 위한 고관대작의 화려한 수레 행렬이 즐비하다. 다산茶山 정약용丁若鏞(1762~1836)의「탐화연探花宴」은 곡강연의 분위기와 정황을 생생하게 묘사했는데 이·시에 '택서거擇壻車'가 등장한다. 곡강연이 열릴 때면 '택서거가 수없이 서로 부딪친다'는 것이다. 택서거, 말 그대로 '사윗감을 고르려는 수레'다. 혹여나 좋은 사윗감을 놓칠까 수레를 내달려 곡강으로 향하던 정경을 떠올리면 실소를 금하지 않을 수 없다.

과거 합격자를 사위로 삼으려는 욕망과 좋은 집안의 사위가 되고 싶은 합격자의 욕망이 딱 맞아떨어지면 아무 문제가 없지만 그렇지 않은 경우도 있는 법이다. 원치 않는 사람을 억지로 사위 삼으려는 이들도 있었으니, 풍몽룡馮夢龍의『고금소사古今笑史』에는 과거 합격자 사위 물색에 혈안이었던 당나라의 세태를 풍자한 이야기가 전해진다. 지위 높은 어떤 이가 젊고 잘생긴 과거 합격자를 점찍어 억지로 집까지 오게 한다. 사람들에게 둘러싸인 젊은이에게 귀인이 넌지시 말을 건넨다.

"나에게 아주 괜찮은 딸이 있다네. 자네와 짝을 맺어주고 싶은데 어떠한가?"

"가난하고 미천한 제가 높은 집안에 의지할 수 있게 되면 실로 행운이지요. 하지만 집으로 돌아가서 집사람과 아이랑 의논해봐야 하는데 어떠신지요?"

젊은이를 둘러싸고 있던 사람들이 한바탕 웃으며 자리를 뜬다.

과거 합격이 삶의 보증수표이던 시절, 과거 합격자 사위 찾기를 둘러싼 희비극이 그 얼마나 많았겠는가. 앞길이 창창한 남편감을 만나길 바라는 여자와 권문세가의 사위가 되어 탄탄한 미래를 보장받으려는 남자. 대갓집 규수는 아버지를 따라 곡강연을 찾고 과거 합격자는 그런 그녀에게 시를 바치며 마음을 전한다. 곡강연에서 열리는 이런 혼인시장(?)에 꽤 불만이던 이가 벌인 재미난 에피소드가 『태평광기太平廣記』에 전해진다.

이야기 주인공은 온정溫定이라는 남자다. 그는 기묘한 방법으로 사람들을 놀리고자 계획한다. 곡강연이 열리는 날, 그는 대갓집 딸인 양 가마를 타고 계집종을 대동하고 곡강으로 간다. 그 행차를 본 젊은이들은 대단한 집 아가씨가 가마 안에 있을 거라는 생각에 서둘러 배에 올라타고서 가까이 다가간다. 다들 가마를 주시하며 한껏 기대에 부풀어 있는 순간, 가마에 드리워진 주렴이 흔들리더니 밖으로 발이 쑥 나온다. 아, 굵은 종아리에 털이 수북하다! 이를 본 젊은이들은 소매로 얼굴을 가린 채 걸음아 나 살려라 도망친다. 온정은 그 당시 경박한 세태에 상당히 불만이 많았다고 한다. 이 에피소드가 단순히 경박한 세태에 대한 풍자만은 아닐 것이다. 온정이라는 이가 과거에서 여러 번 고배를 마신 인물이기에, 어찌 보면 그의 소심한 복수는 당시 곡강연에서 소외될 수밖에 없었던 낙제자들의 한을 대변하는 것이기도 하다.

곡강연에서 소외된 낙제자였던 황소

봄꽃 흐드러지게 핀 날 곡강에서 열리는 축하연은 당 중종 신룡神龍
연간(705~707)에 시작되었다. 봄날 곡강의 왁자지껄함은 170여 년
뒤 사그라지고 만다. 곡강연의 조종을 울린 것은 황소의 난이다.

앞의 온정이 소심한 복수에 그쳤다면 황소는 대담한 복수를 실
행에 옮겼다. 황소도 진사과에 여러 차례 응시했으나 모두 낙방한 전
력이 있다. 그 역시 곡강연에서 소외되어 피눈물을 흘린 낙제자 가운
데 한 명이었다. 『전당시화全唐詩話』의 기록에 따르면, 황소는 곡강연
에서 진사 합격자들의 득의양양한 모습을 보고 실의에 빠진 나머지
분노에 찬 시를 지었다. 그것이 바로「낙방한 뒤 국화를 노래하다(不
第後賦菊)」라는 시다.

가을 중양절重陽節 다가오면,
국화가 핀 뒤 다른 모든 꽃은 죽으리니.
하늘을 찌르는 향기가 장안에 진동하고,
온 성에 황금 갑옷 가득하리.

과거에 낙방한 황소의 마음속에 용솟음치던 반란 욕구가 생생
하게 전달된다. 황금 갑옷으로 표현한 국화는 다름 아닌 황소의 반란
군이다. 그의 시는 마침내 현실이 되었다. 장안은 황소가 이끈 수십
만 농민군에게 함락되고 만다. 황소가 과거에 합격했더라면, 그래서

곡강연의 주인공이 될 수 있었더라면 황소의 난은 일어나지 않았을 것이다. 아니, 곡강연에서 소외되어 피눈물 흘리는 이가 존재하는 한 황소의 난은 언제든 일어났을 것이다. 수많은 좌절과 한숨과 눈물을 외면한 곡강의 축제는 또 다른 황소를 키워냈을 테니 말이다.

인재를 제대로 발탁하지 못하는 정부의 부패와 무능은 황소가 당나라에 반기를 든 중요한 이유 가운데 하나였다. 과거의 모순은 이뿐만이 아니었다. 재력이 받쳐줘야 과거에 합격할 수 있었던 현실 역시 낙제자를 절망에 빠뜨렸다. 장안 출신으로 과거에 여러 번 낙방한 뒤 출가해 승려가 된 한산寒山은 「나를 농사꾼 아들이라 비웃네(笑我田舍兒)」라는 시에서 이렇게 토로했다. "과거에 낙방하면 돈 없어 떨어진 것이라네. 언젠가 돈 있는 날이 오면 탑 꼭대기에 이름을 남기리." 지금 우리 사회의 불평등을 꼬집는 '수저 계급론'의 당나라 버전이 아니겠는가.

곡강연은 처음에는 낙제생을 위로하기 위한 자리였다고 한다. 그러던 것이 중종 때 진사 합격자를 축하하는 자리로 변했다. 영광과 기쁨에 대한 축하보다 좌절과 슬픔에 대한 위로가 먼저인 사회, 그런 곳에서라면 봄날의 꽃이 더 아름답지 않을까. 시안 동남쪽에는 당나라 때 황가 원림園林이 있던 곡강 경내에 곡강지유지공원曲江池遺址公園이 조성되어 있다. 이곳은 봄꽃 필 무렵 찾아가는 게 제격이다. 그 꽃에 울고 웃던 이들을 떠올리면서 말이다. 좀 더 정의로운 사회를 희망하면서…….

견우·직녀 설화의
전성기였던 당나라

"멀고 먼 견우성牽牛星, 밝은 직녀성織女星······ 맑은 은하수 사이에 두고서 애틋하게 바라만 보며 아무 말도 하지 못하네."(한나라 말『고시 19수』)

은하수를 사이에 둔 채 만나지 못하는 견우와 직녀 이야기, 칠월 칠석이 되면 까마귀와 까치가 오작교烏鵲橋를 놓아 둘을 만나게 해준 다는 이야기. 우리나라뿐 아니라 동아시아 전역에 두루 전해져 내려 온 친숙한 설화다. 이 설화의 주인공 견우와 직녀는 앞의 시에서처럼 하늘의 별, 즉 견우성(독수리자리의 알타이르)과 직녀성(거문고자리의 베가)에서 유래했다. 칠월칠석 즈음 밤하늘에 은하수가 남북으로 흐를 때 밝은 직녀성(0등성)은 밤하늘 천정에 높이 걸리게 되는데, 때마침 은하수를 사이에 놓고 견우성과 마주하게 된다. 까마득한 옛날, 사람 들은 그런 밤하늘을 올려다보며 견우와 직녀의 슬픈 사랑 이야기를 연상했다.

곤명지 양쪽의 견우와 직녀 석상

견우·직녀 설화가 언제 생겨났는지는 알 수 없지만, 소를 모는 남자 '견우'와 베를 짜는 여자 '직녀'라는 이름은 이 이야기가 농경문화권에서 발생했음을 말해준다. 주나라 때 『시경詩經』에 이 이야기에 관한 가장 이른 기록이 담겨 있다. 하늘에 은하수가 빛나는데 직녀성은 베의 무늬를 짜내지 못하고 견우성은 수레를 끌지 못한다는 내용이다. 하지만 견우·직녀의 슬픈 사랑 이야기는 확인할 수 없다. 이후 늦어도 한나라 때가 되어서는 견우성과 직녀성이 남녀 한 쌍으로 엮이게 되었음이 분명하다. 한 무제 원수元狩 3년(기원전 120)에 장안 서남쪽에 곤명지昆明池라는 인공호수를 만들고 호수의 동서 양쪽에 각각 견우와 직녀의 석상을 세웠다고 한다.

곤명지는 황가 원림인 상림원 안에 있던 여러 호수 가운데 하나다. 상림원은 황제의 근위병이 주둔하던 곳이기도 한데, 특히 곤명지는 무제가 수군을 훈련할 목적으로 만든 곳이다. 오늘날 중국 서남쪽 윈난雲南성 쿤밍昆明에 전지滇池가 있는데, 이 호수를 곤명지·곤명호라고도 한다. 무제가 장안에 만든 인공호수 곤명지는 바로 이 전지를 본뜬 것이었다. 당시 무제가 신독국身毒國(인도)으로 사자를 보내려는데 곤명(쿤밍)의 이민족이 이를 저지하자 그들을 정벌하기 위해 곤명지를 만들고 수전水戰을 준비했던 것이다.

무제가 만든 곤명지는 둘레가 40리(약 16킬로미터)에 달했다고 한다. 이 곤명지의 동서 양쪽에 견우와 직녀의 석상을 서로 마주 보게 세운 것은 하늘의 은하수와 견우성과 직녀성을 땅에다 구현한 것이다. 끝없는 은하수와 같은 곤명지 왼쪽에 견우가 있고 오른쪽에 직녀가 있었다고 한다(한나라 때의 「서도부西都賦」). 그런데 수전을 위해 만든 곤명지 양쪽의 견우와 직녀 석상이 단순히 사랑하는 남녀로 간주된 것은 아닐 터다. "7월 7일이면 하고河鼓(견우성)와 직녀 두 성신星神이 만난다"(한나라 때의 『사민월령四民月令』)라고 했는데, 견우와 직녀는 바로 별의 신으로 여겨졌다. 오작교 내용도 한나라 때 등장하는데, 칠석날 직녀가 은하수를 건널 때 까치를 다리삼기 때문에 이때가되면 까치 머리가 벗겨진다고 한다(『풍속통의風俗通義』).

이후 견우·직녀 이야기에는 다양한 내용이 첨가된다. 은하수 동쪽에서 천제天帝의 딸인 직녀가 베를 짜며 지냈다. 혼자 지내는 직녀를 가엾게 여긴 천제가 은하수 서쪽의 견우에게 그녀를 시집보냈다. 그런데 시집간 직녀가 베짜기를 등한시했다. 화가 난 천제가 직녀를 은하수 동쪽으로 돌아가게 하고 1년에 한 번만 견우와 만날 수 있게했다(위진남북조시대 『소설小說』). 여기서는 직녀가 베짜기라는 직분을다하지 않은 것을 이별 원인으로 말했지만 같은 시대에 나온 『형초세시기荊楚歲時記』에서는 견우 때문에 이별하게 되었다고 한다. 견우가 직녀를 아내로 맞으면서 천제에게 돈을 빌려 예물을 마련했는데오래 지나도 갚지 않자 천제가 견우를 쫓아냈다는 것이다. 『소설』과『형초세시기』의 내용이 다르긴 하지만, 노동과 자본을 통제·장악하는 천제라는 존재가 있다는 점에서 공통점을 찾을 수 있다. 이는 분명 당시 시대상이 이야기에 반영된 것이다.

이처럼 세월이 흐르면서 내용이 덧붙여지고 변형되면서 견우·직녀 설화는 매우 다양한 형태로 퍼져나갔다. 애초에 수군을 훈련하려고 만들었던 곤명지 역시 많은 이가 여가를 즐기는 장소로 바뀌었다. 당나라 때는 어느 시대보다 곤명지 준설 작업에 힘쓴 덕에 많은 이가 곤명지의 드넓고 맑은 풍경을 감상할 수 있었다. 당 덕종 정원 14년(798)에는 곤명지 곁에 견우와 직녀의 사당을 세웠는데, 각각 석부묘石父廟와 석파신묘石婆神廟라고 했다(『장안지長安志』). 견우와 직녀를 '석부'와 '석파'로 지칭한 것은 한나라 때 곤명지 양쪽에 세웠던 견우와 직녀의 석상에서 유래했음이 분명하다.

칠월칠석이 되면

당나라는 견우·직녀 신앙의 전성기였다고 할 수 있다. 특히 당 현종은 칠석을 중시해서 100척(약 30미터)에 달하는 아주 높고 큰 걸교루乞巧樓를 궁중에 세워놓고 칠석이면 이곳에서 즐기며 밤을 새웠다고 한다. 칠석날을 위한 누각이 걸교루다. 궁중뿐 아니라 민간에서도 뜰에 누각을 세우고 등과 꽃과 채색 끈으로 장식해 걸교루로 삼았다.

'걸교乞巧'란 교묘한 재주를 달라고 빈다는 의미인데, 칠석날 밤이면 여인들이 직녀성에 바느질과 길쌈을 잘하게 해달라고 빌었다. 이 풍속의 유래 역시 오래되었는데, 일찍이 한나라 궁녀들은 칠월칠석이면 개금루開襟樓에서 바늘귀가 일곱인 칠공침七孔針에 실을 꿰었다. 또 칠석날 밤에는 과과瓜果(박과에 속하는 열매)를 차려놓고 바느질을 잘하게 해달라고 빌었는데, 거미가 그 열매에 거미줄을 치면 소원을 들어주는 것이라고 여겼다. 칠석날 주인공은 물론 직녀와 여성이지만, 남자들도 칠석날이면 붓·벼루·종이·먹을 차려놓고 견우에게 총명함을 빌었다.

칠석날은 이처럼 바느질 솜씨와 총명함을 비는 날이기도 하지

견우와 직녀가 만나는 그림

만 무엇보다도 연인들이 사랑을 맹세하는 날이다. "칠월 칠일 장생전長生殿에서 인적 없는 깊은 밤 은밀히 속삭였지. 하늘에서는 비익조比翼鳥가 되길 원하고, 땅에서는 연리지連理枝가 되길 원한다고."

현종과 양귀비의 슬픈 사랑을 읊은 「장한가長恨歌」에서 두 사람이 사랑을 맹세한 날이 바로 칠월칠석이다. 날개가 하나씩밖에 없어 암수가 하나가 되어야만 날 수 있는 비익조, 두 나무 가지가 맞닿아서 결이 통하여 마침내 하나가 된 연리지. 비익조와 연리지가 되자고 맹세한 두 사람은 결국 안사의 난으로 이승과 저승으로 갈라지게 된다. 「장한가」에서 양귀비를 잊지 못한 현종은 방사方士에게 양귀비의 혼을 찾게 하고, 방사는 신선이 사는 산에서 양귀비를 찾아낸다. 그때 양귀비는 현종과 칠석날 단둘이 맹세했던 내용을 방사에게 말해준다. 바로 비익조와 연리지가 되길 바란다는 맹세다. 현종과 양귀비 이야기를 시로 읊은 게 백거이의 「장한가」이고 이를 산문으로 풀어쓴 게 진홍陳鴻의 「장한가전」이다. 「장한가전」에서는 양귀비를 찾아온 방사가 그녀를 만났다는 증거를 돌아가서 현종에게 제시해야 하니 둘만 알고 있는 이야기를 해달라고 하자 양귀비가 이렇게 말한다.

"천보 10년(751), 저는 황상을 모시고 더위를 피해 여산의 궁전에서 머물렀지요. 그날은 칠월 칠일, 견우와 직녀가 만나는 밤이었답니다. 장안 사람들 풍속에서는 그날 밤 수놓은 비단을 걸어놓고 음식과 과과를 차려놓고 뜰에서 향을 피우는데, 이를 걸교라 하고 궁중에서 아주 중시하지요. 그날 한밤중이 되자 시위들도 쉬러 가고 저 혼자 황상을 모셨답니다. 황상께서는 제 어깨에 기대서신 채 하늘을 올려다보시면서 견우와 직녀의 만남에 감탄하셨지요. 우리 둘이 은밀히 맹세하길, 영원히 부부가 되길 바란다고 했답니다. 그리고 손을 잡고서 목메어 울었지요. 이 일은 오직 황상만이 알고 계십니다."

어디 현종과 양귀비에게만 칠석이 특별한 날이었으랴. 『전당시全唐詩』에 '칠석'을 제목으로 한 시가 82수나 될 정도로 칠석과 견우·직녀는 당나라 문화의 중요한 부분이었다. 그런데 당나라가 쇠락하면서 견우·직녀 신앙의 중심지였던 곤명지도 점차 말라가게 된다. 호수를 관리할 여력이 되지 않았기 때문이다. 한 무제 때부터 무려 950여 년 동안 장안의 중요한 경관이었던 곤명지가 결국 농지가 되어 흔적도 없이 사라지고 만다.

석파묘와 석야묘

한 무제가 장안 서남쪽에 곤명지를 만들고 그 양쪽에 견우와 직녀의 석상을 세운 때가 기원전 120년이다. 2,100여 년이 지난 지금 시안 창안구長安區 더우먼진鬥門鎭에 견우와 직녀의 석상이 모셔져 있다. 견우 석상이 있는 사당은 석야묘石爺廟, 직녀 석상이 있는 사당은 석

현종과 양귀비가 칠석날 사랑을 맹세한 화청지의 장생전

파묘石婆廟다. 두 사당은 2킬로미터 정도 떨어져 있다.

석파묘 대전 중앙에 놓인 2미터 남짓인 직녀 석상은 그야말로 소박하기 그지없다. 그 소박함이 오히려 이 석상의 오래됨을 말해준다. 석파묘에는 재밌는 전설이 담긴 넓고 평평한 돌이 있다. 돌은 견우와 직녀의 침상이고, 돌에 길게 파인 홈은 견우가 오줌을 눈 흔적이라고 한다. 견우가 침상에 오줌을 누자 직녀가 홧김에 견우를 발로 찼는데 너무 세게 차는 바람에 지금의 견우 석상이 있는 석야묘까지 가버렸고, 그 뒤로 둘은 떨어져 지내게 되었다고 한다. 이 재미난 민간 전설에 절로 웃음이 나올 수밖에 없다.

아니나 다를까, 석야묘에 있는 견우 석상이 직녀보다 더 부드럽게 생겼다. 그런데 사실은 두 석상이 바뀐 것이라는 주장도 있다. 하늘에서 직녀가 은하수 동쪽에 있고 견우가 서쪽에 있는 형태가 땅에서는 그 반대로 표현되는데, 현지 주민들이 땅에서도 동쪽이 직녀의 자리라고 착각한 탓에 견우 석상을 직녀 석상으로 모신다는 주장이다. 하지만 애초에 어떤 게 정말 직녀 석상이었는지는 알 수 없다. 아무튼 중요한 것은 현지 주민들이 석파묘 석상을 직녀 석상이라 굳게 믿는다는 사실이다.

석파묘에서는 정월 17일(견우와 직녀가 혼인한 날)과 7월 7일에 대규모 기념 활동이 펼쳐진다. 그때가 되면 수만 명이 이곳을 찾고 설날에 비할 정도로 융성한 분위기라고 한다. 석파묘를 찾아온 이들은 각자 소망을 빈다. 자식을 낳게 해달라고, 짝을 찾게 해달라고, 부자가 되게 해달라고, 오래 살게 해달라고, 병을 낫게 해달라고……. 그들에게 직녀는 견우의 연인이라기보다는 그들의 소원을 들어주는 여신이다. 설사 애초의 견우 석상을 직녀 석상이라 믿고 그 석상에 소원을 빌더라도 뭐가 대수이랴. 그 석상 앞에서 자신의 진실한 마음을 들여다볼 수 있다면야.

그런데 무엇이 옳다고(正) 정定하고자 하는 게 인간의 속성이기도 하다. 정확히 말하면 권력과 이익의 속성이다. 애초에 하늘에서 기원한 견우·직녀 전설을 놓고도 그 발원지를 둘러싼 논쟁이 치열했다. 논쟁의 발단은 국가지정 무형문화유산이었다. 제1차 국가급 비非물질문화유산에서 중국의 4대 전설(맹강녀孟姜女, 양산백梁山伯·축영대祝英臺, 백사전白蛇傳, 우랑牛郎(견우)·직녀) 가운데 우랑·직녀 전설만 제외되어 있었다. 이후 제2차 국가급 비물질문화유산 등재를 앞두고 여러 지역이 우랑·직녀 전설의 발원지라고 주장하며 각축을 벌였다. 결국 2008년에 산시山西의 허순和順과 산둥山東의 이위안沂源이 등재에 성공했다. 이때 시안은 마지막 단계에서 탈락했다.

　이후 2010년에 시안의 우랑·직녀 전설 역시 제3차 국가급 비물질문화유산으로 등재되었다. 국가지정 무형문화유산이 가지고 있는 권위와 경제적 이익은 두말할 나위가 없다. 그토록 유명한 견우와 직녀 이야기의 발원지임을 국가가 공식적으로 지정해준다니, 조금이라도 관련 있는 지역이라면 어찌 욕심내지 않겠는가.

　평안남도 덕흥리 고구려 고분벽화(408)에도 견우와 직녀가 그려져 있다. 고구려 때 그 지역 사람들도 은하수를 사이에 둔 견우와 직녀 이야기를 믿었기에 무덤에 그런 하늘의 모습을 그린 것이다. 전설 속에 담긴 인간 삶의 원형에 많은 이가 공감했기에 이야기가 확산되고 여러 지역에서 공유했을 것이다.

　정통을 주장하며 독점하려는 게 과연 어떤 의미가 있을까. 문화는 다양한 방식으로 공유할 수 있는 것이다. 「경쟁하는 것이 우랑·직녀인가, 아니면 재물신인가?」(스다이상바오時代商報, 2010. 8. 17)라는 글에서 지적하듯이 "눈앞의 이익에 급급한 마음과 GDP 숭배를 버려야만" 문화의 다양한 공유가 가능해질 것이다. 어떤 것이 옳다고(正) 정定하려는 아집 뒤에 감춰진 이기심과 욕망은 언제 어디서나 경계해야 한다. 그렇게 정定한 것이 반드시 옳은(正) 것은 결코 아닐지니.

백만 인구의 도시 장안,
그 빛과 그림자

'중국 고대 도시계획의 걸작', 바로 완벽한 도시계획에 따라 세워진 수·당 시기의 장안성을 일컫는 말이다. 서진西晉이 멸망한 이후 300년 가까이 분열되어 있던 중국을 재통일(589)한 수 문제 양견楊堅이 바로 이 걸작을 기획한 주인공이다.

581년, 외척 신분으로 북주 정권을 실질적으로 장악한 양견은 아홉 살 황제 정제靜帝에게서 제위를 빼앗았다. 양견은 국호를 '수隋', 연호를 '개황開皇'으로 정했다. 이듬해 그는 한나라 장안성 동남쪽에 새로운 수도를 따로 건설하라고 명했다. 통일 제국에 걸맞은 수도가 필요했던 데다가 우물물이 짜지고 오염물이 축적되는 등 기존 터의 식수·배수 문제를 해결하기 위해서였다. 새 수도 이름은 대흥성大興城으로 정해졌다. 양견이 북주北周 때 대흥공大興公에 봉해졌던 데서 유래했다.

계획도시 장안

양견은 선비족 출신 우문개宇文愷에게 새 수도 건설을 맡겼다. 대흥성은 기본적으로 『주례周禮』「고공기考工記」에 기술된 내용을 따랐다. 도성의 동서남북 면마다 문이 3개 있고, 도성 안에는 가로세로로 각각 9갈래씩 길이 나 있으며, 왕궁 왼쪽엔 종묘宗廟, 오른쪽엔 사직社稷이 자리한 구조가 바로 그렇다. 기존 도성에서는 『주례』의 제도를 구현하지 못한 반면, 대흥성에서 이를 구현할 수 있었던 것은 도시계획에 따라 새롭게 건설했기 때문이다.

양견이 새 수도에서 가장 중점을 둔 부분은 계급에 따른 공간 구획이었다. 황제 일가가 거주하는 궁성, 관청이 집중적으로 들어서 있는 황성皇城, 백성들의 거주구역은 모두 담장으로 구분되었다. 수나라 도성은 궁성과 황성 그리고 장안 전체를 외부와 구분하는 외곽성의 삼중 구조로 이루어졌다. 이는 지고무상의 황권을 구현하는 동시에 치안 유지에 적합했다. 당나라 장안성은 수나라 대흥성을 그대로 이어받았다.

수 문제의 치세는 '개황의 치'라 불릴 정도로 정치가 안정되고 경제적으로 풍요로웠다. 하지만 그 뒤를 이은 양제煬帝는 사치와 향락에 빠져 지내고 대규모 토목공사를 일으켰으며 전쟁을 일삼았다. 결국 곳곳에서 반란이 일어나 수나라는 618년에 멸망하고 말았다. 대흥성은 '장안성'으로 이름만 바뀐 채 당나라 도성이 되었다.

중국 역사의 황금기를 구가한 당나라 때 장안성은 인구 100만의 국제적 대도시였다. 장안은 인구 규모에서뿐 아니라 도시 크기에서도 세계에서 가장 큰 도시였다. 동서로 9.7킬로미터, 남북으로 8.5킬

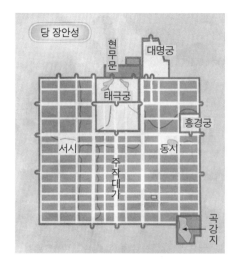

당나라 때 장안성 구조

로미터에 달하는 장안성은 동로마제국의 수도 콘스탄티노플보다 일곱 배나 컸다. 직사각형인 장안성은 '방坊'이라 불리는 108개 구역으로 나뉘어 있었다. 장안성의 남북 중심축에 해당하는 주작대가朱雀大街 동서 양쪽으로 각각 54개 방이 자리했으며, 교역 중심지였던 동시東市와 서시西市 역시 동서 양쪽에 각각 자리했다.

장안성의 구조는 우주론적 상징으로 충만하다. 도성의 동서남북 각 면에 나 있는 문 3개는 하늘·땅·인간을 상징하고, 도성 내부의 9갈래 길은 전설적 제왕 우禹가 중국 전체를 아홉 개 지역으로 나눈 구주九州를 상징한다. 전체적으로 13줄로 배열된 방은 열두 달과 윤달을 상징하고, 황성 남쪽 4열로 배열된 방은 사계절을 상징한다. 궁성의 남문을 '주작문朱雀門'이라 명명하고 북문을 '현무문玄武門'이라 명명한 것 역시 좌청룡·우백호·남주작·북현무의 풍수사상에서 비롯한 것이다. 이처럼 장안성에는 천지의 기와 조화를 이루고자 하는 의지가 담겨 있다. 이는 장안성이 중국뿐 아니라 동아시아 도시의 모델이 된 주요 이유이기도 하다. 발해의 상경용천부上京龍泉府, 일본의 헤이죠코平城京(나라)와 헤이안쿄平安京(교토)는 바로 장안성을 본떠 만든 수도다.

두보 눈에 비친 두 세계

천보 14년(755) 시월, 두보는 오래도록 떨어져 지내던 아내와 자식을 만나려고 장안을 떠나 봉선현奉先縣으로 향했다. 장안 동쪽 여산 기슭을 지나던 그의 눈에 들어온 것은 화청궁華淸宮이다. 이곳은 주나라 이래로 역대 제왕들이 행궁을 짓고 온천욕을 즐기던 곳으로, 당 현종 때 대규모 확장공사를 한 뒤 화청궁이라 칭했다. 화청지라는 명칭으로 더 익숙한 바로 그곳이다. 해마다 시월이 되면 현종은 양귀비를 데리고 이곳에 와서 겨울을 지냈다. 두보가 화청궁 근처를 지나갈 때 마침 현종과 양귀비가 이곳에 와 있었다.

화청지에서 모락모락 피어오르는 김을 올려다보던 두보 귓가에 음악이 들려왔다. '저기서 온천욕과 잔치를 즐기는 이는 죄다 권세가들이고 평범한 백성은 한 명도 없을 테지.' 순간 분노가 치솟았다. '저들이 하사받은 비단은 죄다 가난한 집 아낙네가 만든 것이고 그 아낙네 남편이 매 맞으며 강제로 빼앗긴 것 아닌가!' 순간, 양귀비를 등에 업은 양씨 집안의 극에 달한 사치가 두보 뇌리를 스치고 지나갔다. 듣자 하니 양씨 집안에서는 손님들에게 그 귀한 담비 가죽옷과 '낙타발굽탕'을 대접한다고 했다.

극과 극의 두 세계 앞에서 두보는 슬프고 분해서 더는 아무 말도

할 수 없다. 두보는 집을 향해 다시 발걸음을 옮긴다. 드디어 집 문에 막 들어선 그를 맞이한 건 구슬픈 울음소리다. 어린 아들이 굶어 죽었다는 청천벽력 같은 소식에 "아, 부끄럽다. 아비가 되어서 자식을 굶어 죽게 만들다니!"라는 자책이 절로 나온다. 자식 잃은 부모 마음을 어찌 감히 헤아릴 수 있으랴. 두보는 그나마 병역 면제에 세금도 내지 않는 혜택을 누렸음에도 이런 지경에 처했다. 그는 자신보다 더 딱한 백성들 처지를 떠올린다. 생계를 잃은 이들, 멀리 국경을 지키는 병사들을 생각하니 산처럼 묵중한 근심걱정이 그를 짓누른다.

이상의 이야기는 「장안에서 봉선현으로 가는 길에서의 감회(自京赴奉先縣詠懷)」에 근거한 것이다. 두보가 실록과 같은 이 시를 쓴 다음 달 안녹산이 장안으로 쳐들어왔고 현종은 피난길에 올랐다.

장안, 두 얼굴의 도시

"부잣집에서는 술과 고기냄새가 진동하는데, 길에는 얼어 죽은 뼈가 나뒹구는구나!" 두보의 이 절규는 장안의 민낯을 고스란히 담아냈다. 장안은 대체 어떤 곳이었을까?

제국의 심장부 장안은 중앙아시아와 서아시아 상인으로 넘쳐났다. 세계 각국의 사절단이 국제도시 장안을 찾아왔다. 장안은 동아시아 세계의 중심이었고 다양한 문명의 집결지였다. 장안을 찾는 상인과 사절단을 통해 로마·아랍·페르시아·인도 등 여러 민족과 문화가 교류했다. 신라와 일본의 수많은 유학생과 승려가 장안을 찾아왔다. 최고의 그리고 최신의 물품과 문화를 향유할 수 있는 곳이 바로 장안이었다. 장안에서는 이국의 패션과 오락과 예술이 유행했다. 외래 문

폭이 180미터에 달했던 단봉대가 (다큐멘터리 〈대명궁〉)

물에 개방적이었던 만큼 조로아스터교·마니교·경교(네스토리우스교) 등 다양한 종교가 유입되었고, 외국인이 밀집해 거주하던 서시 주변에는 다양한 종교 사원이 세워졌다. 페르시아 상인은 조로아스터교와 마니교 사원에서 예배를 드렸고, 시리아에서 온 이들은 경교 사원에서 예배를 드렸다.

이토록 개방적인 국제도시였던 장안의 공간구조는 참으로 아이러니하다. 실크로드라는 '열린 길'의 출발점이었던 장안의 내부는 담장으로 둘러싸인 방으로 사람들을 구속한 '닫힌 공간'이었다. 겹겹의 담장으로 둘러싸인 장안의 폐쇄적 구조는 장안의 이미지와 어울리지 않는다. 5미터 높이 성벽으로 둘러싸인 장안성 안에 바둑판처럼 구획된 각 '방'은 2미터 높이 담장으로 둘러싸여 있었다. 아침 종소리에 방의 문을 열고 저녁 북소리에 방의 문을 닫았으며, 방의 문이 닫힌 뒤에는 아무도 거리로 나갈 수 없었다. 밤에는 기병이 순

찰하며 통행을 철저히 금지했다. 1년 중 방문을 하루 종일 열어두고 자유를 만끽할 수 있는 날은 단 사흘, 바로 정월 보름과 그 전후 하루씩이었다. 이 사흘 동안 연등축제가 열렸다.

장안은 거주민 중심이 아닌 통치자 중심 도시가 지닌 한계와 모순을 안고 있었다. 가장 단적인 예가 황제 전용도로다. 남북 중심축에 뻗어 있는 주작대가의 폭은 150미터에 달했고, 대명궁 앞에 뻗어 있는 단봉대가丹鳳大街의 폭은 무려 180미터에 달했다. 수많은 군사와 의장대가 동원되는 황제의 행차를 위한 것이었다. 일본 승려 엔닌의 『입당구법순례행기』의 기록에 따르면, 회창 원년(841) 정월 8일에 그가 목도한 무종의 행차에는 무려 20만 명이 황제를 수행했다. 100만 인구가 사는 도시 장안에서 이루어진 이러한 공간의 독점은 권력에 의한 공간의 불평등을 말해준다.

비싼 집값 때문에 집 없이 세 들어 사는 사람이 훨씬 많았던 장안에서는 부와 신분에 따라 사는 곳이 달랐다. 장안성 108개 방에는 공간의 위계가 분명했다. 궁전이 북쪽에 있었던 만큼 그 근처야말로 사람들이 가장 선호하는 지역이었고 인구밀도 역시 높았다. 남쪽으로 갈수록 인구밀도는 낮았다. 사람들이 가장 살기 꺼렸던 서남쪽 장수방長壽坊에서는 호랑이가 출몰하기도 했다. 반면 동북쪽에는 유력 인사의 저택이 밀집해 있었다.

장안성 동쪽과 서쪽의 성격도 확연히 달랐다. 주작대가를 사이에 두고 있던 동시와 서시가 이를 대변한다. 권세가들이 동쪽에 거주했기에 동시는 주로 고관과 부유층을 목표로 삼았다. 한편 중앙아시아·서아시아를 비롯해 각지에서 온 상인들이 서시 근처에 거주했으므로 서시는 국제무역의 중심지였다. 서시는 물건을 사고파는 사람들뿐 아니라 서역의 이국 문화를 즐기고자 하는 이들로 북적였다. 서역의 상품과 패션, 오락과 음악과 음식 등 이른바 호풍胡風이 장안을 휩쓸었고, 중앙아시아에서 온 페르시아 계통의 호희胡姬가 있는 술집은 늘 성황을 이루었다. 대갓집 자제들이 호희를 보려 백마를 타고 서시로 내달렸다.

하지만 이 모든 향락은 오직 가진 자들을 위한 것이었다. 두보가 장안의 두 세계를 성토한 지 50여 년 뒤 백거이는 장안에서 숯 파는 노인의 고단함을 「매탄옹賣炭翁」이라는 시에 담았다. 장안 종남산에서 나무를 베어 숯을 굽는 노인, 재에 그을린 얼굴에 귀밑머리 희끗하고 손가락은 새카맣다. 입고 먹을 것을 구하려고 숯을 내다팔려는 노인은 추운 날씨에도 얇은 옷차림이다. 그래도 혹여나 숯값이 내릴까 봐 날씨가 춥기를 바란다. 밤사이 성 밖에는 눈이 엄청 쌓였다. 새벽에 노인은 숯을 실은 수레를 몰고 시장으로 간다. 해는 중천에 떴고 허기에 지친 노인이 시장 남문 밖 진흙바닥에 앉아 잠시 쉬고 있는데, 누군가 말을 달리며 다가온다. 황색 옷을 입은 남자가 손에 문서를 들고서 '칙령'이라 소리치더니 노인의 수레를 가져간다. 수레에 실린 숯이 1,000근이 넘거늘, 그 남자가 노인에게 지불한 건 고작 붉은 천 반 필에 비단 열 장丈뿐이다. 어찌하랴, 궁궐에서 온 이를 상대로 이 노인이 무엇을 할 수 있겠는가.

가난한 이를 가슴 아프게 하는 것이 절대적 빈곤만은 아니다. 백거이의 「매화買花」라는 시에는 장안의 꽃시장을 찾은, 전혀 다른 두 세계에서 살고 있는 이들이 묘사되어 있다.

장안의 늦봄, 요란히 오가는 거마 분주하네.

다들 모란의 계절이라 하면서, 잇달아 모란꽃을 사가네.

(……)

한 시골 늙은 농부, 꽃 파는 곳에 우연히 왔다가

고개 숙이고 홀로 긴 탄식, 이 탄식 이해하는 사람 없어.

아름다운 꽃 한 다발 값이, 열 가구 세금이라니.

장안의 명성은 대당제국의 번영과 궤를 같이했다. 당나라가 내리막길을 걷게 만든 안사의 난과 당나라를 멸망으로 이끈 황소의 난 때 장안성은 큰 손상을 입었다. 이후 황소의 난을 평정한 주온朱溫이 소종昭宗을 압박해 수도를 자신의 주둔지인 낙양으로 옮기게 하면서 장안은 철저히 파괴된다. 주온은 장안의 궁전을 해체해 그 목재를 낙양으로 가져갔다. 장안의 찬란했던 시절은 이렇게 역사의 뒤안길로 사라졌다. 주온은 소종을 살해하고 소종의 어린 아들을 애종哀宗으로 옹립했지만 결국 애종을 폐하고 후량後梁을 세운다. 290년 (618~907) 동안 존속한 대당제국은 이렇게 끝났다.

지극한 절망의 시대에도 한 가닥 희망을 보여주는 위대한 실천이 존재했다. 당나라 때는 삼계교三階敎의 실천이 있었다. 삼계교의 창시자 신행信行의 제자 신의信義는 장안 화도사化度寺에 무진장원無盡藏院을 설립했다. 조금이라도 나눌 것이 있는 사람은 복을 짓기 위해서 이곳을 찾아 보시했고, 굶주린 이는 쌀과 돈을 빌리려고 이곳을 찾았다. 담보나 증서 따위는 없었다. 언제가 됐든 갚을 수 있을 때 갚으면 그만이었다. 신의가 입적한 이후에도 삼계교 교세는 날로 확장되었다. 기존 교단은 삼계교를 질투했고, 조정은 백성들의 전폭적 지지를 받는 삼계교를 경계했다. 개원 원년(713), 마침내 현종이 화도사의 무진장원을 없애라는 칙령을 내린다. 그리고 개원 13년에 이르러서는 삼계교를 엄금한다. 삼계교는 모진 탄압을 받다가 결국 세상에서 자취를 감췄다. 하지만 그 위대한 실천은 역사 속에 길이 남아 있다.

중국 공산당이 기사회생한
'시안사변'

1936년 시안에 좀 특별한 치과병원이 문을 열었다. 병원장은 베를린 대학 출신의 치의학 박사 빈히 히베르트Winch Hiebert다. 유대계 독일인이자 독일 공산당원인 그는 일찍이 반파시스트운동에 참가했다가 독일 파시스트 정부에 의해 추방당했다. 1936년 그는 『중국의 소리The Voice of China』 편집자 매니 그래니치Manny Granich의 권유로 중국 상하이로 오게 된다. 상하이에는 중국에 관심과 애정이 있는 외국인이 꽤 많았다. 이곳에서 히베르트는 치과를 운영하면서 뜻이 통하는 여러 사람과 교류하게 된다.

1936년 시안에 문을 연 독일인 치과병원
히베르트가 상하이에 정착한 지 몇 달 지나지 않은 어느 날, 미국 출신 여성 혁명가이자 저널리스트인 아그네스 스메들리Agnes Smedley가 어떤 남자를 데리고 그를 찾아왔다. 그 남자는 히베르트에게 시안에 치과병원을 열라고 제안했다. 결국 두 사람은 병원을 차릴 적당한 곳을 찾아 시안 시내 이곳저곳을 둘러보게 된다. 마침내 맘에 쏙 드는 장소를 찾았다. 바로 칠현장七賢莊이다. 임대료가 비쌌지만 남자는 선뜻 계약했고, 히베르트는 '독일 치의학 박사 펑하이보馮海伯(히베르트의 중국 이름) 치과'라는 간판을 내걸고 개업하게 된다.

히베르트에게 병원을 열도록 한 남자는 류딩劉鼎으로 그는 저우언라이에게서 시안에 비밀 아지트를 마련하라는 지령을 받은 터였다. 당시 산베이陝北에 있던 중국공산당 홍군紅軍에게는 의약품·의료기계·통신기자재 등이 절실히 필요했다. 이 물자들을 공급해줄 거점을 시안에 마련하는 게 바로 류딩의 임무였다. 이 때문에 그가 굳이 병원을 차리고자 했던 것이다. 대량의 의약품이 자연스럽게 드나들 수 있는 곳으로 병원보다 더 적합한 데가 어디 있겠는가.

이 일이 진행되던 1936년 공산당 상황은 무척 심각했다. 국민당의 장제스가 '선안내후양외先安內後攘外', 즉 내부의 공산당부터 먼저 평정한 뒤 외적 일본을 물리친다는 방침을 고수하면서 공산당 토벌에 전력투구했기 때문이다. 당시 시안은 국민당의 동북군 총사령관 장쉐량張學良과 서북군 총사령관 양후청楊虎城이 장악했다. 그럼에도 류딩은 시안에 아지트를 마련하여 순조롭게 운영했다. 이게 가능했던 건 류딩과 장쉐량 사이에 이미 교감이 오갔기 때문이다. 일찍이 1936년 3월 류딩은 공산당을 대표해 시안에서 장쉐량을 만났다. 류딩은 현 상황을 분석하며 항일에 힘을 모아야 한다고 장쉐량을 설득했다. 그리고 4월 9일, 옌안延安에서 저우언라이와 장쉐량이 밤새워 논의한 끝에 홍군과 동북군은 정전에 합의하고 함께 일본에 맞서기로 약속한다. 이 회담 이후 공산당은 류딩을 주駐동북군 대표로 시안에 파견했다.

류딩은 공산당의 방송통신 업무도 책임지고 있었다. 칠현장에 있는 히베르트의 치과가 그 아지트였다. 치과 지하의 아지트에서 낮에는 중국공산당의 '홍중사紅中社(홍색중화통신사紅色中華通訊社의 간칭. 신화新華통신사의 전신)'에서 보내오는 소식을 수신하고 늦은 밤이 되면 이를 외부로 내보냈다. 공산당의 물자보급과 방송통신 업무를 위한 아지트 역할을 하던 치과에서 히베르트는 치과 진료를 하며 지냈다. 그는 장쉐량의 치과주치의였고 국민당 동북군과 서북군 장병들도 이곳에 와서 진료를 받았다. 히베르트의 치과는 공산당과 국민당 동북군·서북군의 은밀한 동거 장소였던 셈이다.

그렇게 여름이 지나가고 가을도 끝자락이 되었을 때 반가운 손님이 히베르트를 찾아왔다. 아그네스 스메들리와 에드거 스노Edgar Snow였다. 이국땅에서 동지애가 이들 세 사람 가슴에 벅차올랐다. 그런데 얼마 뒤 한 사람은 영영 함께할 수 없게 된다. 이제 그날 속으로 들어가 보자.

1936년 12월 12일, 시안사변

1936년 12월 12일 이른 아침, 한바탕 총성이 시안 성내에 울려 퍼졌다. 놀라 잠에서 깬 히베르트가 얼른 집에서 나와 발걸음을 옮긴 곳은 서경초대소西京招待所다. 주로 국민당 정부 요원이 시안에 오면 묵는 곳이었다. 이날 스메들리도 이곳에 있었다. 히베르트는 소식통인 그녀를 통해 대체 무슨 일인지 알아보려고 발걸음을 재촉했다. 두 사

시안사변의 현장인 화청지 오간청

람은 이날 약속도 있던 차였다.

　스메들리 역시 새벽 공기를 가르는 총성을 듣고 큰일이 터졌음을 직감했다. 서경초대소에 있던 국민당 요원들은 무장해제되었고 여행객을 포함한 모든 이가 큰 홀에 꼼짝없이 잡혀 있었다. 바로 이때 히베르트가 찾아온 것이다. 그는 약속이 있다며 대문을 지키던 사병을 물리치고 한사코 안으로 들어가려 했다. 순간 사병이 그에게 총을 쐈다. 히베르트는 유언도 남기지 못한 채 과다출혈로 죽고 말았다. 시안에 온 지 불과 반년 만이었다.

　『해방일보』에서는 12월 19일부터 연속 사흘 동안 히베르트 부고를 실었다. 12월 21일 오전 10시 하늘에서 흰눈이 끊임없이 내릴 때 그는 시안 남쪽 교외에 안장되었다. 반파시스트주의자였던 그가 만약 독일에서 추방당하지 않았다면 어떻게 되었을까. 유대인이었던 그가 이후 나치의 대학살 속에서 살아남을 수 있었을까. 추방당한 뒤 중국이 아닌 다른 나라로 갔다면, 중국에 왔더라도 시안에 오지 않았다면, 시안에 왔더라도 12월 12일에 서경초대소로 가지 않았다면…… 만약 그가 자신의 삶을 복기復棋해서 어느 한순간의 선택을 되돌릴 수 있다면 과연 어느 지점을 택할까?

우리 삶도 역사도 되돌릴 수 없다. 그래서 더더욱 되돌리고픈 순간이 있게 마련이다. 1936년 12월 12일, 장제스에게는 이날이야말로 바로 그런 순간일 것이다. 시안 시내에 총성이 울려 퍼지던 새벽, 시안에서 동쪽으로 30킬로미터 떨어진 화청지에서도 총성이 울렸다. 화청지의 오간청五間廳에 묵고 있던 장제스에게 새벽의 총성은 그야말로 아닌 밤중에 홍두깨였다. 그는 얼른 뒤쪽 산으로 도망쳤다. 사방에서 총소리가 들리자 그는 동북군 일부가 아닌 전체의 반란임을 깨달았다. 숨어서 해결될 일이 아니라는 생각에 급히 산을 내려오던 그는 그만 바위틈에 빠지고 말았다.

이때 시안 성내를 지키던 장쉐량은 여산 일대를 샅샅이 수색해 장제스를 찾아내라고 명령했다. 마침내 오간청에서 500미터쯤 떨어진 바위틈에서 장제스를 찾아냈을 때 그의 몰골은 딱하기 짝이 없었다. 잠옷 차림에 얼굴은 추위와 공포로 창백했고 가시에 찔린 손에서는 피가 흘렀다. 맨발에 발까지 다친 그는 장쉐량 부하에게 업힌 채 산을 내려갔다. 산 아래에는 그를 시안 성내로 데려가기 위한 호송차가 대기하고 있었다.

장제스가 숨어 있다가 잡힌 바위 근처에 이날의 일을 기념하기

팔로군 시안 판사처 기념관

위한 정자가 세워져 있다. 정자 이름은 병간정兵諫亭. 무력으로 간언
한다는 의미의 '병간'은 윗사람에게 무력을 행사해 반드시 요구사항
을 따르도록 하는 것이다. 장쉐량은 장제스에게 무엇을 요구하려고
병간을 일으켰을까? 바로 '선안내후양외' 방침의 파기다. 좀 더 구체
적인 내용이 12월 12일 오전에 장쉐량과 양후청이 주축이 되어 발표
한 「대對시국선언」에 담겨 있다.

　「대시국선언」에서는 동북이 함락되고 국권이 쇠약해지고 강토
가 날로 줄어드는 상황, 그럼에도 장제스가 항일에 전력을 쏟지 않은
잘못, 어쩔 수 없이 최후 수단을 사용하게 되었다는 점 등을 밝힌 뒤
구체적으로 다음 여덟 가지 요구사항을 제시했다. 난징南京 정부를
개편해 모든 정파를 받아들여 함께 구국을 책임지도록 하라. 일체 내
전을 중지하라. 상하이에 체포되어 있는 애국 지도자들을 즉시 석방
하라. 전국의 모든 정치범을 석방하라. 민중의 애국운동을 전면 허락
하라. 인민의 집회·결사의 정치적 자유를 보장하라. 쑨원의 유지를
확실히 이행하라. 구국 회의를 즉시 소집하라.

　이날의 병간을 '시안사변'이라고 한다. 시안사변을 둘러싼 해석
은 진영마다 제각각이었다. 일본에서는 장쉐량이 소련의 지지를 받

아 독자 정권을 세우려 한다고 분석했다. 한편 소련에서는 장쉐량이 난징 정부를 위험에 빠뜨려 오히려 일본 제국주의를 돕게 된 꼴이라고 분석했다. 「대시국선언」의 요구사항을 맞닥뜨린 국민당 난징 정부에서는 장쉐량을 '토벌'해야 한다는 목소리가 높았다. 중국 내 대다수 언론매체 역시 국민당이 장악한 만큼 장쉐량을 질책하는 분위기였다. 에드거 스노의 『중국의 붉은 별』에서는 당시 상황을 이렇게 전한다.

"난징 정부는 서북 지역과의 모든 통신과 교통을 차단했고, 서북 지역의 신문과 선전물은 모조리 소각되었다. 시안(장쉐량 측)에서는 정부군을 공격하려는 게 아니라고 하루 종일 방송하며 그들의 행동을 해명하면서 서로 이성적으로 처신하자고 호소하며 평화를 요구했다. 하지만 난징 정부의 흑색선전 탓에 그들의 말은 모두 묻히고 말았다. 중국에서 모든 공공언론을 상대로 한 독재정권의 가공할 위력이 여태껏 이토록 강력히 표현된 적이 없다."

시안에서는 장쉐량을 지지하는 가두행진이 벌어지고, 「대시국선언」의 요구사항이 성벽에 나붙고 내전 중지와 항일을 촉구하는 선전 포스터가 걸렸지만 통신과 교통이 차단된 상황에서 이러한 지지가 발휘할 수 있는 힘은 극히 제한적일 수밖에 없었다.

시안사변과 공산당

정작 장쉐량이 의지할 수밖에 없었던 건 공산당이다. 마오쩌둥은 시안사변이 오롯이 항일전선에 서 있는 혁명이라고 평가했다. 류샤오치劉少奇는 난징 정부 내의 항일파와 중간파를 항일 전선으로 끌어내려면 난징 정부와 대립해서는 안 된다고 주장했다. 그런데 상황은 난징 정부가 곧장 시안을 공격할 기세였다. 사태를 신속히 수습하기 위해 저우언라이가 시안으로 가게 되었다.

12월 15일 아침 바오안保安(지금의 즈단志丹)에서 출발한 저우언라이가 시안에 도착한 건 17일 황혼 무렵이다. 하루면 충분하고도 남을 텐데 어찌된 일일까. 한시가 급한 일인 만큼 최대한 서둘렀음에도 그랬다. 저우언라이가 말을 타고 갔던 것이다. 그나마 17일 오후에 비행기를 탈 수 있었기에 그날 저녁 무렵 시안에 도착할 수 있었다. 그 비행기는 장쉐량이 보낸 전용기였다. 그렇다. 말과 전용기, 이는 당시 공산당과 국민당의 물적 역량의 차이를 상징하는 것이다. 장제스 한 명을 처리한다고 해서 공산당이 국민당을 제압할 수 있는 상황이 결코 아니었다. 만약 시간을 더 지체하거나 장제스가 잘못되기라도 하면 국민당의 공산당 공격이 더욱 고삐를 죄게 될 테고, 내전이 격화되면 일본만 이득을 보게 되리라는 것이 공산당의 우려였다. 공산당으로서는 어떻게든 이 사태를 조속히 평화롭게 끝내야 했다.

저우언라이가 시안에 온 며칠 뒤 장제스 부인 쑹메이링宋美齡도 비행기를 타고 시안으로 왔다. 그리고 12월 25일, 장제스는 비행기를 타고 시안을 떠나 이튿날 무사히 난징에 도착했다. 내전 중지를 구두로만 약속했을 뿐 그 어떤 합의문에도 서명하지 않은 채였다. 아무튼 시안사변을 계기로 공산당은 기사회생하게 된다.

시안사변 직전까지 공산당의 비밀 아지트였던 히베르트의 치과가 있던 자리에 지금은 '팔로군八路軍 시안 판사처辦事處(사무소) 기념관'이 있다. 시안사변 이후 비밀 아지트는 공식적으로 '홍군 연락처'

가 되었다. 그리고 1937년에 7·7사변이 일어난 뒤 홍군이 '국민혁명군 제8로군'으로 편제되면서 '팔로군 시안 판사처'가 되어 제2차 국공합작 기간(1937~1945)에 항일의 중추적 역할을 담당했다. 이후 일본이 패망하면서 국공합작은 종말을 고하고, 본격적으로 국공내전에 돌입하게 된다.

1945년 9월 2일 미국 전함 미주리호에서 일본이 항복문서에 서명한 다음 날인 9월 3일은 중국의 '항전승리기념일(중국인민 항일전쟁 승리기념일)'이다. 70주년이던 2015년 9월 3일 오전 베이징 천안문광장에서는 '중국인민 항일전쟁 및 세계 반파시스트전쟁 승리 70주년 대회'가 열렸다. 이 자리에서 중국공산당 총서기 시진핑이 각국 정상 앞에서 연설했다. 만약 공산당이 기사회생한 계기가 된 1936년 12월 12일의 시안사변이 없었다면 그 자리엔 국민당 총통이 서게 되었으리라.

궁금하다. 국민당이 중국을 차지했다면 세계사는 어떻게 달라졌을까. 한반도는 지금 하나일까 아니면 여전히 분단 상태일까. 덧붙이면, 시안사변의 주인공 장쉐량은 무려 53년하고도 6개월 동안 연금생활을 했다. 공산당에게 그는 '민족의 영웅, 천고의 공신'(저우언라이)이겠지만 국민당은 그를 '역사의 죄인'으로 평가한다. 국민당은 그 죗값을 참으로 톡톡히 받아냈다.

시안의 랜드마크
종루와 고루

아침 9시, 시안 성벽의 중심부 사거리 어딘가를 거니노라면 종루鐘樓
에서 울리는 종소리를 듣게 될 것이다. 어느덧 어스름이 깔릴 무렵이
면 들려오는 북소리, 종루에서 서북쪽으로 200미터쯤 떨어진 곳의
고루鼓樓에서 울리는 소리다. 시안의 종루와 고루에서는 2007년부터
'아침 종과 저녁 북(晨鐘暮鼓)' 울리기가 행해지고 있다. 100여 년 전
청나라의 멸망과 함께 사라진 전통의 부활이라 하겠다.

시안의 랜드마크, 종루와 고루

명나라 주원장朱元章 홍무洪武 17년(1384), 종루가 세워지던 당시 종
루 위치는 장안성 중심에 있었다. 그 뒤 200년의 세월이 흐르는 동안
동쪽과 북쪽 방향으로 성이 확장되면서 종루 위치도 점점 중심에서
벗어나게 된다. 결국 명나라 신종神宗 만력萬曆 10년(1582)에 종루를
이전하게 되는데, 그 자리가 바로 지금 종루가 위치한 곳이다.

종루는 말 그대로 종이 있는 누각이다. 지금의 시안 종루에 있는 종은 당나라 때 경운종景雲鐘의 복제품(1997)이다. 예종 경운 2년(711)에 주조된 경운종은 본래 황실의 도교 사원인 경룡관景龍觀에서 사용되었다. 이후 명나라 때 종루가 세워지면서 경운종도 종루로 옮겨져 사용되었다. 1953년부터는 시안 비림박물관에서 경운종을 소장하고 있다. 중앙인민방송국에서 '새해의 종소리'로 내보내는 종소리의 출처가 바로 경운종이다. 경운종은 출국금지 문물에 속하는 국보급 문물이니 비림박물관에 가게 되면 그 종을 꼭 봐야 한다.

　　모든 도시는 자신의 상징물을 지닌다. 베이징에 천안문이 있다면 시안에는 종루가 있다고 할 정도로 종루는 시안의 상징이다. 36미터 높이의 종루는 시안이 두루 내려다보이는 감제고지이기에 군사적으로도 중요한 곳이었다. 신해辛亥혁명 당시 청나라 팔기군八旗軍이 신군新軍과 격전을 펼치며 끝까지 사수하려 했던 곳도 종루다. 이후 황제를 자칭한 위안스카이를 몰아내려던 호국護國전쟁에서 위안스카이에 반대하는 군대가 위안스카이 측 군대에 포위된 채 일진일퇴의 싸움을 벌였던 곳도 종루다. 근현대 시기에 종루는 참으로 다양하게 이용되었다. 민국 말 국민정부의 비밀 감옥이기도 했고, 시안 최초의 영화관으로 쓰이기도 했으며, 천문관이 되기도 했고, 찻집으로 이용되기도 했다. 문화대혁명 때 표어로 뒤덮였던 곳, 문화대혁명의 종결과 더불어 그 직전까지 무소불위의 권력을 휘둘렀던 사인방四人幇을 성토하는 대자보가 붙었던 곳이 바로 종루 옆 성벽이다.

　　종루와 더불어 시안의 상징이라 할 수 있는 고루는 종루보다 4년 앞선 1380년에 만들어졌다. 종루와 고루를 합쳐 자매루·문무

당나라 때의 경운종(비림박물관 소장)

루文武樓라고 부를 정도로 둘의 관계는 매우 밀접하다. 그 옛날 종소리에 하루를 열고 북소리에 하루를 마감하던 이들에게 종루와 고루는 그들 삶의 일부였을 것이다. 그들에게 저녁을 알려주던 고루의 북은 이미 사라진 지 오래다. 지금 고루에 있는 커다란 북은 1996년에 만든 것이다. 이외에도 고루에는 24절기고節氣鼓라는 북 24개가 있는데, 북면마다 예스러운 한자가 두 글자씩 적혀 있다. 바로 입춘立春 · 우수雨水 등 24절기 명칭이다.

　　고루에서 가장 눈에 띄는 건 고루 남쪽과 북쪽에 걸린 편액이다. 남쪽 편액의 '문무성지文武盛地'라는 글귀는 '천년고도'만큼이나 시안을 잘 대변한다. 문과 무가 더불어 성했던 천년고도 시안의 명성은 예부터 익히 알려진 바다. 북쪽 편액의 '성문우천聲聞于天'이라는 글귀는 그런 시안에 대한 칭송일 것이다. 이 글귀의 출처는 『시경』 「학명鶴鳴」이다. "학은 깊숙한 늪가에서 울어도 그 소리가 하늘에까지 들린다(鶴鳴九皐, 聲聞于天)." 진리나 뛰어난 인재는 어떻게든 드러나게 마련이라는 의미다. '문무성지' 편액은 섬서순무 조가회趙可懷가 명나라 만력 18년에 쓴 것이고, '성문우천' 편액은 청나라 건륭제의 어필이었다. 지금 고루의 두 편액은 명·청 시기의 것이 아니다. 수많은 문화재가 파괴된 문화대혁명 때 고루의 편액 역시 훼손되어 사라지고 말았다. 현재 고루의 두 편액은 2005년부터 걸렸는데, 원래의 글자체와 크기대로 전통적 제작방법에 따라 만든다는 원칙 아래 그 옛날의 형태를 최대한 재현한 것이다. 이렇게 전통은 창조되고 파괴되고 재창조된다. 그 창조와 파괴와 재창조에는 각 시대의 사연이 담겨 있다. 어디서 무엇을 보든 그 사연에 최대한 귀기울여보자.

산시성 인민정부 소재지가 된 진왕부

시안의 랜드마크인 종루와 고루뿐 아니라 시안 성벽 역시 주원장 때 만들어졌다. 시안이라는 명칭을 부여한 이도 주원장이다. 홍무 2년 (1369)에 봉원로奉元路(원나라 때 시안의 명칭)를 함락한 뒤 봉원로를 서안부西安府로 개칭한 것이다. 서북을 안정시킨다는 의미의 '서안西安'이라는 명칭은 명나라 때 이곳이 군사적으로 매우 중요한 지역이었음을 말해준다.

주원장은 명나라를 세운 뒤 자신의 여러 아들을 번왕藩王에 봉

시안의 랜드마크인 종루의 야경

저녁을 알려주던 고루

해 각지를 지키도록 했다. 이때 주원장은 둘째 아들 주상朱樉을 시안의 왕인 진왕秦王에 봉해 서북 지역을 지키게 했다. 현재 산시陝西성 인민정부 소재지인 시안 신성新城은 본래 진왕부秦王府가 있던 곳이다.

진왕부 역시 명나라 때부터 지금까지 우여곡절이 많았고 명칭도 여러 번 바뀌었다. 명나라 말 이자성李自成이 시안을 함락하고 대순大順 정권을 세운 뒤 진왕부는 대순 정권의 왕궁이 되었다. 청나라 때는 팔기八旗에 소속된 기인旗人의 거주지역인 만성滿城이 시안에 설치되면서 진왕부는 팔기군의 훈련 장소인 '팔기 교장敎場'이 되었다. 신해혁명이 일어난 뒤 팔기 교장은 불에 타고 만성도 철거되었다.

진왕부 옛터는 민국 시기에 산시성 정부 소재지가 되는데, 1927년 1월에 '홍성紅城'이라고 명명되었다가 같은 해 6월에 다시 '신성新城'으로 개칭된다. 홍성에 혁명의 의미가 담긴 것은 물론이고 신성에도 혁명의 의미가 담겨 있다. "재신민在新民 재지어지선在止於至善", 대학의 도는 백성을 새롭게 하는 데 있고 지극한 선에 머무르는 데 있다. "구일신苟日新 일일신日日新 우일신又日新", 진실로 하루가 새로워지려면 나날이 새로워야 하고 또 날로 새로워야 한다. 바로 『대학大學』에 나오는 이 구절에 담긴 '신新'의 의미를 신성이라는 명칭에 담고 싶었던 것이다.

「산시신성기陝西新城記」(1927) 비문에 따르면, 홍성을 신성이라고 바꾸면서 신성에 있는 네 문도 새롭게 명명하고자 했다고 한다. 서문은 전진前進, 동문은 분투奮鬪, 남문은 노력努力, 북문은 자신自新으로 말이다. 신성이라고 개칭하던 당시 신성의 동쪽·서쪽·남쪽 방향의 큰길 이름 역시 동신가東新街·서신가·남신가로 명명했는데, 이 길 이름은 지금까지도 사용된다. 진왕부를 신성이라고 명명한 1927년의 중국은 제국주의 열강에 시달렸으며 군벌이 할거했고 봉건질서도 여전했다. 당시 중국의 생존은 완전히 새로워지는 데 달려 있었다. 스스로 새로워지려면 전진·분투·노력해야 했다.

역사를 담고 있는 시안의 지명

무엇인가에 이름을 붙이는 명명命名에는 명명자의 의지와 소망이 반영되게 마련이다. 시안의 지명을 알아보는 것은 시안 역사를 이해하는 데 큰 도움이 된다. 신성·동신가·서신가·남신가처럼 말이다.

지명은 종종 권력을 상징하기도 한다. 이 때문에 권력의 향배에 따라 그 명칭이 바뀌기도 한다. 청년로青年路를 예로 들어보자. 청년로 서쪽에 해당하는 구부가九府街는 명나라 진왕 주상의 아홉째 아들 저택이 있던 곳이고, 청년로 동쪽에 해당하는 양부가梁府街는 청나라 무진사武進士(무과의 전시殿試 합격자) 양화봉梁化鳳의 저택이 있던 곳이다. 구부가는 아홉째 아들의 저택이 있는 거리, 양부가는 양씨 저택이 있는 거리라는 의미다. 왕의 아들, 과거 합격자이기에 거리명의 주인공이 될 수 있었다. 봉건시대 자취가 짙은 이들 명칭은 1947년에 바뀌는데, 삼민주의三民主義청년단 산시 지부가 양부가에 설립되면서 구부가·양부가 일대를 통합해 청년로라고 통칭했다.

시안의 지명 가운데는 1966년에 개칭되었다가 1972년에 원래 이름을 회복한 경우가 꽤 많다. 이는 문화대혁명의 극단적인 전통 부정과 관련이 있다. 동거원항東舉院巷과 서거원항西舉院巷은 분발항奮

發巷·도강항圖强巷으로 개칭되었다가 원래대로 돌아왔다. '거원擧院'은 과거 시험장이었던 공원貢院을 가리키는 말이다. 시험장이었던 만큼 경계를 철저히 하려고 공원의 사방 담장 위에 대추나무 가시를 꽂아두었다. 공원 근처에 있는 '조자항早慈巷'은 여기서 유래한 명칭이다. 원래는 조자항棗刺巷, 말 그대로 '대추나무 가시 거리'였는데 1917년에 발음이 같은 조자항早慈巷으로 순화한 것이다. 이후 1966년에 부강항富强巷으로 개칭되었다가 1972년에 다시 조자항早慈巷으로 돌아왔다. 명나라 때 죽기가 대규모로 거래되었던 죽파시竹笆市는 혁명가革命街로 개칭되었다가 원래대로 돌아왔는데, 지금도 이곳에서는 죽기와 목기 제품을 취급한다. 오미십자五味什字(십자什字는 십자로十字路를 의미한다)는 명·청 시대부터 민국 초에 이르기까지 약방이 밀접해 있던 곳이다. '오미'는 중국 약재의 단맛, 매운맛, 신맛, 쓴맛, 짠맛의 다섯 가지 맛이라는 의미를 담은 명칭이다. 오미십자는 1966년에 오성가五星街 중단中段으로 개칭되었다가 1972년에 원래 이름을 회복했다.

물론 옛 역사를 고스란히 담은 채 그대로 사용되어온 지명도 많다. '하마릉가下馬陵街'는 하마릉이 있는 거리라는 의미인데, 하마릉은 한 무제 때 유가의 국교화를 추진했던 동중서董仲舒 무덤을 가리킨다. 무제는 동중서 무덤을 지날 때면 말에서 내려 걸어감으로써 그에 대한 존경을 나타냈으며, 이곳을 지날 때면 누구를 막론하고 말에서 내려 걸어가야 했다고 한다. '빙교항氷窖巷'은 얼음 저장고가 있는 골목이라는 의미인데, 명·청 시대 왕족과 관리가 여름철에 사용할 얼음을 보관하던 곳이다.

한편 새로운 거리, 새로운 건물이 들어서면서 새로운 지명이 생겨나기도 한다. 통제방通濟坊은 1936년에 통제신탁공사가 이 일대 땅을 대량으로 구입해 길을 내고 여러 건물을 세우면서 생겨난 지명이다. 통제방에 세워졌던 건물 가운데 4층 높이의 '통제대루通濟大樓'는 당시 시안에서 가장 높은 빌딩이자 시안 최초의 서양식 시멘트 건축물이었다. 안타깝게도 통제대루는 보호 문물로 지정되지 못해 1990년대 초에 철거되고 말았지만 통제방이라는 지명은 여전히 남아서 당시 역사를 증언한다.

시안에 종루와 고루를 세우도록 한 주원장은 사실 시안으로 천도할 마음이 있었다. 만약 시안이 명나라 수도가 되었다면? 이후 중국 역사는 송두리째 달라졌을 것이다. 시안의 문화지형이나 지명 역시 지금과는 무척 달라졌을 것이다.

주원장이 시안 천도를 본격적으로 검토했던 때는 홍무 24년이다. 감찰어사 호자기胡子祺가 시안이 속한 관중이야말로 천하에서 가장 뛰어난 지세를 갖추었다는 상서를 올리자 주원장은 태자 주표朱標를 보내 관중을 살피게 했다. 주표는 난징으로 돌아와 주원장에게 섬서 지도를 바치기도 했다. 그런데 뜻밖에도 이듬해 주표가 병사하고 말았다. 일흔 가까운 나이의 주원장은 태자의 죽음에 심한 충격을 받았고, 천도라는 큰일을 진행할 힘도 마음도 사라졌다. 당시 주원장은 "본래 천도하고자 했으나 이제는 연로하고 피곤하며 천하가 안정되었는데 다시 백성들을 수고롭게 하고 싶지 않다"라고 토로했다. 이렇게 해서 시안이 명나라 수도가 될 뻔했던 기회가 지나갔다.

주표가 병사하지 않았다면 난징에서 시안으로 천도했을 테고,

주표는 주원장의 뒤를 이어 황제가 되었을 테고, 주표의 아들 주윤문朱允炆(건문제建文帝)은 기반을 더 다진 뒤 제위를 이어받았을 것이다. 그랬다면 주체朱棣(영락제)가 제위를 뺏을 수 없었을 테고, 그랬다면 명나라 수도가 베이징으로 바뀌는 일은 일어나지 않았을 것이다. 이 모든 것은 꼬리에 꼬리를 문 가정일 뿐이다. 아무튼 주표는 병사했고, 결국 주체는 조카의 자리를 빼앗아 황제가 되었으며 그는 베이징으로 천도했다. 역사의 연쇄반응이니 모든 순간과 사건은 막중한 무게를 지닌다.

시안 성벽 18개 성문에
담긴 이야기

1926년 7월, 장제스를 총사령관으로 한 국민혁명군이 북벌을 개시한다. 군벌을 타도하고 통일을 실현하기 위해서였다. 당시 시안은 류전화劉鎭華 군대에 포위된 지 석 달째였다. 류전화의 시안 포위는 직계直系군벌 우페이푸吳佩孚의 승인 아래 이루어졌다. 류전화가 이끈 병력은 무려 7만 명으로 "산시陝西로 쳐들어가서 한자리 차지하고 부자가 되자!"라는 구호로 끌어 모은 오합지졸이었다.

류전화가 시안을 공격하기 시작한 때는 1926년 4월 중순으로 처음에는 시안성 안으로 무혈입성할 듯했다. 하지만 국민군 장군 양후청과 리후천李虎臣이 1만 명도 되지 않는 병력으로 시안성을 무려 일곱 달 넘게 사수했다. 이 사건을 두고 '이호수장안二虎守長安'이라고 한다. 두 호랑이가 장안을 지켰다는 뜻인데, 양후청과 리후천의 이름에 모두 호랑이를 뜻하는 '호虎'자가 들어 있기 때문에 이렇게 표현한 것이다.

철옹성 같은 시안 성벽

시안성 포위가 풀린 때는 11월 28일이다. 그동안 죽은 사람은 무려 5만 명으로, 당시 시안성 인구의 4분의 1에 달하는 엄청난 희생이었다. 전사한 이들 외에 굶어 죽은 이도 상당수였다. '시안 혁명공원'은 바로 당시에 희생된 이들을 기념하려고 조성된 곳이다.

철옹성 같은 시안 성벽, 일곱 달이 넘도록 공방전이 지속될 수 있었던 건 바로 이 성벽 때문이다. 류전화는 7만 병력으로도 이 성벽을 뚫지 못했다. 시안 성벽은 명나라 홍무 3년(1370)부터 홍무 11년(1378)까지 쌓은 것이다. 높이 12미터, 아래쪽 폭 15~18미터, 위쪽 폭 12~14미터에 달하는 총길이 13.74킬로미터의 성벽은 장방형으로 도시를 감싸고 있다. 높이도 높이려니와 성벽 두께가 성벽 높이와 맞먹으니 그야말로 난공불락의 철옹성이었다.

일찍이 원나라에서 17년 동안 머물렀던 마르코 폴로Marco Polo는 『동방견문록東方見聞錄』에서 시안의 '매우 두껍고 높은 성벽'을 언급한 바 있다. 마르코 폴로가 보았던 성벽은 당나라 말 우국군佑國軍 절도사 한건韓建이 이전의 수·당 시기 성벽을 개축한 것이다. 황소의 난을 평정한 주전충朱全忠(주온)이 소종을 압박해 수도를 낙양으로 옮기게 하고 궁전을 해체해 낙양으로 가져가는 등 장안이 철저히 파괴되면서 성벽 역시 훼손되었기에 개축할 수밖에 없었다.

한건이 개축한 장안성 규모는 원래 당나라 장안성의 4분의 1에 불과했다. 명나라 성벽에서는 일찍이 한건이 개축했던 성벽의 서쪽과 남쪽 부분이 그대로 활용되었고, 동쪽과 북쪽으로는 크게 확장되어 새로 축조되었다. 이것이 지금의 시안 성벽이다.

시안 성벽의 18개 성문

시안 성벽의 동서남북으로 애초에 나 있던 성문은 장락문(동문)·안정문(서문)·영녕문(남문)·안원문(북문)이다. 현재 시안 성벽에는 성문이 18개 있는데, 앞의 4개 외에는 새로 만든 것이다.

18개 성문에는 어떤 사연이 담겨 있을까? 동쪽 성벽에 있는 3개 성문(장락문·중산문·조양문)부터 살펴보자. 장락문長樂門에서 '장락'은 명나라가 오래도록 즐겁기를 축원하는 의미를 담았다. 아이러니하게도 명나라 말에 이자성이 시안으로 쳐들어왔을 때 바로 이 성문으로 들어오게 된다. 이때 그가 성문에 걸린 '장락문'이라는 편액을 보고서 "황제가 오래도록 즐거우려면 백성은 오래도록 고통스러워야 하겠지"라고 말하자 곁에 있던 부하가 즉시 장락문의 성루城樓를 불태웠다고 한다. 지금 장락문의 성루는 청나라 때 다시 만든 것이다. 중산문中山門은 손중산(쑨원)을 기념하려고 만든 것(1927)이다. 조양문朝陽門은 중화인민공화국이 성립된 이후 만든 것인데, 말 그대로 성문이 태양을 향해 있다는 의미다.

서쪽 성벽에는 2개의 성문(안정문·옥상문)이 있다. 당나라 황성의 서쪽 중문이었던 안정문安定門에는 서쪽 변방을 안정시킨다는 의미가 담겨 있다. 그 옛날 실크로드를 향해 열려 있던 문, 상인들이 낙타를 타고 오가던 문이 바로 이 안정문이다. 옥상문은 펑위샹馮玉祥(풍옥상) 장군을 기념하려고 만든 것(1928)이다. 앞서 말했던, 류전화의 시안 포위를 해제시킨 인물이 바로 펑위샹이다. 본래 서북 군벌이었던 펑위샹은 1926년 5월 국민당에 가입한 뒤 서북군을 이끌고 북벌에 참가하게 된다. 일곱 달이 넘도록 포위된 채 식량과 무기가 다 떨

시안 성벽 위

어진 성안에 있던 이들에게 펑위샹의 출현이 얼마나 반가웠으랴. 그
들에게는 구세주 같은 존재였을 것이다. 시안 포위를 해제시킨 펑위
샹은 동쪽 성문에 중산문을 만들게 했고, 1927년 5월 1일 바로 이곳
을 통해 성을 나갔다. 당시 그는 중산문에 뚫린 두 문 가운데 '동정
문東征門'으로 나갔다. 중산문의 두 문 중 다른 하나는 '개선문凱旋門'
인데, 펑위샹은 북벌에 승리하면 개선문으로 들어오겠다고 했지만
그런 일은 일어나지 않았다. 북벌은 성공했지만 북벌한 뒤 장제스와
의 싸움에서 펑위샹이 패하고 말았기 때문이다.

　남쪽 성벽에는 7개의 성문(함광문·물막문·주작문·영녕문·문창문·화
평문·건국문)이 있다. 영녕문永寧門은 시안 성문 중에서 가장 오래된
것으로, 수나라 때인 582년에 만들어졌다. 원래 이름은 안상문安上門

이었고, 명나라 때 영녕문으로 개칭되었다. 영원히 안녕하라는 의미가 담겼는데, 영녕문이 있는 성벽 위 전루箭樓는 1926년 류전화와의 공방전에서 훼손되었고 지금 있는 것은 2013년에 복원한 것이다.

함광문含光門은 1984년 당나라 때의 함광문터가 발굴된 뒤 그곳에 문을 낸 것(2003)이다. 함광문이 있는 성벽에는 2008년 개관한 함광문유지박물관이 있다. '빛을 머금다'라는 의미에 걸맞게 결국 빛을 보게 되었다고 할까. 물막문勿幕門은 혁명가 징우무井勿幕(정물막)를 기념하려고 만든 것(1939)이다. 징우무는 쑨원이 만든 동맹회 초기 멤버 가운데 한 명으로, 1918년 서른한 살에 살해당했다. 쑨원은 그를 '서북 혁명의 기둥'이라 칭한 바 있다. 주작문朱雀門은 1985년 주작문터가 발굴된 뒤 이듬해에 그 터 서쪽에 문을 낸 것이다. 주작은 남쪽을 지키는 상징적 동물로, 주작문은 당나라 황성의 남문이었다. 그 옛날 장안성 중심부를 지나가는 주작대가와 이어져 있던 문이 바로 주작문이다.

문창문文昌門은 1986년에 만들어졌는데, 문창문이 있는 성벽 위에는 괴성루魁星樓가 있다. 문창과 괴성은 모두 문운文運을 주관하는 신이다. 이에 걸맞게 문창문 주변은 지식의 향기가 가득하다. 문창문 안으로 난 길은 백수림가도柏樹林街道이고, 바깥으로 난 길은 문예로文藝路다. 백수림가도 근방에 있는 비림박물관은 명·청 시기에 공자를 모신 문묘가 있던 곳이기도 하다. 명나라 때 문묘 주위에 측백나무를 많이 심으면서 생겨난 백수림가도라는 지명이 지금까지 계속 사용되고 있다. 군사 방어시설의 기능을 띤 성벽에서 문창문과 괴성루는 색다른 느낌을 선사한다. 1953년에 만들어진 화평문和平門에

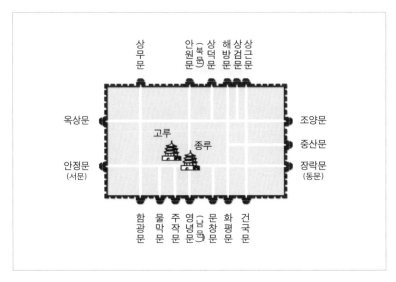

시안 성벽의 18개 성문

는 세계 평화에 대한 갈망의 의미가 담겨 있다. 건국문建國門은 중화인민공화국 성립을 기념하는 의미를 담고 있는데(건국문이라고 명명한 것은 1986년), 건국문 안으로 난 길이 건국로다. 시안사변의 주인공 장쉐량의 공관公館이 바로 건국로에 있었다는 점도 흥미롭다.

북쪽 성벽에는 6개의 성문(상무문·안원문·상덕문·해방문·상검문·상근문)이 있다. 명나라 때 북문으로 만들어진 안원문安遠門에는 소수민족을 포섭하려는 염원이 담겨 있다. '안원'은 멀리 있는 이민족을 위무慰撫하여 귀순하게 한다는 의미다. 신해혁명 때 안원문에서 벌어진 전투가 격렬했는데, 당시에 훼손된 전루는 1983년에 복원되었다. 상무문·상덕문·상검문·상근문은 중화인민공화국 성립 이후 만든 것이다. 무武·덕德·검儉(검소)·근勤(부지런함)을 숭상崇尚한다는 의미를 담고 있는데, 상무·상덕·상검·상근의 정신은 유가의 기본 덕목이다.

북쪽 성벽의 성문 중에서 기차역 바로 앞에 있는 것이 해방문解 放門이다. 말 그대로 '해방'을 기념하는 의미가 담긴 문이다. 중국에 서 해방이라는 용어는 1945년 8월부터 1950년 6월까지 벌어진 공산 당과 국민당의 내전에서 공산당이 승리한 일을 가리킨다. 공산당이 시안에서 승리를 거둔 것은 1949년 6월 20일이고 다음 달 12일 시 안시 정부는 기차역 앞 성문을 해방문이라고 개칭했다. 그전에 이 성 문의 이름은 중정문中正門이었다. 중정문이 해방문으로 바뀌던 날, 이 성문 안쪽으로 난 길의 이름 역시 중정로에서 해방로로 바뀌었다. '중정'은 바로 국민당 총통 장제스(제스는 자字)의 이름이다. 공산당 의 승리와 국민당의 패배는 이처럼 지명에도 고스란히 반영되어 있 다. 당시 중국 곳곳에 있던, '중정'이 들어간 길과 문과 다리 등의 명 칭은 죄다 '해방'으로 바뀌었다. 해방로·해방문·해방교……. 기차역 앞쪽 성벽에 처음으로 성문이 만들어진 것은 1934년 룽하이隴海철 로가 시안에 개통되면서다. 그런데 1952년에 기차역 광장이 확장되 면서 성벽이 516미터나 철거되었고 이때 해방문도 사라졌다. 그 후 2005년에 성벽이 다시 연결되면서 아치형 다리 형태의 성문이 만들 어졌다. 이게 바로 지금의 해방문이다.

시안 성벽의 위기와 보존

시안 성벽은 중국에서 보존이 가장 잘된 성벽으로 평가받는다. 하지 만 중화인민공화국 성립 이후만 하더라도 시안 성벽은 여러 차례 사라질 위기를 겪었다. 첫 번째 위기는 1950년에 있었다. 성벽을 철거하자는 의제가 서북군정위원회西北軍政委員會에 제기되었지만 다행히도 철거를 금지한다는 결정이 이루어졌다. 대약진大躍進운동 시기에도 도시를 확장하기 위해 성벽을 철거해야 한다는 주장이 강하게 제기되었지만, 여러 사람(시진핑 주석의 아버지 시중쉰도 그중 한 명이었다)이 노력한 결과, 국무원에서는 시안 성벽을 보호하라는 공지를 내렸다. 이어서 1961년에 국무원의 비준을 거쳐 시안 성벽은 제1차 전국중점문물보호단위로 선정되었다.

하지만 성벽은 제대로 보호되지 못했다. 오랜 세월 탓에 성벽 곳곳이 무너지고, 일부러 성벽을 뜯어서 훔쳐가는 이들도 있었다. 시안 성벽은 그야말로 만신창이가 되고 있었다. 시안 성벽이 이처럼 심각한 상황에 처하자 비로소 보호 움직임이 일어나게 된다. 1981년 11월 22일 중국 관영통신 신화사新華社에서 「중국에서 유일한 봉건시대의 완정한 옛 성벽이 심각한 파괴에 직면했다」라는 글을 게재한 것을 계기로, 중앙 정부에서 관심을 갖고 산시성 정부에 보호 조치를 요구한 것이다. 당시 시안 시장이었던 장톄민張鐵民은 성벽 복원에 온힘을 쏟아 부었다. 1984년에 장톄민 시장은 세상을 떠났지만 복원 작업은 지속되었다. 국내외에 거주하는 산시 사람들이 모두 성벽 복원을 위한 모금에 동참했고, 20여 년에 걸친 긴 여정 끝(2004)에 시안은 환성環城 형태의 성벽을 온전히 갖추게 되었다.

18개 시안 성문에는 수나라 때부터 중화인민공화국에 이르기까지 여러 시기의 역사가 얼기설기 얽혀 있다. 그 역사 속에서 만들어진 성벽과 성문에는 여러 기억이 켜켜이 담겨 있다. 물리적으로 훼손되기도 하고 복원되기도 하고 새로 만들어지기도 하면서 기억도 하나씩 더해져왔다. 18개 시안 성문 이름에는 유가사상·중화주의·사회주의가 공존한다. 또 1980년대 이후 시안 성벽이 복원된 시기는 중국의 개혁개방이 본격적으로 추진된 때이기도 하다. 전통 시기의 중국과 현재의 중국이 오롯이 이곳에 깃들어 있다.

2장

뤄양,
용문석굴과
모란의
도시

본래 허난을 핵심으로 한 황하 중하류 일대를 가리키는 말이
바로 '중국中國'이다. 그 중국의 심장부가 뤄양이었다.
주공이 '천하의 중심(天下之中)'이라고 말한 바로 그곳 말이다.

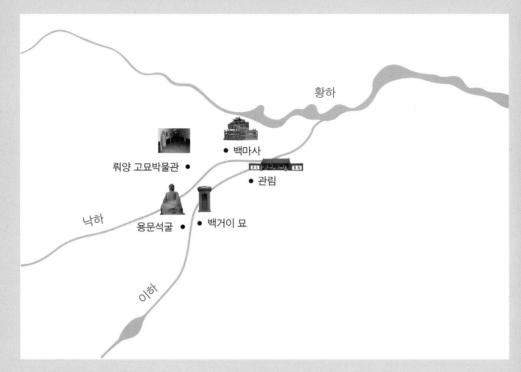

황하

뤄양 고묘박물관 ●

● 백마사

● 관림

낙하

용문석굴 ●

● 백거이 묘

이하

뤄양의 역사 유적지

역대 아홉 왕조의 수도였던
'천하의 중심'

"이곳은 천하의 중심으로, 사방에서 공물을 바치러 오는 거리가 모두 같다."(『사기』「주본기周本紀」)

약 3,000년 전, 주나라 제2대 왕인 성왕成王의 명령에 따라 낙읍洛邑을 건설하고 구정九鼎을 안치한 주공周公은 이렇게 말했다. 여기서 구정은 왕권을 상징하는 아홉 개 솥이고, 주공이 천하의 중심이라고 말한 낙읍은 바로 뤄양洛陽(낙양)이다.

먼저 그 이름부터 살펴보자. 낙洛은 낙하洛河를 가리킨다. 따라서 낙양은 낙하의 양陽, 즉 북쪽이라는 의미다. 서울의 옛 이름 한양漢陽이 한강 북쪽에 해당한다는 사실을 떠올리면 '양'이 강의 북쪽을 가리킨다는 걸 쉽게 이해할 수 있다. 그런데 '산'의 경우에는 정반대다. 즉 산에서 유래한 지명은 산의 남쪽에 위치하면 '양'이 붙고 북쪽에 위치하면 '음'이 붙는다. 중국의 오악五岳 가운데 서악에 해당하는 화산의 북쪽에 위치한 화음華陰이 그 예다.

뤄양이 있는 허난은 어떤 곳인가

음·양과 지명의 관계를 말한 김에 뤄양이 위치한 허난河南(하남)에 대해서도 알아보자. 과거에 '하河'라고 하면 황하黃河를 가리키고 '강江'이라고 하면 장강長江을 가리켰다. 중국 역사서에 자주 등장하는 지명 가운데 강남江南은 장강의 남쪽, 강동江東은 장강의 동쪽을 가리킨다. 허난은 황하의 남쪽 지역을 가리키는 동시에 중국 23개 성省 가운데 하나이기도 하다.

허난성은 중국에서 인구가 가장 많은 지역이다. 2015년 인구조사 기준으로 상주인구가 9,480만 명이다. 인구가 많고 농촌 비율이 높은 데다가 급속한 시장경제화에 보조를 맞추려다 보니 많은 부작용이 생기게 마련이어서 결국 허난 사람에 대한 편견이 생겨났다. 가난해서 생존을 위해서라면 그 어떤 수단도 가리지 않는다는 이미지가 굳어지면서 사기꾼의 대명사가 되어버린 것이다. 이 엄청난 편견때문에 허난 사람은 여러 면에서 지역차별의 고통을 겪는다고 한다. 그런데 많은 인구, 높은 농촌 비율, 급속한 시장경제화라는 요소는 중국이라는 국가 전체에 해당하는 것이기도 하다. 이런 의미에서 보면, 허난 사람에 대한 중국인의 멸시는 '자기 멸시'의 시선을 특정 지역에 투사하고 전가한 게 아닐까.

아이러니하게도 허난은 중국인이 자부하는 이른바 '중화문명'의 발상지이자 안양安陽·뤄양·카이펑 등 여러 도읍지가 있던 곳이다. 고대에 중원中原·중주中州로 불리던 곳이 바로 허난이다. 본래 허난을 핵심으로 한 황하 중하류 일대를 가리키는 말이 바로 '중국中國'이다. 그 중국의 심장부가 뤄양이었다. 주공이 '천하의 중심(天下之

中)'이라고 말한 바로 그곳 말이다.

천하의 중심이었던 뤄양

흥미롭게도 '중국'이라는 말의 최초 기록은 성왕이 낙읍을 건설한 것과 관계가 있다. 1963년 산시陝西 바오지寶鷄에서 청동기가 출토되었는데, 그 내부에 글자가 122개 있다. 이 '하준何尊'명문銘文에는 성왕이 낙읍을 건설한 뒤 종실의 젊은이 '하何'에게 남긴 말이 기록되어 있다. 성왕은 문왕이 천명을 받은 일과 무왕이 상나라를 멸망시킨 일을 회고하면서, 무왕이 하늘에 고하길 "제가 이 중국에 정착해 여기서 백성을 다스리겠습니다"라고 했던 말을 언급한다. 하준 명문에 나오는 "이 중국에 정착하다(宅玆中國)"라는 무왕의 말에 언급된 중국이 바로 '중국'이라는 용어의 최초 기록이다. 물론 여기서 언급된 중국은 국가 개념이 아니라 '천하의 중심'이라는 의미이며 낙읍, 즉 뤄양이 바로 그곳에 해당한다.

『사기』「주본기」에는 무왕이 상나라를 멸한 직후 '낙하와 이하伊河 유역을 살펴보니 도읍을 세울 만한 곳'이라고 하면서 낙읍에 도읍을 세우고자 계획했던 일이 기록되어 있다. 그런데 2년 뒤 무왕이 병사하고 성왕이 왕위에 오른다. 무왕의 동생인 주공은 어린 성왕을 보좌하며 예악禮樂제도를 정비했다. 공자가 평생 흠모하며 모델로 삼았던 인물이 바로 주공이다. 질서와 조화로 대변되는 주나라의 예악제도는 훗날 유가의 예악사상으로 이어져 수천 년간 중국의 정신을 지배했으니, 주공은 '중국'을 만든 주요 인물 가운데 한 명이라 해도 지나친 말이 아닐 것이다. 뤄양을 찾게 되면 주공 사당을 잊지

'중국'이라는 말이 처음으로 등장하는 청동기 하준(왼쪽, 바오지 청동기박물원 소장)과
하준 명문에 나오는 '中國'(오른쪽)

말고 들러보자. 뤄양 중심의 주왕성周王城광장에 세워진 주공의 상도
유심히 살펴보고, 주왕성 광장에 있는 '천자가육天子駕六'박물관도
꼭 들러보길 권한다. "천자는 말 여섯 필이 끄는 마차를 탄다"라는
문헌 기록의 실체를 바로 이곳 거마갱車馬坑에서 확인할 수 있다.

　무왕이 '도읍을 세울 만한 곳'이라고 했던 뤄양을 여러 왕조가
도읍으로 삼았다. 흔히 뤄양을 '9조 고도'라고 한다. 동주·후한·조
위曹魏·서진西晉·북위北魏·수·당·후량·후당이 바로 아홉 왕조에
해당한다. 뤄양은 장안과 짝을 이뤄 수도의 지위를 누렸기에, 그 둘
을 각각 동경東京과 서경 또는 동도東都와 서도로 부르기도 했다. 후
한의 반고班固가 지은 「동도부東都賦」와 「서도부」, 장형張衡이 지은
「동경부」와 「서경부」는 동쪽의 수도 뤄양과 서쪽의 수도 장안을 묘
사한 것이다.

대운하와 실크로드의 중심이었던 뤄양

뤄양이 수도로 선호된 것은 식량과도 관계가 깊다. 예를 들면, 584년 관중에 가뭄이 들어 식량공급에 문제가 생기자 수 문제는 문무백관과 후궁을 이끌고 뤄양으로 와서 지내다가 이듬해 다시 장안으로 돌아가기도 했다. 그 뒤에도 수 문제는 두 차례나 뤄양으로 옮겨 지냈는데 바로 장안으로의 식량공급이 원활하지 않았기 때문이다. 장안은 조운漕運이 불리했기 때문에 식량공급 문제가 꽤 일찍(전한 말)부터 발생했다. 결국 수 양제는 뤄양을 실질적인 수도로 삼았다.

양제는 진시황 못지않은 폭정과 대규모 토목건설로 유명하다. 물길을 남북으로 연결하는 대운하를 건설한 이가 바로 양제다. 항저우杭州에서 베이징에 이르는 경항京杭대운하 건설에는 이루 말할 수 없는 희생이 따랐다. 대운하를 건설하는 6년 동안 남녀 가릴 것 없이 집집마다 여러 명이 동원되었다. 이때 징발된 사람 가운데 둘 중 하나는 죽었을 정도였으니, 징발을 피하려고 일부러 자기 몸을 불구로 만드는 사람도 부지기수였다. 이렇게 건설된 대운하는 양제의 놀잇배를 띄우는 용도로 자주 사용되었다. 100개가 넘는 방을 갖춘 4층 용선龍船을 선두로, 90킬로미터에 달하는 수많은 배의 기나긴 행렬이 운하를 지나갔다. 배를 젓는 사람만 해도 무려 8만여 명에 달했다고 한다. 양제의 운하 행렬이 지나가는 곳마다 그들이 먹고 마실 것을 진상하느라 백성들은 고혈을 짜낼 수밖에 없었다.

물론 대운하를 건설한 목적은 남북의 물자를 원활히 수송하기 위해서였다. 남쪽 지역에서 조세로 거둔 식량은 대운하를 거쳐 뤄양으로 운반되었다. 이 식량을 저장하기 위해 뤄양에 거대한 식량창고

조운에 사용된 물길(회락창 유적지)

를 만들고 그 둘레에 성벽을 쌓았다. 그 규모가 정말 대단한데, 21세기 들어와서 발굴된 회락창回洛倉 유적지(동서 1,140미터, 남북 355미터)의 경우, 약 700개나 되는 원형의 지하 식량창고가 8~10미터 간격으로 나란히 배치되어 있다. 1970년대에 발굴된 함가창含嘉倉 유적지(동서 612미터, 남북 710미터)에도 400여 개에 달하는 원형의 지하 식량창고가 존재한다. 큰 것에는 1만 석 이상을 저장할 수 있었고 작은 것에도 수천 석을 저장할 수 있었다고 한다.

수 양제 때 만들어진 회락창과 함가창은 수·당 시기에 걸쳐 국가의 식량창고로 기능했다. 이것은 대운하를 통해 각지에서 식량을 조달할 수 있었기에 가능한 일이었다. 당 현종 이후 대운하의 수량이 줄고 대운하를 제대로 관리하지 못해 조운의 효율성이 떨어지면서 뤄양의 식량창고 역시 이용률이 급감했다. 그리고 송나라 말 전란을 거치면서 완전히 폐기되었다.

그렇게 역사에 묻혀버렸던 함가창과 회락창이 차례로 세상에 모습을 드러내고, 2014년 6월에는 세계문화유산에 이름을 올렸다. '중국 대운하'가 세계문화유산으로 등재되면서 그 안에 포함된 것이다. 같은 시기에 실크로드 관련 유산 역시 세계문화유산으로 등재되었는데, 뤄양의 세 곳이 거기에 포함되었다. 한漢·위魏 뤄양고성故城 유적지, 수·당 뤄양성 정정문定鼎門 유적지, 신안현新安縣 한漢 함곡관函谷關 유적지가 바로 그것이다. 이렇게 해서 용문龍門석굴과 더불어 뤄양에는 현재 세계문화유산이 총 6개 존재한다.

한·위 뤄양고성은 후한·조위·서진·북위의 도성이었고, 그 옛날 실크로드를 통한 문명 교류의 핵심지이기도 했다. 한·위 뤄양고성에서 서쪽으로 50킬로미터 되는 지점에 있는 신안 함곡관은 실크로드상의 관문 요새였다. 한·위 뤄양고성의 뒤를 이어 역사의 무대에 등장한 수·당 뤄양성은 한·위 뤄양고성에서 서남쪽으로 24킬로미터 되는 지점에 있다. 2009년 개관한 수·당 뤄양성 정정문 유적지 박물관 역시 뤄양에서 꼭 들러봐야 할 곳이다.

정정문은 뤄양 외곽성 남문이었는데, 그 이름이 자못 심상치 않다. '정정定鼎'이라는 말은 "주 무왕이 구정을 옮기고 주공이 태평을 이루었다"(『한서漢書』)는 기록과 "성왕이 겹욕郟鄏(낙읍)에 정을 안치했다(定鼎)"(『좌전左傳』)는 기록에서 유래했다. 전설에 따르면, 하나라를 세운 대우大禹가 천하를 구주九州로 나눈 뒤 구정을 만들었다고 한다. 상나라가 하나라를 멸망시킨 뒤 구정은 상나라로 옮겨졌고, 주나라가 상나라를 멸망시킨 뒤 구정은 주나라로 옮겨졌다. 이처럼 구정은 왕권의 상징이자 국가 존망의 표지였다.

주 무왕이 구정을 옮겼다는 것은 상나라를 멸망시키고 새로운 왕조를 세웠다는 의미이고, 성왕이 낙읍에 정을 안치한 일은 뤄양에 도읍을 세우고자 했던 무왕의 뜻을 받든 것이다. 앞서 말한 주공 사당의 대전을 '정정당定鼎堂'이라 하는데, 주공이 성왕의 명을 받아 낙읍을 건설하고 구정을 안치했던 일을 기념한 명칭이다. 주공의 사당 앞으로 난 '정정로'라는 길의 이름 역시 여기서 유래했다.

뤄양을 '13조 고도'라고 하는 이유

뤄양이 '9조 고도'라는 말로 다시 돌아가보자. 현재 중국에서는 뤄양을 '13조 고도'라고도 한다. 동주 앞에 하·상·서주를 넣고, 후당 뒤에 후진後晉을 넣으면 13조가 된다. 오대五代 시기 후진은 카이펑으로 천도하기 이전 2년 정도 뤄양에 도읍했기 때문에 13조에 포함시킨 것이다. 서주는 앞서 말했듯 성왕 때 낙읍을 건설해 동쪽의 수도로 삼았기에 13조에 포함시켰다. 하와 상의 경우는 고고학적 발굴과 관련되어 있다. 1959년에 뤄양 동쪽의 옌스偃師에서 발굴된 이리두二里頭 유적지는 문헌에 기록된 하나라의 수도 짐심斟鄩에 해당한다는 것이 중국학자들의 주장이다.

1983년에 발굴된 옌스 상성商城 유적지는 상나라 초기의 도읍지로 문헌에서 서박西亳으로 칭해지던 곳이다. 하상주단대공정에 따르면, 상성 유적지에 해당하는 연도는 대략 기원전 1600년부터 기원전 1400년까지다. 이렇게 하나라와 상나라 유적지가 발굴되자 이를 13조에 포함시키게 된 것이다. 그런데 기원전 1750년까지 거슬러 올라가는 이리두 유적지가 과연 하나라에 해당하느냐는 여전히 논쟁 중이다. 물론 중국에서는 하나라의 것이라고 확정했지만 말이다. 옌스 이리두 유적지는 뤄양의 주공 사당에서 28킬로미터 되는 곳에 있다. 게다가 이리두 유적지와 상성 유적지는 불과 12킬로미터 떨어져 있으니, 뤄양에 간다면 옌스까지 둘러보는 게 좋겠다.

뤄양 동남쪽으로 10킬로미터 떨어진 덩펑登封에는 그 유명한 소림사少林寺가 있다. 소림사가 위치한 곳이 바로 오악에서 중악에 해당하는 숭산嵩山의 오유봉五乳峰 아래다. 천하의 중심인 뤄양과 오악의 중심인 숭산, 이렇게 역사 속에서 뤄양 일대는 '중심'으로 여겨졌다. 중국을 지배한 예악제도가 뤄양에서 비롯되었고, 중국의 남북을 물길로 잇는 대운하의 중심 역시 뤄양이었으며, 장안과 더불어 실크로드의 전성기를 구가한 곳도 뤄양이다.

중국 불교의 발원지
백마사

영평永平 7년(64) 어느 날, 후한의 2대 황제 명제明帝는 이상한 꿈을 꾸었다. 몸에서 황금빛이 나는 이가 궁전 위를 나는 꿈이었다. 날이 밝자 명제는 신하들에게 꿈속 금인金人의 정체를 물었다. 부의傅毅가 대답하길 '부처'라고 했다.

이듬해 채음蔡愔과 진경秦景 일행은 명제의 명을 받고 뤄양을 떠나 천축(인도)으로 가게 된다. 이들은 도중에 우연히 인도의 고승 가섭마등迦攝摩騰과 축법란竺法蘭을 만난다. 가섭마등과 축법란은 채음 일행의 요청에 따라 함께 뤄양으로 오게 된다. 이들이 불경을 실은 흰말을 대동하고 뤄양에 도착한 이듬해인 영평 11년(68), 뤄양에 불교사원이 세워진다. 불경을 싣고 온 흰말을 기념하는 의미를 담은 백마사白馬寺가 바로 중국 최초 불교사원이다.

중국에 불교가 전해지다

명제가 정식으로 불교를 중국에 들여오기 이전에 이미 불교를 신봉하던 이들이 있었다. 『후한서』에 나오는 그 주인공은 명제의 이복형제 초왕楚王 유영劉英이다.

영평 8년에 명제는 칙령을 내렸다. 죽을죄에 해당하는 죄를 지은 이들을 비단으로 속죄할 수 있게 해준다는 내용이었다. 유영은 뤄양으로 사람을 보내 비단 30필을 바치며 속죄를 구했다. 그러자 명제는 다음과 같은 조서를 내렸다.

"초왕은 황로黃老의 영묘한 말을 읊조리고 부도浮屠의 인사仁祠를 숭상하며, 석 달 동안 재계하면서 신에게 맹세했노라. 그가 진심으로 뉘우친다는 것을 어찌 의심하겠는가? 그가 바친 속죄의 비단을 돌려주어 이포새伊蒲塞와 상문桑門의 성찬盛饌에 보태도록 하라."

여기서 '부도'는 붓다, 즉 부처다. '이포새'는 출가하지 않은 불제자를 가리키는 우바새優婆塞이고, '상문'은 출가한 이를 가리키는 사문沙門이다. 이를 보면, 초왕 유영이 거주하던 장쑤江蘇 팽성彭城(오늘날의 쉬저우徐州)에 이미 승단僧團이 존재했음을 알 수 있다. 당시 상업 중심지로서 번영을 누리던 팽성은 뤄양에서 동남쪽으로 이어지는 실크로드의 동쪽 연장선상에 있었다.

네덜란드 출신 중국학자 에릭 쥐르허르Erik Zürcher에 따르면, 50년을 전후한 시기에 불교는 이미 회하淮河 이북, 허난 동부, 산둥 남부, 장쑤 북부 등지의 광범위한 지역에 유입된 상태였다. 실크로드를 통해 사람들이 오가면서 경제교류뿐 아니라 문화교류까지 이루어진 것이다. 공식적으로 역사서에 기록되지 않았을 뿐, 이들 지역에

중국 불교의 발원지 백마사

이미 불교사원이 존재했으리라고 충분히 짐작할 수 있다. 명제가 내린 조서에 나오는 '인사仁祠'가 바로 불교사원인데, 『후한기後漢紀』에서는 '부도사浮屠祠'로 기록했다. 팽성은 중국에서 불교가 가장 먼저 전해진 곳이고 '인사'야말로 중국 최초의 불교사원인 셈이다. 그렇다면 뤄양의 백마사를 중국 최초의 불교사원이라고 할 때는 중국에서 최초로 황제가 설립한 불교사원, 또는 중국 최초로 수도 뤄양에 세워진 불교사원 등 단서를 붙여야 할 것이다.

백마사에 대해 본격적으로 살펴보기 전에 초왕 유영 이야기부터 마무리 짓자. 유영은 젊어서는 유협遊俠(협객)을 좋아했으며, 나이가 들어서는 황로(도교의 시조인 황제黃帝와 노자)를 좋아하고 불교에도 심취했다. 그는 불로장생을 추구하는 방사方士들과 교류하면서 상서

222

로움의 징조로 황금거북과 옥학玉鶴을 만들고 거기에 문자를 새겼다. 그런데 뜻밖에도 유영의 이런 행위가 결국 그를 파멸로 몰아넣게 된다. 영평 13년, 연광燕廣이라는 이가 유영을 모반죄로 고발했다. 사건 담당자는 유영이 교활한 무리와 어울려 도참圖讖을 만들고 멋대로 관직을 하사하는 등 대역무도하다는 이유로 사형을 선고했다. 명제는 혈육의 정 때문에 차마 유영을 죽이지 못하고 초왕 지위를 박탈한 뒤 단양丹陽으로 이주하게 했다. 하지만 이듬해 유영은 자살로 생을 마친다. 뤄양에 백마사가 세워진 지 3년이 지난 때였다.

백마사 6경

백마사는 중국 불교의 발원지라는 의미에서 '석원釋源' 또는 '조정祖庭'으로 불린다. 백마사의 남북 중심선을 따라 천왕전天王殿, 대불전大佛殿, 대웅전大雄殿, 접인전接引殿, 비로전毗盧殿 등이 나란히 들어서 있다. 안으로 들어가기 전에 먼저 백마사 바깥 광장에 좌우로 놓인 석마 이야기부터 해보자. 높이 1.75미터, 길이 2.2미터인 석마는 그 옛날 불경을 싣고 뤄양으로 왔던 백마를 연상하게 한다. 하지만 사실 이것은 송 태조 조광윤趙匡胤의 딸 영경永慶공주의 남편 위함신魏咸信의 무덤 앞에 있었는데 1935년 즈음 백마사 주지가 이곳으로 옮겨온 것이다.

정문인 산문山門에 들어서면 동서 양쪽에 석비가 있다. 동쪽의 '낙경백마사조정기洛京白馬寺祖庭記'는 원 태조 쿠빌라이가 백마사를 보수하게 했을 때 문재文才 스님이 백마사 유래에 관하여 적은 것으로, 지순至順 4년(1333)에 유명한 서예가 조맹부趙孟頫가 비문으로 새겼다. 그래서 이 석비를 '조비趙碑'라고도 부른다. 서쪽의 '중수서경백마사기重修西京白馬寺記'는 송 태종 조광의趙光義가 백마사를 보수하게 했을 때 한림학사 소이간蘇易簡이 지은 것으로, 순화淳化 3년(992)에 비문으로 새겨졌다. 이 비문은 무척 특이한데, 위에서 아래까지 줄이 꽉 채워져 있지 않고 마치 자유시 형식처럼 줄 바꾸기가 자유롭다. 그래서 이 석비를 문장이 끊어져 있다는 의미의 '단문비斷文碑'라고 부른다. 공교롭게도 이 석비는 상단부가 잘려 있다. 조비와 단문비는 백마사의 많은 석비 가운데 가장 유명하다. 특히 단문비는 백마사의 6경景 가운데 하나다.

남북 중심선에서 가장 남쪽에 자리한 천왕전의 동서 양쪽으로 종루와 고루가 있는데, 각각 1991년과 1992년에 준공되었다. 종루에는 '마사종성馬寺鐘聲(백마사의 종소리)'이라고 적힌 편액이 걸려 있는데, 백마사의 종과 관련해 재미난 이야기가 전해진다. 달이 휘영청 밝은 깊은 밤에 백마사의 종을 치면 그 소리가 수십 리 밖에서도 들렸다고 한다. 신기하게도 백마사의 종이 울리면 25리(약 10킬로미터)나 떨어진 곳에 있는 뤄양 노성老城의 종루에 걸린 종도 응답해 소리를 냈다고 한다. 또 노성 종루의 종이 울리면 백마사의 종도 화답했다고 한다. 이게 바로 뤄양 8경의 하나이자 백마사 6경 가운데 하나인 '야반의 종소리(夜半鐘)'다.

종루 동쪽과 고루 서쪽에는 각각 가섭마등과 축법란의 무덤이 있다. 두 스님은 최초의 중국어 불경 『사십이장경四十二章經』을 백마사에서 번역했고 백마사에서 입적했다. 무덤 앞에는 명나라 숭정崇禎 7년(1634)에 세워진 비석이 있다. 두 스님의 무덤인 '등란묘騰蘭墓'

역시 백마사 6경 가운데 하나다.

남북 중심선에 놓인 5대 불전(천왕전·대불전·대웅전·접인전·비로전)에서 접인전을 지나면 벽돌을 쌓아 만든 높은 대가 나온다. 길이 43미터, 너비 33미터, 높이 6미터의 청량대淸凉臺다. 이곳은 매우 특별한 장소다. 본래는 명제가 피서와 독서를 하며 지내던 곳인데, 가섭마등과 축법란이 뤄양에 온 뒤 이곳에 거주하면서 불경을 번역했다고 한다. 『사십이장경』이 탄생한 장소가 바로 이곳이다. 청량대 역시 백마사 6경 가운데 하나다. 청량대 위에는 비로전이 있고 비로전 동서 양쪽으로는 장경각藏經閣과 법보각法寶閣이 있다. 장경각에는 태국 불교계에서 보내온 중화고불中華古佛이 모셔져 있고, 용장경龍藏經·중화대장경·일본대장경·둔황敦煌대장경 등 장경 10여 종이 보관되어 있다. 법보각에는 전 인도 총리 나라시마 라오가 보내온 청동불상이 모셔져 있고 '법보'가 수십 종 보관되어 있다.

지금까지 백마사 6경 가운데 단문비·야반종·등란묘·청량대를 살펴보았다. 이제 남은 두 가지 분경대焚經臺와 제운탑齊雲塔에 대해 차례차례 알아보자. 분경대는 백마사 남쪽의 룽하이隴海철로 근처에 있는 둔덕 두 개다. 1936년 백마사 주지가 이곳에 세웠던 비석은 현재 백마사로 옮겨졌다. 비석에는 '동한석도분경대東漢釋道焚經臺'라는 글귀가 새겨져 있는데, 후한 때 불교도와 도교도가 경전을 태웠던 곳이라는 의미다. 여기엔 어떤 이야기가 담겨 있을까?

때는 영평 14년(71), 초왕 유영이 자살한 해이자 백마사가 세워진 지 3년이 지난 바로 그해다. 정월 보름, 백마사 남문 바깥에 사람들이 몰려들었다. 도사들이 명제에게 승려들과 법력을 겨루게 해달라고 요청하자 명제가 이날 이곳을 지정한 것이다. 대결 장소에는 높은 대 두 개가 마련되어 있었다. 경전에 불을 붙여도 훼손되지 않는 쪽이 승리한다. 한쪽에는 도경이 놓이고, 다른 한쪽에는 불경과 사리가 놓였다. 동시에 불을 붙였다. 도경이 죄다 불타서 재가 되는 순간 반대편 사리에서는 오색찬란한 빛이 나와 사방을 뒤덮는 게 아닌가! 게다가 가섭마등은 몸을 훌쩍 솟구치더니 공중에서 자유자재로 날아다니기까지 했다. 이때 축법란이 불법을 설파하자 그 자리에 있던 이들이 모두 불교에 귀의했다고 한다. 불교가 도교에 압승한 것이었다. 물론 이것은 불교를 선양하고자 하는 책(『한법본내전漢法本內傳』)에 실린 이야기일 뿐 사실이 아니다. 하지만 불교가 중국에 들어온 뒤 도교와 경쟁 관계에 있었던 진실을 반영한다.

제운탑은 백마사 산문 바깥 동남쪽으로 200미터 떨어진 곳에 있다. '구름과 높이를 나란히 한다'라는 의미를 담고 있는 제운탑은 25미터 높이의 13층탑이다. 명제 때 처음 세워졌을 당시 명칭은 '석가사리탑'이었다. 그 탑은 일찌감치 전란 중에 훼손되었고, 지금 전해지는 건 금金나라 때(1175) 다시 세운 것이다. 뤄양에 남아 있는 가장 오래된 금나라 건축물이기도 하다.

제운탑이 있는 제운탑원齊雲塔院은 허난성에서 유일한 비구니 도량이기도 하다. 참고로 말하면, 중국 최초로 구족계具足戒를 받고 비구니가 된 서진西晉의 정검淨檢 스님(291~361) 역시 팽성 출신이다. 초왕 유영이 팽성에 '인사'를 세운 지 약 250년 뒤, 정검 스님은 뤄양 궁성 서쪽에 비구니를 위한 죽림사竹林寺를 세웠다. 이는 외래 종교인 불교가 중국에 깊숙이 뿌리내렸음을 상징하는 일이기도 하다.

백마사에 있는 태국 불전

국제적 사찰로 발돋움한 백마사

백마사는 1990년대에 접어들면서 규모가 크게 확장되었다. 많은 건축물이 새로 들어섰고, 국내외 각지에서 보내온 불상이 각각의 전당에 모셔졌다. 또 주목할 점은 여러 나라 불전이 백마사에 세워지고 있다는 사실이다. 가장 먼저 세워진 것은 태국 불전이다. 1991년에 태국 내무부장관 와타나 아싸와헴이 백마사를 방문했을 때, 중국과 태국 불교계의 우의를 증진하고자 백마사에 태국 불전을 설립하기로 조인식을 했다. 이듬해 태국 불교계는 8톤이나 나가는 도금 청동 불상을 백마사에 보냈다. 이 불상을 모실 태국 불전 역시 같은 해에 착공되었고 1997년에 낙성식을 했다. 2010년에는 여러 부속건물이 세워지는 등 규모가 확장되었다.

태국 불전에 이어 인도 불전도 백마사에 들어섰다. 인도 불전은 2004년 아탈 비하리 바지파이 전 인도 총리가 백마사에 들러 가섭마등과 축법란의 묘를 참배한 일을 계기로 설립이 추진되었다. 2005년에 원자바오溫家寶 총리가 인도를 방문했을 때, 백마사에 인도 불전을 설립하기로 조인식을 한 뒤 2006년 착공해 2010년 완공되었다.

태국 불전 서쪽에 자리한 미얀마 불전은 만달레이 왕궁 양식을 본떴다. 2010년부터 미얀마 주중 공사와 뤄양시장이 미얀바 불전 설립과 관련된 의견을 주고받다가 2012년 건설하기 시작해 2014년 낙성식을 거행했다. 미얀마 불전 옆에는 슈웨다곤 파고다를 3 대 1로 축소한 탑이 세워져 있는데, 탑을 장식한 재료는 모두 미얀마 정부에서 보내온 것이다.

2,000년 역사를 지닌 백마사는 그 오랜 세월 수없이 파괴되었지만 거듭해서 다시 세워졌다. 실크로드의 문화가 중국으로 몰려들던 시기에 세워진 백마사는 오랜 시간이 흘러 다시 중국이 굴기한 지금 국제적 사찰로 발돋움하고 있다.

백마사에는 아주 오래된 우물이 있다. 허원정許願井이라는 이 우물에서 대대로 많은 이가 간절히 소원을 빌었다. 최근에는 관광객과 참배객이 이곳에 동전을 던지며 행운을 빌기 때문에 어떤 날에는 하루에도 서너 차례나 동전을 수거해야 한다고 한다. 기왕이면 세상을 밝히는 힘이 되는 소원이었으면 좋겠다.

관우의 머리가 묻힌 관림

'호사수구狐死首丘'라는 말이 있다. 여우가 죽을 때면 자기가 태어나 자란 굴이 있는 언덕 쪽으로 머리를 둔다는 뜻이다. 고향을 그리워하는 마음을 가리키는 이 말은 수구초심首丘初心으로 더 잘 알려져 있다. 2,300년 전 전국시대 초나라의 굴원屈原은 피를 토하는 심정으로 자신의 수구초심을 토로했다.

눈길을 멀리 두고 사방을 두루 훑어보며,
언제이든 한 번 돌아갈 수 있기를 바라네.
새는 날아서 고향으로 돌아가고,
여우도 죽을 때는 전에 살던 언덕으로 머리를 향한다네.
진실로 나의 죄가 아닌데 쫓겨났으니,
밤이나 낮이나 어찌 내 고향을 잊을 수 있으리.(「구장九章·애영哀郢」)

전국시대가 막바지에 이를 무렵 진秦·초楚·제齊 3강 체제에서 대세는 점점 진나라로 기울었다. 당시 초나라 조정은 친제파와 친진파로 갈라졌다. 굴원은 제나라와 동맹해 진나라에 맞서길 주장한 친제파였다. 결국 그는 친진파와의 권력투쟁에서 패배하고 초나라 수도 영도郢都에서 추방되었다. 이후 초나라는 진나라의 위협 앞에 풍전등화의 처지에 놓인다. 조국 초나라에 희망이 없음을 알게 된 굴원은 멱라수汨羅水에 몸을 던져 생을 마감했다. 바로 이날이 음력 5월 5일 단오, 중국인이 쭝쯔粽子(댓잎에 싼 찹쌀밥)를 먹고 용선龍船 경기를 하는 날이기도 하다. 굴원의 넋을 기리는 이날의 풍속은 멱라수에 빠져 죽은 굴원의 시신이 행여 물고기밥이 될까 봐 강물에 음식을 던지고 서둘러 배를 띄웠던 데서 유래한 것이다.

왜 관림이라 하나

굴원은 밤낮으로 고향을 그리워했지만 결국 고향 땅에 묻히지 못했다. 너무나 돌아가고 싶었지만 돌아갈 수 없었으니 그의 '수구초심'이 얼마나 간절했으랴. 이번에 소개할 주인공도 고향 땅에 묻히지 못한 사연을 간직한 위·촉·오 삼국시대 인물이다. "머리는 뤄양을 베개 삼고, 몸은 당양當陽에 누워 있으며, 혼은 고향으로 돌아갔다"라고 전해지는 그는 바로 촉나라 유비劉備의 무장이었던 관우關羽다.

관우가 위나라 조조曹操의 장수들을 잇달아 격파하고 '화하에 위세를 떨치던(威震華夏)'(『삼국지』「관우전」) 건안建安 24년(219), 조조는 오나라 손권孫權을 끌어들인다. 조조는 자신과 협력해 관우를 치는 조건으로 손권에게 강남을 떼어주겠노라고 했다. 일찍이 손권은

230

관림 입구

관우와 사돈을 맺으려다 치욕스럽게 거절당한 일이 있었다. 조조의 제안을 받아들인 손권은 유비 측의 미방糜芳과 부사인傅士仁을 몰래 회유해 투항하게 만든다. 그 두 사람은 평소에 자신을 깔보는 관우에게 불만을 품고 있던 터였다. 관우는 손권이 조조와 손잡을 거라고는 전혀 예상하지 못했다. 내부인이 등을 돌리리라고는 더더욱 예상하지 못했다. 사면초가에 빠진 관우는 결국 패주하다가 손권에게 잡혀 죽었다. 이때가 건안 25년이다. 손권은 관우의 목을 뤄양에 있는 조조에게 바쳤다. 조조는 관우가 적이긴 하지만 그에게 호감이 있던 터였다. 조조는 침향목으로 관우의 몸통을 만든 뒤 제후의 예를 갖추어 장사를 지냈다.

관우의 머리가 묻힌 곳이 바로 뤄양의 관림關林이다. 중국 역사상 무덤에 '림林'이라는 말이 적용된 사람은 공자와 관우 두 명뿐이다. 공자가 묻힌 공림孔林과 관우가 묻힌 관림, 그들의 역사적 비중이 무덤 호칭에 반영된 것이다. 일반 백성의 무덤은 '분墳', 왕후장상의 무덤은 '총', 제왕의 무덤은 '능'이라 한다. 공림과 관림의 '림'은 성인聖人의 무덤을 의미한다. 이제 관림의 남북 중심선을 따라 가장 남쪽의 대문부터 의문儀門·배전拜殿·대전大殿·이전二殿·삼전三殿 그리고 마지막에 있는 관우 무덤까지 살펴보자.

관림 대문 앞을 지키는 것은 한백옥으로 만들어진 명나라 때 돌사자 한 쌍이다. 대문 양쪽 담장에는 각각 충忠·의義, 인仁·용勇이라는 글자가 적혀 있다. 관우의 충성·의로움·어짊·용맹을 칭송하는 것이다. 대문에 박힌 황금빛 정釘의 개수가 81개인 것도 눈여겨보자. 81개(9×9)는 제왕의 예제에만 사용되는 것이다.

대문 다음 문인 의문 앞에 놓인 커다란 철사자 역시 명나라 때 것이다. 의문에 걸린 '위양육합威揚六合'이라는 편액의 글씨는 서태후西太后의 친필이다. 육합이란 동·서·남·북·상·하를 가리킨다. 위양육합은 관우의 위세가 천하에 드날린다는 의미다. 의문의 양쪽 벽도 허투루 지나칠 게 아니다. 동쪽 벽에는 송나라 장수 악비岳飛가 그린 '관성제군상關聖帝君像'이 새겨져 있고, 오른쪽 벽에는 관우가 그렸다는 '관제시죽關帝詩竹'이 새겨져 있다.

특히 〈관제시죽도〉는 댓잎으로 글자를 표현한 것도 신기하거니와 관우의 성정을 엿볼 수 있는 시 내용으로도 유명하다. 대나무의 오른쪽 위부터 찬찬히 살펴보면 다음과 같이 적혀 있다. "불사동군의不謝東君意, 단청독립명丹靑獨立名, 막혐고엽담莫嫌孤葉淡, 종구부조

232

〈관제시죽도〉 탁본

령終久不凋零.” 풀이하면 다음과 같다.

> 동군의 호의에 감사하지 않으니,
> 선명한 빛깔로 홀로 이름을 세우리.
> 외로운 잎 초라하다고 하지 말지니,
> 끝내 시들어 떨어지지 않으리.

동군은 봄의 신이다. 대나무의 푸름은 계절에 좌지우지되는 게
아니다. 그래서 동군에게 감사할 필요가 없다. 또 대나무는 화려한
꽃을 피우지는 않지만, 그 잎은 푸르러 시들지 않는다. 여기서 동군
은 조조를 빗댄 것이고, 대나무는 관우 자신을 빗댄 것이다. 관우가

유비의 생사를 모른 채 잠시 조조에게 있을 때 조조는 관우를 후대했다. 하지만 유비의 행방을 알게 된 관우는 즉시 유비를 찾아갔다. 조조에게서 받을 수 있는 온갖 부귀영화를 뒤로하고 유비에 대한 충성과 의리를 지킨 것이다. 이 시는 관우가 조조를 떠나면서 남긴 것이라고 한다.

명장 관우, 신이 되다

의문을 지나면 돌사자가 조각된 기둥이 좌우로 늘어선 용도甬道가 펼쳐진다. 기둥마다 그것을 만든 자금을 댄 사람의 이름이나 상호商號가 새겨져 있고, 기둥 사방에는 동전이 새겨져 있다. 사방에서 돈을 벌게 해달라는 의미다. 여기서 우리는 재신財神으로 받들어진 관우의 존재를 확인할 수 있다.

용도를 지나면 배전이 나오고 그 뒤로 대전이 나온다. 배전 서쪽 벽 앞에는 높이가 3.5미터나 되는 커다란 칼이 세워져 있다. 관우의 '청룡언월도青龍偃月刀'를 재현해놓은 것이다. 사실 눈여겨봐야 할 것은 청룡언월도 뒤쪽의 벽에 새겨진 석각의 내용이다. 광서光緒 27년(1901), 서태후와 광서제는 베이징을 침략한 팔국연합군(영국·미국·독일 등 8개국 연합군)을 피해 시안으로 가던 길에 관림에 들렀다가 자금을 대고 관림을 보수하게 했다고 한다. 시국이 시국이니만큼 관우와 같은 충성스러운 명장이 그리워서였을까?

대전의 문에 걸린 '기장숭고氣壯嵩高'라는 편액 역시 서태후 친필이다. 대전 가운데에 놓인 6미터 높이의 관우 좌상은 용포를 걸치고 면류관을 쓴 모습이다. 이는 도교의 신으로 신격화된 관성제군關

관림에 전시해놓은 청룡언월도

聖帝君(관제)을 형상화한 것이다. 관성제군상 오른쪽에 놓인 깃발에는
'삼계복마대제신위원진천존관성제군三界伏魔大帝神威遠鎭天尊關聖帝
君'이라고 적혀 있다. 이는 명나라 만력 33년(1605)에 신종이 관우에
게 내린 봉호다. 대전 벽화에는 관제가 신선들을 이끌고 요마를 제거
하는 모습이 그려져 있다. 생전에 관우가 천하무적이었으니 사후에
도 이런 형태로 신격화된 것이리라.

　　대전을 지나면 '이전'이 나온다. 이전 문에 걸린 '광소일월光昭日
月'이라는 편액은 광서제가 썼다. 관우 좌상 뒤로 주창周倉과 관평關
平이 서 있고, 앞에는 작은 두 사람이 서 있다. 그 둘은 각각 주판과
저울을 들고 있는데, 도교에서 재물을 가져다준다는 초재사자招財使
者와 이시선관利市仙官이다. 이전은 '재신전財神殿'이라고도 하는데,
이곳에서는 재신 관우를 만날 수 있다. 특히 관우는 상인들의 수호신
으로 받들어졌다. 장사에 필요한 의리와 신용 그리고 불굴의 정신이

관우와 통하는 데가 있어서일 것이다.

관우가 산시山西 출신인 것 역시 그가 재신이 되는 데 크게 작용했다. 명·청 시기에는 상업의 발전과 더불어 규모가 큰 상인 집단이 활약했는데, 산시의 진상晉商은 활동범위가 넓기로 유명했다. 산시는 면적에 비해 인구가 많아서 예부터 밖으로 나가 장사하는 사람이 많았다. 진상은 중국 내 각지는 물론이고 북으로는 몽골과 모스크바, 남으로는 홍콩과 싱가포르까지 이르렀다. 각지에 퍼진 진상은 주요 활동지역에 길드나 동향회 역할을 하는 회관을 세웠다. 진상의 산시山西회관과 산산山陝회관에서는 으레 관우 신상을 모셨다. 관우가 전국적인 재신이 되는 데는 이들 진상의 역할이 컸다. 돈 잘 버는 이들이 모시는 신이니 다들 선뜻 따라 모셨다. 게다가 충의의 상징이니 명분상으로도 신으로 모시기에 금상첨화였을 것이다.

삼전에서는 유교의 모범이 되는 관우 모습을 볼 수 있다. 삼전은 춘추전春秋殿이라고도 하는데, 갑옷을 입은 채 『춘추』를 읽고 있는 관우상이 모셔져 있다. 관우는 늘 『춘추』를 읽었다고 한다. 대의명분에 입각해 옳고 그름을 따지는 것이 바로 '춘추'의 정신 아닌가. 관림 대문에 적혀 있는 충·의·인·용의 화신인 관우와 『춘추』, 참으로 어울리는 조합이다.

역사는 현재와 더불어 숨쉰다

삼전을 지나면 관우 무덤이 있다. 무덤 앞 비정碑亭 안에는 '충의신무영우인용위현관성대제림忠義神武靈佑仁勇威顯關聖大帝林'이라고 새겨진 석비가 있다. 청나라 강희제가 관우의 무덤을 '충의신무관성대제림'이라 했고, 건륭제가 '영우靈佑'라는 봉호를 더했다. 가경제嘉慶帝가 '인용仁勇'이라는 봉호를 더하고, 도광제道光帝가 '위현威顯'이라는 봉호를 더했다. 그런데 관우 무덤 앞에 세워진 석패방에는 '한수정후묘漢壽亭侯墓'라고 새겨져 있다. 한수정후는 관우 생전에 조조의 청으로 후한 헌제獻帝가 하사한 작위다. 후한 때 한수정후와 청나라 때 충의신무영우인용위현관성대제, 그 사이에는 관우의 지위와 영향력이 날로 더해진 오랜 세월이 있다.

'한수정후묘' 석패방 뒤로는 '중앙완재中央宛在'라고 새겨진 석패방이 있다. '중앙'은 머리, '완宛'은 여전하다는 뜻이니 관우의 머리가 여전히 이곳에 있다는 의미다.

앞서 말했듯 관우 머리는 뤄양을 베개 삼고, 몸은 당양에 누워 있으며, 혼은 고향으로 돌아갔다. 관우 머리는 이곳 관림에 있고 몸은 손권이 그를 장사지낸 당양 관릉關陵에 있다. 관우의 혼은 고향으로 돌아갔으리. 그의 고향인 산시 윈청運城에는 관우의 의관총인 관제묘關帝廟가 있다. 2008년에 윈청과 뤄양이 신청한, 관우와 관련된 신앙·풍속인 '관공신속關公信俗'은 국가급 비물질문화유산으로 지정되었다. 또 해마다 9월 29이면 '관림 국제조성대전國際朝聖大典'이 열려 해외 각지의 화교가 이곳을 찾아와 관우를 참배한다. 역사가 결코 과거에 그치는 게 아니라 현재와 더불어 숨쉰다는 것을 관우의 경우에도 분명히 알 수 있다.

중국 석각예술의 최고봉
용문석굴

311년, 흉노가 삼국시대 이후 서진西晉의 수도인 뤄양을 함락한다.
포로가 된 회제懷帝는 평양平陽(지금의 산시山西 린펀臨汾)으로 끌려간
다. 영가永嘉 5년에 벌어진 이 일을 '영가의 난'이라고 한다. 영가의
난 이후 뤄양은 황무지로 표현될 만큼 폐허가 된다. 이후 뤄양의 부
흥은 북위 효문제孝文帝(467~499)가 이루었다. 효문제는 180년 가까
이 폐허로 버려져 있던 뤄양으로 천도를 단행했다. 효문제는 뤄양에
수도를 건설하면서 뤄양 남쪽 교외에 대규모 석굴사원을 조성하기
시작했다. 바로 '용문龍門석굴'이다.

　이수伊水가 흘러가는 양쪽에 용문산과 향산香山이 서로 마주하
고 있다. 이수 양쪽에 솟은 두 산을 멀리서 보면 마치 문처럼 보이기
때문에 예부터 이곳을 '이궐伊闕'이라고 불렀다. '궐'은 문이라는 뜻
이니 이궐은 이수가 흘러가는 곳의 문을 의미한다. 서쪽 문에 해당하
는 게 용문산(서산)이고 동쪽 문에 해당하는 게 향산(동산)이다. 이 두

산 암벽에 마치 벌집을 뚫어놓은 듯한 수많은 석굴이 조성되어 있다. 남북으로 1킬로미터에 달하는 구간에 석굴과 감실 2,300여 개, 불상 10만 존尊, 비각제기碑刻題記(돌에 새긴 글) 2,800여 품品이 있다. 물론 이렇게 엄청난 규모를 갖추기까지는 오랜 세월이 걸렸다. 비율로 따지면 북위 때 조성된 석굴이 30퍼센트이고, 당나라 때 조성된 석굴이 60퍼센트다. 당나라 이후에도 석굴이 계속 조성되긴 했지만 그 비율은 10퍼센트에 불과하다. 북위와 당나라 때가 용문석굴 조성의 전성기였던 셈이다.

용문석굴은 2000년에 세계문화유산에 등재되었는데, 유네스코 세계문화유산위원회에서는 용문석굴을 '중국 석각예술의 최고봉'이라고 평가했다.

빈양중동의 수난사

용문석굴이야말로 '아는 만큼 보인다'는 말이 더욱 유효하다. 먼저 서산을 둘러본 뒤 이수의 다리를 건너 동산을 보면 되는데, 석굴은 대부분 서산에 분포해 있다. 잠계사·빈양삼동·마애삼불·만불동·연화동·봉선사·약방동·고양동은 특히 꼼꼼히 살펴봐야 한다.

서산 북쪽에서 남쪽으로 가면서 가장 먼저 만나는 석굴이 잠계사潛溪寺다. 당나라 초기에 조성된 잠계사의 주불은 아미타불이다. 아미타불을 믿으면 서방 정토淨土에 태어난다는 정토종의 신앙을 반영한다. 잠계사의 높이와 너비는 각각 9미터가량이고, 바깥에서 안쪽까지 깊이는 7미터가량이다. 돌산을 깎아 석굴과 불상을 만든 정성과 노고, 거기엔 얼마나 많은 바람과 간절함이 깃들어 있으랴. 용

용문석굴 서산 부분 전경

문석굴 전체에 그러한 정성과 간절함이 깃들어 있다.

빈양삼동賓陽三洞은 빈양중동·빈양남동·빈양북동으로 구성되어 있다. 북위 선무제宣武帝가 아버지 효문제의 공덕을 기리며 착공했는데, 북위 때 완공된 것은 빈양중동뿐이다. 빈양중동이 완공되기까지 24년(500~523)이나 걸렸다. 그사이 선무제는 세상을 뜨고, 여섯 살 효명제孝明帝가 즉위(515)한 뒤 몇 년이 더 지나서야 완공된다. 높이 10미터가량에 너비와 안팎 깊이 각각 11미터가량인 석굴에는 과거·현재·미래의 삼세불이 모셔져 있다. 정면에 있는 현세불 석가모니 곁에는 두 제자와 두 보살이 있고, 양쪽 벽은 각각 1불佛 2보살의 구조다. 불상 외에도 천장과 벽 가득 크고 작은 부조가 빈틈없이 새겨져 있다. 24년 세월이 오롯이 담겨 있는 것이다.

그런데 그 세월의 열매들이 빈양중동에서 뜯겨져 세계 각지로 흩어졌다. 아름답고 온화한 보살의 두상이 두 개나 잘렸는데, 이것은 현재 일본 오사카시립미술관과 도쿄국립박물관에 각각 소장되어 있다. 측벽에 있던 부조 역시 행방이 각각이다. 문수보살文殊菩薩과 유마힐維摩詰이 불법佛法에 대해 담론하는 장면이 담긴 부조에서 유마

힐은 미국 프리어미술관에 소장되어 있고 문수보살은 행방조차 알수 없다. 양쪽 측벽에 서로 마주하고 있던 〈황제예불도皇帝禮佛圖〉와 〈황후예불도〉 역시 현재 미국에 있다. 〈황제예불도〉와 〈황후예불도〉는 선무제가 부모인 효문제와 문소文昭황후의 명복을 빌려고 만들었다. 그런데 모두 제자리를 지키지 못한 채 메트로폴리탄미술관과 넬슨-앳킨스미술관에 각각 소장되어 있다. 높이 2미터에 폭이 4미터나 되는 부조가 어떻게 미국까지 가게 되었을까?

1930년대 초 메트로폴리탄미술관 극동부Far Eastern department 주임 앨런 프리스트Alan Priest가 용문석굴을 찾았다. 그는 빈양중동에서 〈황제예불도〉와 〈황후예불도〉를 사진에 담아 베이징으로 갔다. 그는 베이징 류리창琉璃廠에서 골동품점을 운영하던 웨빈岳彬을 만나 사진을 건네며 계약을 했다. 웨빈은 뤄양의 골동품상 마룽투馬龍圖를 찾아가 일을 의뢰했다. 마룽투는 깡패들을 고용해 석공들을 위협하여 빈양중동의 부조를 떼어내게 했다. 석공들은 컴컴한 석굴에서 손전등 불빛에 의지해 부조를 조각조각 떼어냈다. 은밀히 진행하기 위해서 밤에만 작업한 것이다. 그렇게 2년이 넘는 동안 떼내진 부조의 조각들이 베이징으로 운반되었다. 그리고 1935년에 그 조각들은 미국으로 옮겨졌다.

이후 프리스트가 전문가를 고용해 부조를 짜맞추었고, 이후 메트로폴리탄미술관에서 〈황제예불도〉를 구입했다. 그런데 〈황후예불도〉는 도저히 복원할 수 없자 프리스트는 그것들을 시장에 내놓았다. 이 소식을 들은 넬슨-앳킨스미술관 관장 로렌스 식맨Laurence Sickman이 각지로 팔려나간 조각을 수집했다. 그는 5년에 걸쳐 〈황후

메트로폴리탄미술관에 있는 〈황제예불도〉

예불도〉의 3분의 2 정도를 확보했다. 이후 2년이 넘도록 진행된 복원 작업을 거쳐 현재 모습을 갖추고 넬슨-앳킨스미술관에 전시되게 된다.

프리스트는 빈양중동뿐 아니라 빈양남동·연화동·봉선사·고양동의 유물 역시 비열한 방식으로 손에 넣어 미국으로 가져갔다. 그와 추악한 계약을 맺었던 웨빈은 용문석굴의 유물을 일본인에게도 팔아넘겼다. 그렇게 그는 국보를 팔아넘기고 큰돈을 벌었다. 그런데 1953년, 그가 저지른 행위가 발각되었다. 중국인들은 분노했다. 300명이 넘는 문화계 인사가 연대서명을 해서 웨빈의 처벌을 요구했고, 이듬해 법원은 그에게 사형을 선고했다. 사형은 집행되지 않았다. 그전에 그가 감옥에서 병으로 죽었기 때문이다.

빈양중동에서 또 눈여겨봐야 할 부분은 불상의 복식이다. 오른쪽 어깨를 드러내는 인도식 불상과 달리 빈양중동의 불상은 양쪽 어깨를 모두 덮고 있으며, 옷의 품 역시 낙낙하다. 완전히 중국화된 복식이다. 이는 북위 효문제가 추진했던 한화漢化정책과도 밀접한 관련이 있다.

빈양중동 양쪽에 있는 빈양남동과 빈양북동 역시 북위 때 착공되긴 했지만 전란으로 작업이 중단되었다가 당나라 초에야 완공되었다. 그래서 이 두 곳의 불상은 빈양중동의 불상과 풍격이 다르다. 북위의 풍격을 반영하는 빈양중동 불상은 수골청상秀骨淸相의 미, 즉 호리호리한 몸매와 수척한 얼굴에 온화한 미소를 머금고 맑은 정신과 표일한 풍모를 지니고 있다. 한편 당나라의 풍격을 반영하는 빈양남동과 빈양북동의 불상은 풍만한 아름다움을 지니고 있다.

빈양남동과 빈양북동의 주불은 모두 아미타불이다. 빈양남동의 아미타불은 시무외인施無畏印이라는 수인手印을 하고 있다. 즉 다섯 손가락을 가지런히 펴고 손바닥을 밖으로 하여 어깨 높이까지 올린 형태다. 중생의 두려움과 근심을 없애주는 시무외인은 구원·보호·축복을 상징한다. 한편 빈양북동의 아미타불은 매우 특이한 수인을 하고 있다. 오늘날 우리가 사진을 찍을 때 자주 취하는 'V'자 모양과 영락없이 똑같다. 이 특별한 수인은 강렬한 의지를 전달하는 것이다.

노사나불과 마애삼불 그리고 측천무후

"이 풍만하고 아름다운 얼굴, 사람의 넋을 빼앗는 두 눈, 온화하고 너그러운 기상. 그 앞에 처음으로 서는 사람은 누구나 일순간에 떨게 된다. 나선형 머리 모양을 한 유명한 거대한 불두佛頭는 오늘날 중국의 불교예술과 동방문명의 상징처럼 되었다. 전문가의 고증에 따르면, 노사나불盧舍那佛의 코는 전형적인 고대 그리스의 조각법을 따랐

용문석굴의 천왕과 역사

봉선사 주불인 노사나불

다. 먼 바다 건너 동서양이 이처럼 이곡동공異曲同工의 현묘함을 지녔던 것이다. 노사나불은 모든 것 위에 군림하는 기상으로 여기에 단정히 앉아 있다. 그는 동방의 아테나다. 그에게는 최고봉이라는 영예가 마땅하다. 신비하고 생각에 잠긴 듯한 그의 미소는 결코 외래문화를 거절하지 않는 민족이 자신감 있게 미소 짓는 듯하다. 이것이 바로 성대했던 당나라의 기상이다."(다큐멘터리〈하상河傷〉)

〈하상〉에서 묘사한 용문석굴의 노사나불이 자리한 봉선사奉先寺는 당 고종과 그의 황후 측천무후가 자금을 대서 만든 황가 사원이다. 고종과 측천무후 시기는 용문석굴 조영造營의 황금기였다. 용문석굴의 상징인 노사나불은 비로자나불毘盧遮那佛이라고도 하는데, 비로자나불은 산스크리트어 바이로차나Vairocana의 음역으로 "몸에서 나오는 빛과 지혜의 빛이 세상 모든 곳을 두루 비춘다"라는 의미다. 그래서 일명 광명불光明佛이라고도 한다. 봉선사 주불인 노사나불은 크기부터 사람을 압도한다. 17.14미터 높이의 좌상에 머리 높이는 5미터, 귀의 길이만도 1.9미터나 된다. 노사나불을 비롯해 가섭迦葉과 아난阿難, 문수보살과 보현보살普賢菩薩, 두 천왕天王과 두 역사力士로 이루어진 봉선사 조각은 당나라의 위대한 시대적 상징으로 칭해진다.

봉선사가 완공되기까지는 무려 20년이나 걸렸다고 한다. 봉선사가 완공되던 해(675) 섣달그믐날, 측천무후는 조정대신들과 함께 노사나불 개광開光(불상을 만든 뒤 처음으로 불공을 드림) 의식에 참가했다. 20년 전, 측천무후는 왕 황후를 폐위하고 그 자리를 차지했다. 고종의 건강이 나빴기에 측천무후는 뜻대로 전권을 장악할 수 있었다.

이후 측천무후가 중국 역사상 유일무이한 여황제가 된 것은 690년, 봉선사가 완공된 지 15년이 지나서다.

노사나불의 모델이 측천무후라는 건 너무나 유명한 이야기다. 하지만 그럴 가능성은 적은 듯하다. 아무리 정권을 장악했다 한들 최고 권력자가 아닌 그녀를 그 거대한 노사나불로 형상화했을 리가 없기 때문이다. 그렇다면 노사나불의 모델이 측천무후라는 이야기가 광범하게 퍼진 근거는 무엇일까? 우선 노사나불의 얼굴이 매우 여성스럽다는 점이다. 측천무후의 딸인 태평太平공주의 생김새가 '네모 반듯한 이마에 넓은 턱'(『자치통감』)으로 묘사되는데, 측천무후는 딸이 자신을 닮았다고 여겼다 한다. 또 다른 근거는 '무조武照'라는 측천무후의 이름과 빛이 세상을 두루 비춘다는 의미의 노사나불 명칭이 맞아떨어진다는 것이다. 아무튼 노사나불의 모델에 대한 기록이 없는 상황에서 이런 정도 근거로 그 주인공을 측천무후라고 하는 것은 무리인 듯하다.

실제로 측천무후와 관련지을 수 있는 불상은 마애삼불에서 찾을 수 있다. 마애삼불감摩崖三佛龕에는 좌불 3좌와 입불 4좌가 있는데, 그중 좌불 3좌를 마애삼불이라 한다. 마애삼불은 과거불·현재불·미래불로 이루어져 있는데, 특이하게도 가운데 자리한 주불이 현재불인 석가모니가 아니라 미래불인 미륵이다. 바로 여기서 측천무후의 흔적을 찾을 수 있다. 마애삼불감이 착공된 때는 측천무후가 제위에 오른 690년을 전후해서다. 측천무후는 '자씨慈氏'를 자칭했는데, 자씨란 바로 미륵을 의미한다. 자신을 미륵의 화신이라고 선양함으로써 정권의 정통성을 확보하려 한 것이다.

246

황제가 되기 직전, 측천무후는 미륵신앙을 이용한 물밑 작업에 본격적으로 착수했다. 법명法明과 설회의薛懷義가『대운경』과『대운경소大雲經疏』를 지어 바치는데, 이는 측천무후가 제위에 올라야 한다는 당위성을 제공했다. 이에 따르면 정광천녀淨光天女가 여인의 몸으로 왕이 될 텐데, 이를 거역하면 하늘이 징벌할 터였다. 2년 전(688) 낙하洛河에서 발견된 돌 역시 측천무후가 황제가 되려고 꾸민 공작이었다. 측천무후의 조카 무승사武承嗣가 사람을 시켜 흰 돌에 "성모께서 인간 세상에 임하시니, 제업이 영원토록 번창하리라(聖母臨人, 永昌帝業)"라는 글귀를 새기도록 한 것이다. 이 돌이 발견된 이후 측천무후는 낙하를 '성하聖河'라 칭하고 고기잡이를 금했으며, 뤄양을 '신도神都'라 칭하고 자칭 '성모신황聖母神皇'이라 했다. 이렇게 어느 정도 사전작업이 이루어진 상태에서『대운경』이 세상에 나왔던 것이다.

측천무후는 뤄양을 비롯한 전국 각지에 대운사를 짓고『대운경』을 강론하게 했다. 미륵이 여황제로 강생한다는 설이 민간에 광범위하게 퍼져나갔고, 측천무후는 미륵을 자칭했다. 뤄양의 수많은 신하와 백성이 측천무후에게 황제가 되어달라는 청을 거듭 올렸다. 결국 그녀는 690년 9월 9일 중양절에 즉위하게 된다. 국호는 주周, 연호는 천수天授, 왕명은 성신聖神황제였다. 바로 이즈음 마애삼불감이 착공되었다. 마애삼불감은 측천무후와 함께 시작되어 측천무후와 함께 끝났다. 마애삼불감의 불상은 미완 상태인데, 705년 측천무후의 주왕조가 무너지면서 작업이 중단되었기 때문이다.

만불동·연화동·약방동·고양동

당 고종 때 만들어진 만불동萬佛洞에는 1만 5,000좌에 달하는 작은 불상(4센티미터)이 양쪽 벽 가득히 부조되어 있다. 만불동의 주불은 아미타불이다. 남쪽 벽 보살(85센티미터)의 S형 신체 곡선이 매우 아름답게 느껴지는데, 경극京劇 배우 메이란팡梅蘭芳이 이 보살의 자태를 자기 연기에 응용했다고 한다. 이 보살 아래쪽으로 벽이 움푹 파여 있는데, 본래 여기엔 사자가 있었다. 맞은편 북쪽 벽 역시 움푹 들어간 자리가 있는데, 여기에도 본래는 사자가 있었다. 두 사자 모두 1930년대에 미국으로 밀반출되어 현재 보스턴미술관과 넬슨-앳킨스미술관에 각각 소장되어 있다.

천장에 거대한 연화가 부조되어 있는 연화동蓮花洞은 북위 시기 석굴이다. 입구에 용문을 의미하는 '이궐伊闕'이라는 두 글자가 크게 적힌 곳이 바로 연화동이다. 연화동에는 1불 2제자 2보살이 자리하고 있다. 주불인 석가모니가 입상이라는 점이 매우 특이하다. 그런데 석가모니를 비롯해 모든 불상의 두상이 대부분 파괴되어 있다. 제자 가섭의 두상은 아예 통째로 뜯겨 사라졌다. 현재 프랑스 기메미술관에 연화동의 이 가섭 두상이 소장되어 있다.

연화동을 지나면 봉선사이고 다음이 약방동이다. 약방동은 북위 말부터 당나라 초까지 조성되었는데, 안에 모셔진 불상은 북제北齊 시기 것이다. 1불 2제자 2보살의 풍격은 북위에서 당나라로 이행하는 과도기적 형태를 지닌다. 약방동에서 눈여겨봐야 할 것은 입구 쪽의 약방藥方이다. 약방동에는 약방이 140여 종 새겨져 있다. 이 약방들에는 내과·외과·소아과·부인과·신경과 등에 걸쳐 120여 종이

나 되는 약재료가 등장한다. 생명과 건강을 좌우하는 비법을 이렇게 공개적으로 새겨놓음으로써 구제와 나눔의 정신을 실천하고자 했으리라.

용문석굴 서산에서 마지막으로 둘러볼 곳은 고양동古陽洞이다. 고양동은 북위 효문제가 뤄양으로 천도할 즈음인 493년에 조성되기 시작했으니, 용문석굴에서 시기적으로 가장 이른 것이다. 고양동은 북위의 황실과 귀족이 발원한 조상造像이 가장 많은 동굴이기도 하다. 동굴 내부의 벽과 천장에 불감佛龕(불상을 모신 작은 감실) 1,000여 개와 비각제기 800여 품이 있다. 1불 2보살이 모셔져 있는데, 주불 석가모니(높이 7.82미터) 좌상 왼쪽에는 관음보살이, 오른쪽에는 대세지보살大勢至菩薩이 시립하고 있다. 고양동은 북위 시기의 조각과 회화뿐 아니라 서예까지 집성된 동굴로 칭해지는데, 그 유명한 '용문이십품' 가운데 19품이 바로 고양동에 있다. 불감을 누가 언제 왜 만들었는지 등을 새겼는데, 고양동이 북위의 대표적 동굴이니만큼 이곳에 새겨진 비각제기가 당시 서체 연구의 중요한 자료가 된다. 용문이십품의 서체를 위비체魏碑體라고 하는데, 예서에서 해서로 넘어가는 과도기적 글씨체로 자형이 단정하고 기세가 강건한 게 특징이다.

고양동 역시 파괴와 약탈의 흔적이 역력하다. 그중 고양동 고수감高樹龕의 석존 불두는 다행히 되돌아왔다. 해외로 유실된 용문석굴의 문물 7점이 2005년 용문석굴로 되돌아왔는데, 고양동의 불두가 그 가운데 하나다. 그 사연을 알아보자. 1991년 봄 중앙미술학원 교수 탕츠湯池는 미국에서 온 편지 한 통을 받았다. 미국 국적의 화교 천저징陳哲敬이 보낸 그 편지에는 고양동의 불두 사진도 함께 동봉되어 있었다. 불상 수장가인 천저징은 사진의 불상이 용문석굴의 유물인지 알아보고자 했던 것이다. 수많은 불감에서 그 불두의 정확한 자리를 찾아내는 게 얼마나 힘든 일이었을까. 마침내 탕츠는 그것이 용문석굴의 유물이라고 회답해주었다. 1992년 천저징은 뤄양을 찾았다. 그의 말에 따르면, 그 불두는 10년 전 미국의 수장가가 벨기에로부터 사들인 것이었다. 벨기에는 용문석굴의 유물을 약탈해 가지 않았으니 아마도 다른 나라를 거쳐 벨기에로 들어왔을 것이다. 그렇게 벨기에에서 미국 수장가의 손으로 들어온 고양동 불두를 천저징이 알아봤고 결국 중국으로 돌아올 수 있었다.

2005년 용문석굴에서는 해외로 유실되었던 문물 7점의 귀환 의식이 거행되었다. 이 문물 7점은 국가문물국이 문화재를 환수하려고 조성한 국비를 사용해 되찾아온 것이다.

동산석굴 스케치

북에서 남으로 가면서 서산을 둘러본 뒤 이수를 가로지르는 만수교漫水橋를 건너면 동산에 이른다. 동산은 남에서 북으로 가면서 둘러보면 된다. 동산의 주요 석굴은 뇌고대 삼동, 만불구의 천수천안관음상감·서방정토변감·고평군왕동, 그리고 간경사·이연화동·사안동이다.

동산의 가장 남쪽에 자리한 뇌고대擂鼓臺 삼동은 뇌고대 북동·중동·남동으로 구성되어 있다. 이곳에는 밀종密宗의 조상造像이 많다. 당 현종 때 만들어진 뇌고대 북동의 주불은 비로자나불이다. 불교의 삼신불, 즉 법신불法身佛·보신불報身佛·응신불應身佛 가운데 부처의 진신眞身에 해당하는 법신불이 바로 비로자나불이다. 뇌고대 북동의 비로자나불은 얼굴 부분이 풍화되었고, 양쪽의 좌불(보신불인 노사나불과 응신불인 석가모니) 역시 훼손된 상태다. 11면面 4비臂(얼굴 11개, 팔 4개) 관음상은 벽에서 뜯겨진 채 현재 일본 오하라미술관에 소장되어 있다. 측천무후 때 만들어진 뇌고대 중동은 석굴 내부에 좌불 1만 5,000존이 조각되어 있다. '대만오천불상감大萬五千佛像龕'이라고도 하는 이 석굴의 주불은 미륵불이다. 미륵불이 앉은 자리 아래에서 양옆으로 뻗어나간 두 송이 연꽃 위에는 보살이 서 있다. 미륵불의 두상은 1930년대에 약탈되어 현재 미국 샌프란시스코 아시안 아트 뮤지엄에 소장되어 있다. 뇌고대 남동 역시 측천무후 때 만들어졌다. 중앙에는 비로자나불이 모셔져 있고, 석굴 벽에는 연꽃과 보살이 가득 새겨져 있다.

만불구萬佛溝는 뇌고대 삼동의 북쪽에 자리하고 있다. 동서 방향의 산골짜기 북쪽 측면에 불감이 밀집되어 있고 불상 역시 많기 때문에 '만불구'라고 부른다. 용문석굴의 당나라 불상 가운데 20퍼센트 정도가 만불구에 있다. 눈이 3개에 팔이 12개인 천수천안관음상千手天眼觀音像, 『아미타경阿彌陀經』과 『무량수경無量壽經』에 나오는 서방의 극락세계를 묘사한 서방정토변西方淨土變, 만불구에서 가장 큰 석굴인 고평군왕동高平郡王洞은 꼭 봐야 한다. 만불구에서 가장 높은 곳에 자리한 고평군왕동을 만든 고평군왕은 측천무후의 조카인 무중규武重規다. 석굴이 만들어지던 중간에 무중규가 병사하여 미완으로 남았다. 석굴 안에는 아미타불을 중심으로 2보살과 2제자가 시립해 있으며, 석굴 밖에는 역사 두 명이 새겨져 있다.

만불구의 감실과 석굴을 살펴본 다음에는 간경사·이연화동·사안동을 차례차례 둘러보면 된다. 먼저 이연화동二蓮花洞과 사안동四雁洞에 대해 간단히 알아보자. 간경사 북쪽에 자리한 이연화동은 이연화 남동과 북동으로 구성되어 있다. 이연화동 역시 측천무후 때 만들어졌으며, 남동과 북동의 구조는 거의 비슷하다. 석굴 안에는 1불 2제자 2보살 2천왕이 한 세트로 부조되어 있다. 사안동은 이연화동에서 30미터 정도 떨어진 곳에 자리하고 있다. 사안동 내부의 동쪽 벽 아래에 직사각형 모양의 불단은 있지만 석조상은 사라졌다. 남쪽 벽에는 작은 감실이 있고 1불 2제자 2보살 2천왕 2역사가 부조되어 있다. 석굴 천장에는 커다란 연꽃과 그것을 둘러싼 새가 4마리 조각되어 있다. 이 새의 정체는 본래 학인데 기러기로 오인되는 바람에 이 석굴을 '사안동(네 마리 기러기 굴)'이라 부르게 되었다고 한다.

이연화동과 사안동은 많이 훼손된 상태다. 세월에 따라 풍화된 탓도 있지만 누가 뜯어간 것도 상당수다. 하지만 그 행방조차 알 수 없다.

간경사 마하가섭상의 귀환기 그리고 엘긴의 변명

간경사看經寺 역시 측천무후 때 만들어졌다. 전설에 따르면, 인도에서 불경을 가져오던 도중 이수에 불경을 빠뜨리는 바람에 이곳에서 그것을 말린 데서 '간경사'라고 불리게 되었다고 한다. 간경사 석굴 바깥에는 문루門樓가 세워져 있다. 석굴 높이는 8미터이고, 남북 너비는 11미터, 안팎 깊이는 12미터가량이다. 이곳 내부 역시 풍화로 훼손이 매우 심한 상태다. 간경사에서 특히 눈여겨봐야 할 것은 29존

간경사의 나한 군상. 제일 오른쪽이 뜯겨져나간 마하가섭상이 있던 자리

나한羅漢 군상이다. 석굴 정면의 벽(11존), 남쪽 벽(9존), 북쪽 벽(9존)에 새겨진 각각 1.8미터가량의 나한 부조는 당대 최고의 나한 군상이라 칭해진다. 이들 나한 군상이 있어 간경사 석굴은 마치 대형 선당禪堂과 같은 분위기를 자아낸다. 선종이 주관해 만든 석굴로 추측된다.

  29존 나한 군상은 『역대법보기歷代法寶記』의 기록에 근거해 조각되었다고 한다. 『역대법보기』에 따르면, 석가모니가 열반한 뒤 마하가섭摩訶迦葉에게 불법을 전수했고 그 뒤로 29대인 보리달마까지 전해졌다. 이들 29명이 바로 선종의 '서토西土 29조祖'다. 간경사 석굴 안의 나한 군상은 바로 이 계보의 순서를 따랐다. 남쪽 벽에 가장 먼저 새겨진 이가 1조인 마하가섭이고 그다음이 2조인 아난이다. 그 뒤로 3조인 말전지부터 20조인 승가나차까지 차례로 새겨져 있고,

마지막으로 29조인 보리달마가 새겨져 있다. 이렇게 보리달마까지 전해진 법맥이 마침내 중국으로 이어져 보리달마는 중국 선종의 개조가 된다.

29존 나한 군상에서 선두에 해당하는 마하가섭상의 상반신이 남쪽 벽 하단에서 보이지 않는다. 1935년 즈음 뜯겨져 외국으로 반출된 것이다. 이후 마하가섭상은 오랜 세월 여러 차례 팔리면서 여러 곳을 전전한다. 영국에서 미국으로 갔고 다시 캐나다로 가게 된다. 이후 캐나다의 개인 소장가가 1978년 캐나다 국립미술관에 기증한 뒤로 마하가섭상은 그곳에 계속 소장되어 있었다. 그리고 2001년 4월, 마하가섭상은 마침내 용문석굴로 돌아오게 된다. 그 경위를 간략히 알아보자.

2001년 4월 12일, 중국 국가문물국이 뤄양의 문물관리국과 용문석굴 관계자에게 신속히 전문가를 파견해 감정해달라고 요청했다. 캐나다 국립미술관이 용문석굴에서 사라진 마하가섭상을 반환하겠다고 알려왔다는 것이다. 4월 18일, 베이징 고궁박물원故宮博物院에서 전문가들이 감정회를 열었다. 캐나다 국립미술관에서 보내온 붉은 상자 안에는 마하가섭상 상반신(84.3센티미터)이 들어 있었다. 감정 결과 그것은 용문석굴에서 유실된 것이 확실했다. 이튿날 캐나다 국립미술관 측은 정식으로 마하가섭상을 중국에 반환했고, 국가문물국에서는 이를 용문석굴에 넘겼다. 4월 21일, 70년 가까이 타향을 떠돌던 마하가섭상은 마침내 고향으로 돌아왔다. 간경사에서 이수 건너편을 바라보면 봉선사의 노사나불이 정면으로 보인다. 사람들을 눈뜨게 하는 노사나불의 빛이 이 극적인 귀환을 이뤄낸 것일까?

엘긴 마블스Elgin Marbles, 그리스 파르테논신전에서 떼어온 조각물을 이렇게 부른다. 19세기 초 오스만튀르크 주재 영국 대사를 지낸 토머스 브루스 엘긴은 오스만튀르크의 지배를 받던 그리스에서 파르테논신전 조각을 영국으로 가져갔다. 수많은 조각물이 원래 자리에서 떼내지면서 파괴되었고 운반되면서 유실되었다. 영국박물관 듀빈갤러리를 채우고 있는 파르테논신전 조각물은 바로 이런 약탈의 결과물이다. 듀빈갤러리에 있는 바다의 신 포세이돈, 강의 신 일리소스, 무지개의 여신 이리스는 얼굴이 없다. 다름 아닌 약탈의 흔적이다.

용문석굴의 수많은 석조 역시 파르테논신전의 조각과 같은 불운을 겪었다. 용문석굴에서 사라진 유물을 가장 많이 소유하고 있는 나라는 일본이고 그다음이 미국이다. 유럽의 스웨덴·영국·프랑스, 캐나다에서도 용문석굴 유물을 소유하고 있다. 이들 나라의 박물관이나 미술관에 소장된 용문석굴의 유물 대다수는 제국주의 시대의 약탈품이다.

간경사 마하가섭상의 귀환은 캐나다 국립미술관 측의 자발적 노력으로 이루어졌다. 캐나다 국립미술관이 먼저 그것이 불법적으로 반출된 문물임을 발견하고 확인 과정을 거쳐 무상으로 중국에 반환한 것이다. 이는 문화재 환수·반환과 관련된 정말 훌륭한 본보기다. 간경사 마하가섭상의 반환은 1970년에 유네스코가 채택한 '문화재 불법 반출입 및 소유권 양도의 금지와 예방 수단에 관한 국제협약(유네스코 문화재협약)'에 근거한 것이다. 이 협약에 따르면 불법 반출된 문화재는 원소유 국가에 반환해야 한다. 이런 협약이 있음에도 실제로 이행되기는 쉽지 않다.

약탈을 자행한 강국들의 기득권 주장이 너무도 당당하다. 만약 자신들이 보관하지 않았다면 해당 문화재가 더 많이 파괴되었을 것이라는 게 대표적인 변명이다. 문화재 약탈 행위를 '엘기니즘Elginism'이라 하고 이를 합리화하는 것을 두고 '엘긴의 변명'이라고 한다. 그리스 파르테논신전의 조각물을 약탈한 엘긴 이름에서 유래한 용어다. 불법 반출된 문화재를 원소유 국가에 모두 반환하게 된다면 영국박물관은 텅 비게 될 것이라는 말이 있을 정도로, 과거에 열강은 약소국의 문화재를 대놓고 약탈했다. 그리고 그것을 그럴듯한 엘긴의 변명으로 포장했다.

수많은 문화재를 약탈당한 중국은 관련 국가에 문화재 반환을 적극적으로 요구하고 있다. 그런데 이것이 어디 남의 나라만의 이야기인가. 국외로 불법 반출된 우리나라 문화재가 얼마나 많은가. 무려 6만 점이 넘는 우리나라 문화재가 일본에 있다고 한다. 해외로 유실된 문화재 절반에 가까운 분량이다. 이 가운데 합법적 경로를 거친 것은 일부일 것이다. 대부분 일제 식민지 치하에서 약탈당한 것들이다.

그 옛날 숭배와 신앙의 생생한 산물인 용문석굴, 거기에 부조된 부처·보살·제자·역사가 뜯겨져 나가 해외 어딘가에서 전시되고 있다. 잘못 뜯겨진 경우 머리와 몸통이 나뉜 채 말이다. 그렇게 뜯겨져 나간 것의 실상은 인류의 양심일 터다.

캐나다 국립미술관 홈페이지에 들어가보면 마하가섭상 반환에 대해 '과거의 잘못the wrongs of the past을 바로잡기 위한 우리의 노력'이라고 표현했다. 또 이렇게 말하고 있다. "예술세계와 캐나다에게 좋은 날이다. 우리가 조각의 반환을 결정한 것이 매우 자랑스럽다." "인류의 예술적 유산을 보존하는 데 책임 있는 태도responsible manner를 취한다는 미술관의 입수 정책에 부합하고자 캐나다 국립미술관은 나한상의 정당한 자리rightful place는 그것의 본거지original home인 중국의 용문석굴이라고 결론을 내렸다."

캐나다가 마하가섭상을 간경사 석굴에서 떼어내 가져간 것도 아니다. 캐나다 국립미술관은 그것을 개인 소장가에게서 기증받았다. 그 개인 소장가 역시 불법으로 취득한 것은 아니다. 하지만 캐나다 국립미술관은 '애초에' 그것이 불법으로 반출되었음을 확인하고 반환 결정을 내렸다. 캐나다 국립미술관에서 마하가섭상은 사라졌지만 그 대신 그들의 양심과 책임과 품격을 인증했다.

취음선생 백거이,
향산에 잠들다

달팽이 뿔 위에서 무엇을 다투는가?

부싯돌 불꽃처럼 순간의 삶이거늘.

풍족한 대로 부족한 대로 즐겁게 살지니,

입 벌려 웃지 않으면 그야말로 바보.

－백거이白居易,「술을 마주하고(對酒)」

인생이란 달팽이 뿔 위처럼 '좁은 공간'에서 부싯돌 불꽃처럼 '짧은 시간'을 살다 가는 것, 그 무엇에도 연연하지 말고 그저 즐겁게 웃으며 살자. 이는 백거이(772~846)가 일흔이던 841년에 쓴 시다. 이 시를 쓰고 5년 뒤 백거이는 세상을 뜬다.

시로 사회를 개혁하고자 했던 백거이

당 선종宣宗은 백거이를 애도하는 시(「백거이를 애도하다(弔白居易)」)에서 이렇게 말했다. "뜬구름처럼 매이지 않으니 이름은 거이居易(편안함에 거하다), 조화무위造化無爲하니 자는 낙천樂天이라. 어린아이도 「장한가長恨歌」를 읊조릴 줄 알고, 오랑캐(胡兒)도 「비파행琵琶行」을 노래할 줄 아네."

백거이는 그 누구라도 쉽게 이해할 수 있는 시를 짓고자 했다. 그는 시를 짓고 나면 이웃집 노파가 이해할 수 있을 때까지 고쳤다고 한다. 시를 풍자와 교화의 도구라고 생각했기 때문이다. 사회의 부조리를 고발하고 백성의 뜻을 전달하는 통속적이고 대중적인 시, 이런 시로 사회·정치 문제를 공론화하고자 했다. 백거이의 이런 문제의식은 개인 차원에 그치지 않고 원진元稹·장적張籍·왕건王建 등과 함께하는 '신악부新樂府운동'이라는 일종의 문학운동으로 전개되었다. 현실을 꼬집고 시대의 폐단을 질책하는 내용의 시 창작이 권세가에게 눈엣가시였음은 물론이다. 백거이의 시를 보고서 권세와 돈이 있는 자는 안색이 변했고, 집정자는 주먹을 불끈 쥐며 격분했고, 병권을 쥔 자는 이를 갈았다. 결국 원화元和 10년(815), 백거이는 모함을 받아 강주江州로 좌천된다. 암울한 정치 현실 속에서 신악부운동 역시 좌절되고 만다.

문학운동으로 사회를 개조하려던 의지가 꺾인 뒤 백거이는 개인의 감정을 토로하는 시를 짓는다. 젊은 시절 백거이 시에는 사회를 개혁하려는 의지가 담긴 유교사상이 강하게 드러나는 반면, 인생 후반기에 접어든 시기의 시에는 불교적·도교적 색채가 짙다. 앞서 소개한 「술을 마주하고」에 보이는 달관은 숱한 우여곡절 끝에 도달한 삶의 경지였으리라. "곤궁해지면 홀로 자신을 잘 지키고, 영달하면 천하를 더불어 구제한다"(『맹자』)라는 독선기신獨善其身과 겸제천하兼濟天下, 이는 중국 지식인의 삶의 방식이었다. 겸제천하를 꿈꾸었던 백거이는 그것이 불가능한 현실 속에서 결국 독선기신하며 살아갔다. 뤄양은 바로 백거이가 독선기신하던 삶의 장소다.

술과 거문고를 벗 삼아 지낸 취음선생

쉰여덟 살 되던 해(829) 뤄양에 정착한 백거이는 '취음醉吟선생'이라는 호를 쓰면서 시와 술과 거문고를 벗 삼아 지냈다. 2년 뒤 그의 가장 친한 벗 원진이 세상을 뜬다. 백거이는 원진의 묘지명을 써주고 받은 돈으로 향산사를 보수하고 향산거사香山居士라는 호를 쓰면서 불교를 독실하게 믿으며 지냈다. 일흔다섯에 세상을 뜬 그는 뤄양 향산에 묻혔다.

용문석굴의 동산인 향산에 있는 향산사香山寺와 백원白園, 이곳에는 백거이의 흔적이 가득하다. 만수교를 건너 동산석굴을 둘러본 뒤 향산사와 백원을 차례대로 보는 방법도 있고, 이수를 가로지르는 또 하나의 다리인 용문교를 건너 백원부터 먼저 살펴보는 방법도 있다. 여기서는 백원을 먼저 소개한다.

백원은 백거이의 묘원墓園이다. 백원의 대문 안으로 들어가 돌계단을 올라가다 보면 '청윤聽伊'이라는 정자가 나온다. 만년의 백거이가 벗들과 더불어 술을 마시고 시를 짓던 곳이다. 정자를 지나 더 올라가면 '낙천당樂天堂'이 나온다. 이곳에 있는 한백옥으로 만들

백원 낙천당의 백거이 좌상

어진 백거이 좌상이 매우 인상적이다. 낙천당에서 더 올라가면 비파봉琵琶峰 정상이 나온다. 바로 이곳에 백거이가 잠들어 있다. 무덤 앞에는 '당소부백공묘唐少傅白公墓'라고 적힌 비석이 세워져 있다. 무덤 옆에는 「취음선생전」이 새겨진 거대한 자연석비가 있다. 「취음선생전」은 백거이의 자서전격인 작품으로, 뤄양에서 지낸 만년의 삶이 잘 묘사되어 있다. 술에 취하여 시를 읊는다는 '취음醉吟'의 의미처럼 백거이는 술을 좋아하고 거문고에 탐닉하고 시에 푹 빠져 지냈다. 그와 교류하는 이들은 산수를 함께 즐기는 벗, 시를 함께하는 벗, 술을 함께하는 벗이었다.

백거이는 뤄양 안팎의 도관道觀과 사원, 산수가 빼어난 곳을 죄다 찾아다녔다. 가마 안에 놓인 것은 거문고와 베개 그리고 도연명陶淵明과 사영운謝靈運의 시집이었다. 가마 좌우에 술병을 걸어놓고 산수를 유람하면서 거문고를 타고 술을 마시며 흥이 다할 때까지 즐기다가 돌아오는 생활, 이것이 취음선생 백거이가 스스로 묘사한 만년의 삶이다. 가족이 너무 지나치다고 충고하자 취음선생은 이렇게 말한다.

"본래 사람의 개성이란 중립적이기 어려운 법이니 자기가 특별히 좋아하는 게 있기 마련이다. 만약 불행히도 내가 재물을 탐하여 부자가 되었다면 화를 초래해 생명마저 위험해졌을 것이다. 또 만약 불행히도 내가 도박에 빠져 파산했다면 처자식이 추위와 굶주림에 시달렸을 것이다. 또 만약 불행히도 내가 불로장생 약을 만드는 연단술煉丹術에 빠졌다면 결국 아무 소득도 없이 다른 일을 그르쳤을 것이다. 지금 내가 이런 것들에 빠지지 않고 술과 시에 만족하며 맘대로 지내는 게 훨씬 낫지 않느냐?"

취음선생 무덤 곁엔 우리나라 백씨 종친회에서 세운 기념비도 있다. 무덤에서 아래쪽으로 조금 내려오면 「비파행」이 새겨진 석각이 있다. 「비파행」은 백거이의 대표작이거니와 이 시에 나오는 비파 타는 여인의 기구한 인생이 백거이 삶과 중첩되는 부분이 있기에 「비파행」이 새겨진 석각을 보면 특별한 감회가 든다. 원화 10년 강주 사마로 좌천되고 그 이듬해 가을밤, 백거이는 손님을 배웅하다가 배에서 나오는 비파 소리를 듣게 된다. 비파를 연주하는 여인은 본래 장안의 이름난 기녀였는데 나이가 들어 초췌해지자 상인의 아내가 되었다. 그녀는 남편이 장사하러 외지로 떠나자 빈 배를 지키던 차였다. 백거이는 여인의 사연이 담긴 비파 연주를 들으며 적삼이 흠뻑 젖을 정도로 눈물을 쏟았다. 중앙 관리였다가 지방으로 좌천된 자신의 신세가 그 여인의 불운한 삶과 다를 바 없다는 생각이 들어서였다.

비파 소리를 듣던 이들 가운데 가장 많은 눈물을 흘린 40대의 백거이, 뤄양에서 술과 시에 빠져 지낸 50~60대의 백거이, 백원에 묻힌 70대의 그가 속삭인다. "풍족한 대로 부족한 대로 즐겁게 살지니, 입 벌려 웃지 않으면 그야말로 바보."

향산사의 역사, 측천무후에서 양청우까지

백원 남쪽에 자리한 향산사는 북위 희평熙平 원년(516)에 세워졌다. 향산사는 인도의 고승 지바하라地婆訶羅가 묻힌 곳이자 중국 선종의 제2조 혜가선사慧可禪師가 수행한 곳이기도 하다. 이후 향산사가 융성기를 맞게 된 것은 측천무후에 이르러서다. 천수 원년(690), 측천무후가 주왕조를 세운 뒤 무삼사武三思의 주청에 따라 향산사를 대대적으로 보수했다. 뤄양을 수도로 삼은 측천무후는 향산사를 즐겨 찾았다.

향산사는 '향산부시탈금포香山賦詩奪錦袍(향산에서 시를 지어 비단옷을 빼앗다)'의 일화가 깃든 곳이기도 하다. 『당시기사唐詩紀事』에 따르면, 측천무후가 용문에 노닐러 왔다가 신하들에게 시를 지으라고 명하면서 가장 먼저 짓는 이에게 비단옷을 하사하겠다고 했다. 동방규東方虬가 가장 먼저 시를 완성해 비단옷을 하사받았는데, 바로 이어서 송지문宋之問의 시가 완성되었다. 그런데 송지문의 시가 동방규의 시보다 훨씬 뛰어났기 때문에 결국 동방규에게 하사했던 비단옷을 빼앗아 송지문에게 하사했다고 한다. 향산사의 석루石樓가 바로 '향산부시탈금포' 일화의 현장이라고 한다.

안사의 난 이후 향산사는 오래도록 방치되었다. 이를 다시 보수하고 활기를 불어넣은 이가 바로 백거이다. 그는 향산거사를 자처하며 이곳을 자신의 최종 귀속처로 여겼다. 일흔네 살 되던 해에 백거이는 호고·길교·정거·유진·노정·장혼과 함께 '상치칠노인회尚齒七老人會'를 결성했다. 이어서 백 살인 이원상과 아흔다섯 살인 여만如滿 스님이 가입해 '향산구로香山九老'가 된다. 향산사 구로당九老堂에는 의기투합해 노년의 은거생활을 함께했던 아홉 사람의 화상이 걸려 있다.

백거이 덕분에 향산사가 활기를 되찾은 것도 잠깐이다. 이후 향산사는 오래도록 방치되었다가 청 강희 연간에 비로소 보수되었다. 이후 건륭제가 향산사에 들렀다가 '용문 10사寺 가운데 제일은 향산'이라고 향산사를 칭송했는데, 향산사 '건륭어비정乾隆御碑亭' 안의 석비에 그 내용이 새겨져 있다.

청나라 말에 향산사는 다시 황폐해졌다. 하지만 이것으로 끝이 아니었다. 1936년, 향산사 남쪽에 2층짜리 건물이 세워진다. '장·쑹별장(蔣宋別墅)'이라 불리는 이 건물은 장제스와 그의 부인 쑹메이링이 36일 동안 지낸 곳이다. 1936년 10월 31일은 장제스의 쉰 번째 생일이었다. 생일에 사람들의 축하를 피하기 위해 다른 곳으로 가 있는 것을 '피수避壽'라고 하는데, 장제스는 피수를 구실로 10월 29일에 뤄양으로 왔다. 장·쑹 별장에서 열린 생일 파티에는 장쉐량·옌시산閻錫山·푸쭤이傅作義 등이 초대되었다. 공군기 50대가 뤄양 상공에 장수를 의미하는 '수壽'자를 그렸다. '피수'라고 하기에는 너무 떠들썩한 생일이었다.

향산사에 있는 장·쑹 별장

장제스는 쉰 번째 생일을 맞이한 감회를 발표하면서 '양외필선 안내攘外必先安內(외적을 물리치려면 반드시 먼저 내부를 안정시켜야 한다)' 를 강조했다. 공산당 토벌에 적극적이지 않은 부하들에게 경고 메시 지를 보낸 것이다. 당시 장쉐량의 마음은 아주 복잡했을 것이다. 장 쉐량은 내전을 멈추고 일치단결해 항일에 힘쓰자고 장제스에게 간 언했지만 도리어 질책을 당했다. 장쉐량이 공산당을 토벌할 마음이 없다는 것을 알게 된 장제스는 12월 4일 직접 시안으로 가서 공산당 토벌을 독려했다. 그런데 장제스가 전혀 예상하지 못한 '시안사변' 이 터지고 만다. 12월 12일, 동북군 총사령관 장쉐량이 장제스를 시 안 화청지에서 납치·구금한 채 내전을 중지하고 공산당과 함께 일본 침략에 맞서 싸우자고 요구한 것이다.

장·쑹 별장에서 밖을 내다보면 용문석굴의 서산석굴이 한눈에 들어온다. 이곳에서 머물던 36일 동안 장제스는 오로지 공산당을 토벌하려는 일념에 사로잡혀 있었을 것이다. 이수 건너편의 수많은 불상이 건네는 자비의 메시지는 그의 마음에 들어설 자리가 없었다.

장제스의 별장은 훗날 해방군 총참모장 대리 양청우楊成武(1914~2004) 장군의 감옥이 되기도 했다. 양청우는 문화대혁명 기간에 린뱌오林彪 집단의 박해를 받아 비밀리에 향산사에 구금되었다. 그는 1968년부터 1971년까지 2년이 넘도록 이곳 2층에 갇혀 지내며 아래층으로도 내려오지 못했다. 그 괴로운 시간을 어떻게 견뎌냈을까. 공교롭게도 당시 그의 나이는 백거이가 뤄양에 정착했을 때 나이와 비슷하다. 물론 백거이에게 이곳은 위안과 해탈의 장소였으나, 양청우에게 이곳은 박해와 고난의 장소였다. 하지만 두 사람 모두 이곳에서 그 누구보다 진지하게 자기 삶을 반추하고 삶의 의미를 되새겼을 것이다.

"군자는 편안한 위치에 거하면서 천명을 기다리고, 소인은 위험한 짓을 하면서 요행을 바란다(君子居易以俟命, 小人行險以儌倖)."(『중용中庸』) "천명을 즐기고 알기 때문에 근심하지 않는다(樂天知命故不憂)."(『주역周易』) 거이居易와 낙천樂天이라는 백거이의 이름과 자의 유래다. 편안한 위치에 거한다는 것은 평범한 도를 실천하는 삶을 사는 것이다. 그것은 다름 아닌 상식적인 삶이다. 상식적인 삶을 살면 근심하지 않아도 되는 세상, 그런 세상이라면 달팽이 뿔 위에서 다툴 일 없이 풍족한 대로 부족한 대로 즐겁게 살 수 있지 않을까.

뤄양 삼절과 당삼채

측천무후가 황제로 있던 어느 겨울날, 큰눈이 내렸다. 술에 취한 측천무후가 밖을 내다보니 납매蠟梅(섣달에 피는 매화)의 꽃이 피어 있었다. 흥이 난 그녀가 꽃구경을 가겠노라고 하자 공주가 말렸다. 납매는 눈의 기운으로 피어나는 겨울 꽃이지만 다른 꽃들은 각자 꽃피는 시기가 따로 있다는 공주의 말에 측천무후는 이렇게 답했다.

"납매가 추위를 두려워하지 않고 짐에게 기쁨을 주었으니, 다른 꽃들도 당연히 짐을 기쁘게 해줄 것이다. 옛사람이 말하길, '덕이 있는 천자는 모든 신이 돕는다'고 했다. 나는 여자로서 황위에 올랐는데, 자고로 몇 명에게나 가능했던 일이냐? 어찌 신들의 도움만 있겠느냐? 꽃을 피우는 작은 일쯤이야 어찌 짐의 뜻대로 되지 않겠느냐? 설령 짐이 자연의 조화를 거슬러 모든 꽃을 일제히 피우게 명한들 어찌 거역할 수 있겠느냐?"

이는 청나라 이여진李汝珍의 풍자소설 『경화연鏡花緣』에 나오는 이야기인데, 모란이 뤄양에서 가장 번성하게 된 이유가 바로 측천무후 때문이라고 한다.

뤄양 모란 갑천하

측천무후가 모든 꽃을 일제히 피게 하겠노라고 대답한 다음 이야기를 더 이어가보자. 다음 날까지 꽃을 피우라는 측천무후의 어명을 전하러 납매선녀와 수선화선녀가 꽃들의 우두머리인 백화百花선녀를 찾아갔다. 그런데 공교롭게도 백화선녀가 자리에 없었다. 난꽃·복사꽃·버들꽃·계수나무꽃·국화꽃·연꽃·갈대꽃·등꽃·원추리꽃·해바라기꽃·마름꽃·해당화·작약·수선화·진달래꽃 선녀 등은 측천무후의 어지를 받들지, 백화선녀의 명을 기다릴지 고민하다가 결국 어지를 받들기로 했다.

이튿날 날이 밝았다. 꽃들이 활짝 피었다는 소식을 태감이 아뢰자 측천무후는 기쁨에 겨워 상림원上林苑으로 갔다. 그런데 이게 웬일인가. 모란꽃이 아직 피지 않은 것이다. 평소에 모란을 아끼며 보살펴주길 30여 년인데 혼자서 꽃을 피우지 않았으니 배은망덕하다며 분노한 측천무후는 모란을 캐내 불사르라고 명했다. 이때 공주가 또 말렸다. 꽃 중의 왕인 모란이 어찌 어지를 따르지 않겠느냐, 꽃이 커서 피기 어려운 것이니 시간을 반나절 더 주자고 말이다. 결국 측천무후의 위협에 모란이 꽃을 피웠다. 그래도 여전히 마음이 풀리지 않은 측천무후는 모란을 귀양 보내라는 어지를 내렸다. 모란이 귀양간 곳이 바로 뤄양이다. 이렇게 해서 뤄양에서 모란이 가장 번성하게 되었다고 한다.

송나라 때의 『사물기원事物紀原』에도 모란과 관련해 다음과 같이 유사한 기록이 전해진다. "측천무후가 겨울에 후원으로 노닐러 갔는데 모든 꽃이 꽃을 피웠으나 모란 혼자서 늦었기에 결국 뤄양으로 귀양을 갔다. 그래서 오늘날 모란은 뤄양이 으뜸이라고 말한다." 측천무후는 당나라를 대신해 주나라를 세운 뒤 뤄양을 '신도神都'라고 칭하며 수도로 삼았다. 따라서 모란을 뤄양으로 '귀양' 보냈다는 말은 이치에 맞지 않는다. 아무튼 뤄양과 모란·측천무후의 밀접한 관계를 반영하는 이야기라고 생각하면 되겠다.

그리고 보면 측천무후는 뤄양을 대표하는 뛰어난 세 가지, 즉 '뤄양 삼절三絶'과 죄다 관계가 있다. 뤄양 삼절은 용문석굴·모란·뤄양수석이다. 용문석굴의 전성기는 바로 측천무후 시기였다. 용문석굴을 대표하는 노사나불이 측천무후를 모델로 삼았다는 말이 전해질 뿐만 아니라 마애삼불의 주불인 미륵 역시 측천무후와 깊은 관련이 있다. 모란은 앞서 소개한 측천무후 이야기가 있을 뿐만 아니라 '초골焦骨모란'이라는 품종의 이름 역시 측천무후와 관계가 있다. 홀로 꽃을 피우지 않던 모란을 측천무후가 불태우겠노라고 위협했을 때 불에 그슬린 모란이 바로 초골모란이라고 한다. 초골모란은 뤄양에서 더욱 붉고 아름다운 꽃을 피우게 되었다고 해서 '뤄양홍洛陽紅'이라고도 한다.

부귀를 상징하는 모란은 경제가 번영했던 당나라를 대표하는 꽃이기도 하다. 당나라 사람들은 모란에 열광했다. "오직 모란만이 진정한 국색國色이니, 모란꽃 피는 시절이면 경성을 진동시킨다네." (유우석劉禹錫의 「모란을 감상하다(賞牡丹)」) "모란꽃이 피고 지는 스무날 동안, 성안 사람들 죄다 미친 듯하네."(백거이의 「모란 향기(牡丹芳)」) 모란이 관상용으로 재배되기 시작한 건 남북조시대라고 하니, 지금까지 약 1,500년 역사가 있는 셈이다. 현재 모란 품종은 1,000개가 넘는다고 한다. 색깔 역시 붉은색·흰색·분홍색·노란색·자주색·남색·녹색 등 아주 다양하다. 일본·프랑스·네덜란드·영국·미국 등 세계 각지의 모란은 일찍이 중국에서 퍼져나간 것이다.

이렇게 오랜 세월 사람들의 사랑을 받아온 모란은 뤄양에서 공식으로 지정(1982)한 '시화市花'이기도 하다. 뤄양에서는 1983년부터 해마다 4월 10일에서 5월 10일까지 모란 축제가 펼쳐지니, 이때가 뤄양을 찾기에 가장 좋은 시기다. 따뜻한 4월, 뤄양 곳곳에서 펼쳐지는 모란꽃의 향연 속에서 '뤄양 모란 갑천하甲天下', 즉 뤄양의 모란이 천하제일임을 만끽해보자. 4월에 왕성王城 공원, 뤄양 국가모란원, 수·당 뤄양성 유적지 식물원 등에 들렀을 때 운이 좋다면 그 옛날 측천무후가 궁녀와 백관을 대동하고 정원에서 꽃놀이하던 장면을 재현하는 모습을 볼 수도 있다.

뤄양수석과 모란연채

뤄양 삼절의 하나인 '뤄양수석水席' 역시 모란, 측천무후와 관계가 있다. 뤄양의 풀코스 연회요리인 뤄양수석은 그 이름이 말해주듯 거의 모든 요리에 국물이 있다. 8가지 찬요리와 16가지 따뜻한 요리로 구성된 뤄양수석에서, 따뜻한 요리는 어떤 식으로 조리하든 마지막엔 죄다 탕에 담겨 나온다. '수석'이라는 명칭에는 24가지나 되는 요리가 물 흐르듯 계속해서 나온다는 의미도 담겨 있다. 그런데 뤄양수

뤄양수석의 모란연채

석은 왜 그렇게 죄다 탕으로 구성되어 있을까? 뤄양은 산으로 둘러싸인 분지 지형인 데다가 강수량도 적은 탓에 수분을 보충하기 위해서 탕요리가 발달했다고 한다. 요리가 모두 탕에 담겨 나와도 질리지 않을 정도로 맛이 다양한 게 뤄양수석의 특징이기도 하다. 담백·새콤·매콤·달콤·짭잘한 다양한 탕 맛, 게다가 육류·어류·채소·버섯·열매 등 다양한 재료를 뽐내는 뤄양수석은 미각뿐 아니라 시각적 측면에서도 탁월하다.

뤄양수석의 역사는 무려 1,300여 년이나 되었다. 뤄양수석을 무후수석이라고도 하는데, 측천무후 때 궁중요리에서 비롯했기 때문이다. 수석의 24가지 요리 개수는 측천무후가 태자 이현李賢을 폐서인하고 정권을 좌지우지한 680년부터 뤄양의 상양궁上陽宮에서 병사한 705년까지 24년을 상징한다. 무후수석의 명칭이 뤄양수석으로 바뀐 건 측천무후에게 비판적이었던 송나라 이학理學 때문이다.

뤄양수석에서 가장 먼저 나오는 요리가 '모란연채燕菜'인데, 여기에도 재밌는 일화가 전해진다. 고종의 황후가 보낸 독주를 마신 측천무후가 황야에 버려졌는데 무를 먹고 해독이 되었다는 전설이 그중 하나다. 이 일로 측천무후는 무를 의채義菜(의로운 채소)로 명명하고 연회가 열리면 무를 가장 먼저 내도록 했다고 한다. 무로 만든 모란연채가 뤄양수석의 첫 번째 요리가 된 유래 역시 이것이다. 또 다른 전설에 따르면, 크기가 삼척동자만 한 무를 농부가 바치자 측천무후가 길조라고 기뻐하면서 궁정요리사에게 그것으로 요리를 만들게 했다고 한다. 궁정요리사는 고심 끝에 무를 찌고 말리기를 아홉 번이나 반복한 뒤 가늘게 썰어서 아주 특별한 요리를 만들었다. 이를 맛본 측천무후가 마치 제비집요리 같다고 칭찬한 데서 '연채'라는 이름이 생겨났다고 한다. 연채라는 이름만 보면 제비집이 재료일 듯하나 사실은 무인 것이다.

연채 앞에 모란이 붙게 된 것은 1973년부터다. 당시 저우언라이 총리가 피에르 트뤼도Pierre Trudeau(현재 캐나다 총리 쥐스탱 트뤼도의 부친으로, '현대 캐나다의 아버지'로 불린다) 총리와 함께 뤄양의 식당을 찾았는데, 요리사가 연채 위에 모란꽃 모양을 장식해서 내놓았다. 이를 본 저우언라이가 "뤄양의 모란이 천하제일이라더니 요리에도 모란꽃이 피었군요"라고 했다. 이렇게 해서 연채는 모란연채라는 이름을 갖게 되었다. '전부퉁眞不同반점'이 바로 이 일이 있었던 식당이다. "전부퉁에 가지 않으면 뤄양에 오지 않은 것과 같다"라는 말이 있을 정도로 이름 그대로 진짜 다른 맛과 역사와 명성을 자랑하는 곳이니 뤄양에 간다면 꼭 들러보자.

당삼채와 북망산

뤄양 삼절 외에도 뤄양을 대표하는 것으로 빼놓을 수 없는 게 당삼채唐三彩다. 채색 유약을 사용한 당나라 때 도자기 당삼채에 사용된 유약의 색깔은 황색·녹색·갈색·남색·흑색·백색 등 다양하다. 당삼채의 '삼채'는 세 가지 색깔을 의미하는 것이 아니라 다양한 색깔을 의미한다. 그래도 주로 사용된 세 가지 색깔을 굳이 꼽으면 백색·녹색·황색이다. 도자기를 굽는 과정에서 여러 빛깔 유약이 흘러내려 뒤섞이면서 아름다움을 빚어낸다.

당삼채가 가장 많이 출토된 곳이 바로 뤄양이다. 그래서 당삼채를 '뤄양 당삼채'라고도 한다. 측천무후 때부터 현종 때까지가 당삼채 제작의 전성기였다. 당나라의 경제적·문화적 번영이 당삼채 제작의 토대였던 것이다. 특히 당나라 때 유행한, 성대하게 장례를 치르는 '후장厚葬' 풍속이 당삼채 제작에 큰 영향을 미쳤다. 당삼채의 주요 용도가 부장품이었기 때문이다. 무덤 주인이 생전에 누리던 부귀영화를 죽어서도 누리게 하려는 바람에서 다양한 제재로 당삼채가 제작되었다. 사람과 동물과 생활용품 등을 제재로 한 당삼채에서 동물이 가장 많은 비중을 차지한다. 특히 낙타와 서아시아인을 소재로 한 당삼채에서 실크로드가 가져온 당나라의 경제적·문화적 번영을 엿볼 수 있다.

안사의 난과 더불어 당삼채 제작도 중단되고 말았다. 이후 당삼채가 세상에 모습을 나타낸 건 20세기 초다. 철도공사를 하던 중 망산 부근의 당나라 묘지에서 당삼채가 대량 출토된 것이다. 이후 베이징 골동품 시장에 채색 유약 도자기가 유입되었는데, 골동품상들이 이를 당삼채라 불렀고 이 이름이 결국 널리 받아들여졌다. 뤄양박물관에 가면 다양한 형태의 당삼채를 볼 수 있다. 특히 악귀가 사자의 영혼을 해치지 않도록 무덤을 지키는 용도로 제작된 진묘수鎭墓獸의

뤄양박물관에 있는 당삼채 진묘수

무시무시하고 기묘한 모습이 눈길을 끈다.

　당삼채가 대량으로 출토된 뤄양 북쪽 망산 일대는 "쑤저우蘇州, 항저우에서 살다가 죽어서는 북망산에 묻힌다"라는 말이 있을 정도로 예부터 훌륭한 묏자리로 알려진 곳이다. "북망산에는 빈 땅이 없으니 죄다 뤄양 사람들의 옛 무덤이로구나"(왕건王建의 「북망행北邙行」)라는 시구처럼, 우리에게 북망산北邙山으로 익숙한 이곳에는 역대 왕조 왕후장상의 무덤이 수두룩하다. 나당연합군에 멸망당한 뒤 당나라로 끌려간 백제 의자왕義慈王도 이곳 망산에 묻혔다.

　중국 역대의 무덤을 한번에 둘러볼 수 있는 곳이 있으니, 바로 뤄양고묘박물관이다. 이곳에는 한나라 때부터 송·금 시기까지 대표적 무덤 25기가 원래 모습 그대로 옮겨져 전시되고 있다. 무덤 내부의 벽화와 부조에는 옛사람들의 정신세계를 엿볼 수 있는 다양한 장면이 표현되어 있다. 신선의 세계, 역사 이야기, 현실의 생활상 등은 사후 평안한 삶을 꿈꾸던 그들의 바람을 반영하는 것이리라.

뤄양은 고금의 흥망성쇠를 실감하게 해주는 곳이다. 뤄양의 흥망성쇠는 역대 중국 왕조 흥망성쇠의 축소판이기도 하다. 제왕의 교과서라 불리는 『자치통감資治通鑑』을 지은 송나라의 사마광司馬光은 "고금의 흥망성쇠를 알고 싶다면 뤄양성을 보시게나"(「옛 뤄양성을 지나며(過故洛陽城)」)라고 했다. 사마광은 『자치통감』을 편찬하던 19년 가운데 꼬박 15년을 뤄양에서 작업했다. 그가 편찬 작업을 마친 뒤 신종은 "옛일을 거울삼음으로써 치도治道에 도움이 된다"라는 의미에서 『자치통감』이라는 제목을 하사했다. 『자치통감』의 편찬 목적은 "역대 흥망성쇠의 역사를 거울로 삼아 오늘날의 득실을 살피게 하는 것"이었다. 역사를 거울로 삼는 것, 어느 곳 어느 시대에서도 절실한 일이 아닐 수 없다. 삶과 죽음, 고금의 흥망성쇠를 돌아보게 해주는 곳이 '천년제도千年帝都, 모란꽃의 도시(牡丹花城)'로 불리는 뤄양이다.

3장

카이펑, 송나라의 찬란한 기억

중국인은 카이펑의 겹겹이 포개진 도시가
중화민족의 불요불굴과 자강불식의 정신을 구현한 것이라고 자부한다.
기나긴 세월 속에서 매몰되길 반복하면서도
다시 그 위에서 새로운 삶을 꾸려나갔으니 그럴 만도 하다.

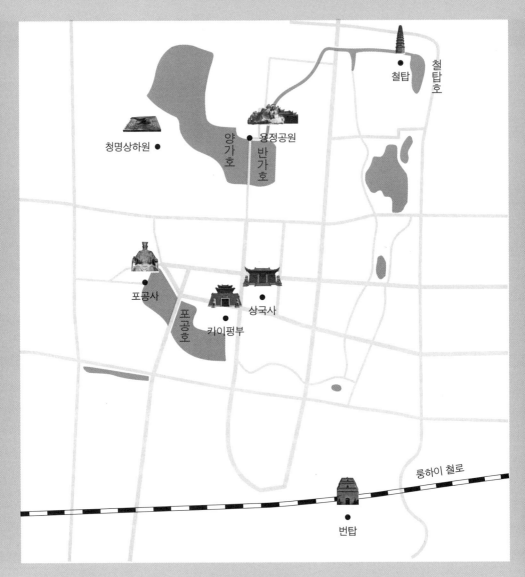

철탑

철탑호

청명상하원 ●

양가호

용정공원

반가호

포공사 ●

포공호

상국사

카이펑부

룽하이 철로

번탑

카이펑의 역사 유적지

땅속 층층이 수천 년 역사를
간직한 카이펑

나라의 중심인 '수도'가 되려면 어떤 조건을 갖춰야 할까? 많은 사람이 모여 사는 곳이니만큼 먹고사는 일과 안전이 가장 중요할 것이다. 안보라는 측면에서 보면 카이펑開封은 수도로서 합격점을 받을 수 없다. 카이펑의 지세는 주변에 높은 산조차 하나 없이 탁 트여 있다. 천연의 장벽이 있는 장안이나 뤄양에 비할 바가 아니다. 그럼에도 오대 때 왕조 가운데 후당을 제외한 후량·후진·후한·후주 모두 카이펑에 수도를 두었다. 그리고 후주의 뒤를 이은 송나라 역시 카이펑을 수도로 선택했다. 왜 그랬을까?

카이펑의 흥망성쇠를 좌우한 변하와 황하

카이펑의 가장 큰 특징은 매우 탁월한 내륙 수로 운송망을 갖추었다는 점이다. 드넓은 평지에 촘촘히 연결된 수로, 바로 여기에 카이펑의 흥망성쇠가 달려 있었다. 카이펑은 인공 운하인 변하汴河를 통해

북송 동경성 모형

황하·회하와 이어지는 수상교통의 요지였다. 변하 덕분에 카이펑은 조운漕運의 요지로서 여러 왕조의 수도가 될 수 있었다. 경항대운하의 주요 부분이었던 변하는 남쪽 지역의 풍부한 물자를 직접 공급받을 수 있었다. 특히 북송 때 동경東京(카이펑)은 '부유함과 화려함이 천하제일(富麗甲天下)'인 번영의 시기를 구가했다.

카이펑은 일찍이 춘추전국시대부터 역사에 진한 발자취를 남겼다. 당시 지명은 카이펑이 아닌 치펑啓封이었다. 춘추시대에 이곳은 정鄭나라 변경 지역이었는데, 정 장공莊公이 여기에 성을 쌓고 영토를 확장한다는 의미에서 '계봉啓封(치펑)'이라고 명명했다. '개봉開封(카이펑)' 역시 영토를 확장하다는 의미인데, '계啓' 대신에 마찬가지로 '열다'라는 뜻을 지닌 '개開'로 바뀐 것은 한나라 때다. 한나라 경제景帝의 이름이 유계劉啓였기 때문에 황제 이름을 피하려고 계봉을 개봉으로 바꾼 것이다. 춘추시대 정나라의 계봉은 전국시대 위魏나라의 대량大梁이다. 『맹자』의 첫 번째 편인 「양혜왕梁惠王」의 무대가 바로 이곳이었다. 기원전 361년, 위나라 혜왕은 안읍安邑에서 대량으로 천도를 단행했다. 서쪽 진나라의 위협에서 벗어나는 동시에 동쪽 지역에 대한 지배력을 강화하기 위해서였다. 이렇게 해서 대량(카이펑)은 역사의 중심 무대가 되었다. 맹자·추연騶衍·순우곤淳于髡·장의張儀 등 전국시대의 많은 인재가 대량을 무대로 활약했다.

대량으로 천도한 위 혜왕은 대규모 인력을 동원해 운하를 만들었다. 이 운하가 홍구鴻溝로, 바로 변하의 전신이다. 운하를 이용해 관개 농업이 가능해진 덕분에 위나라는 경제적으로 크게 성장할 수 있었다. 그런데 결과적으로 홍구 때문에 만회할 수 없는 일이 초래된다. 다름 아닌 '망국'이다. 진나라 왕(훗날의 진시황)이 육국을 차례차례 무력으로 흡수하던 당시, 위나라 차례가 되었다. 진나라 군대는 위나라의 수도 대량을 포위했다. 결국 위나라 왕 '가假'는 투항하고 위나라는 멸망한다. 대량성은 견고했고 성안에는 양식도 충분했다. 진나라는 어떻게 위나라를 멸망시켰을까? 당시 위나라 공격을 책임진 진나라 장군 왕분王賁은 대량성 서북쪽에 물길을 터서 강의 물을 끌어들이는 한편 하류에 제방을 쌓게 했다. 마침 봄이라 강물이 불어난 때였다. 왕분은 제방을 터서 강물이 대량성 안으로 흘러 들어가게 했다. 석 달 뒤 대량성은 물에 잠기고 말았으며 번성했던 대량은 폐허가 되었다.

기원전 225년에 일어난 대량성 수몰 사건은 바로 홍구 때문에 가능했다. 황하에서 홍구로 흘러든 물이 대량성을 수몰시키는 데 이

용되었다. 의지할 만한 천연 장벽조차 없이 광활한 평원에 자리한 대
량은 지리적으로 적의 공격에 취약했다. 게다가 대량의 지세는 황하
의 하상河床보다 낮기 때문에 황하를 이용한 수공에는 꼼짝없이 당
할 수밖에 없었다.

황하를 이용한 수공 가운데 대표적인 사례는 명나라 말 이자
성李自成의 카이펑 함락이다. 1642년, 이자성은 몇 달 동안 카이펑을
공격하다가 결국 수공 작전을 썼다. 황하에 제방을 높이 쌓아 여름철
장맛비를 가둬놓았다가 단번에 제방을 무너뜨린 것이다. 제방이 무
너지자 순식간에 들이닥친 강물이 카이펑 북문을 무너뜨렸고 카이
펑은 이자성 군대에 함락되고 말았다. 이때 카이펑은 종루·고루·왕
부王府·상국사相國寺 윗부분만 제외하고 성 전체가 물에 잠겼으며 높
은 성벽 역시 위쪽의 성가퀴만 보일 정도였다고 한다.

적의 침입에 맞서려고 황하의 제방을 터뜨린 경우도 있다. 남송
초(1128)에는 금나라 군대의 남하를 막으려고 카이펑 북쪽 화저우滑
州의 제방을 터뜨렸고 이로써 황하 하류의 물길까지 크게 변했다.

이상의 모든 사례를 뛰어넘는 재난을 초래한 사건은 중일전쟁
기간에 일어났다. 1938년 6월 9일, 국민당 총통 장제스는 일본군의
추격을 저지하기 위해 카이펑 서쪽 정저우鄭州에 있는 화위안커우花
園口의 제방을 터뜨렸다. 일본군을 잠시 막기 위해 치른 대가는 너무
가혹했다. 황하 하류 일대(허난·안후이安徽·장쑤)에서 사망자가 무려
89만여 명, 이재민이 1,250만여 명 발생했다. 난데없이 덮친 강물에
무고한 생명이 희생된 것이다. 이게 끝이 아니었다. 범람하는 황하
의 토사에 수많은 땅이 매몰되고 관개수로가 망가졌다. 살아남은 이

들의 삶도 지옥과 같은 고통이었다. 기근이 이어지고 아사자가 수백만 명을 헤아릴 정도였다. 이런 비극은 황하의 물길이 제자리를 찾은 1946년까지 이어졌다. 1945년 8월 15일 일본이 항복했고, 이듬해 국민당 정부는 터진 황하 제방을 복구했다.

정저우의 황하박물관에 소장된 '민국도구합용기사비民國堵口合龍紀事碑'는 국민당이 1946년의 제방 복구를 기념하려고 만든 것이다. 비문에 적힌 '제국안란濟國安瀾'이라는 글귀는 장제스 친필인데, '나라를 구하고 물길을 다스린다'는 의미다. 비문의 기록에 따르면 일본군이 폭파해 화위안커우 제방이 파괴되었다고 한다. 엄청난 진실이 이렇게 엄폐·왜곡되었고, 국민당이 타이완으로 퇴각한 이후 수십 년 동안 타이완에서는 이 일에 대한 언급이 금기시되었다. 하지만 손바닥으로 하늘을 가릴 수는 없다. 제방 폭파 당시 국민당 중앙선전부 부부장이었던 둥싱광董星光이 미국으로 이주한 뒤 출간한『장총통전蔣總統傳』(1967)에서 이 일의 진상을 폭로했다.

카이펑은 정저우에서 불과 80킬로미터 떨어진 지점에 있으니 중일전쟁 당시 화위안커우 제방이 파괴되었을 때 직접 피해를 본 지역이었음은 물론이다.

깊은 땅속에 층층이 포개진 카이펑의 역대 도시

인공적인 참사 외에 황하의 자연 범람 역시 역대로 카이펑에 큰 위협이었다. "3년에 두 번 제방이 터지고 100년마다 물길을 바꾼다"라는 말이 있을 정도로 황하는 범람이 잦았고 물길은 여러 번 바뀌었다. 황하가 흘러내려오면서 운반된 토사가 하류에 쌓이게 되면, 강바닥 높이가 올라가다가 결국 제방이 터지고 황하의 물길이 바뀌게 되는 것이다. 이렇게 해서 주나라 이후 2,600여 년 동안 황하 하류 물길은 북쪽에서 남쪽으로 점점 내려오다가 다시 남쪽에서 북쪽으로 올라가기를 반복했다. 그사이 황하 하류에서 제방이 1,590회나 터졌고, 황하 물길은 26번이나 바뀌었다. 강바닥이 주변 평지보다 더 높은 천정천天井川을 제방이 막아주는데, 이 제방이 터지면 그 피해는 불 보듯 뻔하다.

이 황하와 연결된 변하가 바로 카이펑의 생명줄이었다. 특히 이곳에 168년(960~1127) 동안 도읍했던 북송 시기 카이펑은 인구 100만이 넘었고(120~160만) 당시 세계에서 인구 규모가 가장 큰 도시로 번영을 구가했다. 북송의 멸망과 더불어 카이펑의 생명줄 변하도 운명을 다하게 된다. 제대로 관리되지 않자 강바닥 높이가 점점 높아졌고 강물은 말라갔다. 단류가 된 지점도 생겨나고, 토사가 쌓여 강기슭과 높이가 같아진 곳도 있었다. 심지어 원래의 물길이었던 곳에 수레가 다니고 집이 들어섰다. 농지로 바뀐 곳도 많다. 이 광경은 북송이 멸망하고 30여 년이 지났을 때 금나라에 사신으로 간 남송의 누약樓鑰이 목도한 것이다.

번탑繁塔, 철탑鐵塔, 금명지金明池, 주교州橋, 양원梁園, 변하, 변하의 제방, 상국사의 종 등 '변경汴京 8경'이라 불린 것들 가운데 번탑과 철탑을 제외하곤 죄다 사라졌다. 정확히 말하면 지하 10미터 아래에 묻혀 있다. 카이펑의 지층 단면은 수천 년 역사를 고스란히 품고 있다. 가장 아래쪽에는 전국시대 대량성이 있고, 그 위로 역대 도시가 차곡차곡 쌓여 있다. 시대별 도시가 묻힌 깊이는 다음과 같다. 전국시대 위나라(12~14미터), 당나라(10~12미터), 북송(8~10미터), 금나라(6미터), 명나라(5~6미터), 청나라(3미터). 성루성城樓城, 즉 이렇게 도시 위에 도시가 포개진 상황은 바로 황하와 밀접한 관계가 있다. 이는 황하의 범람과 그에 따른 재해를 연구하는 데 중요한 자료이기도 하다.

카이펑의 지층 단면에 이상의 유적이 존재한다는 사실이 밝혀지게 된 계기는 1981년 반가호潘家湖 준설 작업이었다. 호수 바닥을 파내던 도중에 뜻밖에도 명나라의 주왕부周王府 유적지를 발굴하게 된 것이다. 이어진 발굴과 연구에서 마침내 이상의 역대 도시가 차곡차곡 쌓여 있음이 밝혀졌다. "카이펑성은 성 위에 성이 있고, 반가호 아래에는 궁전이 여러 개 있다"라고 대대로 전해온 말이 사실이었던 것이다. 카이펑은 고대 도시의 발전사를 연구하는 데 '살아 있는 화석'이라고 할 만하다.

하지만 카이펑 지하에 보존되어 있는 과거 모습을 제대로 볼 수 있는 것은 아니다. 카이펑 지상에는 오늘날 카이펑의 삶이 진행 중이기 때문이다. 겹겹이 포개진 도시를 어떻게 발굴하고 또 어디에 배치할 수 있겠는가. 현재 볼 수 있는 것은 일부 흔적뿐이다. 대량문大梁門 (당나라 때 처음 만들어졌고 1998년에 중건) 북쪽의 '고마도古馬道박물관'에 가면 마도 위에 마도가 포개져 있는 유적을 볼 수 있다. 가장 아래쪽 마도가 지하 2.5미터 지점에 있고 중간에 또 마도가 있으며 가장 위에 최근 마도가 있다. 세 마도가 서로 다른 시기에 만들어진 것은 사실이지만, 모두 청나라 때 것이라 아쉬움이 많이 남는다. 카이펑 지하에 겹겹이 포개진 도시는 그 존재만 확인되었을 뿐 구체적인 모습은 여전히 상상의 영역이다.

끈질김의 역사가 감춰진 도시

중국인은 카이펑의 겹겹이 포개진 도시가 중화민족의 불요불굴과 자강불식의 정신을 구현한 것이라고 자부한다. 기나긴 세월 속에서 매몰되길 반복하면서도 다시 그 위에서 새로운 삶을 꾸려나갔으니 그럴 만도 하다. 역사학자 리카이위안李開元은 『진붕秦崩』에서 카이펑 일대의 황하 하류 문명에 대해 이렇게 말했다. "오랜 세월 이 일대의 지상 건축은 끊임없이 물에 휩쓸려 파괴되고 토사가 침적되어 매몰되었으며, 또한 끊임없이 재건되고 보수·신축되었다. 파괴되고 재건하고 다시 파괴되고 또다시 재건하는 이러한 지속적인 순환은 황하 하류 문명의 숙명이 되었다." "역사는 문명의 핵심이다. 황하 하류의 문명은 끊임없이 침식·침몰되고 또 끊임없이 재건·보수된 문명이다. 잃었다가 다시 회복하는 이 과정 속에 역사의 굳건함과 끈질김이 감춰져 있다."

카이펑을 언급하면 자연스레 북송의 번영을 떠올리게 된다. 그에 앞서 카이펑이라는 도시의 '끈질김'도 알아둘 필요가 있다. 그것은 유구하게 이어져온 문명이라는 중국의 자아 정체성과도 관련이 깊다. 중요한 것은 그 정체성의 형성이 여전히 진행 중이며 강화되고 있다는 사실이다. '7조 고도'로 불리던 카이펑이 최근 들어 '8조 고도'가 된 것도 같은 맥락에서 이해할 수 있다. 중국 고도古都학회는 2013년 카이펑에서 열린 연례회의에서 카이펑을 8조 고도로 인정했다. 하夏나라의 일곱 번째 왕 저杼부터 노구老丘(지금의 카이펑)를 하나라 수도로 삼았다는 것이다. 이렇게 해서 수도로서 카이펑 역사가 엄청나게 끌어올려지게 된다.

전설 속 왕조일 가능성이 다분한 하나라를 이렇게 역사화함으로써 카이펑은 지금부터 무려 4,100년 전 수도가 되었다. 카이펑의 궈두리國都里에서는 지하 10여 미터 지점에서 하·상 시대 도편陶片을 발굴했다고 한다. 또 궈두리 인근 마을에서는 하나라 이리두二里頭문화에 속하는 유물을 대량으로 발굴했다고 한다. 그 유물들이 4,000여 년 전의 것일 수는 있겠지만, 그것을 과연 하나라 것이라고 할 수 있겠는가. 216년 동안이나 이곳을 수도로 삼았다는 하나라의 진실이 어쩌면 정말 대량성보다 더 깊은 곳에 화석처럼 존재할까? 자국 문명의 유구함을 추구하는 에토스ethos가 가상의 존재를 믿게끔 추동하는 건 아닐까?

후주와 송나라의 꿈

앞으로 남은 생이 30년이라면? 어떤 이에게는 짧은 시간일 수도 있지만 또 어떤 이에게는 긴 시간일 수도 있는 30년. 지금부터 약 1,050년 전 한 남자의 30년 포부를 들어보자.

"생이 30년 남아 있다면, 과인은 마땅히 10년 동안 천하를 개척하고(開拓天下), 10년 동안 백성을 보살피고(養百姓), 10년 동안 태평성대를 이룩할(致太平) 것이오."

우선 천하를 통일한 뒤 백성을 편히 살게 해주고 궁극적으로 태평성대를 이루길 꿈꾸었던 이 사람은 시영柴榮, 바로 후주後周의 세종世宗이다. 그는 '오대五代의 제일가는 명군'으로 평가받는 인물이다. 열다섯에 종군하여 스물넷에 장군이 되고 서른셋에 제위에 오른 세종은 당나라 멸망 이후 전개된 5대10국의 분립 상황을 종결하려는 뜻을 품었다. 계속해서 영토를 확장하던 중 그는 일찍 세상을 뜨고 만다. 서른아홉 살이었다. 그의 30년 계획은 실현되지 못했다. 재위

기간은 고작 5년 6개월이었다.

명군 세종, 카이펑을 확장하다

일찍이 세종이 자신의 남은 생이 얼마나 되는지 역술에 능한 신하 왕박王朴에게 물어보았을 때 왕박은 이렇게 대답했다. "폐하께서는 백성을 위해 마음을 쓰시고 백성의 사정을 잘 보살피시니, 마땅히 하늘의 축복을 받으실 겁니다. 신의 학문이 보잘것없어 30 이후 일은 알수가 없습니다." 세종은 이 말을 듣고서 자신에게 생이 30년 남아 있으리라 가정하고 30년 포부를 밝힌 것이다. 세종이 재위한 5년 6개월이 바로 30(5×6)이니, 왕박은 이를 에둘러 '30'이라고만 표현했을까. 아무튼 세종은 30년 재위했던 제왕에 뒤지지 않는 업적을 남겼다. 그중 하나가 바로 동경(카이펑)의 면모를 일신한 것이다.

당시 후주 수도였던 카이펑은 기존의 도시 규모로는 감당할 수 없을 만큼 경제가 번영하고 인구가 증가했다. 도시 확장은 불가피한 일이었다. 결국 세종은 도시 확장과 관련된 조서 「경성별축나성조京城別築羅城詔」(955)를 공포한다. 다음은 그 조서의 일부다.

> 동경은 화華와 이夷가 모여들고 수륙이 서로 통하며 태평성대를 맞아 날로 번성하고 있다. 그런데 도성이 오래되고 제도는 아직 갖추어지지 않아서 금군禁軍의 군영은 매우 협소하고 백관百官들의 관청을 지을 장소도 없다.…… 또 가옥들은 서로 붙어 있고 길은 협소하여 여름이 되면 더위와 습기에 고생스럽고 항상 화재 위험이 도사리고 있다. 공과 사에 모두 편하도록 도읍을 넓혀야만 한다. 해당 책임

자에게 명하니, 경성 사방에 나성을 따로 짓되 먼저 표시만 해두고, 늦겨울과 초봄까지 기다려 농한기가 되면 즉시 도성 근교의 인부들을 보내 점차적으로 성을 축조하게 하라. 봄 농사가 시작되면 즉시 해산하라. 만약 축성을 마치지 못한다면 다음 해에 이어서 하면 되니 백성들을 부리는 데 관용을 베풀길 바라노라.

당시 카이펑은 공공건물 용지조차 모자랄 정도였으니, 번성함과 더불어 그 이면의 고충도 많았을 것이다. 도시를 확장하는 것만이 유일한 해결책이었다. 이 조서에서 무엇보다 눈에 띄는 것은 세종의 '마음씀씀이'다. 시급한 일이지만 결코 백성을 다그치지 않는 마음씀씀이에서 그의 인간적 면모를 읽을 수 있다. 세종의 조서에 따라 나성(외성)이 축조되고 도성 규모는 네 배로 커지게 된다. 그는 이 도읍지가 후주 아닌 다른 나라 차지가 되리라고는 생각지도 못했을 것이다.

조광윤의 진교병변과 배주석병권

959년 봄 세종의 충신이었던 왕박이 세상을 뜨고, 같은 해 여름에 세종도 세상을 뜬다. 그리고 세종의 어린 아들이 공제恭帝로 즉위한다. 하지만 이듬해 후주는 세종의 심복이었던 절도사 조광윤趙匡胤에 의해 막을 내리고 만다. 세종이 좀 더 오래 살았더라면, 공제가 어린아이가 아니었다면, 조광윤이 후주를 뒤엎는 일은 벌어지지 않았을 것이다. 세종의 뒤를 이은 공제는 고작 일곱 살이었다. 여러 나라가 병립한 상황에서 어린 왕은 경쟁력이 떨어지는 존재였다. 공제가 즉위

290

한 지 반 년밖에 되지 않았을 때 병변이 일어났다. 그 유명한 '진교병변陳橋兵變'이다.

960년 정월 초하룻날이었다. 거란의 요나라가 북한北漢과 함께 남하한다는 소식이 전해졌다. 후주 조정에서는 조광윤에게 군대를 이끌고 나가게 했다. 정월 초이튿날, 조광윤은 카이펑 동북쪽에 있는 진교역陳橋驛에서 묵었다. 술에 취해 잠들었던 그가 이튿날 눈을 떠보니 사람들이 "만세!"를 외쳤다. 그의 몸에 황제가 입는 황포가 걸쳐져 있었다. 고사성어 '황포가신黃袍加身'의 유래다. 이런 기록대로라면 조광윤은 억지춘향으로 황제가 된 듯하다. 실상은 모두 치밀하게 계획된 쿠데타였다. 요나라와 북한이 쳐들어온다는 것은 풍문이었을 뿐이다. 조광윤 측에서 흘렸을 가능성이 농후한 풍문이다. 아무튼 조광윤은 후주의 황제와 대신들을 해치지 않는다는 조건을 내걸고 황제가 되는 것을 수락했다고 한다. 이후 카이펑으로 돌아온 조광윤은 선양禪讓 방식으로 황위를 차지하고 송나라를 세웠다.

조광윤이 황제로 추대된 진교병변은 성공적인 무혈 쿠데타로 평가된다. 자신이 뒤엎은 왕조의 후손을 해치지 않은 것도 전례에 없던 일이다. 또 그는 새로 제위에 오를 자신의 후손이 반드시 지켜야 할 계율을 돌에다 새겨두었는데(962), 후주의 왕손을 지켜주라는 항목이 포함되어 있다. 돌에 새긴 계율은 다음과 같다. 첫째 시柴씨 자손들을 보전할 것, 둘째 사대부를 죽이지 말 것, 셋째 농지에 증세하지 말 것.(왕부지王夫之, 『송론宋論』) 역대로 송나라 황제는 태묘太廟에 들어가 이 석비의 비문을 읽으며 태조의 당부를 따르겠노라 맹세했다고 한다. 송나라 황제들이 실천에 옮긴 이 '헌장'은 송나라 국시였

송 태조가 조보를 찾아가 국사를 논의하고 있는
장면을 그린 〈설야방보도〉
(베이징 고궁박물원 소장)

던 셈이다. 송나라 때 사대부 지식인의 지위가 향상되고 문관이 중시
되었던 건 자연스러운 일이 아닐 수 없다.

조광윤은 송나라를 지배한 문치주의의 서막으로서 조광윤은 드
라마 같은 이야기를 여럿 남겼다. 그는 진교병변과 황포가신에 이어
'배주석병권杯酒釋兵權'으로 황권을 확실히 다졌다. 술자리에서 개국
공신들이 갖고 있던 병권을 놓게 했다는 것 역시 그의 무혈 쿠데타
와 같은 맥락에서 이해할 수 있다. 당나라 말부터 5대10국까지 절도
사가 빚은 혼란에 비추어볼 때, 개국공신들의 병권을 거둬들이는 것
이야말로 급선무였다. 개국공신을 숙청해 토사구팽兎死狗烹하는 게
기존 역사의 정형화된 패턴이었다. 태조 조광윤은 이전 왕조 후손에

게 관대했듯 개국공신에게도 그러했다. 어느 날 그는 술자리에서 자신의 불안한 속내를 털어놓았다. "그대들도 황제로 추대된다면 어쩔 수 없이 나처럼 황제 자리에 오르지 않겠소?" 태조의 이 한마디에 다들 병권을 내놓았다. 태조는 안전과 후한 대가를 보장하는 대신 평화롭게 병권을 거둬들임으로써 개국 초 숙청의 피바람을 비켜갔다.

'배주석병권'을 실행한 이는 조광윤이지만 금전적 보상을 해주고 그 대신에 병권을 거두라는 아이디어는 심복 조보趙普에게서 나왔다. 조보는 조광윤의 동생 조광의趙光義와 더불어 진교병변을 주도한 핵심 인물이기도 하다. 또 그는 조광윤의 대외 정책 결정에도 결정적 역할을 했다. 통일을 위해서 북쪽과 남쪽 중 어느 곳을 먼저 손써야 할지 고민하는 조광윤에게 조보는 '선남후북先南後北'을 제안했다. 즉 남쪽을 먼저 공격한 뒤에 북쪽을 공격하라는 것이었다. 이는 '선이후난先易後難', 즉 쉬운 것을 먼저 하고 어려운 것을 나중에 한다는 전략의 일환이었다.

『송사宋史』「조보전」에 따르면, 태조 조광윤은 친히 조보의 집을 찾아가 조언을 구했다. 태조는 자주 변복을 하고 공신의 집을 은밀히 찾아갔다고 한다. 눈이 많이 내린 어느 날 밤, 조고 집 대문을 두드리는 소리가 들렸다. 태조가 찾아온 것이다. 뒤이어 태조와 미리 약속했던 진왕晉王(조광의)도 도착했다. 셋이 나란히 앉아 고기를 구워 먹었다. 조보의 아내가 옆에서 술잔을 채웠는데, 태조는 그녀를 '형수'라고 불렀다고 한다. 바로 이 자리에서 조광윤은 조보와 국사를 논의했다. 명나라 유준劉俊의 〈설야방보도雪夜訪普圖〉는 태조가 조보 집을 찾아가 술자리를 함께하며 국사를 논의하는 장면을 그린 것이다. 최고 권력자가 스스럼없이 신하 집까지 찾아가 국사를 논의하는 것은 결코 쉬운 일이 아니다. 개국 군주로서 포부와 마음가짐이 그의 그런 행동을 이끌어냈을 것이다.

황제가 된 조광의와 금궤지맹

태조는 선남후북, 선이후난 전략에 따라 남쪽 지역의 남한南漢과 남당南唐 등을 차례차례 멸망시켰다. 이제 북쪽의 북한을 칠 차례였다. 그런데 통일을 코앞에 둔 976년, 태조가 갑자기 사망하고 말았다. 향년 쉰 살이었다. 태조의 뒤를 이어 황제가 된 이는 그의 아들 조덕소趙德昭가 아닌 동생 조광의다. 더 이상한 건 조광의가 입궁해 태조와 함께 술을 마신 이튿날 태조가 갑자기 사망했다는 사실이다.

　태조가 사망한 다음 날 조광의가 태종으로 즉위했다. 왜 하필 두 사람이 밤늦게 함께 술을 마신 다음 날 갑작스럽게 태조가 사망했는지, 또 엄연히 아들이 있는데 왜 동생이 황제가 되었는지 정말 의문투성이다. 이 때문에 역대로 조광의는 황위를 찬탈하기 위해 형을 암살했다는 혐의를 받아왔다. 게다가 태조 아들 조덕소 역시 조광의 때문에 자살했기 때문에 그런 혐의는 더욱 짙을 수밖에 없다. 조광의에게 조덕소는 너무나 불편한 존재였을 것이다. 태종 조광의가 북쪽 정벌에 몰두할 때 조덕소를 황제로 세우려는 모의가 있다는 소식이 들려왔다. 태종이 카이펑으로 돌아온 뒤 조덕소가 전쟁에 참여한 이들의 논공행상을 언급하자 태종은 크게 노했다. "네가 황제가 된 뒤 상을 주어도 늦지 않다!" 이렇게 태종의 질책을 받은 뒤 조덕소는 자살했다. 이 소식을 들은 태종은 후회하며 조덕소의 시신을 껴안고 통곡

했다고 한다. 자살로 생을 마감할 당시 조덕소는 스물아홉이었다.

『송사』등의 기록에 따르면, 태조가 사망한 뒤 동생 조광의가 황위를 계승한 것은 '금궤지맹金櫃之盟' 때문이다. 건륭建隆 2년(961), 죽음을 앞둔 두杜태후가 아들 태조에게 천하를 얻을 수 있었던 게 무엇 덕분이었는지 물었다. 이어서 그녀는 그 원인을 후주의 세종이 어린 아들을 천하의 주인이 되도록 한 것에서 찾으면서 중요한 당부를 했다. 먼 훗날에 황위를 아들이 아닌 동생에게 물려주라는 것이었다. 또 세상은 너무 넓고 황제가 처리해야 할 일은 너무 많으니, 나이든 군주를 세우는 것이 사직社稷의 복이라는 말을 덧붙였다. 태조는 반드시 가르침을 따르겠노라 눈물을 흘리며 맹세했다. 이 장면의 증인이 바로 조보다.

조보는 태후의 명을 받들어 맹세문을 작성하고 기록자인 자기 서명까지 남겼다. 금궤에 보관된 이 중요한 맹세문이 공개된 건 그로부터 20년이 지난 때(981)이다. 태조가 사망한 지 무려 5년이 지나서다. 이 역시 정말 이해하기 어려운 일이다. '금궤지맹'이 사실이라면 왜 태조 사망 직후 문서를 공개하지 않았을까. 그랬다면 태종이 동생으로서 황위에 오른 것을 의심하는 시선들을 잠재울 수 있었을 텐데 말이다. 금궤지맹의 논리 역시 이해할 수 없다. 후주가 어린 군주를 세운 탓에 나라를 보존하지 못했다고 하지만, 두태후가 유훈을 남길 당시 태조는 한창인 서른다섯 살이었고 조덕소는 열한 살이었다. 태조가 황위를 물려주어야 할 즈음이면, 조덕소 나이는 황제가 되기에 아무런 문제가 없지 않은가. 태조가 갑작스럽게 사망했을 때 조덕소는 이미 스물여섯 살이었다. 일곱 살에 제위에 오른 후주의 공제와 비교할 바가 아니다. '금궤지맹'은 조광의와 조보가 합작한 사후조작임이 분명하다.

태조 조광윤의 아들 조덕소가 자살한 979년, 태종 조광의는 마침내 북한을 멸망시키고 통일을 완성했다. 일찍이 후주 세종이 꾸었던 꿈, 천하를 통일한 뒤 백성을 편히 살게 해주고 궁극적으로 태평성대를 이루겠다던 그 꿈을 태종도 꾸었을까. 태종의 형도 조카도 그런 꿈을 꾸지 않았을까.

송나라의 절정을 묘사한
〈청명상하도〉

"도성의 배수로는 매우 깊고 넓어서 도망자가 그곳에 많이 숨었는 데, 도망자들 스스로 그곳을 '무우동無憂洞'이라고 불렀다. 심지어 는 여자를 납치해 숨겨두기도 했는데, 그곳을 '귀번루鬼樊樓'라고 한 다."(육유陸遊, 『노학암필기老學庵筆記』)

사람이 숨어 지낼 수 있을 정도로 커다란 배수로, 거기서 지내면 잡 힐 걱정이 없었으니 도망자들은 그곳을 '걱정 없는 동굴'이라는 의 미로 무우동이라 불렀다. 저지대인 카이펑에서 100만이 넘는 인구가 살아가려면 대규모 배수로는 필수적이었을 것이다. 도망자들이 여 자를 납치해 숨겨두기도 했다는 '귀번루'는 '번루樊樓'에서 유래한 명칭이다. 번루는 송나라 때 가장 번화했던 술집인 백반루白礬樓를 가리킨다.

백반루의 장사가 어찌나 잘되었던지 나중에는 이름을 풍락루豐

樂樓로 바꾸고 확장 공사까지 하게 된다. 다섯 채 건물로 이루어진 3층 높이의 이 술집에서는 구름다리로 이어진 각 건물이 밤마다 밝은 불빛을 내뿜으며 사람들을 유혹했다. 백반루처럼 규모가 큰 술집을 정점正店이라 하고 작은 술집을 각점脚店이라고 했는데, 송나라 카이펑에는 72개 정점이 있었고 각점은 헤아릴 수 없을 정도로 많았다.

세계에서 가장 부유했던 송나라

고층 빌딩 숲에서 살아가는 지금 우리 감각이 아닌 1,000여 년 전 사람들의 감각으로 상상해본다면 송나라 카이펑은 정말 놀라운 도시였다. 개인이 운영하는 대규모 술집이 성황을 이룬 것은 당시 사회의 경제력을 말해주는 일이다. 송나라 때 중국 인구는 처음으로 1억을 넘어섰다. 강남 지역에서는 대규모 논이 개간되고 이모작 쌀 품종이 개발되면서 농민들이 잉여 농산물을 내다 팔 수 있었다. 운하를 통해 강남에서 북쪽으로 운송된 곡물의 양은 당나라 때의 세 배에 이르렀다. 카이펑의 엄청난 인구는 이것에 의지했다.

또 송나라 때는 상품경제가 발달하면서 화폐 수요가 급증했다. 현금으로 교환 가능한 유가증권의 일종인 교자交子를 정부에서 발행했는데, 이것이 바로 세계 최초의 지폐인 셈이다. 이때가 1023년, 유럽에 비해 700년이나 앞선 것이다. 중국 역사를 통틀어서 보자면, 세계적으로 압도적인 경제적 우위에 있었던 시기가 송나라 때다. 그 당시 세계에서 가장 부유했던 나라가 바로 송나라다. 이러한 경제력은 찬란한 문화를 꽃피우는 바탕이 되었다. 비단·도자기·종이 등의 산업이 급속히 발전했고, 인쇄술 덕분에 서적이 널리 유통되어 지식의 보급도 활발해졌다.

송나라의 경제적·문화적 번영은 오늘날 중국 자긍심의 원천이 기도 하다. 2008년 베이징올림픽 개막식을 떠올려보자. 종이·인쇄 술·화약·나침반을 형상화함으로써 세계 4대 발명품을 탄생시킨 중 국의 문화를 전 세계에 자랑하지 않았던가. 4대 발명품 가운데 인쇄 술·화약·나침반은 바로 송나라 때 실용화되었다. 2010년 상하이엑 스포에서는 좀 더 직접적으로 송나라를 조명했다. 중화의 부활을 상 징한다고 말해지는 상하이엑스포의 중국관인 '동방지관東方之冠'을 떠올려보자. 69미터에 달하는 면류관 형태의 중국관이 20미터 남짓 의 다른 국가관들을 내려다보는 모습은 조공을 받는 천자 모습을 연 상시켰다. 이 중국관 한쪽 벽 전체를 차지했던 것이 바로 송나라 카 이펑의 경관이다. 원작 〈청명상하도淸明上河圖〉(세로 24.8센티미터, 가로 528.7센티미터)를 700배 확대한 디지털 영상은 세계 최고 문명을 지닌 중국을 상징하는 것이었다.

〈청명상하도〉가 그려낸 송나라의 카이펑

장택단張擇端의 〈청명상하도〉 덕분에 우리는 송나라 카이펑 모습을 좀 더 구체적으로 상상해볼 수 있다. 당나라 장안과 비교했을 때 가 장 눈에 띄는 변화는 방장坊墻이 보이지 않는다는 점이다. 담장으로 둘러싸인 108개 방坊(담장으로 둘러싸인 거주 구역)으로 구성된 장안의 폐쇄적 구조가 카이펑에는 적용되지 않았다. 송나라 카이펑에서 살 던 이들의 삶은 당나라 장안에서 살던 이들의 삶보다 훨씬 자유로웠 다. 바둑판처럼 질서정연한 당나라 장안의 방제坊制를 카이펑 주거

지역에 적용하는 건 불가능했다. 통치의 편의성보다는 경제적 실용성이야말로 카이펑을 지배하는 원리였던 것이다.

〈청명상하도〉를 보면 길을 향해 문이 난 작은 집들이 오밀조밀모여 있다. 당시 프랑스 파리보다 인구밀도가 2~3배 높았던 카이펑이니 집들도 다닥다닥 붙어 있을 수밖에 없었다. 그러니 화재는 정말큰 재난이었을 것이다. 중국 최초의 소방 조직인 군순포軍巡鋪가 송나라 카이펑에 처음으로 설치된 것도 당연하다. 300보마다 군순포가하나씩 있었다고 하니, 꽤 촘촘히 분포했던 셈이다. 군순포에 소속된병사는 화재뿐 아니라 도난과 불의의 사고와 교통질서까지 책임졌다. 소방업무에 경찰업무까지 겸했던 것이다. 화재를 예방하기 위해서 높은 곳에 세운 망루에는 화재가 났는지 살피는 이가 배치되어 있었다. 망루 아래에는 물통·사다리·밧줄 등 소방용구가 구비되어 있었다.

〈청명상하도〉에 그려진 카이펑 시내에는 거리마다 가게가 즐비하다. 당나라 장안에서는 지정된 장소가 아니면 장사를 할 수 없었고, 각 방의 문이 여닫히는 시간에 맞춰 통금通禁이 엄격히 실시되었다. 반면 송나라 카이펑 거주민은 어디서든 장사를 할 수 있었다. 통금 시간은 점차 완화되다가 결국 통금이 폐지되면서 24시간 장사가가능해졌다. 카이펑에는 6,400개가 넘는 가게가 있었다고 한다. 중국에서 상업용 건물이 개인 주택보다 비싸게 된 것도 이때가 처음이라고 한다.

야시장과 새벽시장이 열리는 카이펑은 밤마다 불야성을 이루었다. 가게와 술집 앞에는 채색비단과 등으로 장식한 광고판과 간판이 내걸렸다. 경제적 여유를 갖게 된 서민이 본격적으로 소비 주체가 된 것이다. 이들의 수요에 맞춰 카이펑에는 일종의 복합문화공간이 들어섰다. 오락과 상업이 공존하는 종합 센터인 와자瓦子가 9곳이나 있어서 서민을 상대로 다양한 서비스를 제공했다. 와자에는 찻집과 술집, 음식점이 집중되어 있었던 것은 물론이고 구란勾欄이라는 전문적인 공연장도 수십 개나 있었다. 구란에서는 이야기와 노래를 섞은 설창說唱을 비롯해 곡예·잡기·연극·마술 등 각종 공연이 펼쳐졌다. 수천 명을 수용할 정도로 규모가 큰 공연장도 있었다고 한다.

송나라 카이펑의 교통·운송 수단 역시 다양했다. 〈청명상하도〉에는 배 29척, 소·말·나귀 등 가축 73마리가 그려져 있다. 말을 탄 사람, 가마를 탄 사람, 크고 작은 여러 수레가 카이펑 시내를 분주히 오간다. 바퀴가 하나 달린 손수레 독륜거獨輪車도 꽤 유용한 운송 수단이었던 듯하다. 수레바퀴를 수리하는 가게가 그려진 것을 보면, 오늘날 카센터에 해당하는 서비스업도 존재했음을 알 수 있다. 성밖으로 나가는 낙타 모습 역시 매우 인상적인데, 당시 실크로드를 통한 국제상인의 운송수단이었을 것이라 추측된다.

카이펑의 생명줄인 변하에 떠 있는 배들, 변하 기슭의 번화한 모습, 〈청명상하도〉에 그려진 변하 주변의 장면 중에서 가장 눈길을 끄는 곳은 '홍교虹橋'다. 무지개가 걸린 듯하다고 해서 홍교라고 명명된 다리 아래로 화물을 실은 배가 떠 있다. 다리 위는 시민들로 북적거린다. 구경꾼과 행인으로 넘쳐나는 다리, 그 기회를 놓칠세라 행상들이 들어서 있다.

홍교를 비롯해 〈청명상하도〉에 그려진 송나라 카이펑의 경관을

〈청명상하도〉 분주한 시가지

그대로 재현한 곳이 바로 청명상하원淸明上河園이다. 〈청명상하도〉에
등장하는 건물을 재현해놓은 것은 물론이고, 송나라 때 복장을 한 직
원들이 당시 생활상을 재연하고 다양한 공연도 펼친다. 1998년에 만
들어진 이 테마파크는 이제 카이펑 여행에서 빼놓을 수 없는 곳으로
자리 잡았다. 청명상하원을 둘러보면서 〈청명상하도〉가 어떻게 재현
되었는지 비교해보는 것도 무척 흥미로운 일이다.

　청명상하원에 들르게 된다면 저녁에 펼쳐지는 수상 공연을 꼭
관람할 것을 권한다. 배우가 무려 700여 명이나 동원된 '대송大宋·동
경몽화東京夢華'라는 공연이 펼쳐 보이는 송나라의 화려한 역사에 잠
겨 있노라면 70분이 훌쩍 지나간다. 이 공연에서 재현한 것이 바로 〈
청명상하도〉와 『동경몽화록東京夢華錄』에서 묘사한 송나라다. 송나
라 때 카이펑은 지하 10미터 아래에 묻혀 있지만 〈청명상하도〉의 그

림과『동경몽화록』의 기록이 당시를 증명해준다. 앞서 소개한 백반루나 군순포 역시『동경몽화록』에 나오는 내용이다.

〈청명상하도〉를 700배 확대해 상하이엑스포에서 전시했던 디지털 영상 역시 카이펑에서 관람할 수 있다. 홍콩 기업인 '디천迪臣발전국제집단 유한공사'가 1억 위안을 들여서 구입한 뒤 카이펑으로 가져온 것이다. '디천 엑스포 청명상하 동태관動態館'에서 전시 중인 이 〈청명상하도〉 디지털 영상(세로 6.5미터, 가로 130미터)을 원작 〈청명상하도〉와 비교해서 본다면 훨씬 흥미로울 것이다. 원작의 배경은 낮인데, 디지털 영상은 낮 버전과 밤 버전을 동시에 구현하고 있다. 밤 버전에서 불야성이었던 송나라 카이펑을 들여다보는 것도 색다른 즐거움이다.

카이펑은 곳곳에서 송나라 자취를 느낄 수 있다. 1988년에 건설된 송도어가宋都御街는 송나라 때 상가를 모방해서 만든 상업 지구다. 송도어가 북쪽 끝에는 앞서 소개한 백반루를 복원한 반루礬樓가 있다. 송도어가에서 북쪽으로 2킬로미터 지점의 고루 주변은 카이펑의 야시장을 만끽할 수 있는 곳이다.

송나라 번영의 진정한 저력은 무엇이었을까

〈청명상하도〉를 펼쳐 보고『동경몽화록』을 읽다 보면, 이토록 번영했던 송나라의 궁궐은 어땠을까 궁금해진다. 송나라 황성의 규모는 당나라 황성의 7분의 1에 지나지 않았다.『동경몽화록』에 따르면, 풍락루의 가장 높은 곳에 올라가는 게 금지되었는데 그 이유는 궁궐이 내려다보였기 때문이다. 궁궐과 그토록 가까운 곳에 사설 주루가 들

〈청명상하도〉 홍교의 번화한 풍경

어섰고 궁궐이 내려다보일 정도 높이로 확장 공사까지 했다는 건 놀라운 일이다. 궁궐이 내려다보였음에도 철거하지 않은 것 역시 놀랍다. 송나라 궁궐이 당시 경제력에 걸맞지 않을 정도로 작은 규모였다는 건 확실하다. 예외적으로 송나라 3대 황제인 진종眞宗의 경우, 국가의 2년치 세입을 쏟아 부어 옥청궁玉淸宮이라는 사치스러운 궁궐을 조성하기도 했다.

　당시 궁궐터를 확보하기 위해 많은 백성의 삶터가 철거되었다. 그런데 그렇게 지은 궁궐은 얼마 가지 못했다. 진종 다음의 인종仁宗 때 발생한 화재(1030)로 옥청궁이 대부분 소실되고 만 것이다. 당시 어린 인종을 대신해 장헌章獻 태후가 수렴청정했는데, 그녀는 대신들에게 울며 하소연하면서 궁궐을 재건하고픈 바람을 전달했다. 하지만 대신들은 단호히 반대했다. 그 결과 불에 타지 않고 남은 건물만 겨우 보수할 수 있었다. 이후 송나라의 명군이든 혼군昏君이든, 호화로운 궁궐을 짓고자 백성들의 삶터를 철거한 일은 없다. 송나라 백성들이 다른 시대보다 조금이라도 편안하고 자유로운 삶을 누릴 수 있었던 밑바탕에는 국가권력의 절제가 있었다.

『북창자과록北窓炙輠錄』에는 이런 일이 기록되어 있다. 어느 날 밤 떠들썩한 음악이 들려오자 인종이 궁인에게 물었다. "대체 어디서 들려오는 음악이냐?" "민간의 주루에서 나는 소리입니다. 폐하, 바깥 민간은 궁중의 적막함과 달리 이토록 즐겁사옵니다." "너는 아느냐? 궁중이 적막하기에 바깥 백성들이 이토록 즐거울 수 있는 게다. 만약 궁중이 이토록 즐겁다면 바깥의 백성들은 적막할 수밖에 없느니라."

송나라의 번영을 이끈 인종의 이 일화야말로 나라의 번영을 이끄는 힘이 무엇인지 대변한다. 『송사』의 기록에 따르면, 인종이 사망(1063)하자 도성에서는 며칠씩이나 시장을 열지 않았고 거지와 어린아이까지 지전을 태우며 궁성 앞에서 울었다고 한다. 뤄양에서도 시장을 열지 않고 애도했으며, 얼마나 많은 지전을 태웠는지 연기가 하늘을 가득 메워 해가 보이지 않을 정도였다고 한다. 번영했던 송나라는 사회 취약층의 복지에도 힘을 기울였다. 자립할 능력이 없는 과부와 노인과 장애인에게 식량을 지급하고, 병자에게는 약을 주고 치료해주었으며, 죽은 자에게는 장사는 물론 천도제까지 치러주었다. 이에 소요되는 비용은 모두 정부가 부담했다.

상국사, 카이펑의 흥망성쇠를 함께하다

"도성의 상국사相國寺는 최고 요충지로, 매달 삭망朔望과 삼팔일三八日에 장이 섰다. 온갖 수공업자와 상인이 모두 모여들었고 사방의 진귀한 물건이 모두 그 안에 있었다. 그래서 상국사를 일컬어 돈을 모두 써버리는 곳이라고 했다."(송나라 왕득신王得臣의 『주사麈史』)

여기서 도성은 북송의 수도인 동경(카이펑)을 말한다. 당시 부도副都인 뤄양은 서경이었다. 상국사에서는 한 달에 다섯 번씩 장이 섰다. 삭망과 삼팔일, 즉 음력 초하룻날과 보름 그리고 8일·18일·28일이었다.

상국사는 변하의 북쪽 기슭에 위치하여 교통이 편리한 데다가 성안의 번화가에 자리했기에 교역 장소로 안성맞춤이었다. 상국사에는 시장이 형성될 정도의 넓은 공간이 있었을 뿐만 아니라 사찰에서 열리는 종교 행사인 묘회廟會로 인파가 몰렸다. 이 때문에 자연스럽게 경제와 문화의 중심이 되었다. 상국사는 세속과 동떨어져 있지 않고 세속과 오롯이 어우러졌던 곳이다.

상국사가 세워지기까지

당나라의 혜운慧雲 스님이 아니었다면 상국사는 존재하지 못했을 것이다. 성신황제(측천무후)가 제위에 있던 701년, 혜운이 변주汴州(당나라 때 카이펑)의 번대繁臺에서 하룻밤 묵다가 멀리 변하 북쪽 기슭에 상서로운 기운이 있는 것을 보게 된다. 혜운은 날이 밝자 그곳을 찾아갔는데, 흡주사마歙州司馬 정경鄭景의 집안에 있는 연못이었다. 연못 물결에서 하늘의 궁전인 도솔궁兜率宮을 본 혜운은 이곳에 사찰을 세우기로 결심한다. 그는 우선 미륵불상을 만들고 모금을 해서 땅을 사들인 뒤 마침내 사찰을 짓기 시작했다. 이때가 711년이다.

혜운이 사찰을 세우기로 결심한 이래 10년 동안 정국에는 큰 변화가 있었다. 측천무후가 사망하고 중종이 복위되었지만 위韋황후에게 독살된 뒤 이융기가 정변을 일으켜 위황후를 제거하고 예종을 복위시켰다. 일찍이 측천무후에게 폐위되었던 예종이 다시 제위에 오른 해가 바로 710년이다.

711년, 사찰을 세우기 위해 땅을 파던 중 오래된 비석이 나왔다. 비석에는 북제北齊의 문선제文宣帝가 천보天保 원년(555) 이곳에다 '건국사建国寺'를 세우라고 했다는 내용이 담겨 있었다. 이로써 혜운은 사찰 이름을 건국사로 정하게 된다. 그런데 건국사는 없어질 위기에 처하고 만다. 조정에서 명하길, 공식적으로 허가받지 않은 사원은 모두 없애라고 한 것이다. 나라에서 공식적으로 이름을 내려준 사

상국사

찰은 '사寺'라 하고 사적으로 세운 사찰은 초제招提·난야蘭若라고 하는데, 이러한 구분은 종종 사찰을 없애는 기준이 되기도 했다. 건국사는 공인받은 '사'가 아니었다. 혜운은 미륵불상 앞에서 기적을 보여달라고 울면서 기도했다. 그러자 미륵불상의 머리에서 황금빛이 발산되어 사방을 환하게 비추었다. 기적은 또 일어났다. 당시 부처를 비방하던 어떤 이가 앞을 못 보게 되었고, 또 어떤 이는 혀가 엄청나게 부어서 말을 못하게 되었다. 이들은 회개하고 나은 뒤 부처에게 귀의했다.

미륵불상의 기적과 관련된 소식이 예종 귀에 들어가게 되는데, 공교롭게도 그는 꿈에서 황금빛 미륵불을 보았던 터라 그 소식을 듣고 '상국사'라는 이름과 더불어 직접 쓴 편액을 하사했다. 자신이 '상왕相王' 신분에서 황제가 된 것을 기념하고자 상국사라고 명명한 것이다. 상국사라는 이름을 하사받은 712년부터 북송이 멸망하기까지 상국사는 최고 전성기를 누리게 된다.

혜운이 겪은 신비한 체험은 상국사터가 심상치 않음을 말해주는데, 원래는 전국시대 위나라 신릉군信陵君의 옛집이 있었던 곳이라고 전해진다. 신릉군은 병부兵符를 훔쳐 조나라를 구한 '절부구조竊

符救趙' 사건의 주인공이다. 진나라가 조나라 수도를 포위해 조나라가 위급한 상황에 처하자, 신릉군은 관망하라는 위나라 왕의 지시를 어긴 채 병부를 훔쳐 위나라 군대를 이끌고 초나라·조나라 군대와 연합해 조나라를 구했다. 이 사건으로 신릉군은 위나라로 돌아가지 않고 조나라에서 10년 동안 지냈다. 그러다가 진나라가 위나라를 공격하자 위나라 왕은 신릉군을 다시 불러들였고, 신릉군은 주변 나라와 연합해 진나라를 물리친다. 신릉군의 명성이 갈수록 높아지자 진나라는 이를 이용해 이간책을 썼다. 왕이 되려 한다는 모함을 받게 된 신릉군은 방탕한 생활을 하다가 병사했다. 신릉군이 죽은 뒤 진나라는 위나라 영토를 조금씩 잠식해갔다. 기원전 225년, 위나라 수도 대량(카이펑)이 진나라에 점령당하고 위나라는 멸망하고 말았다.

신릉군이 조나라를 구한 것은 위나라를 지키는 것이자 육국을 지키는 것이기도 했다. 그 덕분에 육국이 진나라에 병탄되는 시간이 40년이나 지연되었다. 신릉군과 동시대인이었던 순자荀子는 「신도臣道」라는 글에서 신릉군을 일컬어 사직을 지킨 신하이자 '불신拂臣'이라고 했다. 불신은 거스름으로써 보필하는 신하다. 즉 왕의 명령에 맞서 왕의 잘못을 바로잡음으로써 어려움에 처한 나라를 이롭게 하는 신하다. 왕에게 맞서는 기개란 얼마나 대단한가! 신릉군은 많은 이에게 흠모 대상이 되었다. 한나라를 세운 유방은 소년 시절부터 신릉군을 흠모했고 황제가 된 뒤에는 대량을 지나갈 때마다 신릉군에게 제사지냈다.

송나라 때 상국사 일대를 '신릉방信陵坊'이라고 부른 것은 신릉군에 대한 존경의 표현이자 신릉군을 통해 그 공간을 특별하게 만드는 것이었다. 신릉군의 옛집이 있던 곳, 건국사가 있던 곳, 혜운의 신비 체험, 예종의 꿈, 이 모든 것이 어우러져 상국사에 특별한 아우라를 부여했다.

상국사 스케치

중국의 '4대 기서奇書'에 속하는 『서유기』와 『수호전』에 상국사가 등장한다. 『서유기』의 시간적 배경은 당나라 태종 때이고, 『수호전』은 송나라 휘종徽宗 때다.

『서유기』에서는 저승에 간 태종이 상량相良이라는 사람의 곳간에 있는 금은을 빌려서 귀신들 때문에 막힌 길을 열고 인간세상으로 돌아올 수 있었다고 한다. 카이펑에서 살고 있던 상량은 기본 생활을 유지할 정도의 돈만 쓰고 나머지는 모두 보시했기 때문에 이승에서는 가난했지만 저승에서는 부자였던 것이다. 환생한 태종은 저승에서 빌린 돈을 상량에게 갚으려 했지만 상량은 한사코 거절했다. 결국 태종은 그 돈으로 사찰을 짓는데, 그게 바로 '상국사'라는 것이다.

상국사는 『수호전』에 나오는 호한 108명 중에서 완력이 가장 센 노지심魯智深과 관련이 있다. 뜻하지 않게 사람을 죽이고 오대산五臺山으로 숨어들어 스님이 된 그는 계율을 자주 어기고 소란을 일으켰다. 결국 주지스님은 그를 동경(카이펑)의 상국사로 보낸다. 상국사에서 노지심은 절에 속한 밭을 지키는 업무를 맡았는데, 어느 날 밭에서 도둑질을 일삼던 불량배들을 크게 혼내주게 된다. 그때 버드나무 위에서 까마귀가 울자 그는 맨손으로 버드나무를 뿌리째 뽑아내며 괴력을 과시했다. 상국사 산문山門을 들어서면 고루 앞쪽으로 버드

상국사의 노지심 동상

나무를 뽑아내고 있는 노지심의 동상이 보인다.

　이어서 보이는 두 건물은 종루와 고루다. 가을의 서리 내리는 날이면 상국사의 종소리가 성 전체에 울려 퍼졌다고 한다. 이를 '상국상종相國霜鐘'이라고 하는데, 변경 8경의 하나다. 건륭 33년(1768)에 주조된 이 종의 높이는 2.23미터이고 무게는 5톤이나 나간다. 애초에 당나라 때 주조되었던 상국사 종과 관련해 흥미로운 전설이 있다. 종을 만들기 위해 모금을 했는데, 어떤 과부가 구리비녀를 바치고 어떤 노인이 동전 한 닢을 바쳤다고 한다. 상국사의 스님은 그 비녀와 동전을 안중에도 두지 않았는데, 종이 완성된 뒤 아주 작은 구멍 두 개를 발견하게 된다. 하나는 동전처럼 동그랗고 다른 하나는 비녀처럼 길쭉한 형태였다. 그제야 깨달음을 얻은 스님은 동전과 비녀를 찾아서 그것을 함께 녹여 종을 다시 만들었다고 한다.

　천왕전天王殿 · 대웅보전大雄寶殿 · 나한전羅漢殿 · 장경루藏經樓 등

상국사의 주요 건축물은 중국 전통 양식을 따라서 남북 중축선中軸線 (중심선)상에 분포되어 있다. 천왕전에는 미륵불과 사대천왕이 모셔져 있다. 사대천왕은 손에 각각 보검·비파·우산·뱀을 쥐고 있는데, 칼은 바람, 비파는 조율, 우산은 비, 뱀은 매끄러움을 의미한다. 이는 '풍조우순風調雨順' 즉 바람이 고르게 불고 비가 때맞춰 내려 천하가 태평하고 오곡이 풍성함을 상징하는 것이다. 대웅보전에는 석가모니를 비롯해 그 좌우에 아미타불과 약사불藥師佛이 모셔져 있다.

나한전은 '팔각유리전八角琉璃殿'이라고도 하는데, 팔각형의 독특한 구조다. 나한전은 '천수천안관음보살상千手千眼觀音菩薩像'으로 유명하다. 건륭제 때 어떤 장인이 50여 년에 걸쳐 은행나무 하나를 통째로 이용해 만들었다고 한다. 겉면은 황금으로 도금되어 있는데, 활짝 펼쳐진 무수한 팔은 공작이 날개를 펴고 있는 모습을 연상시킨다. 동서남북 사면에 각각 팔이 여러 층으로 부채 모양으로 펼쳐져 있고 손바닥마다 눈이 새겨져 있다. 여러 책의 기록에 따르면 손 1,048개와 눈 1,048개가 있다고 하는데, 실제로는 그렇지 않다. 면마다 6개씩인 24개 커다란 손에 작은 손 1,025개를 더해서 손은 총 1,049개다. 1,049개 손 중에서 24개 커다란 손에는 눈이 없고 사면의 얼굴에 각각 2개씩 눈이 있어서 눈은 총 1,033개다. 물론 '천수천안'의 '천'은 무한의 수를 상징한다. 1,000개 눈으로 중생을 응시하고 1,000개 손으로 중생을 제도하는 그 자비로운 눈길과 손길을 구체적인 형태로 표현한 것이 바로 천수천안관음보살상이다.

장경루는 두 층으로 이루어져 있다. 위층에는 건륭제 때의 『대장경』과 일본에서 간행한 『대정장大正藏』이 보관되어 있고, 아래층에는 비취옥으로 만들어진 석가모니불이 모셔져 있다. 장경루 서쪽에는 '대사당大師堂'이 있는데, 일본 진언종眞言宗 창시자 구카이空海(홍법대사弘法大師, 774~835)를 기념하기 위한 곳이다. 대사당 안에 있는 2.5미터 높이의 구카이 청동상은 1992년에 일본인이 기증한 것이다. 구카이는 804년 당나라로 유학 가서 밀교를 배운 뒤 806년 귀국하여 진언종을 창시했다. 그는 상국사에서도 석 달 정도 머무르며 중국어와 불법을 배웠다. 상국사는 고려와도 인연이 깊다. 최사훈崔思訓은 1076년 화공을 대동하고 송나라에 사신으로 가서 상국사의 벽화를 모사해왔다. 또 의천義天은 1085년에 송나라로 가서 불교 유적지를 참배하고 여러 승려를 만나 학식을 넓혔는데, 상국사에서는 운문종雲門宗의 고승 종본宗本을 만나기도 했다.

상국사 수난기

상국사의 전성기는 카이펑이 수도였던 북송 때다. 당시에는 황제의 축수연을 비롯해 황실이 주최하는 주요 행사가 상국사에서 거행되었기에 황실 사원으로 간주되었다. 하지만 북송이 멸망한 이후 카이펑은 금나라에 점령되었고 상국사의 번영도 끝이 났다. 금나라가 침입했을 때 상국사는 항전을 위해 의용병을 모집하던 장소이자 난민의 임시 대피소이기도 했다. 금나라에 함락된 뒤로는 몸값을 치르고 포로로 잡힌 가족을 되찾는 장소가 되기도 했다. 원나라 때에도 전화에 시달렸던 상국사는 명나라 때 다시 활기를 띠게 된다. 날마다 장이 서면서 상국사는 일상적인 상업과 오락의 장소가 되었다.

북송 이후 상국사는 여러 차례 파괴되고 중건되었다. 전쟁과 화재도 있었고, 무엇보다 황하의 범람으로 수재를 수없이 겪었다. 가장 심각했던 수재는 천재가 아닌 인재였다. 명나라 말 이자성이 카이펑을 함락하기 위해 수공 작전을 펼쳤을 당시 카이펑성의 37만 명 중 34만 명이 사망했고 성 전체가 진흙 속에 묻혔다. 이후 청나라 때 상국사 건물들이 대대적으로 다시 세워졌다.

1927년 국민당의 펑위샹 장군이 상국사를 '중산中山시장'으로 바꾸면서 상국사는 종교적 기능을 완전히 상실하게 된다. 상국사가 중산시장으로 바뀐 뒤 산문 앞 패방에는 '중산시장'이라는 글씨가 상국사를 대신했고 글씨 위쪽에는 쑨원의 초상과 국민당 당기, 중화민국 국기가 그려졌다. 패방 돌기둥에는 '세계인류평등', '중국민족자유'라는 글씨가 새겨졌다. 당시 펑위샹은 허난성 경내의 백마사·소림사·상국사의 재산을 몰수하고 승려들을 강제로 환속시켰다. 상국사 일부는 공원으로 바뀌고, 상국사 안 불당은 미술관·기념관·찻집 등으로 바뀌었다. 사찰 안의 비석도 파괴되고 불상 역시 천수천안관음보살상 외에는 대부분 파괴되었다. 심지어 총탄이 부족하다면서 청동으로 만들어진 나한을 총탄 재료로 사용하기도 했다. "청동불상으로 살생의 총탄을 만들었다"라는 비판은 이를 가리키는 것이다. 현재보다 스무 배나 컸던 상국사의 규모가 대대적으로 축소된 것도 바로 이 시기다.

상국사가 불교 사찰로 다시 세상에 문을 열게 된 것은 1992년이다. 개혁개방 이후 종교 활동이 활성화된 결과라고 할 수 있다. 중국불교협회 회장이었던 자오푸추趙朴初가 '대상국사大相國寺'라고 쓴 편액이 걸렸고, 고루·패루牌樓 등의 건물 역시 1992년에 다시 만들

침구동인(중국국가박물관 소장)

어졌다. 이해에 중국불교협회로부터 『대장경』을 기증받고, 싱가포르의 불교신도에게서 비취옥 석가모니불상을 기증받았으며, 싱가포르의 영산사靈山寺로부터 석가모니 진신사리를 기증받았다. 2008년에는 500나한을 다시 만들어 나한전에 안치했다. 이밖에도 상국사에서 가장 높은 건물이었던 자성각資聖閣을 2010년부터 중건하기 시작해 완공을 목전에 두고 있다.

상국사는 덩펑의 소림사, 뤄양의 백마사, 난양南陽의 수렴사水帘寺와 더불어 '중원 4대 명사名寺'로 꼽힌다. 상국사의 황금기를 구가한 북송 시기 건축은 이미 흔적조차 없이 사라졌지만 찬란한 기억만큼은 여전히 남아 있다. 그 기억의 한자리를 차지하는 게 바로 '침구동인鍼灸銅人'이다. 1027년 한림의관원翰林醫官院 의관인 왕유일王惟一이 인종의 명을 받아 제작한 '침구동인'은 청동으로 주조한 인체 모형이다. 남자 성인 모습의 침구동인에는 354개 혈穴자리가 표시되어 있어서 교육이나 의관원에서 시행하는 시험에 활용되었다. 침구동인에 수은을 넣고 밀랍을 발라 봉한 뒤 정확한 혈자리를 찌르면 수은이 나오도록 설계한 것이다.

북송의 침구동인은 천성天聖 연간에 제작되었기 때문에 '천성동인'이라고도 하는데, 당시 두 개가 제작되어 각각 의관원과 상국사에 보관되었다. 그런데 북송이 멸망하면서 하나는 사라졌고, 나머지 하나는 남송에서 원나라로 넘겨져 베이징의 자금성에 보관되었다. 명나라 정통正統 8년(1443)에는 영종英宗의 명으로 천성동인을 모방한 '정통동인'을 따로 주조했다. 그런데 이후 천성동인은 행방이 묘연해졌다. 정통동인마저 1900년 팔국연합국이 자금성을 침략했을 때 러시아군에 약탈당했는데, 현재 러시아 상트페테르부르크의 에르미타주박물관에 소장되어 있다. 한편 일본 도쿄국립박물관에 있는 침구동인이 송나라 때의 천성동인이라고 하는데, 이에 대해서는 아직도 논쟁 중이다. 분명한 것은 그것이 중국에서 넘어간 국보급 유물이라는 사실이다. 중국에서는 전문가들의 고증을 거쳐 1987년 '천성동인'을 복원했다.

침구동인은 경제·문화·과학이 번영했던 송나라의 산물이다. 군사력을 따지면 송나라는 허약했지만, 독일 출신의 세계적 역사학자 디터 쿤Dieter Kuhn의 말처럼 '세계 역사상 가장 인도적이고 세련되며 지성적인 사회'였다. 전국시대 신릉군의 자취로 시작해 북송의 황금기를 지나 잇따른 전란과 수난을 거쳐 21세기 자성각 복원에 이르기까지 상국사의 기나긴 역정은 그야말로 두꺼운 역사책을 펼쳐보는 듯하다.

포청천,
강철 신념의 '철면무사'

"작두를 대령하라!"

드라마 〈판관 포청천〉에서 사건이 해결될 때마다 쩌렁쩌렁 울려 퍼지던 추상秋霜 같은 호령이다. 호령의 주인공은 포증包拯 (999~1062), 명판관이자 청백리로 우리에게 익숙한 인물이다. 공정하고 강직하고 사사로움이 없으며 백성의 억울함에 귀 기울였던 그를 백성들은 '포청천包靑天'이라 불렀다. 너무 억울하면 '푸른 하늘'에 호소하듯 그렇게 백성들은 포청천을 찾아 억울함을 토로했다.

철면무사의 포증

백성이 관아에 고소하려면 대리인에게 부탁해 소장을 작성한 뒤 관아의 하급관리를 통해 그것을 접수해야 했다. 그 과정에서 농간을 부리는 자가 어찌 없었으랴. 포증은 억울한 일을 고발하려는 백성이 있으면 직접 억울함을 호소할 수 있게 했다. 중간에 농간을 부리는 자

카이펑부에 있는 포증 동상

들이 발붙이지 못하도록 한 것이다. 카이펑은 송나라 수도였던 만큼
황제의 친인척과 세력가들이 집중된 곳이었다. 포증이 이런 곳의 최
고 행정장관인 부윤府尹으로 지내는 것은 결코 만만찮은 일이었으리
라. 만약 포증이 부귀영달만 추구했다면 지위를 이용해 얼마든지 그
목적을 달성할 수 있었을 것이다. 하지만 그는 '사심 없이 깨끗한 마
음이야말로 다스림의 근본'이라는 신념을 지닌 사람이었다. 청탁과
뇌물의 유혹, 권력의 회유와 압력은 그에게 통하지 않았다.

　　포증은 카이펑뿐 아니라 어디서든 신념을 지켰다. 일찍이 그는
단주端州 지주知州를 지낸 적이 있다. 단주는 최상급 벼루인 단연端硯
생산지로 이름난 곳이다. 단연은 조정에 바쳐야 하는 공물이기도 했
다. 단주 지주를 지냈던 이들은 으레 공물의 수십 배가 넘는 양을 거
둬서 조정의 고위관리에게 뇌물로 바쳤다. 하지만 포증은 달랐다. 그
는 오직 조정에 바쳐야 할 수량만큼만 벼루를 만들게 했고, 임기를
마칠 때까지 단 하나도 사적으로 취하지 않았다. 포증이 유일하게 남

318

긴 「단주 관저의 벽에 쓰다(書端州郡齋壁)」라는 시가 바로 그 시기에 쓴 것이다.

> 깨끗한 마음(淸心)이야말로 다스림의 근본,
>
> 올바른 도리(直道)야말로 수신의 원칙.
>
> 좋은 재목은 마침내 동량이 되고,
>
> 굳센 강철은 구부러지지 않는 법.
>
> 곳집이 가득하면 쥐와 참새가 기뻐하고,
>
> 풀이 없으면 토끼와 여우가 근심하리.
>
> 선현께서 가르침을 남기셨으니,
>
> 후인에게 부끄러움 남길 짓 하지 말라.

쥐·참새·토끼·여우는 백성의 고혈을 짜내는 탐관오리를 비유한 것이다. 포증은 쥐·참새·토끼·여우가 아닌 좋은 재목과 굳센 강철이 되고자 했다. 이런 그가 카이펑부開封府 부윤이 된 때는 가우嘉祐 원년(1056), 쉰여덟이 된 해였다. 포증을 기용해 카이펑 풍기를 바로잡고자 했던 인종의 선택은 탁월했다. 포증의 강직한 인품을 알기에 권세가들은 모두 그를 두려워하면서 나쁜 짓을 삼갔다.

『송사』에 따르면, 포증의 웃는 얼굴을 보는 것은 황하가 맑아지는 것만큼이나 어려운 일이었다고 한다. 포증도 사람인데 어찌 웃지 않았으랴. 공무 수행에 사심을 배제하려는 노력이 그런 이미지로 각인되었을 것이다. '철면무사鐵面無私'와 짝을 이루는 말이 바로 '카이펑부의 포공包公'이다. 웃지 않는 포증 얼굴이 바로 사사로움 없는 쇠

같은 얼굴이 아니었겠는가. 포증의 대명사이기도 한 '철면무사'라는 용어에는 공정하고 엄격하게 법을 집행하며 권세를 두려워하지 않고 사사로운 관계에 구애되지 않는다는 의미가 담겨 있다. 수도 카이펑에서는 포증을 이렇게 칭송했다고 한다. "청탁이 통하지 않는 것은 염라대왕 포공이 있어서다." 사사로움 없는 '철면무사'에서 염라대왕에 비할 존재가 어디 있으랴.

카이펑부의 청동작두

포증 이야기가 나왔으니 그가 일했던 카이펑부를 둘러보자. 대문 바깥에 세워진 조벽照壁에 새겨진 건 〈해치도獬豸圖〉다. 시비와 선악을 판단한다는 상상의 동물이 바로 해치다. 해치 머리에는 뿔이 하나 있는데, 죄를 지은 이가 있으면 그 뿔로 들이받는다고 한다. '법法'이라는 한자도 본래는 삼수변(氵)과 해치(廌)를 합한 글자였다. 물과 해치의 공평함과 정의, 그것이 바로 법이다.

　카이펑의 행정과 사법을 책임졌던 카이펑부, 그 대문을 들어서면 '공생명公生明'이라는 글자가 적힌 커다란 돌이 보인다. "공평함은 명철함을 낳고(公生明), 치우침은 우매함을 낳는다(偏生暗)"(『순자』)라는 구절에서 따온 것이다. 돌 뒷면에는 다음 구절이 적혀 있다. "너의 봉록은 백성의 살과 기름이라. 아래 백성을 학대하긴 쉬워도 위의 하늘을 속이긴 어렵다." 송나라 초기에 이런 내용이 새겨진 석비를 전국 관아에 세우도록 했다고 한다. 이 석비를 '계석명戒石銘'이라고 한다.

　계석명을 지나면, 카이펑부 부윤이 공무를 보고 안건을 심리하

던 정청正廳이 나온다. '정대광명正大光明'이라고 적힌 편액 아래 병
풍에는 용솟음치는 파도와 밝은 해가 그려져 있다. 바닷물의 깨끗함
과 해의 밝음을 나타낸 이 그림에는 뇌물을 받고 법을 어기는 일이
없도록 경계하라는 의미가 담겨 있다. 정청에서 가장 눈길을 끄는 것
은 청동작두 세 개다. 죽을죄를 지은 자에게는 작두형을 내려 목을
쳤는데, 신분에 따라 다른 작두를 사용했다고 알려져 있다. 황제의
친인척은 용머리 작두, 관리는 호랑이머리 작두, 일반백성은 개머리
작두에 목이 잘렸다고 한다. 황제의 친인척일지라도 작두형으로 죗
값을 치르게 하는 드라마의 장면이 시청자를 통쾌하게 해주지만 사
실 송나라 때 작두형은 없었다. 이는 후대의 여러 소설과 희곡 속에

서 만들어진 것이다. 지위고하를 가리지 않고 법의 심판이 엄정하길 바라던 백성들의 희망이 그러한 창작물에 반영된 것이리라.

철면무사의 상징인 포증의 검은 얼굴 역시 후대 사람들의 상상에서 나왔다. 실제 포증의 얼굴은 하얀 편이었다고 한다. 또 체격이 듬직했을 듯한 포증의 실제 키는 165센티미터 정도였다. 이는 1973년 포증의 고향인 안후이성 허페이合肥에서 발굴된 그의 무덤에서 나온 유골에 근거한 것이다. 카이펑부 매화당梅華堂에는 포증이 안건을 심리하는 밀랍상이 있는데, 영락없이 검은 얼굴이다. 카이펑부에서 가장 높은 건물(7층)인 청심루淸心樓 1층에는 높이 3.8미터에 무게가 5.8톤이나 나가는 대형 청동상이 있다. 키가 165센티미터였던 포증과는 거리가 먼 형상이다. 검은 얼굴에 듬직한 체격으로 표현된 포증의 모습이 사실과 다르긴 하지만, 어쩌면 그런 모습이야말로 사사로움 없이 공명정대했던 포증에 대한 사람들의 심상적 이미지를 말해주는 건 아닐까. 포증의 청동상 옆쪽 벽에는 앞서 소개한 시가 새겨져 있다.

깨끗한 마음과 올바른 도리를 지키고자 했던 포증을 사람들은 존경하고 사랑했다. 그 증거가 바로 '카이펑부 제명기비題名記碑'다. 이 석비에는 북송 때 카이펑부 부윤을 지낸 183명의 이름이 새겨져 있다. 범중엄范仲淹·구양수歐陽脩·사마광·소식 등 탁월한 이들의 이름이 즐비하다. 그중 유독 깊이 파인 부분이 있는데, 바로 포증의 이름이 새겨진 곳이다. 포증을 그리워하는 사람들이 그의 이름을 하도 만져서 파인 것이다. 카이펑시박물관에 '카이펑부 제명기비'가 소장되어 있다. 카이펑부에서는 이것을 복제한 석비를 볼 수 있다. 복제 석비는 포증의 사당인 포공사包公祠에도 있다. 포공호包公湖 동쪽에 카이평부가 있고 포공호 서쪽에 포공사가 있으니, 카이평부를 둘러본 뒤 호숫가를 따라 걸으면서 포공사로 이동하면 된다.

뇌물을 받은 자손은 선산에 묻히지 못하게 하라

포공사 대전에 있는 3미터 높이의 청동좌상은 추상같은 위엄이 서린 포증의 모습을 담은 것이다. 좌상 위쪽에 걸린 편액에는 '정대광명正大光明'이라고 적혀 있다. 대전을 지나면 이전二殿이다.

이전에는 찬찬히 둘러볼 게 많다. 우선 포증의 석각상 탁본이 눈에 띈다. 청나라 광서 연간에 서기徐琪라는 관리가 포증의 후손 집에서 보관하던 포증의 초상화를 보게 되었고, 그것을 돌에 새겼다고 한다. 이 석각상에 표현된 포증의 얼굴은 검지 않다. 체격은 왜소한 느낌마저 든다. '송포효숙공유상宋包孝肅公遺像', 바로 포증의 초상화를 가리키는 말이다. '효숙'은 인종이 포증에게 내린 시호다. '효孝'는 포증이 효자였음을 의미하고, '숙肅'은 그가 스스로에게 엄격했음을 의미한다. 포증은 진사에 합격(1027)해 발령을 받고도 나이든 부모님을 모셔야 한다며 관직을 맡지 않았다. 그리고 10년 동안 부모님을 모셨다. 부모님이 돌아가신 뒤 관직에 나섰을 때 그의 나이는 서른아홉이었다. '깨끗한 마음이야말로 다스림의 근본, 올바른 도리야말로 수신의 원칙'이라는 신념을 표현한 시가 이곳에도 전시되어 있다. '카이펑부 제명기비'의 복제 석비도 여기서 볼 수 있다.

포증은 자신의 신념을 끝까지 지켜냈고, 후손에게 그 신념을 유산으로 남겼다. 이전에는 포증이 남긴 가훈도 있다. "후세 자손 가운데 벼슬하다가 뇌물을 받은 자가 있으면 본가로 돌아오지 못하게 하라. 죽은 뒤에는 선산에 묻히지 못하게 하라. 내 뜻을 따르지 않으면 내 자손이 아니다." 이 가훈을 읽고 포증의 석각상 탁본을 다시 보면 그 내면의 결기가 느껴지는 듯하다.

　이전을 지나면 동·서 배전配殿이 있다. 포공과 관련된 유명한 여러 이야기를 그림과 글로 소개하는 곳이다. 특히 동쪽 배전에는 '찰미안鍘美案'을 재현한 밀랍상 세트가 전시되어 있다. '찰미안'은 포증이 부마駙馬 진세미陳世美를 작두형에 처한 이야기로, 경극과 드라마로 널리 알려졌다. 대략 이런 내용이다. 진세미는 장원급제한 뒤 처자식을 버리고 황제의 사위가 된다. 이후 진세미의 본래 아내가 자식을 데리고 진세미를 찾아온다. 진세미는 그들을 몰래 죽이려는 파렴치한 짓을 자행한다. 다행히 진세미 아내와 자식은 목숨을 건지고, 사건의 모든 진상이 밝혀진다. 황후와 공주가 나서서 진세미를 살리고자 애쓰지만 포증은 결국 그를 작두형에 처한다. '찰미안'을 재현한 포증의 밀랍상 뒤에는 용솟음치는 파도와 밝은 해를 묘사한 그림이 걸려 있다. 그림 위의 편액에는 '집법여산執法如山'이라는 글귀가 적혀 있다. 산처럼 동요하지 않고 법을 집행한다는 의미다.

　'찰미안' 역시 후대 소설에서 만들어진 이야기다. 포증과 관련된 이야기 대다수가 여러 예술 장르로 창작된 것이다. 하지만 이를 허구로 치부할 수만은 없다. 불의가 판치는 세상에서 사람들은 정의에 목말랐다. 특히 억울함을 당하기 십상인 약자는 그 억울함을 풀어줄 정의의 사자를 갈구했다. 이런 현실과 바람이 포증을 빌려 이야기되고 공연된 것이리라.

『송사』에는 포증과 관련해 소설이나 희곡에서처럼 극적인 일화는 기록되어 있지 않다. 포증이 단주에 있을 때 조정에 공물로 바치는 벼루를 사적으로 취하지 않았다는 『송사』의 기록은 다른 이야기에 비해 드라마틱하지 않다. 『송사』에 전하는 카이펑에서의 일화 역시 그렇다. 카이펑에 물난리가 난 적이 있다. 중앙 관리와 권문세족이 강에다 원림을 만드는 바람에 운하의 물길이 막히고 만 것이다. 포증은 그들의 불법 건축물을 모두 철거하게 했다.

자신의 직위를 이용해 사익을 추구하지 않는 것, 법에 어긋나는 행위에 제재를 가하는 것, 이는 관리로서 당연하고도 상식적인 일이다. 그럼에도 이 일이 역사서에 기록되었다는 것은 그런 상식이 통하지 않은 사회상을 역설적으로 말해주는 게 아닐까. 그나마 포공이 뇌물을 쓰지 않아도 출세할 수 있었고 권세가들에게도 법을 집행할 수 있었던 데는 당시 황제였던 인종의 역할이 컸음을 기억해야 한다.

국화의 도시,
마침내 지다

가을이 깊어갈 무렵이면 카이펑 곳곳에서 국화의 향연이 펼쳐진다. 카이펑의 시화가 바로 국화다. 사군자의 하나이자 지조와 절개를 상징하는 국화, 이 국화를 '오상고절傲霜孤節'이라고 표현한다. 차가운 서리에도 굴하지 않고 외로이 지키는 절개가 오상고절이다. 고고한 선비와 충신을 국화에 빗대는 것도 바로 이런 절개 때문이다.

카이펑에서 국화 재배가 성행하면서 전통이 된 시기는 송나라 때다. 송나라 사대부는 정치와 관련된 논쟁에 그 어느 시대보다 적극적으로 뛰어들었고 자신의 소신을 고수했다. "사대부를 죽이지 말라"라는 송 태조 조광윤의 유훈이 바로 이러한 송나라의 기풍을 가능하게 했다.

할 말은 했던 송나라 지식인

"사대부를 죽이지 말라"는 것은 다름 아닌 "자유로운 언론을 막지 말라"는 의미다. 소신껏 밝힌 의견 때문에 죽임을 당하는 일은 없었으니, 송나라 사대부는 절대권력자 앞이라도 할 말은 할 수 있었다. 황제가 마음대로 좌지우지할 수 있었을 법한 인사권에도 송나라 사대부는 적극적으로 개입했다.

상을 내려야 할 만큼 큰 공을 세운 사람인데 만약 황제가 싫어하는 이라면 그 사람은 어떻게 될까? 공을 세운 게 헛수고로 돌아가지 않겠는가. 송 태조 때 그런 상황이 일어났다. 태조가 그 신하를 승진시키려 하지 않자 조보가 그를 승진시켜주라고 요청했다. "짐이 승진시키지 않겠다는데 경이 어떻게 하겠다는 거요?"라며 태조가 화를 내자 조보는 이렇게 말했다. "형벌로 죄악을 다스리고 상으로 공로에 보답하는 것은 고금의 공통된 이치입니다. 하물며 형벌과 상은 천하의 것이지 폐하의 것이 아니거늘, 어찌 폐하의 기쁨과 노여움에 따라 독단하실 수 있사옵니까?" 태조의 노여움은 더해졌다. 태조가 자리에서 일어나자 조보는 그 뒤를 따라다니면서 오래도록 곁을 떠나지 않았다. 조보는 결국 태조에게서 승낙을 얻어냈다.

한편 능력도 없는데 황제가 매우 아끼는 이라면? 황제가 밀어준다면야 분에 넘치는 요직에 앉는 것도 어려운 일이 아닐 것이다. 인종 때 장요좌張堯佐가 그런 경우다. 장요좌의 사촌동생이 장요봉張堯封인데, 장요봉의 딸이 바로 인종이 총애하는 귀비였다. 아버지 장요봉이 일찍 세상을 떴기 때문에 장귀비는 장요좌에게 의지했다. 인종은 장귀비를 위해 장요좌를 요직에 발탁했다. 황제가 작정하고 인사권을 휘두르는데 어느 누가 감히 제동을 걸 수 있으랴.

그런데 그런 사람이 있었다. 바로 포증이다. 장요좌가 초고속 승진을 거듭한 끝에 최고 재정장관에 해당하는 삼사사三司使가 되자 포증은 그가 삼사사에 적합한 인물이 아니라고 탄핵하는 상소를 올렸다. 하지만 장요좌는 오히려 더 많은 직책을 맡았다. 포증은 장요좌에 대한 탄핵을 멈추지 않았고, 다른 이들도 함께 반대하는 목소리를 냈다. 결국 당시 어사중승御史中丞이었던 왕거정王擧正이 정변廷辯, 즉 조정에서의 공개 토론을 요청했다. 황제와 신하들의 논쟁이 벌어졌다. 당시 포증이 얼마나 열변을 토했는지, 인종 얼굴에 그의 침이 튀었다고 한다. 인종은 침을 닦으며 자리를 떴다.

포증이 나라를 위하는 충신이고 그의 말이 일리가 있다는 것을 인종은 분명히 알았다. 하지만 인종은 자신이 아끼는 장귀비를 기쁘게 해주고 싶었다. 나라를 잘 다스리고 싶지만 사랑하는 여인을 만족시키고 싶었다. 이런 인종의 마음을 알아챈 장귀비가 장요좌와 논의했을 것이다. 결국 장요좌는 선휘사宣徽使와 경령궁사景靈宮使 직책을 스스로 내려놓았고, 인종은 이를 윤허했다.

포증이 장요좌를 탄핵할 때 사용한 표현의 수위가 놀라울 정도다. "외람되이 높은 자리를 차지한 채 부끄러움을 모르니, 진실로 깨끗한 조정의 오물이고 대낮의 도깨비입니다." 황제의 신임을 받는 실세 중 실세를 상대로 '조정의 오물', '대낮의 도깨비'라고 비판하는 건 웬만한 강심장이 아니면 불가능한 일이다.

태조와 인종 때의 사례는 유능한 사람을 황제가 함부로 내치거나 무능한 사람을 황제가 사사로이 요직에 앉히려 할 때 그것을 저지하는 목소리가 엄연히 존재했음을 말해준다. 송나라 때 유행어에 '포탄包彈'이라는 말이 있다. '포증의 탄핵'이라는 이 말은 거침없는 비판을 의미한다. 탐관오리와 질책당할 일이 있는 관리를 가리켜 '포탄이 있다(有包彈)'고 했으며, 청렴결백하고 질책당할 일이 없는 관리를 가리켜 '포탄이 없다(沒包彈)'고 했다. 거침없는 비판의 끝은 탐관오리를 넘어 절대권력을 향한 것이리라. 명군이라 평가받는 태조와 인종도 '절대반지'의 유혹에서 벗어날 수 없었다. 황제 앞에서도 소신껏 자기 의견을 말할 수 있었던 이들이야말로 절대반지를 깨뜨리는 탄알과 같은 '포탄砲彈'이었다.

송나라 때의 번탑과 철탑

송나라 때의 카이펑 유적은 지하 10미터 아래에 묻혀 있다. 지상에 남은 것이라곤 탑 두 개뿐이다. 바로 번탑과 철탑인데, 각각 태조와 인종 때 만든 것이다. 번탑은 태조 개보開寶 7년(974)에 쌓기 시작해서 준공하기까지 20여 년 걸렸다. 본래 번탑은 80미터가 넘는 6각 9층 탑이었다고 한다. 그런데 현재는 32미터에 불과하다. 원래 탑은 벼락과 전쟁 등으로 위쪽 부분이 사라지고 아래쪽 3층(25미터)만 남았는데, 청나라 때 그 위에 7층짜리 작은 탑(6.5미터)을 더했다고 한다.

그런데 전설에 따르면, 명나라 때 카이펑의 '왕기王氣'를 없애려고 일부러 번탑의 허리 부분을 잘라냈다고 한다. 명나라를 세운 주원장이 그랬다는 설도 있고, 그 뒤를 이은 주원장의 장손 건문제가 그랬다는 설도 있고, 조카 건문제의 황위를 빼앗은 영락제(주원장의 넷째 아들 주체)가 그랬다는 설도 있다. 카이펑의 왕기를 없애려고 번탑을

번탑(1907, 에두아르 샤반 촬영, 왼쪽)과 철탑(1907, 에두아르 샤반 촬영, 오른쪽)

잘라냈다는 이야기는 주원장의 큰아들 주표가 일찍 세상을 뜨면서 조성된 황위 계승에 대한 불안감이 반영된 전설일 것이다.

번탑을 잘라냄으로써 제압하고자 했던 대상은 바로 카이펑에 봉해졌던 주왕周王 주숙朱橚(주원장의 다섯째 아들)이다. 주원장은 자신의 아들이 어린 손자 자리를 위협할까 걱정했고, 어린 주윤문은 힘센 삼촌이 자기 자리를 빼앗을까 걱정했다. 황위를 찬탈한 영락제는 혹시 동생이 자기 자리를 노릴까 걱정했다. 이 때문에 주숙은 주원장과 건문제와 영락제 모두에게 핍박을 받았다. 그는 유배되기도 하고 감금되기도 하고 모반 혐의를 받기도 했다. 그럼에도 주숙은 천수를 누렸다. 번탑의 영험함 덕분이었을까.

"철탑이 높다 한들 번탑의 허리밖에 되지 않네"라는 말이 지금까지도 전해진다. 번탑의 허리밖에 되지 않는다는 철탑(8각 13층탑)의 높이는 약 55미터다. 번탑의 허리가 잘린 상황에서는 철탑이 훨씬 높다. '천하제일탑'이라는 별칭도 철탑이 차지하고 있다. 인종 황우皇祐 원년(1049)에 착공된 철탑이 준공되기까지는 무려 30여 년이나 걸렸다고 한다. 일찍이 이곳에 개보사開寶寺가 있었고, 탑의 이름도 원래는 개보사탑이었다. '철탑'이라고 불린 건 원나라 때부터다. 전체가 갈색 유리벽돌로 덮여 있어서 마치 철로 주조한 듯한 모습이기에 철탑이라는 이름이 생겨난 것이다.

철탑을 중심으로 조성된 철탑공원은 카이펑에서 열리는 국화 축제의 거점 가운데 한곳이기도 하다. 철탑공원에서 남쪽으로 1.5킬로미터가량 떨어진 곳의 용정공원 역시 국화 축제의 거점이다. 용정공원에는 여러 역사가 담겨 있다. 당나라 때 절도사의 치소治所, 오대 때 후량·후진·후한·후주의 황궁, 북송의 황궁, 금나라 후기의 황궁, 원나라 말 홍건군의 용봉龍鳳 정권의 임시 군영, 명나라 때 주왕부 모두 일찍이 용정공원 터에 자리했다. 이후 청나라 강희 31년(1692) 이곳에 만수정萬壽亭이 지어졌고, 국가 전례나 황제 탄신일에 관리들은 이곳에서 멀리 베이징의 황제를 향해 하례를 올렸다. 이 만수정을 '용정龍亭'이라고 했다. 옹정雍正 12년(1734)에 하남총독이 용정을 궁전으로 개조했는데, 이것이 바로 오늘날 용정 대전의 전신이다. 이곳은 민국 시기에 용정공원, 중산中山공원, 신민新民공원으로 차례차례 바뀌어 불리다가 1953년 '용정공원'으로 명명되었다.

북송은 왜 멸망했을까

용정공원과 상국사에는 송나라의 뼈아픈 교훈을 되새기게 하는 간악艮岳 유석遺石이 있다. 간악은 송 휘종 조길趙佶이 조성한 황실 원림이다. 조길은 본래 정치에 관심이 없었다. 철종哲宗이 후계자 없이 젊은 나이에 세상을 뜨자 동생 조길이 황제가 되었다. 휘종은 예술에 탐닉했다. 그의 탐닉은 나라를 멸망의 나락으로 몰아갔다. 휘종은 예술품을 모으고 기암괴석과 기화요초를 수집하는 데 온힘을 쏟았다. 전국 각지의 나무와 암석을 카이펑으로 옮겨오려고 '화석강花石綱'이라는 운송 조직까지 만들었다. 황제의 욕망을 채우는 그 일은 바로 백성을 강제 노동에 동원하고 백성의 재산을 갈취하는 일이기도 했다. 바로 이 일에 앞장선 이가 채경蔡京이다.

당시 송나라는 신법당新法黨과 구법당舊法黨의 반목이 되풀이되던 때였다. 채경은 일찍이 신종 때 신법파였지만, 어린 철종이 즉위하고 신법에 반대하는 고高태후가 섭정하자 신법 폐지에 앞장섰다. 이후 친정을 하게 된 철종이 부친의 뜻을 계승해 신법을 옹호하자, 채경은 신법의 부활에 전력을 다했다. 이렇게 채경은 노선을 바꿔가면서 승승장구했다. 처세술의 달인에 불과한 그에게 무슨 신념 같은 게 있었을까. 서화에 조예가 깊었던 채경이 휘종을 만난 것은 물고기가 물을 만난 격이었다. 휘종의 총애를 받게 된 그는 재상 자리까지 올랐다. 채경은 수단방법을 가리지 않고 백성을 착취해 황제를 만족시켰다.

지배층의 수탈 때문에 1년 내내 뼈 빠지게 일해도 굶주림에 시달려야 했던 백성들은 더 참지 못하고 반기를 들 수밖에 없었다. 그

시초가 바로 방랍方臘의 난(1120)이다. 방랍이 난을 일으킨 지 열흘 만에 반란 세력은 10만으로 늘었다. 그제야 휘종의 수집 작업이 중단되었다. 방랍의 난은 진압되었지만 몰락은 돌이킬 수 없었다. 북쪽 유목세계의 판세가 요나라에서 금나라로 기울어가던 당시 휘종은 치명적인 실수를 저지르고 말았다. 송나라는 요나라를 협공하기로 금나라와 약속했지만 방랍의 난을 진압하느라 결국 금나라 홀로 요나라를 멸망시키게 된다. 이거야 어쩔 수 없었다 하더라도 그다음이 문제였다. 약속을 지키지 못한 송나라가 금나라에 배상을 해줘야 했지만 도리어 요나라 잔존 세력과 손잡고 금나라를 공격할 계획을 꾸미다가 발각되고 말았다. 송나라의 배신에 분노한 금나라는 즉시 카이펑을 공격했다. 휘종은 아들 흠종欽宗에게 황위를 넘기고 강남으로 도망쳤다. 금나라 군대가 철수하는 대신 송나라는 더 많은 배상금을 지불하고 영토까지 할양하기로 했다.

이후 송나라가 약속을 이행하지 않자 금나라는 다시 카이펑으로 쳐들어왔다. 휘종과 흠종은 물론이고 송나라 황족과 궁녀, 관료가 죄다 포로로 잡혀갔다. 이때가 1127년이다. 이 시점을 기준으로 송나라는 북송과 남송으로 구분된다. 960년에 조광윤이 연 북송은 이렇게 막을 내렸다. 카이펑은 금나라 군대의 약탈과 학살, 강간의 참혹한 현장이 되고 말았다. 휘종이 수집한 예술품들도 약탈되고 파괴되었다. 북방에 포로로 끌려간 이들은 여기저기 노비로 팔려갔다. 금나라에서는 휘종을 '혼덕공昏德公'이라고 불렀다. 정신이 없고 덕이 없는 왕이라는 의미다. 『상서尙書』에서는 폭군의 전형인 하나라 걸왕을 가리켜 정신이 없고 덕이 없어(昏德) 백성을 진구렁과 숯불(塗炭)

에 빠지게 했다고 말한다. 백성의 고혈을 짜내고 국고를 탕진하며 자신의 예술적 욕망을 채운 휘종도 걸왕과 다를 바가 없지 않은가.

북송은 금나라 때문에 멸망한 것이 아니다. 금나라의 공격은 송나라가 자초한 일이었다. 백성은 안중에도 없고 자기 욕심만 차린 황제와 신하의 합작품, 그것이 북송의 멸망이다. 그 욕심에 제동을 걸어줄 '포탄包彈'이 없었던 것이 그 비극의 궁극 원인이다. 불의한 권력을 향해 포성을 울리는 투사鬪士가 존재할 때 송나라는 건강했고, 그 투사가 부재할 때 나라는 병들어 죽어갔다.

4장

항저우,
서호의
낭만이
깃든 곳

일찍이 항저우를 찾은 외국인 눈에도 이곳은 풍요로움과 아름다움 자체였다.
이탈리아 베네치아 출신의 마르코 폴로는 『동방견문록』에서
"킨사이가 세상에서 가장 당당한 최고 도시라는 것은 분명하다"라고 했다.

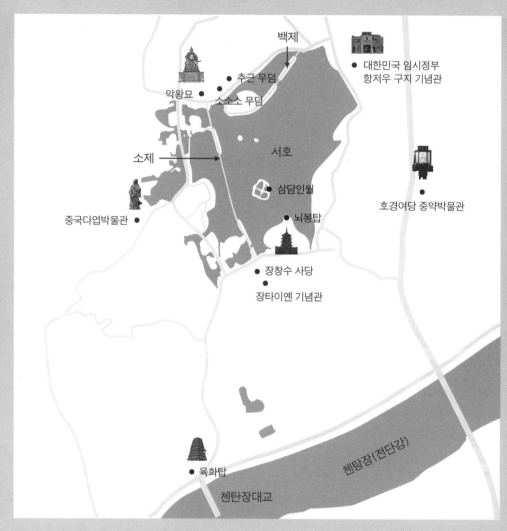

백제

대한민국 임시정부
항저우 구지 기념관

추근 무덤

악왕묘

소소소 무덤

소제

서호

삼담인월

중국다엽박물관

뇌봉탑

호경여당 중약박물관

장창수 사당

장타이엔 기념관

육화탑

첸탕장 (전단강)

첸탄장대교

항저우의 역사 유적지

백사전과 뇌봉탑 이야기

"하늘에는 천당이 있고 땅에는 쑤저우와 항저우가 있다."

송나라 범성대范成大의 『오군지吳郡志』에 나오는 말이다. 지상의 천당에 비유된 쑤저우와 항저우는 강남, 즉 장강 중하류 이남을 대표하는 곳이다.

당나라 때부터 강남은 종종 천당에 비유되었다. 당나라 시인들은 이렇게 노래했다. "사람들은 그대가 강남에서 왔다고 하는데, 나는 그대가 천상에서 왔다고 하겠네."(임화任華, 「회소상인초서가懷素上人草書歌」) "다들 강남이 좋다고 말하니, 나그네는 마땅히 강남에서 늙어가야지."(위장韋莊, 「보살만菩薩蠻·다들 강남이 좋다고 말하니」) 풍요로움과 아름다움, 바로 이것이 강남, 특히 쑤저우와 항저우를 인간세상의 천당에 비유한 이유다.

남송의 수도가 된 항저우

일찍이 항저우를 찾은 외국인 눈에도 이곳은 풍요로움과 아름다움 자체였다. 이탈리아 베네치아 출신의 마르코 폴로는 『동방견문록』에서 "킨사이가 세상에서 가장 당당한 최고 도시라는 것은 분명하다"라고 했다. 『동방견문록』을 비롯해 13세기 후반 서양의 책에는 항저우가 '킨사이Quinsay'로 표기되어 있다. 킨사이는 '행재行在'를 소리 나는 대로 옮긴 것이다.

왜 항저우를 행재라고 했을까? 행재란 황제의 임시 거처를 의미한다. 정강靖康의 변(1126~1127)으로 북송이 금나라에 멸망당한 뒤 남송 정권은 항저우에 임안부臨安府를 설치하고 이를 행재로 삼았다. 남송 사람들에게 항저우는 임시로 안정을 취할 수 있는 곳이었을 뿐이다. 그들 마음속에서 수도는 여전히 카이펑이었다. 남송 사람들이 항저우를 행재라고 부른 데는 빼앗긴 고토故土를 수복하고자 하는 의지가 담겨 있다.

남송의 항저우를 이야기하자면 금나라로 잡혀간 북송의 휘종을 떠올리지 않을 수 없다. '예술 천재, 정치 바보'였던 휘종은 자신의 거처를 예술적 공간으로 만들고자 했다. 황하 유역 카이펑에 장강 유역의 강남을 재현하고자 한 것이다. 그래서 만든 정부 기관이 바로 쑤저우와 항저우에 설치되었던 쑤항조작국蘇杭造作局과 쑤항응봉국蘇杭應奉局이다. 쑤항조작국은 각종 희귀한 동식물과 금은보화를 재료로 황실 전용 공예품을 만들어 궁중에 진상하던 기관이다. 쑤항응봉국은 '간악艮嶽'이라는 황실 원림을 조성하려고 강남의 기이한 꽃과 돌을 전문적으로 수집하던 기관이다. 쑤항응봉국에서 수집한 진귀한 꽃과 돌은 강남에서 카이펑까지 수로로 운송되었다. 꽃과 돌을 운송하는 배 열 척을 하나의 '강綱'으로 편제했기 때문에 이 운송 조직을 화석강花石綱이라고 불렀다. 수많은 백성이 화석강에 동원되었고, 심지어는 자식을 팔아서 그 비용을 대는 경우도 있었다. 쑤저우와 항저우로 대표되는 강남의 물적·인적 자원은 이렇게 황제의 욕망을 채우기 위해서 '수탈'되었다. 결국 북송은 멸망하고 휘종은 금나라로 잡혀갔다. 아이러니하게도 북송의 멸망으로 남송의 황제들은 '진짜' 강남 항저우에서 살게 된 것이다.

남송 이전 항저우를 수도로 삼았던 나라는 5대10국 시기 10국 중 하나였던 오월吳越(907~978)이다. 소국이었던 오월은 시종일관 사대事大정책을 취할 수밖에 없었다. 오월을 세운 전류錢鏐는 일찍이 당나라 때 월왕에 봉해졌다가 다시 오왕에 봉해졌고, 후량이 들어선 뒤 오월왕에 봉해졌다. 이후 후당 때도 그는 칭신稱臣하며 오월왕에 봉해졌다. 하지만 오월은 다섯 번째 왕 전홍숙錢弘俶에 이르러서 끝이 나고 만다. 일찍이 조광윤이 남당을 치려고 했을 때 남당의 후주後主 이욱李煜이 오월에 원조를 청했지만 오월은 이를 거절했고 남당은 멸망했다. 남당과 오월은 순망치한의 관계였다. 결국 남당이 망하고 4년이 지난 뒤 오월 역시 송나라에 병탄되고 말았다. 그리고 150년 뒤, 5대10국을 통일했던 송나라는 북중국을 금나라에 내주고 그 옛날 오월의 수도 항저우로 천도했다.

북방 이민족의 침입으로부터 안전한 곳이긴 하지만 북중국 수복을 염두에 두었기에 항저우는 임시 수도일 수밖에 없었다. 남송 사람들에게 항저우는 수도가 되기에는 지리적 균형을 갖추지 못한 곳,

남쪽에 치우친 변두리였다. 그렇게 항저우는 기껍지 않게 남송 수도가 되었다. 남송과 항저우의 만남은 마뜩잖은 것이었으나 남송은 항저우 덕분에 그리고 항저우는 남송 덕분에 화려한 꽃을 피우게 된다.

백사전과 뇌봉탑

인간세상의 천당, 그곳은 인간세상도 아니고 천당도 아닌 회색지대다. 그러고 보면 '백사전白蛇傳'이라는 민간전설이 탄생하기에 가장 적합한 곳이 바로 항저우다. 백사전은 쉬커徐克 감독의 〈청사青蛇〉(1993), 청샤오둥程小東 감독의 〈백사전설〉(2011) 등으로 영화화되기도 했다. 백사전은 남송 때부터 전해지다가 청나라 풍몽룡馮夢龍의 『경세통언警世通言』에 기록되었다. 내용은 대략 다음과 같다.

남송 소흥紹興 연간, 항저우에 허선許宣이라는 사람이 살았다. 비 오는 어느 날 그는 서호西湖에서 백낭자白娘子를 만나게 된다. 이후 두 사람은 부부가 된다. 그런데 법해法海라는 승려가 허선에게 백낭자가 뱀의 요괴라고 알려준다. 법해는 허선에게 바리때(승려가 쓰는 밥그릇)를 주고, 허선은 바리때로 백낭자의 머리를 덮어 그 안에 그녀를 가둔다. 법해는 바리때를 뇌봉사雷峰寺 앞으로 가져와 바닥에 놓고 그 위에 탑을 쌓게 한다. 이 탑이 바로 뇌봉탑이다.

뇌봉탑은 서호의 상징이자 랜드마크다. 서호십경의 하나인 '뇌봉석조雷峰夕照'는 석양에 물든 뇌봉탑과 그 일대의 아름다움을 표현하는 말이다. 하지만 백낭자가 탑 아래 깔려 있는 이야기를 떠올리면 뇌봉석조는 아름답다기보다 비극적이다. 뱀의 요괴인 백낭자는 허선을 사랑했지만 허선은 결국 그녀가 사람이 아님을 알고 사랑을 배

서호십경의 하나인 '뇌봉석조'

신했다.

　백사전은 『경세통언』에 기록된 내용 외에도 많은 내용이 덧붙고 원래 내용도 바뀌면서 다양한 버전으로 변주되었다. 그 과정에서 백낭자는 요괴의 성격보다는 허선을 향한 일편단심이 부각되었다. 허선 역시 백낭자가 뱀의 요괴임을 알고도 사랑을 지키는 인물로 묘사되었다. 둘의 애정이 해피엔딩이길 바라는 대중의 바람이 그렇게 전설을 바꾸어나간 것이다. 그 결과 사랑의 방해꾼인 법해는 지탄 대상이 되었다. 심지어 어떤 버전에서는 백낭자의 동생 청사에게 쫓긴 법해가 게 껍질 속으로 숨어들어갔다고 한다.

　뇌봉탑은 오월의 왕 전홍숙 때 세워졌으니 백사전의 배경인 남송과 시간상 불일치한다. 하기야 전설을 역사와 꿰맞추려는 게 어불성설일 것이다. 그래도 뇌봉탑의 붕괴라는 역사적 사건을 언급하려면 전설부터 이야기할 수밖에 없겠다. 『경세통언』에서 법해는 백낭자를 뇌봉탑 아래에 가둔 뒤 이렇게 외쳤다. "뇌봉탑이 무너져야만 백사가 세상 밖으로 나오리라!"

1924년 9월 25일, 뇌봉탑이 정말로 무너졌다! 중국의 대문호 루쉰魯迅(1881~1936)은 뇌봉탑이 무너진 사건을 글 두 편에 남겼다. 뇌봉탑이 무너진 다음 달에 발표한 「뇌봉탑이 무너진 것을 논하다(論雷峰的倒掉)」에서 루쉰은 어렸을 때 할머니에게서 들었던 백사 이야기를 서술하면서 뇌봉탑이 무너지길 바랐던 당시 마음을 추억했다. 훗날 그 탑이 오월의 왕이 지었고 탑 안에 백사가 없다는 걸 알게 되었지만 뇌봉탑이 무너지길 바라는 마음은 여전했다고 한다. 그런데 정말 뇌봉탑이 무너진 것이다. 머리가 이상한 사람이 아닌 바에야 다들 백사를 위해 분개하고, 쓸데없는 일을 저지른 법해를 책망할 것이라는 게 루쉰 생각이다. 그는 이렇게 말한다. "승려는 본래 독경에 전념해야 마땅하다. 백사가 허선에게 반하고 허선이 요괴를 아내로 삼은 게 남과 무슨 관계가 있단 말인가? 법해가 굳이 불경을 내려놓고 멋대로 분쟁을 일으킨 것은 아마도 질투심 때문일 것이다. 틀림없이 그럴 것이다." 루쉰은 법해가 결국 게 껍질로 숨은 이야기를 하면서 게가 사라지지 않는 한 그가 그 안에 계속 갇혀 있으리라고 조소했다.

앞의 글이 뇌봉탑과 얽힌 전설에 관한 것이라면, 이듬해 발표한 두 번째 글 「뇌봉탑이 무너진 것을 다시 논하다(再論雷峰的倒掉)」는 뇌봉탑이 무너진 역사적 사건으로 중국의 국민성을 통렬히 비판한 글이다. 글은 뇌봉탑이 무너진 원인부터 이야기한다. 뇌봉탑의 벽돌을

1910년대의 뇌봉탑(시드니 데이비드 캠블 촬영)

집에 두면 모든 일이 평안하고 뜻대로 이루어진다는 미신 때문에 오랜 세월 사람들이 야금야금 벽돌을 빼내간 결과 탑이 무너진 것이다. 이것도 통탄할 일이지만 루쉰의 비판은 뇌봉탑이 무너진 것을 두고 "서호십경에서 하나가 모자라게 되었다"라고 탄식하는 사람들을 향한다. 루쉰은 10에 대한 중국인의 집착을 꼬집으며, 서호십경에서 하나가 빠졌으니 십경병十景病에 걸린 이들이 다시 그것을 채워놓으리라고 예언했다. 그는 바로 여기에 비애가 존재한다고 단언했다.

루쉰의 비애는 새로운 건설을 위한 진정한 파괴의 부재에서 비롯한 것이다. 루소·슈티르너·니체·톨스토이·입센, 이들은 파괴했을 뿐만 아니라 말끔히 쓸어버렸다. 오래된 벽돌을 집으로 가져오거나 팔아넘길 생각 따위는 결코 하지 않았다. 그런데 중국에는 이런 이들이 없고 설령 있다 한들 대중의 침에 익사할 거라는 게 루쉰 생각이다. "비극은 인생의 가치 있는 것을 파멸해 사람들에게 보여주는 것이고, 희극은 인생의 무가치한 것을 찢어발겨 사람들에게 보여주는 것"인데, 이러한 비장함과 익살은 바로 '십경병'의 적이다. 양자 모두 파괴성을 지니기 때문이다.

루쉰은 중국에 십경병이 존재하는 한 루소와 같은 이는 결코 탄생할 수 없다고 꼬집으면서 의미심장한 말을 던졌다. 앞서 깨달은 내부의 파괴자가 없으면, 외부의 광폭한 강도가 파괴자로 등장한다는 것이다. 외부에서 오는 파괴보다 더 심각한 것은 평소에 내부에서 작동하는 노예적 파괴다. 루쉰은 뇌봉탑을 무너뜨린 사람들을 중화민국의 기둥과 주춧돌을 날마다 몰래 파내는 노예에 비유했다. 그저 눈앞의 작은 이익을 취하고자 야금야금 벽돌을 훔쳐간 결과 뇌봉탑 전체가 무너졌다. 뇌봉탑이 무너진 것은 '노예적 파괴'였던 것이다.

따라서 진정 슬픈 일은 탑의 잔해가 아니라 예전과 똑같이 탑을 복구하는 것이다. 이는 결국 노예적 파괴를 되풀이할 뿐이기 때문이다. 그래서 루쉰은 이상을 품은 혁신적 파괴자가 필요하다고 외쳤다. 또 혁신적 파괴자를 도적이나 노예와 구별하라고 주문했다. 아무리 선명하고 보기 좋은 깃발을 내걸었다 하더라도, 그것을 빙자해 남의 것을 자기 것으로 삼으려는 조짐이 있는 자는 도적이고 그것을 빙자해 눈앞의 작은 이익을 챙기려는 조짐이 있는 자는 노예다.

다시 세워진 뇌봉탑

루쉰의 예언은 들어맞았다. 뇌봉탑은 다시 세워졌다. 2002년에 낙성식을 마친 뇌봉탑은 석양에 아름답게 물들었고 '서호십경'은 다시 완성되었다. 이제 뇌봉탑이 무너질 걱정은 할 필요가 없을 듯하다. 예전처럼 탑의 벽돌을 빼낼 일이 전혀 없기 때문이다. 그럴 수가 없다. 21세기에 세워진 뇌봉탑은 동탑銅塔이니까. 뇌봉탑 위에 올라가면 아름다운 서호의 풍광이 한눈에 들어온다. 엘리베이터를 타고 올라갈 수도 있지만 층층마다 볼 것이 있으니 찬찬히 살펴보며 올라가는 게 좋다.

뇌봉탑은 이제 변함없이 그 자리를 지킬 것이다. 하지만 죄 없는 백낭자를 응징하고자 했던 법해의 무자비함, 근본이 무너지는 줄도 모른 채 눈앞의 작은 이익에 급급한 노예근성은 오히려 시공간을 초월해 지금도 우리 인간을 좀먹는 듯하다. 리루이李銳는 백사전을 모티프로 쓴 소설 『인간세상』에서 인간이 되길 갈망했던 뱀 백소정白素貞이 끝내 인간이 되지 못한 이유가 '인간의 잔인함'을 갖추지 못해서라고 풀어냈다. 2,999년 동안 수련하던 그녀가 인간의 비명을 듣고 도와주려다가 3,000년 수련을 완성하지 못한 것이다. 비명에 눈감았다면 완전한 인간이 될 수 있었다! 결국 그녀는 완전하지 못한 인간으로 인간세상에서 배척당하며 살아가다가 비극적으로 죽는다. 이유는 단 하나, 그녀가 인간과 '다른 존재'였기 때문이다. 법해는 요괴가 인간세상에서 살아서는 안 된다고 한다. "만물이 불성을 지니고 있거늘 무엇이 인간이고 무엇이 요괴인가?"라는 백소정의 말은, 법해로 대표되는 인간의 허위의식과 배타심을 여지없이 까발린다.

요괴를 없애려는 사람이 정의인가? 사람을 살리려는 요괴가 정의인가? 뇌봉탑에 오르거든, 껍데기만 보는 이 세상에 대한 일갈을 마음의 귀로 들어보자. 그렇다면 뇌봉탑의 재건을 극구 반대했던 루쉰일지라도 21세기 뇌봉탑의 존재를 기꺼이 인정하지 않을까. 껍데기 너머 본질을 보는 것은 루쉰이 말한 혁명적 파괴와 같은 맥락이리라. 그 위의 새로운 건설이야말로 인간세상의 천당에 다가가는 길이 아닐까?

동파육에 담긴 사연

소제춘효蘇堤春曉, 곡원풍하曲院風荷, 평호추월平湖秋月, 단교잔설斷橋
殘雪. 서호의 봄·여름·가을·겨울의 절경을 표현한 말이다. 같은 계
절이라도 서호의 아침·낮·저녁 풍경이 다르다. 어디 그뿐인가, 맑은
날과 궂은 날의 풍경도 다르다. 그리고 그 다른 모습들이 제각기 아
름답다. 북송의 대문호 소식蘇軾(1037~1101)은 이런 서호를 중국의
대표 미인 서시西施에 비유했다.

> 물빛 찰랑찰랑 반짝반짝 맑으니 좋고,
> 산색 희뿌여니 비 내려도 훌륭하구나.
> 서호를 서시에 빗댄다면,
> 옅은 화장 짙은 화장 모두 잘 어울리는구나.
> ―「맑은 뒤 비 내리는 서호에서 술 마시며(飮湖上初晴後雨)」

346

서호는 언제 찾아가더라도 아름답지만 푸른 수양버들과 붉은 복숭아꽃이 어우러진 봄날이면 더 좋을 것이다. 봄날 서호십경의 '소제춘효'를 만끽할 수 있는 건 바로 소식 덕분이다.

소제와 동파육을 탄생시킨 소식

소식은 항저우에서 두 차례 관직을 지냈다. 처음(1071~1074)에는 항저우 통판通判이었고, 두 번째(1089~1091)는 항저우 지주知州였다. 앞의 시는 그가 통판을 지냈을 때 쓴 시다. 15년 뒤 소식은 항저우 지주로 있으면서 서호에 제방을 쌓았다. 그 제방이 바로 소제蘇堤다. 호수를 준설할 때 나온 진흙으로 서호의 남북을 가로지르는 제방을 만든 것이다. 2.8킬로미터에 달하는 제방 축조는 그야말로 일석이조 이상의 효과를 거두었다. 저수량이 증가하고 호수의 자정능력이 향상되어 수질이 호전되었다. 그 덕분에 서호의 미관이 개선되었고, 가뭄과 홍수에 효과적으로 대처할 수 있었으며, 식수원과 관개용수로 제기능을 다할 수 있었고, 배의 운행이 원활해졌다. 또 제방 덕분에 호수 남쪽에서 북쪽으로 도보 통행이 가능해졌다. 게다가 마름을 재배해서 올린 소득으로 서호를 지속적으로 관리할 수 있었다.

소제의 축조가 더욱 뜻깊은 이유는 그 사업이 백성의 삶을 보듬으려는 데서 비롯했기 때문이다. 소식이 부임하던 해에 항저우 일대는 자연재해로 흉작이 들었다. 그는 이듬해에 바로 조정으로부터 예산을 확보해 서호를 준설하고 제방을 쌓았다. 소제 축조는 일종의 공공근로사업이었던 셈이다. 항저우 백성들은 이 일에 노동력을 제공한 덕분에 어려운 시기를 견뎌낼 수 있었다. 소제는 '소공제蘇公堤'의

서호십경의 하나인 곡원풍하

약칭이다. 소공은 소식을 가리키니, 소공제는 소식의 제방이라는 의미다. 소식에 대한 백성들의 애정이 담긴 명칭이 바로 '소제'다.

　항저우를 대표하는 음식인 '동파육東坡肉' 역시 소식과 관계가 있다. 항저우 백성들이 소식에게 감사의 마음을 전하고자 설날에 돼지고기를 바쳤는데, 소식이 그것을 요리해 서호를 준설했던 이들에게 나눠주었다고 한다. 돼지고기를 네모지게 썰어서 간장·설탕 등을 넣고 푹 조린 요리가 바로 동파육이다. 소식보다 소동파라는 호칭이 우리에게 더 익숙한데, 동파육은 바로 소동파가 만든 돼지고기 요리를 의미한다. 이 역시 소식에 대한 백성들의 애정이 담긴 명칭이다.

　항저우 동파육의 원형은 쉬저우徐州 회증육回贈肉이라고 한다. 일찍이 소식이 쉬저우 지주로 있었던 해(1077)의 일이다. 쉬저우 일대에 홍수가 나서 소식은 쉬저우 백성들과 함께 70여 일 동안 홍수와 사투를 벌였다. 홍수가 물러간 뒤 백성들은 고난을 함께해준 소식에게 감사의 의미로 그가 좋아하는 돼지고기를 바쳤다. 소식은 그것을 요리해서 백성들에게 답례품으로 건넸다. '회증回贈'은 답례를 의미한다. 홍수와 싸우느라 애쓴 백성들의 노고에 감사할 줄 알았던 소식, 백성들은 그런 그가 선사한 돼지고기 요리를 '회증육'이라 명명했다.

소식이 돼지고기 요리를 한층 업그레이드한 건 황저우黃州로 유배되었던 시기(1080~1084)다. 그가 「저육송猪肉頌」에서 밝힌 돼지고기 요리법은 "솥을 깨끗이 씻은 뒤 물을 조금 붓고 장작을 피우되 불꽃이 일지 않게 하여 천천히 고기를 익히는 것"이다. 소식은 다음처럼 돼지고기를 예찬했다. "황저우의 질 좋은 돼지고기, 값이 진흙처럼 싸다네. 부귀한 이는 먹으려 하지 않고, 가난한 이는 요리할 줄 몰라. 아침에 일어나 두 그릇 해치우면, 내 배 부르니 그대는 상관하지 마시라." 진흙처럼 싸니 실컷 먹을 수 있는 돼지고기를 맛나게 요리한다면 금상첨화가 아니겠는가. 소식의 돼지고기 요리법은 성공적이었다. 사람들의 입맛을 사로잡은 그의 요리법은 점점 대중화되었다. 황저우 유배 시절에 소식은 황저우 동쪽 언덕의 땅을 개간해서 농사지으며 '동파거사東坡居士'를 자처했다. 소동파라는 호칭도, 동파육이라는 요리명도 바로 당시 동파거사라는 호에서 유래했다.

쉬저우는 동파육이 탄생한 곳, 황저우는 동파육이 업그레이드되어 완성된 곳, 항저우는 동파육이 본격적으로 이름을 떨친 곳이라고 할 수 있다. 동파육이 업그레이드된 황저우는 소식에게 생의 전환

점이 된 곳이기도 하다. 세기의 천재였던 그는 스물두 살에 2등으로 과거에 급제했다. 당시 문단의 영수이자 과거를 주관했던 구양수歐陽修가 가장 훌륭한 답안을 자기 제자인 증공曾鞏이 쓴 것이라 생각하고 괜한 오해를 피하고자 일부러 2등으로 올렸는데, 그게 바로 소식의 답안이었다. 구양수는 소식이 천하에 독보적인 문장가가 될 것이라 예견했다.

구제불능의 낙천가 소식

소식의 삶과 문장이 독보적 경지에 이르게 된 진정한 시발점은 황저우였다. 이런 의미에서 보면, 1079년에 발생한 '오대시안烏臺詩案'은 그에게 일생일대의 사건이었다. 이 사건이 없었다면, 황저우로 유배가는 일은 없었을 테고, 그랬다면 「적벽부赤壁賦」를 비롯한 천고의 걸작들도 탄생할 수 없었을 것이다.

　　오대시안은 소식을 눈엣가시로 여기던 이들이 소식의 문장을 멋대로 왜곡해 그를 무고한 사건이다. 신법당과 구법당의 정쟁에 소식이 애꿎게 당한 면도 다분하지만, 좀 더 근본적인 원인은 소식의 동생 소철蘇轍의 말처럼 '홀로 명성이 너무 높았기' 때문이다. 소식을 시기 질투하는 이들은 그의 글을 꼬투리 잡았다. 그들은 소식이 조정을 풍자하고 황제에게 불충하니 죽을죄를 지었다며 소식을 사지로 몰았다. 소식은 오대烏臺, 즉 어사대 감옥에 갇힌 채 몇 달 동안 심문을 받았다.

　　당시 소식은 죽음을 예감하며 감옥에서 동생 소철에게 보내는 시 「감옥에서 자유(소철의 자)에게 부치며(獄中寄子由)」를 썼다. 죽음

앞에서 쓴 이 절명시絶命詩에서 그는 자신이 죽으면 항저우 서호에 묻힐 것이라고 했다. 소식이 감옥에 갇힌 뒤 항저우 백성들은 그의 안녕을 빌며 몇 달 동안 불공을 올렸다. 이 사실을 전해들은 소식이 얼마나 큰 위안을 받았겠는가. 그래서 항저우에 묻히길 바랐던 것이다. 지성이면 감천일까. 항저우 백성들의 지극한 정성에 하늘이 감동했는지 소식은 죽음을 면했다. 그 대신 황저우로 유배되었다.

죽음의 문턱까지 내몰렸던 소식에게 유배 생활은 재생再生의 시간이었다. 열악하고 비참한 상황에서 소식의 영혼은 영롱히 빛을 발했다. 황저우에서 그는 진짜 '성숙'한 존재가 되었다. 위추위余秋雨는 「황저우에서의 돌파(黃州突圍)」라는 글에서 소식의 성숙을 이렇게 말했다.

"성숙이란 밝지만 눈을 자극하지 않는 빛, 매끈매끈하면서도 귀에 질리지 않는 소리, 더는 다른 이의 눈치를 보지 않는 침착함, 주위를 향한 애걸을 멈춘 당당함, 법석거림을 거들떠보지 않는 미소, 극단적인 것을 씻어낸 담담함, 떠벌릴 필요 없는 견실함, 결코 가파르지 않은 고도高度다. 넘치는 호기가 발효를 거치고, 날카로운 산바람이 기세를 거두고, 세찬 시내가 호수를 이루니, 그 결과 천고의 걸작을 이끌어낼 전주가 울려 퍼지고 신비스러운 하늘의 빛이 황저우에 닿으니, 「적벽회고赤壁懷古」와 「적벽부」가 곧 탄생할 것이었다."

황저우 유배 생활이 끝나고 5년이 지난 뒤 소식은 두 번째로 항저우에 부임했다. 성숙한 그에게서 나오는 글도 정치도 삶도 성숙 자

서호에 있는 소식 석상

체였다. 소식의 평전을 쓴 린위탕林語堂의 평가처럼 '구제불능의 낙천가, 위대한 인도주의자, 백성의 친구, 위대한 문호', 이게 바로 소식이다. 그가 항저우에서 두 차례 관직을 지내며 지낸 시간은 5년이다. 「첸탕으로 돌아가는 샹양 종사 이우량을 전송하며(送襄陽從事李友諒歸錢塘)」에서 토로한 것처럼 소식은 항저우를 정말로 사랑했다.

항저우에서 지낸 시간이 5년,

나 스스로 항저우 사람이라 생각하네.

고향에도 돌아갈 집 없으니,

서호 근처에서 살고자 하네.

그런데 항저우 생활은 오래가지 않았다. 원우元祐 6년(1091)에
는 잉저우潁州로, 이듬해는 양저우揚州로, 그 이듬해는 딩저우定州로
잇따라 임지가 바뀌었다. 원우 8년에는 고태후가 세상을 뜨면서 철
종이 친정하게 되자 신법당이 다시 정권을 잡았다. 그 여파로 이듬해
소식은 광둥廣東의 후이저우惠州로 귀양 보내졌다. 소식의 시련은 끝
이 없는 듯, 3년 뒤(1097)에는 하이난海南 단저우儋州로 유배되었다.

예순이 넘은 나이, 중국 남쪽 끝 하이난, 끼니를 해결하는 것조
차 쉽지 않은 궁핍함, 이 암담한 상황의 끝이 보이지 않았다. 하지만
소식은 이곳에서도 성숙한 삶을 놓지 않았다. 끊임없이 글을 썼고 학
당을 열어 앎을 베풀었다. 하이난의 소수민족인 리족黎族과 더불어
지냈고 하층민과 스스럼없이 어울렸다. 리쩌허우李澤厚 말대로, "소
식은 끊임없이 자아를 위로하며 어떠한 환경에도 적응하고 만족하
는 '낙관'의 정서"(『미의 역정』)를 지닌 사람이었다. 철종이 죽은 뒤에
야 유배에서 풀린 소식은 북쪽으로 돌아가던 도중 창저우常州에서
세상을 떴다. 이때가 1101년, 그의 나이 예순다섯이었다.

멀리 내다봄에서 탄생한 위대한 인격

소식은 쓰촨四川 메이저우眉州 출신이다. 그런데 그는 스스로 항저우
사람이라 생각한다고 했을 뿐만 아니라, 자신은 본래 하이난 단저우
사람이라고도 했다. 또 영남嶺南(광둥) 사람으로 사는 것도 좋겠다고
했다. 어딜 가든 그곳을 자기 고향처럼 받아들였던 것이다. 그러니

소식이 가는 곳마다 그곳 백성들이 그를 좋아했던 건 당연한 일이다. 저주스러워할 만한 운명을 충만한 일상으로 이겨낸 소식, '구제불능의 낙천가'는 이렇게 고난 속에서 탄생하고 성숙했다.

서호는 이 '구제불능의 낙천가'의 자취가 짙게 배인 곳이다. 항저우뿐만 아니라 잉저우·후이저우에도 서호가 있다. 소식은 평생 제방을 세 차례 쌓았는데, 바로 항저우·잉저우·후이저우의 서호를 준설하면서 쌓은 것이다. 모두 '소제'라는 이름을 지닌 세 곳의 제방은 치적 쌓기용 전시성 행정과는 결이 전혀 다른 것이었다. 그 수혜자는 오롯이 백성이었다.

항저우 서호의 소제가 시작되는 부분에 소식의 석상이 있다. 머리를 들고 하늘 저 멀리 무엇인가를 바라보는 모습이다. 그러고 보니 소식의 자字가 '자첨子瞻'이다. 멀리 내다본다는 의미다. 소식의 지독한 낙관주의적 기질은 타고난 게 아니다. 그것은 피나는 노력으로 획득한 능력이다. 그 노력은 다름 아닌 멀리 내다보는 훈련이었고, 그 내다봄의 경계는 우주적 차원의 것이었다. "변한다는 관점에서 보자면 천지도 일순간을 유지하지 못하지만, 변하지 않는다는 관점에서 보면 만물과 더불어 나 역시 다함이 없으니 부러울 게 무엇이랴!" (「적벽부」)

호포천 물로 우려낸
'용정차'는 천하의 명차

항저우 하면 서호를 떠올리게 되고, 서호 하면 용정차龍井茶를 떠올리게 된다. 아름다운 서호와 향기로운 용정차는 환상의 콤비다. 항저우는 서호와 첸탕장錢塘江(전당강) 때문에 안개가 많이 낀다. 서호 인근에 분포된 차밭은 녹음과 운무가 가득하다. 게다가 차 재배에 적합한 온도와 강우량 덕분에 항저우는 용정차의 본향이 되었다. 사봉獅峰·용정·오운산五雲山·호포虎跑·매가오梅家塢 등 서호 인근에서 생산되는 용정차를 '서호용정차'라고 한다. 서호용정차는 용정차 가운데 품질이 가장 뛰어나며, 중국의 10대 명차 가운데 하나로 꼽힌다.

건륭제도 반했던 용정차

용정차는 녹차에 속한다. 따라서 찻잎을 따는 시기가 매우 중요하다. 명전차明前茶니 우전차雨前茶니 하는 용어는 찻잎을 따는 시기에 따라 용정차를 구분한 것이다. 청명 이전에 따서 만든 차를 '명전차'라

건륭제가 어차御茶로 봉했다는 '18어차'

하고, 청명 이후 곡우 이전에 따서 만든 차를 '우전차'라고 한다. 더 이른 봄에 딴 명전차가 우전차보다 더 부드럽고 품질도 좋다. '청명 이전에 딴 차는 보배'라는 말이 있을 정도다. 우전차의 품질도 괜찮은 편이다. 하지만 곡우 이후 입하 이전에 채취한 차는 품질이 많이 떨어진다.

용정차가 명실상부한 명차 반열에 오른 건 청나라 때다. 여기엔 건륭제의 영향이 컸다. 건륭제는 단 하루도 차가 없으면 안 된다고 했을 정도로 차 애호가였는데, 그가 특별히 좋아한 차가 바로 용정차였다. 건륭제는 강남을 여섯 번 순행했는데, 그중 네 차례나 용정을 찾았다. 찻잎을 따는 장면을 구경하고, 용정차에 관한 시를 짓기도 했다. 사봉산獅峰山 아래 호공묘胡公廟에 있는 18그루 차나무를 '18어차御茶'라고 하는데, 바로 건륭제가 어차로 봉한 것이라고 전해진다. 역대 황제 중에서 최장수한 이가 바로 건륭제다. 차를 유난히 좋아했던 게 그가 장수한 비결 중 하나라고 한다.

흥미롭게도 나이를 가리키는 단어 중 '다수茶壽'라는 표현이 있다. 108세를 가리키는 말이다. '茶'자를 분해하여 더하면, '十(10)+十(10)+八十(80)+八(8)=108'이 되는 데서 유래했다. 차가 건강에 좋다는 건 누구나 아는 사실이다. 파자破字로 생겨난 '다수'라는 표현이 참으로 절묘하지 않은가. 이 표현대로라면 차는 곧 장수를 의미한다.

호포천·제공·홍일법사

차 맛을 좌우하는 중요한 요소가 바로 '물'이다. 용정차와 더불어 '항저우 쌍절雙絶'로 칭송되는 게 바로 '호포천虎跑泉'이다. 색·향기·맛·형태가 모두 뛰어난 용정차를 호포천의 물로 우려낸다면 그야말로 금상첨화다. 호포천의 물을 그릇에 가득 담고서 동전을 넣어보면 신기하게도 물이 밖으로 넘치지 않는다. 표면장력이 크기 때문이라고 한다. 호포천은 대자산大慈山의 정혜선사定慧禪寺 안에 있는 샘물이다. 호포천이 워낙 유명하다 보니 정혜선사를 호포정혜사 또는 호포사라고도 한다.

호포천은 '호포몽천虎跑夢泉'이라고도 하는데, 여기에는 재미난 전설이 담겨 있다. 당 원화元和 14년(819)에 성공性空 스님이 이곳에 와서 머물게 되었는데, 물을 구하기 어려워서 다른 곳으로 옮길 작정이었다. 그런데 꿈에서 신선이 나타나 말하길 "남악南嶽에 동자천童子泉이 있는데, 호랑이 두 마리를 보내 이곳으로 옮겨오게 할 것이다"라고 했다. 과연 다음 날 호랑이 두 마리가 나타나 땅을 파니까 맑은 샘물이 솟아나는 게 아닌가! 이게 바로 호포천이라고 한다. 호포천을 지나서 조금만 더 올라가면 석각 부조가 있는데, 잠든 성공 스님

호포천의 유래를 표현한 석각

과 호랑이 두 마리가 생동적으로 표현되어 있다. 오른손으로 머리를 괴고 옆으로 누운 스님은 왼손에 염주를 쥔 채 두 눈을 지그시 감은 모습이다. 그 곁에는 호랑이 두 마리가 땅을 파고 있다. 석벽에 적힌 '몽호夢虎'라는 글자는 유명한 서예가 구팅룽顧廷龍이 썼다.

　현재 호포사는 공원으로 바뀐 상태다. 이곳은 제공濟公(1148~1209)과 홍일弘一(1880~1942) 두 고승과도 인연이 깊다. 송나라 고승 제공이 입적한 곳, 남산율종南山律宗을 중흥시킨 홍일대사가 출가한 곳이 바로 호포사다. 이곳의 제조탑원濟祖塔院에는 제공의 평생 사적을 담은 부조들이 있는데, 하나같이 제공이 일으킨 기적에 관한 것들이다. 그중 항저우 비래봉飛來峰과 관련된 전설을 소개한다. 어느 날 제공은 산봉우리가 날아온다는 것을 알고 마을 사람들에게 얼른 떠나라고 알려주었지만 다들 그의 말을 믿지 않았다. 그러자 제공은 결혼식을 올리던 신부를 업고 도망치기 시작했다. 마을 사람들은 황급히 그 뒤를 쫓았다. 얼마 뒤 쿵 소리가 나더니 산봉우리가 마을을 덮

358

치는 게 아닌가! 제공 덕분에 마을 사람들은 목숨을 건질 수 있었다. 이때 날아온 산봉우리가 바로 비래봉이라고 한다.

제공은 율법에 얽매이지 않고 자유분방했다. 술과 고기를 즐겼고 차림새와 언행도 기이하기 짝이 없었다. 한편 그는 곤경에 빠진 사람을 돕는 데 발 벗고 나섰으며 신통력도 뛰어났다. 훗날 사람들은 그런 제공을 활불活佛로 칭송했다. 제공과 그가 행한 기적 같은 일들이 백성들에게 널리 퍼졌으며, 그의 이야기는 책으로 엮이고 극으로도 공연되었다. 제공 전설은 2006년에 국가급 비물질문화유산으로 지정되었을 정도로 중국의 중요한 문화자산이다.

호포사의 리수퉁李叔同기념관과 홍일정사弘一精舍, 홍일법사 사리탑은 모두 홍일대사와 관련이 있다. 리수퉁(홍일대사의 속명)은 일본에서 유학하고 중국으로 돌아와 미술과 음악을 가르쳤다. 서양 유화와 오선보를 중국에 소개한 이도 바로 리수퉁이다.

뛰어난 예술가이자 교육자였던 리수퉁이 돌연 불교에 귀의한 것은 1918년, 서른아홉 살 때였다. 그 계기는 2년 전에 했던 단식이다. 여기에는 친구 샤몐쭌夏丏尊의 영향이 컸다. 샤몐쭌은 일본 잡지에서 단식에 관한 글을 보았는데, 단식은 몸과 마음을 '갱신'하는 수양법이며 석가·예수 등 종교 위인들은 모두 단식을 했다는 내용이었다. 리수퉁은 샤몐쭌의 소개로 이 글을 읽고 단식을 시도했다. 그가 단식했던 곳이 바로 호포사의 홍일정사다. 단식 이후 그는 불교에 깊은 관심을 갖게 되었고 결국 출가까지 하게 된다. 계율을 실천하는 삶을 철저히 견지했던 홍일대사는 허운虛雲·태허太虛·인광印光과 더불어 중국 근대의 4대 고승으로 꼽힌다.

홍일대사의 삶이 어떠했는지 대변해주는 일화를 소개한다. 어느 날 친구 샤몐쭌이 그를 찾아왔을 때의 일이다. 마침 홍일대사는 식사 중이었다. 식탁에 놓인 건 밥과 짠지, 맹물 한 잔이 다였다. 그걸 본 샤몐쭌이 참지 못하고 물었다.

"짠지가 너무 짜지 않은가?"

"짠 것은 짠 것 나름의 맛이 있다네."

"차를 마시지 않고 맹물을 마시면 너무 싱겁지 않은가?"

"싱거운 것은 싱거운 것 나름의 맛이 있다네."

샤몐쭌은 훗날 『생활의 예술』에서 홍일대사에 대해 이렇게 말했다. "홍일대사의 세계에서는 누더기, 찢어진 자리, 낡은 수건도 매양 좋다. 청채靑菜, 무, 맹물도 매양 좋다. 짜도 괜찮고 싱거워도 괜찮으니, 매양 좋다. 자질구레한 일상에서 그 온전한 맛을 음미할 수 있고, 즐거운 마음으로 인생의 진면목을 관조할 수 있다. 이처럼 자유로운 마음은 마치 밝은 달과 같으니, 그 얼마나 신묘한 경지인가!"

차를 마신다는 것의 의미

차를 마시지 않고 맹물을 마시는 것은 중국인에게 단순히 차와 맹물의 문제가 아니다. 차는 그들의 정체성과도 맞닿아 있는 뿌리 깊은 문화다. 시미유염장초차柴米油鹽醬醋茶, 중국에서 일상생활에 필요한 필수품을 가리킬 때 사용하는 말이다. 땔감·쌀·식용유·소금·간장·식초와 더불어 '차'는 그들에게 없어서는 안 될 필수품이다. 남송 오자목吳自牧의 『몽양록夢梁錄』에서 "집집마다 매일 없으면 안 되는 것이 땔감·쌀·식용유·소금·간장·식초·차"라고 했듯이, 중국 역사에서 차가 일반 백성에게도 보편화된 것은 송나라 때다. 이는 송나라의 경제적 번영 덕분이다. '차'는 인생의 여덟 가지 우아함 가운데 하나로도 꼽힌다. 인생의 여덟 가지 우아함이란 거문고·바둑·서예·그림·시·술·꽃·차다.

한편으로는 쌀과 소금으로서 차, 또 한편으로는 거문고와 시로서 차, 중국인에게 차는 바로 이런 의미다. 정신적 차원에서 '차'의 의미를 음미해보는 것도 좋을 듯하여 중국 사학계의 거목 첸무錢穆의 글을 소개한다.

"자극을 추구하려면 반드시 먼저 자극을 추구하는 마음이 있어야 한다. 바쁨, 복잡함과 변동, 불안정과 흔들림, 고민과 초조, 바로 이런 마음 상태에 있어야 자극을 추구하게 된다. 자극은 단연코 생명의 바깥에서 오는 것이지, 생명이 아니다. 흔상欣賞(좋아하여 즐김)은 생명 속에 존재하는 것으로, 생명과 하나다. 먼 길을 가다가 우연히 잠시 멈추게 되었을 때, 커피 한 잔을 마시고 바로 서둘러 길을 재촉하는 것도 나름의 맛이 있다. 이 총망함 속에서 만약 차를 마신다면, 담담한 맛이 싫고 자극이 부족하다고 느껴지며 성에 차지 않을 것이다. 차를 마시는 데는 나름의 정취가 있다. 편안하고 한가로운 가운데 평온한 마음으로, 혼자서 즐기거나 친구와 함께 감상한다. 고요히 생각에 잠기거나 흉금을 터놓고 즐겁게 이야기를 나눈다. 시간에 구애받으면 안 되고, 다른 일에 얽매여 있어도 안 된다. 그렇지 않으면 차는 그저 담담할 뿐 맛이 없으며, 마셔봐야 갈증을 해소할 뿐 흔상할 수는 없다. 요즘에는 중국인도 차를 마시는 것에서 자극을 찾으려 하는데, 그야말로 진정한 맛을 모르는 것이다."(「흔상과 자극」)

앞서 홍일대사는 맹물을 마시면서도 바로 이러한 '차의 진정한 맛'을 음미할 수 있었다. 차 이야기가 나온 김에 한 곳 더 살펴보자. 서호 가까이에 있는 '중국다엽茶葉박물관'이다. 1991년 정식 개원한 중국다엽박물관은 차문화를 주제로 한 국가급 전문 박물관이다. 여기서 중국의 차문화 발전사를 한눈에 살펴볼 수 있다. 대표적인 차들의 견본이 총망라되어 있는 것은 물론이고 중국 역대의 각종 다기까지 전시되어 있다. 이곳에 가면 차의 파종에서 수확과 가공, 보관과 음용에 이르기까지 차에 관한 모든 것을 알 수 있다.

또 중국의 지역별 다양한 차문화를 한자리에서 감상할 수 있다. 박물관 뜰에 세워진 2.5미터 높이의 청동상은 '다성茶聖'으로 칭송되는 당나라 육우陸羽다. 육우는 차의 성서로 일컬어지는 『다경茶經』의 저자다. 그는 차 생산지를 두루 돌아다니면서 쌓은 지식과 차에 관한 역대 문헌을 바탕으로 『다경』을 저술했다. 『다경』에서는 차가 신농씨神農氏에서 비롯되었다고 한다. "온갖 풀을 맛보느라 하루에 72가지 독을 만났는데 차로 그 독기를 풀었다"(『신농본초경神農本草經』)는 전설적 인물이 바로 신농씨다. 물론 이 이야기는 전설이지만, 차의 최초 용도가 '약용'이었던 것은 분명하다.

그러고 보니 차는 정말 몸과 마음의 '약'인가 보다. 그 약효가 잘 발휘되려면, 차의 진정한 맛을 허락할 '마음'의 여유가 절실하다. 여유롭게 마시는 차 한 잔으로 잠시나마 108가지 번뇌에서 벗어날 수 있다면 108세 '다수'도 가능하지 않을까.

청나라 최고 부자 호설암의
성공과 몰락

1861년, 항저우는 절체절명의 위기에 빠졌다. 이수성李秀成이 이끄는 태평천국군太平天國軍이 항저우를 공격한 것이다. 장시江西에서 증국번曾國藩(1811~1872)에게 패한 뒤 저장浙江으로 후퇴한 태평천국군은 저장 일대를 순식간에 휩쓸었다. 태평천국군에 포위된 항저우는 철저히 고립되었다. 성안의 양식은 바닥이 났다. 풀뿌리와 나무껍질은 물론 먹을 수 있는 건 죄다 동이 났다. 아사자가 10만 명을 넘었고 길에는 시신이 널렸다. 심지어 자식을 바꿔서 먹는 참상까지 벌어졌다. 인간세상의 천당이라던 항저우가 불과 몇 달 사이에 지옥이 된 것이다. 결국 저장순무巡撫 왕유령王有齡은 성문을 열고 백성들을 성밖으로 나가게 했다. 이해 12월 29일, 항저우는 함락되었고 왕유령은 목매어 죽었다.

항저우가 함락되자 청 조정의 위기감이 고조되었다. 증국번의 추천을 받은 좌종당左宗棠(1812~1885)이 저장순무에 임명되었다. 좌

종당은 태평천국군을 무찌르기 위해 '상첩군常捷軍'을 조직했다. 상
첩군은 서양 무기로 무장하고 프랑스 군관을 지휘관으로 삼은 군대
다. 서양의 총포를 구입하려면 막대한 자금이 필요했다. 이를 조달해
준 사람이 바로 호설암胡雪巖(1823~1885)이다.

청나라 최고 부자였던 호설암

'상성商聖'으로 칭송되는 호설암의 인생은 영화보다 더 영화 같다.
열둘에 아버지를 잃은 그는 어린 나이에 생업전선에 뛰어들었다. 항
저우의 어느 전장錢莊에 사환으로 들어간 그는 스물일곱에 그곳 주
인이 된다. 이후 항저우 제일의 거부로 성장한 호설암은 마침내 청나
라 최고 부자가 된다. 물론 그는 성실하고 장사수완도 뛰어났다. 하
지만 무엇보다도 든든한 배후가 성공의 가장 큰 동력이었다. 그 배후
가 바로 좌종당이다.

항저우 수복을 위해 인연을 맺은 두 사람은 서로서로 없어서는
안 될 존재가 되었다. 군자금이 절실했던 좌종당에게 호설암은 든든
한 돈줄이었다. 한편 호설암에게 좌종당은 든든한 뒷배였다. 승승장
구하는 좌종당을 도우며 호설암의 사업도 성공가도를 달렸다. 항저
우에 있는 호설암 저택은 그가 전성기를 누리던 당시 3년(1872~1875)
에 걸쳐 지었다. 그의 부강阜康전장은 20여 곳이 넘는 지점이 있을 정
도로 성업 중이었다. 호설암은 분명 자손대대로 부귀영화를 누릴 것
이라 믿었을 것이다. 그런데 그로부터 채 10년도 되지 않아 파국이
찾아왔다. 그것도 아주 급작스럽게.

화불단행禍不單行이라고 악재가 겹쳐 일어났다. 1882년 호설암

은 비단을 만드는 데 필요한 생사를 죄다 사들였다. 당시 생사 무역을 장악하고 있던 서양 상인과 총성 없는 전쟁이 벌어진 것이다. 호설암은 생사 가격을 높게 책정하고 그 이하로는 절대 내놓지 않았다. 생사 가격이 올라가는 건 시간문제라고 판단했다. 급기야 중국 내 생사 가격이 런던 교역소의 생사 가격보다 비싼 상황이 벌어졌고, 서양 상인들은 버티기에 돌입했다. 그런데 이듬해 뜻밖에도 이탈리아의 생사 생산량이 급증했다. 생사 가격이 계속해서 떨어졌다. 게다가 생사는 오래 보관하기도 어렵다. 이런 상황에서 호설암은 매점했던 생사를 헐값에 내놓을 수밖에 없었다. 손해가 막심했다.

바로 그해(1883) 베트남에 대한 종주권을 놓고 청나라와 프랑스 사이에 전쟁이 벌어졌다. 좌종당은 조정의 명을 받고 전쟁에 투입되었다. 이 기회를 놓칠세라 호설암을 무너뜨리기 위해 이홍장李鴻章(1823~1901)이 나섰다. 좌종당의 적수 이홍장은 좌종당을 치려면 먼저 호설암을 제거해야 한다고 늘 생각해오던 터였다. 때마침 호설암이 좌종당의 군비를 조달하기 위해 외국은행에서 대출받은 자금의 상환일이 임박했다. 사실 이 대출금은 청나라 정부가 각 지방으로부터 군비를 걷어서 갚아야 하는 것이었다. 그런데 이홍장은 걷힌 자금을 묶어둔 채 일부러 호설암에게 지급하지 않았다. 호설암은 나중에 받으리라 믿고 우선 자기 전장에서 자금을 조달해 대출금을 상환했다.

부강전장의 잔고가 이렇게 줄어든 상황에서 이홍장은 최후의 일격을 가했다. 고액 예금주들이 호설암의 전장에서 예금을 인출하도록 한 것이다. 생사로 적자가 많이 났고 대출금 상환으로 전장 잔고도 부족한 상황에서 이런 일이 벌어졌으니 다음 수순은 뻔했다. 맡긴 돈을 잃을지도 모른다는 불안감에 너도나도 전장으로 몰려들었다. 뱅크런Bank Run, 즉 단기간의 대량 예금 인출 사태가 벌어졌다. 1883년 12월, 각지의 부강전장이 잇달아 문을 닫았고 호설암은 파산하고 말았다. 손쓸 틈조차 없이 너무도 급작스럽게 벌어진 일이었다.

시대의 풍운아였던 호설암

이게 끝이 아니었다. 조정에서는 호설암이 공금으로 사적 이익을 취한 죄까지 추궁했다. 일찍이 그가 좌종당의 군비를 조달하기 위해 외국은행으로부터 대출받으면서 화근을 심었던 것이다. 당시 호설암은 실제 대출이자보다도 훨씬 더 많은 액수로 조정에 거짓 보고하고 그 차액을 챙겼다. 조정을 기만한 죄는 용서받을 수 없는 것이었다. 삭탈관직과 가산 몰수는 물론이고 참형을 받아야 마땅했다. 그나마 다행이라고 해야 할까. 체포되기 직전에 호설암은 세상을 떠났다. 이때가 1885년 11월, 그의 나이 예순셋이었다. 공교롭게도 호설암이 죽기 바로 두 달 전 좌종당이 병사했다.

호설암의 성공과 몰락은 정경유착의 전형이다. "장사를 하려면 기댈 사람이 있어야만 하니, 권력이 있으면 이익도 있다"라는 게 그의 지론이었다. 좌종당이라는 권력에 기대어 비상했던 호설암, 결국 그는 이홍장이라는 권력 때문에 날개 없이 추락했다. 호설암은 파산한 뒤 침착하게 냉정함을 유지하며 뒷수습을 했다. 그는 채권자를 세 등급으로 나눴다. 권세가와 소액 채권자의 돈은 갚아주고, 나머지는 미뤄두었다. 권세가의 돈을 갚지 않으면 자손에게 해를 끼칠 우려가

호설암이 살았던 저택

있고, 근근이 생활하는 소액 채권자의 돈은 차마 떼어먹을 수 없었기 때문이다. 호설암은 파산에 직면해서도 재산을 은닉하지 않고 2년에 걸쳐 최선을 다해 뒷수습을 했다. 그가 사망한 뒤, 조정의 명을 집행하러 항저우지부知府가 가산을 몰수하러 집으로 들이닥쳤을 때는 채무를 변제하느라 남은 재산이 아무것도 없는 상태였다.

홍정상인紅頂商人은 상인으로서 고관에 봉해진 호설암을 가리키는 말이다. 홍정은 청나라 고관이 쓰던 모자다. 호설암은 공신에게만 주어지는 황색 마고자인 황마궤黃馬褂까지 걸치며 최고의 부와 명예를 누렸다. 호설암이 홍정상인이 될 수 있었던 시대 상황은 무엇일까? 당시 청나라는 근대화 운동인 양무洋務운동을 추진 중이었다. 호설암은 양무운동의 주도자인 좌종당을 도와 중국 자체의 군함 생산

기지인 푸저우선정국福州船政局을 세웠고, 기계 모방직 공업의 시초
가 되는 란저우직니국蘭州織呢局을 세웠다. 또 그는 서양의 기계와 신
무기를 들여오고 외국 기술자를 초빙하는 데도 큰 역할을 했다.

　당시 열강의 먹잇감으로 전락한 청나라는 구심력이 약화될 대
로 약화된 상황이었다. 태평천국이 중국 남부를 대부분 차지한 이때
좌종당은 이를 진압하는 데 앞장섰고, 호설암은 그를 전면적으로 도
왔다. 또 신장新疆 지역에서는 야쿱 벡이 독립국을 세웠는데, 이를 무
너뜨린 이도 좌종당이다. 당시 소요된 자금과 군량과 무기 역시 호설
암이 조달했다. 외우내환의 시대 상황, 시대를 주름잡던 실력자와의
결탁, 호설암은 이렇게 그 시대의 풍운아가 되었다.

호경여당, 호설암의 탁월한 선택

"관리가 되려면 증국번을 읽고, 상인이 되려면 호설암을 읽으라"라
는 말이 있다. 무일푼에서 시작해 중국 최고 부자가 된 인물이니 이
런 말이 생길 법하다. 게다가 역사의 굵직한 순간에 큰 역할까지 했
으니 더욱 그럴 것이다. 그런데 '호설암'이라는 이름 석 자를 역사 속
에 그리고 사람들 기억 속에 각인하는 데 가장 큰 역할을 한 것은 이
런 게 아니라 '호경여당胡慶餘堂'이라는 약국이다.

　'북쪽에는 동인당同仁堂, 남쪽에는 호경여당'이라는 말처럼 호
경여당은 중국의 대표적 약국으로, '강남약왕江南藥王'이라 불렸다.
호설암이 파산한 뒤 호경여당의 주인은 바뀌었지만 그 이름과 전통
은 계속 이어졌다. 호경여당은 1999년에 현대식 설비를 갖춘 '항저
우 호경여당 약업藥業 유한공사'로 거듭났다. 본래 호경여당 건물은

현재 '호경여당 중약中藥박물관'이 되었다. 호경여당을 이끈 정신이 무엇이었는지, 이곳에 남은 흔적에서 알아보자.

첫째, 인술仁術을 베푼다는 정신이다. 어진 기술을 의미하는 '인술'은 의술을 높여 이르는 말이다. 어진 덕을 베푸는 방법도 인술이라고 한다. 호경여당의 문루門樓에는 '시내인술是乃仁術'이라는 글자가 새겨져 있다. "이것이 바로 인을 행하는 방법이다." 이는 『맹자』에 나오는 말이다. 제나라 선왕宣王이 제사용으로 끌려가는 소를 보고 양으로 바꾸게 했다. 백성들은 왕이 소가 아까워서 양으로 바꾼 것이라 생각하고 비난했지만 맹자는 오히려 그것이 '바로 인을 행하는 방법'이라고 했다. 왕이 소의 애처로운 모습을 직접 보았기에 차마 죽게 둘 수 없었다는 것이다. 타자의 고통에 공감하는 연민, 맹자는 바로 이것을 인의 기본이라고 여겼다.

호경여당 문루에 새겨진 '시내인술'은 타인의 고통을 덜고자 하는 의지의 표명이다. 호설암은 가난한 이에게 무료로 구급약을 제공하고, 전염병 같은 재난이 발생한 지역에 무료로 약재를 공급하고, 군대에 필요한 약은 원가만 받고 팔았다. 이러한 나눔의 실천이야말로 호설암이 역사적으로 긍정적 평가를 받는 원천이 되었다.

둘째, 가격이 아닌 품질을 우선하는 정신이다. 호경여당의 대청에는 '진불이가眞不二價'라고 적힌 편액이 걸려 있다. "진짜 물건이니 두 가지 가격(에누리)은 없다." 품질을 보증하되 절대 에누리는 없다는 게 호경여당의 경영 원칙이었다. '진불이가'는 한나라 때의 한강韓康한테서 유래한 말이다. 한강은 직접 산에 올라가 약을 캐어 팔았는데, 절대 약값을 흥정하는 일이 없었다. 그 값어치를 하는 약이

었기 때문이다. 호설암은 최고 품질의 약재를 확보하려고 각 약재의 산지로 직접 사람을 보내 구매하는 정책을 썼다. 또 그는 가격 경쟁을 벌이지 않았다. 경쟁 약국이 가격 인하 정책을 썼지만 호설암은 오히려 '진불이가'라는 편액을 호경여당 대청에 내걸었다. "진짜 물건이니 에누리는 없다"라는 말은 에누리가 있다면 진짜 물건이 아니라는 뜻이기도 하다. 가격 경쟁을 하게 되면 품질을 보증하기 어려워진다. 호설암의 '진불이가' 정책은 호경여당을 신뢰할 수 있는 브랜드로 만들었다.

　셋째, 정직을 근본으로 하는 정신이다. 광서 4년(1878)에 호설암이 직접 쓴 '계기戒欺' 편액은 일종의 사훈社訓이다. '계기'는 속임수를 경계한다는 의미다. 계기 편액의 내용은 다음과 같다. "무릇 모든 장사에는 속임수가 개입되면 안 된다. 약업은 생명과 관계된 것이니 더더욱 속여서는 안 된다. 나는 세상을 구제하는 데 마음을 두었으니, 결코 나쁜 제품으로 큰 이익을 취하고자 하지 않을 것이다. 오직 제군의 마음과 내 마음이 참된 약재를 구하는 데 힘쓰고 훌륭한 약을 만드는 데 힘쓰길 바란다. 자신을 속이지 않고 세상 사람을 속이지 않는다면 하늘이 복을 주실 것이다. 그러니 제군의 선함은 나를 위해서도 좋고 각자를 위해서도 좋음이라."

　이러한 정신이 담긴 '호경여당'의 이름에는 어떤 뜻이 담겨 있을까? "적선지가積善之家, 필유여경必有餘慶"이라는 『주역』의 구절에서 '경여당慶餘堂'이라는 이름이 나왔다. "선을 쌓은 집안에는 반드시 남은 경사가 있다"라는 『주역』의 말은, 선을 쌓으면 자손에게 복이 있을 것이라는 의미다. 호설암이 호경여당을 세운 때는 1874년, 바로 새 저택을 짓던 당시다. 호설암이 파산한 뒤 그 많던 재산도 사라지고 호화로운 저택도 자손에게 남겨주지 못했지만, 호경여당을 통해 실천한 선행만큼은 결코 인멸되지 않았다.

　호설암은 무덤이 어디에 있는지조차 알 수 없을 정도로 조용히 사라졌다. 삭탈관직에 재산까지 몰수되고 채권자도 수두룩했으니 그럴 수밖에 없었을 것이다. 100여 년이 지난 1990년대에 호설암의 무덤을 찾아내 보수한 이들은 바로 호경여당의 직원이었다. 2006년에 '호경여당 중약 문화'는 국가급 비물질문화유산에 들어갔다. 호설암은 사라졌지만, 호설암의 정신은 끝내 살아남았다.

폭파 운명을 안고 개통한
첸탕장대교

1937년 11월 17일, 첸탕장錢塘江대교가 전면 개통했다. 첫 차량이 대교를 지나가자 이를 지켜보던 수많은 이가 박수치며 환호성을 질렀다. 그도 그럴 것이 첸탕장대교는 중국이 처음 자력으로 만든 대교였다. 당시만 해도 중국의 현대식 대교는 죄다 외국인이 만든 것이었다. 황허黃河대교는 벨기에인, 화이허淮河대교는 영국인, 쑹화장松花江대교는 러시아인이 만들었다.

　첸탕장대교는 무려 1,453미터에 달한다. 조수가 거세기로 유명한 첸탕장에 다리를 놓는다는 것은 생각조차 하기 힘든 일이었다. 게다가 첸탕장 바닥에는 40미터에 달하는 진흙층이 있다. 이 진흙층을 뚫어야만 다리를 지탱해줄 말뚝을 강바닥의 암석층에 박을 수 있다. 첸탕장대교 전 구간에 걸쳐 1,400개나 되는 말뚝을 촘촘히 박아야 했다. 이밖에도 많은 난제를 극복하고 첸탕장을 가로지르는 다리가 놓였다. 그것도 아래층에는 기차가 달리고 위층에는 자동차가 달릴 수 있는 다리! 이 일을 해낼 중국의 엔지니어는 없다고 장담하던 이들을 무색하게 만든 사람이 바로 마오이성茅以升(1896~1989)이다.

첸탕장대교와 마오이성

마오이성은 열여섯 살에 탕산唐山 노광路礦학당 예과豫科에 입학했다. 그해(1911)에 신해혁명이 일어났다. 이듬해 가을 마오이성은 학교를 방문한 쑨원의 강연을 듣게 된다. 쑨원은 학생들에게 강조하길, 중국의 혁명이 성공하려면 군사적 무장뿐 아니라 건설도 필요하다고 했다. 이때 마오이성은 교량 전문가가 되기로 결심했다. 그리고 중국 교량사의 이정표가 되는 첸탕장대교 건설의 주역이 되었다.

　1937년 9월 26일에 첸탕장대교 아래층인 철도교가 우선 개통된 데 이어서 11월 17일에는 위층 도로교까지 개통되었다. 이날 박수치며 환호성을 지르는 군중 속에서 마오이성의 마음은 어둡기만 했다. 정작 누구보다도 기뻐해야 할 사람인데 말이다. 바로 전날에 그는 매우 비밀스러운 일을 했다. 첸탕장대교를 언제든 폭파할 수 있도록 준비해놓으라는 정부 명령을 받고 밤새워 도화선을 100여 개 설치한 것이다. 몇 달 전인 7월 7일의 루거오차오蘆溝橋사건으로 중일전쟁이 일어나자 불길함을 직감한 마오이성은 다리 아래에 폭약을 설치할 공간을 따로 마련해두었다. 원래 설계에는 없었던 것이다. 8월 13일 쑹후淞滬 전투로 중일전쟁이 전면화되었다. 결국 상하이가 함락되고 항저우도 코앞에 위험이 닥쳤다. 이 긴박한 상황 속에서 첸탕장대교가 개통되었던 것이다.

　도화선까지 연결된 폭약이 다리 아래에 설치되어 있던 1937년

11월 17일, 아무것도 모르는 사람들은 첸탕장대교의 탄생을 축하했지만 마오이성은 눈물을 삼켰다. 자기 손으로 탄생시켰으나 곧 자기 손으로 소멸시켜야만 하는 다리의 운명 때문이었다. 일본군이 항저우를 침입하는 그날 다리는 폭파되어야 했다. 결국 그날은 오고야 말았다. 12월 23일 오후, 다리를 폭파하라는 명령이 떨어졌다. 도화선이 타들어가고 굉음이 나고 다리는 파괴됐다. 마오이성은 이 일을 두고 지은 시 「눈물을 흘리면서 첸탕과 이별하며(灑淚別錢塘)」에서 이렇게 말했다. "눈물 흘리며 다리를 폭파해 길을 끊었네. 오행에서 화火가 부족했는데 정말 화가 왔구나. 다리를 복원하지 않으면 사내가 아닐지니."

첸탕장다리를 나타내는 '전당강교錢塘江橋'라는 네 글자에 오행의 금·토·수·목은 있는데 화만 없다. '정말 화가 왔다'는 건 다리의 폭파爆破로 오행이 다 갖추어졌다는 의미다. 시에는 다리를 복원하겠다는 의지가 강하게 드러난다. 실제로 중국이 일본과의 전쟁에서 승리한 뒤 마오이성은 첸탕장대교 복원을 주도했다. 이 다리는 지금까지도 건재하다. 첸탕장대교 북쪽 기슭의 첸탕장대교기념관에서는 이 다리의 역사와 마오이성에 관한 자료를 살펴볼 수 있다. 기념관 근방에 있는 동상의 주인공이 바로 마오이성이다.

육화탑에 얽힌 사연

드넓은 첸탕장과 그 위를 가로지르는 첸탕장대교를 한눈에 내려다볼 수 있는 곳이 있다. 서호의 남쪽 월륜산月輪山에 세워진 육화탑六和塔이다. 육화탑이 세워진 시기는 당나라 이후 5대10국 중 하나인

1937년에 폭파된 첸탕장대교

오월의 마지막 왕 전홍숙 때다. 첸탕장의 거센 조수를 진압하고자 육화탑을 세웠다고 한다. 육화탑이라는 명칭은 불교의 '육화경六和敬'에서 유래했다고 전해진다. 육화탑을 육합탑六合塔이라고도 하는데, 동서남북 사방과 위아래의 안녕을 기원하는 의미다. 신기하게도 육화탑을 세운 이후 거센 조수가 많이 진정되었다고 한다. 육화탑은 첸탕장을 비추는 등대 역할까지 했다.

육화탑의 높이는 60미터에 달한다. 겉으로는 13층처럼 보이지만 실제 내부는 7층이다. 각층마다 걸린 편액이 매우 인상적이다. 1751년 청나라 건륭제가 육화탑을 찾았을 때 남긴 것이라고 한다. 초지견고初地堅固, 이체구융二諦俱融, 삼명정역三明淨域, 사천보망四天寶網, 오운부개五雲扶蓋, 육오부대六鰲負戴, 칠보장엄七寶莊嚴. 이상의 편액은 모두 불교의 가르침과 관계가 있다. 건륭제가 이곳에 남긴 자취는 이뿐만이 아니다. 육화탑 근처의 비정 안에 세워진 어비 역시 건륭제의 친필이다. 13줄에 달하는 비문은 육화탑의 역사, 건륭제가 첸탕장을 노닐며 느낀 감회 등을 담고 있다.

육화탑에는 많은 이야기가 얽혀 있다. 먼저 육화탑 근처에 있는 남자아이 석상의 사연부터 알아보자. 오른손에 커다란 돌덩이를 쥐고 있는 이 아이의 노려보는 표정이 심상찮다. 전설에 따르면, 육화라는 아이의 아버지가 고기잡이하러 나갔다가 첸탕장에 빠져 죽었다. 이윽고 어머니 역시 해일에 휩쓸려갔다. 이에 육화는 첸탕장을 메워버리겠다며 날마다 강을 향해 돌을 던졌다. 돌 때문에 용궁은 평안한 날이 없었다. 결국 용왕은 육화의 어머니를 돌려보냈다. 그 이후 첸탕장의 해일도 많이 잠잠해졌다. 이를 기념해서 사람들이 탑을 세웠는데 그게 바로 육화탑이라고 한다.

첸탕장과 맞장을 뜬 사람이 또 있다. 바로 오월을 세운 전류다. 그는 첸탕장에 방조제를 쌓으려 했다. 하지만 거센 조수 때문에 쌓기만 하면 무너지고 말았다. 시종이 말하길, 조수의 신 때문이라고 했다. 전류는 조수가 가장 크게 일어나는 날을 기다렸다. 조수 신의 생일이라는 음력 8월 18일, 전류는 궁수들을 이끌고 일제히 조수를 향해 화살을 쏘았다. 화살이 빗발치듯 쏟아져 내렸고 조수는 물러갔다. 이후 전류는 무사히 방조제를 쌓을 수 있었다. 백성들은 전류의 공적을 기념하려고 이 방조제를 '전당'이라고 명명했다. 전류의 '전錢'에 제방을 의미하는 '당塘'이다. 전당강(첸탕장)이라는 이름도 여기서 유래했다.

조수의 신에 관한 이야기는 물론 전설이다. 어쩌면 전류는 실제로 조수를 향해 활을 쏘았을지도 모른다. 일종의 주술 의식으로 말이다. 아무튼 전류의 수리사업으로 항저우가 큰 혜택을 누린 것은 사실이다. 서호 동남쪽의 '전왕사錢王祠'는 바로 전류를 기리려고 세운 사당이다. 전왕사는 유랑문앵공원 경내에 있다. '유랑문앵柳浪聞鶯'은 버드나무가 파도치고 꾀꼬리 울음소리가 들린다는 의미다. 서호십경의 하나인 이곳을 둘러보면서 전왕사도 놓치지 말고 들러보자.

쳰탕장 조수를 향해 활을 당기는 전류의 동상

다시 육화탑 이야기로 돌아가겠다. 이곳에는 유독 인물상이 많은데, 청동좌상의 주인공은 바로 육화탑을 중건했던 지담智曇 스님이다. 북송 휘종 선화宣和 3년(1121)에 육화탑은 전화戰火에 소실되고 말았다. 남송이 들어서고 고종高宗이 육화탑을 중건하고자 했을 때(1152) 지담 스님이 그 일을 떠맡겠다고 자원했다. 지담 스님은 조정의 돈을 일절 받지 않았다. 그는 자신의 모든 것을 내놓고 사방에서 자금을 모아 10년 동안 애쓴 끝에 마침내 육화탑을 다시 준공(1163)했다. 이후에도 육화탑은 천재 또는 인재로 여러 차례 파괴되었다. 하지만 늘 재건·보수되며 그 자리를 지켰다. 970년에 처음 세워졌던 육화탑이 지금도 육화탑으로서 존재하는 것은 탑을 지켜온 많은 이들 덕분이다. 지담 스님의 청동좌상은 바로 그들의 노력을 기념하기 위한 것이리라.

지담 스님의 청동좌상이 있는 곳에서 더 올라가면 '육화 전고典 故'라고 명명된 곳이 나온다. 여기에는 서로 다른 재료로 만든 인물상이 3개 있다. 용맹하게 활을 당기고 있는 청동상이 바로 전류다. 한 백옥상과 화강암상은 각각『수호전』의 노지심과 무송武松이다. 양산 박梁山泊의 이 두 호걸은 조정에서 주는 벼슬을 마다하고 육화사로 들어왔다.

특히 노지심은 첸탕장의 조수와 인연이 깊다. 조수가 크게 밀려오던 날, 노지심은 그 소리를 듣고 전쟁의 북소리라고 생각했다. 타향 출신이라서 이곳의 조수에 대해 몰랐던 것이다. 그 소리가 첸탕장의 조수 소리인 것을 안 그는 깜짝 놀랐다. 일찍이 그의 사부가 일러준 말 때문이었다. "하夏를 만나 사로잡고 납臘을 만나 사로잡는다"라는 사부 말대로 일찍이 노지심은 적장 하후성夏侯成을 사로잡았으며 농민 기의를 일으킨 방랍 역시 생포한 바 있다. 사부는 노지심이 "조신潮信의 소리를 들으면 원적圓寂할 것"이라고도 했는데, 이제 그때가 된 것이다. 조신이란 일정한 시기에 생겨나는 조수를 의미하고, 원적이란 스님의 죽음을 뜻한다. 과연 바로 이날 노지심은 열반에 들었다고 한다.

첸탕장의 조수

육화탑의 주소는 '항저우시 서호구西湖區 지강로之江路 16호'다. '지강'은 바로 첸탕장이다. 첸탕장은 저장성에서 가장 큰 강이다. 강물의 흐름이 구불구불하기 때문에 지강之江, 절강折江, 절강浙江이라고도 했다. 저장성이라는 성 이름 역시 저장(절강)이라는 강의 명칭에서 유래했다. 안후이성에서 발원해 저장성을 가로질러 항저우만灣으로 흘러드는 첸탕장의 총길이는 589킬로미터에 달한다. 첸탕장과 바다가 만나는 곳에서 생겨나는 조수는 '천하제일의 조수'라고 불릴 정도로 장관이다. 바닷물이 육지를 향해 밀려오면서 생겨나는 이곳의 해일은 아마존강의 '포로로카'에 비견된다.

첸탕장의 해일은 달과 태양의 인력, 지구 자전으로 인한 원심력, 항저우만의 특수한 지형 때문에 빚어지는 현상이다. 지구를 끌어당기는 천체 인력 중에서도 달의 영향이 가장 크다. 이 때문에 음력 초하루와 보름에 조수간만의 차가 유난히 크다. 첸탕장의 해일을 구경하기에 가장 적당한 시기는 음력 8월 18일 즈음이다. 이때 첸탕장에서 그토록 큰 해일이 발생하는 것은 나팔 형태의 지형 때문이다. 하만河灣의 입구는 폭이 100킬로미터에 달하는데, 강의 상류는 폭이 불과 2킬로미터다. 이 때문에 역류하는 바닷물의 유속이 빨라질 수밖에 없다.

게다가 나팔 형태 구간에서 강의 상류 쪽 바닥에 모래 둔덕이 형성되어 있다. 강이 바다와 만나는 지점의 수심은 10미터인데, 강폭이 급격히 좁아지는 상류의 수심은 2미터에 불과하다. 밀려드는 바닷물이 이 둔덕에 이르면 마치 벽에 부딪힌 듯 파고가 높이 일게 마련이다. 첸탕장 해일의 굉음도 바로 이 때문이다. 음력 8월 18일 즈음이면 첸탕장 해일을 보려고 각지에서 수많은 인파가 몰려든다. '관조절觀潮節' 또는 '조신절潮神節'이라고 하는 이때, 사람들이 가장 많이 찾는 곳은 항저우에서 50킬로미터 떨어진 곳의 하이닝海寧이다. 청나라 때 강의 흐름이 바뀌면서 첸탕장 해일을 구경하기 가장 좋은 곳 역시 항저우에서 하이닝으로 바뀐 것이다.

일찍이 남송의 고종은 첸탕장 해일 소리를 듣고 금나라 병사가 쳐들어온 줄 알고 혼비백산한 적이 있다. 이후 그는 첸탕장 조수를 즐겨 구경했다. 흥미롭게도 남송 말에 원나라 군대가 수도 항저우로 쳐들어왔을 때, 마침 첸탕장의 대역류가 발생할 시기였다고 한다. 원나라 측에서는 첸탕장의 조수를 알지 못했기 때문에 첸탕장가에 주둔했다. 남송 조정에서는 곧 조수가 밀려와 원나라 병사를 죄다 휩쓸어갈 것이라고 기대했지만, 사흘이 지나도록 대역류가 일어나지 않았다고 한다. 사실 첸탕장 조수는 주기대로 생겨나게 마련이다. 다만 그 크기에 차이가 있는데, 당시 원나라 병사들을 휩쓸어갈 정도의 대역류는 일어나지 않았던 것이다. 이는 왕조의 운명이 다할 징조로 여겨졌고, 과연 남송은 멸망하고 말았다.

첸탕장의 조수는 이제 더는 위협적이지 않다. 현대인의 마음속에 조수의 신은 존재하지 않는다. 첸탕장을 메워버리겠다며 돌을 던진 육화, 첸탕장을 향해 화살을 쏘았던 전류, 육화탑을 세웠던 이들, 그들이 두려워하고 이겨내고자 했던 첸탕장에 놓인 다리 위로 기차와 자동차가 내달린다. 첸탕장대교가 전면 개통되던 날, 다리 아래에는 폭약이 있었다. 일본군이 항저우에 침입하던 날 다리는 폭파되었다. 인간이 대자연의 위협을 몰아낸 그 자리에 스스로 불러들인 것, 그것의 본질을 우리는 과연 얼마나 자각하고 있을까.

연인들의 서호,
혁명가들의 서호

서호에는 정인교情人橋, 즉 '연인의 다리'로 불리는 다리가 3개 있다. 단교·장교·서령교다. 이들 다리는 어떤 연인의 사연을 담고 있을까?

　서호 동북쪽에 있는 단교斷橋는 그 이름만 보면 끊긴 다리일 듯하지만 사실은 그렇지 않다. 명나라 전여성田汝成의 『서호유람지西湖遊覽志』에 따르면, 고산孤山에서 시작된 백제白堤가 이곳에 이르러 끊기기 때문에 '단교'라 이름 했다고 한다. 단교는 서호십경의 하나인 '단교잔설斷橋殘雪'로도 유명하다. 아치형 다리에 눈이 내리면 다리 가운데 부분의 눈이 먼저 녹아 멀리서 보면 마치 다리가 끊어진 듯 보인다는 데서 '단교'라고 이름 했다는 설이 있다. '백사전' 전설의 백낭자와 허선이 만난 장소가 바로 단교다. 이후 법해 때문에 둘은 헤어지게 되고, 슬픔에 빠진 백낭자는 이렇게 토로했다. "단교는 끊어지지 않지만, 내 애간장이 끊어지는구나." 단교, 만남의 기쁨보다는 헤어짐의 고통이 짙게 밴 이름인 듯하다.

한 쌍의 나비와 한 쌍의 연꽃이 된 연인들

단교가 끊어진 다리가 아니듯 장교長橋 역시 결코 긴 다리가 아니다. 서호 동남쪽 장교공원 안에 있는 장교의 길이는 9미터에 불과하다. 장교에는 양산백梁山伯과 축영대祝英臺의 사연이 담겨 있다. 동양의 로미오와 줄리엣이라는 양산백과 축영대 이야기(양축 전설)는 유명한 만큼이나 발원지에 관한 견해도 분분하다. 둘이 함께 공부했다는 서원, 함께 묻혔다는 무덤이 허난·산둥·저장·장쑤 등 여러 곳에 있다. 심지어 허난의 마샹진馬鄉鎮은 행정구역 이름까지 량주진梁祝鎮(양축 진)으로 바꿨다.

양축 전설의 버전 역시 다양한데, 기본적인 구성은 다음과 같다. 축영대가 남장을 하고 서원에 들어간다. 그곳에서 축영대는 양산백을 만나게 되고 그림자처럼 함께한다. 몇 년 뒤 두 사람은 서원을 떠난다. 축영대가 여자임을 알게 된 양산백이 청혼하지만 축영대 집안에서는 그녀를 다른 곳에 시집보내려 한다. 결국 양산백은 병에 걸려 죽는다. 축영대가 양산백의 무덤을 찾아가자 무덤이 열리고 축영대는 무덤 안으로 들어간다. 두 사람의 영혼은 나비가 되어 날아간다. 쉬커徐克 감독의 〈양축梁祝〉(1994)은 바로 이 전설을 영화화한 것이다.

항저우 버전의 양축 전설에 따르면, 양산백과 축영대는 항저우의 만송萬松서원에서 함께 공부했다. 당시 두 사람은 서호의 장교에서 자주 노닐었다고 한다. 장교는 두 사람이 헤어진 곳이기도 하다. 축영대가 아버지 편지를 받고 집으로 돌아가게 되자, 차마 헤어질 수 없었던 두 사람은 서로 거듭 배웅하며 장교를 18번이나 오갔다고 한다. 이렇게 면면한 정이 깃들었으니 '장교'라는 이름이 제격이다.

장교는 송나라 순희淳熙 연간 왕선교王宣教와 도사아陶師兒의 슬픈 사랑 이야기가 깃든 곳이기도 하다. 집안 반대로 맺어질 수 없었던 두 연인은 달 밝은 밤에 다리 위에서 서로를 꼭 껴안은 채 호수로 몸을 던졌다. 이 세상에서 이룰 수 없는 사랑, 그 사랑을 영원토록 지키기 위해 차디찬 호수 속으로 뜨겁게 몸을 던진 것이다. 영원한 사랑의 의지가 깃든 다리, '장교'라는 이름이 제격이다. 장교는 쌍투교雙投橋(둘이서 투신한 다리)라고도 한다. "쌍투교 아래의 물을 보니 고운 연꽃 두 송이가 새로 피어났네"(「서호 죽지사竹枝詞」)라는 시구처럼 두 사람은 연꽃으로 피어났으리라.

단교에서 서호 강변을 따라 서남쪽으로 한참 걸어가다 보면 서령교西泠橋가 나온다. 다리 곁 정자 안의 무덤이 심상치 않다. 무덤 주인은 남북조시대 남제南齊 때의 유명한 기생 소소소蘇小小다. 어린 나이에 부모를 여읜 소소소는 가기歌妓가 된다. 그녀는 완욱阮郁이라는 명문가 자제와 사랑에 빠지는데, 두 사람이 사랑을 맹세한 곳이 바로 서령교다. 하지만 두 사람의 사랑은 해피엔딩을 맞이하지 못했다. 또 그들은 나비가 되어 날아가지도 못하고 연꽃으로 피어나지도 못했다. 아버지 부름을 받고 진링金陵(지금의 난징)으로 가버린 완욱은 다시 돌아오지 않았다.

얼마 뒤 소소소는 완욱과 닮은 포인鮑仁이라는 서생을 만나게 된다. 그녀는 가난한 포인이 과거를 보러 갈 수 있게 도와준다. 그런데 안타깝게도 포인이 급제하고 돌아왔을 때 소소소는 이미 세상을 떠난 뒤였다. 포인은 그녀를 서령교 곁에 안장하고 모재정慕才亭이라는 정자를 세워주었다. 열아홉 살에 세상을 떠난 소소소는 "죽어서

소소소 무덤

도 서령에 묻혀 서호와 짝하길 바란다"라는 말을 남겼다. 그리고 보
면 그녀와 늘 함께한 것은 서호였다. 소소소의 무덤이 이곳에 있어야
만 하는 이유다.

반청혁명가 추근과 장타이옌

서령교 근처에는 또 한 여인의 무덤이 있다. 역시 "서령에 묻어달라"
라고 했던 그녀는 바로 혁명가 추근秋瑾(1875~1907)이다. "우리는 자
유를 사랑하니 자유라는 술 한 잔을 권한다"(「면여권가勉女權歌」)고 외
쳤던 그녀는 여성해방과 반청反淸혁명에 기꺼이 몸을 던졌다.

　스물둘에 결혼한 추근은 이듬해 아들을 낳고 몇 년 뒤에는 딸도
낳았다. 하지만 집안에서 정해준 남자와의 결혼생활은 전혀 행복하
지 않았다. 시국에 무관심한 남편은 추근과 성향이 너무도 달랐다.
결국 그녀는 남편 반대를 무릅쓰고 혼자서 일본으로 유학을 떠났다.
봉건적 속박을 끊어내는 일을 감행한 것이다. 일본에서 그녀는 동맹
회에 가입하고 저장성 책임자가 되었다. 귀국한 뒤에는 『중국여보中
國女報』를 창간해 여성해방과 반청혁명을 부르짖었고, 무장봉기를 준
비했다. 무장봉기는 실패로 돌아가고, 사람들은 그녀에게 몸을 피하

라고 권했다. 하지만 그녀는 이렇게 거절했다.

"혁명은 피를 흘려야만 성공할 수 있습니다. 만약 만주족 놈들이 나를 단두대로 끌고 간다면, 혁명을 적어도 5년은 앞당길 수 있을 겁니다."

추근은 샤오싱紹興의 다퉁大通학당에 의연히 남아 있다가 청나라 군인에게 체포되었다. 체포된 이튿날 새벽, 그녀는 샤오싱 쉬안팅커우軒亭口에서 처형되었다. 목을 자르는 참형이었다. 참형은 여자에게는 행하지 않던 형벌이다. 추근이 처형당한 날은 1907년 7월 15일이다. 1904년에 일본으로 떠났다가 귀국한 지 겨우 1년 반 만에 형장의 이슬로 사라진 것이다. 그 짧은 시간에 불꽃같이 자신을 태웠고, 그 불꽃은 역사에 길이 남았다.

추근의 무덤은 여러 번 옮겨졌다. 그녀 뜻대로 서령교 근처에 묻힌 건 1908년과 1913년 그리고 1981년이다. 그녀가 처음 묻혔던 곳은 원적지인 샤오싱이다. 샤오싱에서도 두 차례나 장소를 옮긴 끝에 항저우 서령교 근처로 옮겨진 게 1908년 1월이다. 그런데 같은 해 10월 다시 샤오싱으로 옮겨졌다. 청나라 조정의 압력 때문이었다. 이듬해에는 후난湖南 샹탄湘潭으로 옮겨졌다. 추근의 남편이 병사하자 부부를 합장하려고 했던 것이다. 신해혁명 이듬해인 1912년에는 후난 동맹회에서 추근의 유해를 샹탄에서 창사長沙로 옮겼다. 순국 6주기인 그 이듬해에는 다시 서령교 근처로 옮겨졌다. 1965년에는 서호 일대의 무덤을 모두 없애면서 임시 묘소에 안치되었다가 이듬해 항저우 지룽산鷄籠山으로 옮겨졌다. 그리고 1981년 10월, 신해혁명 70주년을 맞아 최종적으로 다시 서령교 근처에 안장된다.

반청혁명가 추근

추근은 서령교 근처에 묻히길 원했고 지금 그곳에 있다. 조상이 있는 곳, 남편이 있는 곳이 아닌 그녀가 있고 싶은 그곳에. 청나라 조정 때문에 옮겨졌고 동맹회에서 옮겼고 마오쩌둥 정권 때문에 옮겨졌지만, 결국 자신이 바라던 곳에 있다. 추근이 떠나간 지 한 세기도 넘은 지금, 그녀가 권한 '자유라는 술 한 잔'은 얼마나 채워졌을까?

그러고 보니 서호가에는 대한민국 임시정부 항저우 구지舊址기념관이 있다. 1932년 4월 29일 상하이 훙커우虹口공원에서 윤봉길 의사가 폭탄을 투척한 이후 상하이에 있던 임시정부가 항저우로 옮겨온 것이다. 임시정부는 항저우에서 국무회의를 열고 기관지를 발행하면서 항일 의지를 불태웠다. 오늘날 우리는 큰 빚을 지고 살아간다. 독립과 자유를 쟁취하고자 피땀을 흘렸던 많은 이들에게. '부채 의식'은 결코 청산 대상이 아니라 망각에 저항함으로써 역사의 길라

잡이가 되어주는 힘이다.

　서호 남쪽에는 또 한 명의 반청혁명가인 장타이옌章太炎(1869~1936)의 무덤이 있다. 무덤 곁에는 1988년에 세워진 장타이옌기념관도 있다. 장타이옌은 광복회 발기인이었고, 일본에서 동맹회에 가담했으며, 동맹회 기관지『민보民報』의 주필로 활동했다. 그는 한족의 민족혁명을 부르짖으며 만주족의 청나라를 타도하고자 했다. 장타이옌이 생전에 가장 존경했던 인물은 장창수張蒼水(1620~1664)다. "같은 날에 나지는 못했지만 죽어서는 마땅히 가까이에 묻히겠다"던 장타이옌 말대로 그의 무덤 가까운 곳에 장창수 무덤이 있다.

　장창수는 명나라 말 정성공鄭成功과 더불어 끝까지 청나라에 항거했던 인물이다. 반역자의 밀고로 체포된 장창수는 항저우에서 처형되었다. 어떤 스님이 위험을 무릅쓰고 장창수의 시신을 거두긴 했지만, 그의 무덤임이 발각될까 봐 비문에는 '왕王선생의 묘'라고 성씨까지 바꿔야 했다. 장창수 무덤임을 표방할 수 있게 된 건 사후 80년이 지나서다.

서호 삼걸, 악비·우겸·장창수

장창수는 악비·우겸과 더불어 '서호 삼걸三傑'로 불린다. 세 사람의 무덤과 사당은 모두 서호에 있다. 그리고 세 사람 모두 이민족에 맞서 싸운 한족의 민족영웅이다. 장창수에게 악비와 우겸은 '스승'과 같은 존재였다. 그가 항저우로 압송될 때 지은 시「갑신년 팔월에 고향과 이별하며(甲辰八月辭故里)」에는 이런 구절이 나온다.

나라가 깨졌는데 어디로 갈 것인가?

서호에 나의 스승이 있다네.

해와 달이 함께 우겸의 무덤 위에 걸렸고,

절반의 산하가 악비의 사당 앞에 있네.

우겸과 악비는 여러 면에서 비슷하다. 명나라 우겸于謙(1398~
1457)은 몽골의 공격으로부터 베이징을 수호했다. 그보다 300년 전
남송의 악비岳飛(1103~1142)는 여진족의 금나라와 맞서 싸웠다. 그런
데 두 사람 모두 무고하게 죽임을 당했다. 목숨을 걸고 지킨 나라이
건만 '모반죄'를 씌워 죽게 한 것이다. 훗날 악비와 우겸에게 각각 내
려진 충무忠武와 충숙忠肅이라는 시호가 그들의 억울함을 조금이라
도 달랠 수 있었을까?

"맑은 날의 서호는 비 내리는 서호보다 못하고, 비 내리는 서호
는 밤의 서호보다 못하고, 밤의 서호는 '인상 서호'보다 못하다." 세
계 최대 규모의 수상 공연인 '인상印象 서호'의 홍보 문구다. 만남·사
랑·이별·추억·인상의 총 5막으로 이루어진 한 시간 동안의 공연은
그야말로 서호에 대한 '인상'을 뇌리에 각인해준다. 이 인상을 끌고
가는 주선율은 남녀의 애달픈 사랑 이야기다. 멀리서 날아온 학이 남
자로 변하고 또 다른 학이 여자로 변해 사랑에 빠지지만 슬픈 이별을
맞게 되는 내용은 '백사전' 전설의 변주라고 할 수 있다. 공연 규모와
수준은 가히 환상적이다. 세 연출자 가운데 한 사람이 바로 장이머우
감독이다.

어두운 저녁 드넓은 호수 위에서 펼쳐지는 '인상 서호' 공연을

1937년 악비 사당의 일본군

보는 관객들 뒤쪽에 자리한 것은 악비 사당인 악왕묘岳王廟다. 대전
에 들어가면 4.5미터 높이의 늠름한 악비상이 가운데 자리하고 있다.
그 위에 걸린 편액의 글씨가 매우 인상적인데, 악비의 서체라고 한
다. '환아산하還我山河', 나에게 산하를 돌려달라! 편액에 적힌 이 문
구는 금나라에 빼앗긴 북부 중국을 되찾기 위해 모든 것을 바쳤던 악
비의 외침이다. 대전 오른쪽으로는 악비의 무덤과 아들 악운岳雲의
무덤이 나란히 있다.

　악비의 죽음을 명했던 고종이 세상을 뜨고 효종孝宗이 즉위
(1162)하면서 악비의 명예도 회복된다. 그런데 1221년에 '한족'의 민
족영웅 악비의 사당이 처음 세워진 지 700여 년 뒤, 중국인의 분노
를 일으킬 장면이 벌어진다. 1937년 상하이를 함락하고 항저우에 침

입한 일본군이 이곳까지 발을 들여놓은 것이다. 한족의 영웅 악비를 넘어선 '중화민족'의 영웅 악비가 외적의 조롱거리로 전락한 순간 이었다.

맑은 날과 궂은 날, 새벽과 저녁, 봄·여름·가을·겨울, 시시각각 다양한 아름다움을 지닌 서호에는 슬프고 비장한 전설과 역사가 가득하다. 그 비장함에서 나온 힘일까? 서호를 품고 있는 항저우는 오늘날 빛을 발하고 있다. 2016년 9월, G20 정상회의가 바로 항저우에서 열렸다. 2022년 아시안게임 유치에도 성공했다. 중국 최대 전자상거래업체인 알리바바 본사도 항저우에 있다. 마윈馬雲 알리바바 회장은 바로 항저우 출신이다. 일찍이 항저우를 기반으로 청나라 최고 부자가 된 호설암은 생사 무역을 둘러싸고 서양 상인과 총성 없는 전쟁을 벌이다가 결국 무릎을 꿇었다. 아시아 최고 부자 마윈은 어디까지 비상할 수 있을까. 저장성의 중심 도시, 아름다운 물의 도시, 애환과 영욕이 서린 이곳 항저우 이야기는 여기까지다.

5장

난징,
육조 문화의
꽃을
피운 곳

난징은 아픈 기억으로 가득한 곳이다. 또 단단한 옹이가 자리한 곳이기도 하다.
상처가 아문 자리에 생겨난 옹이는 아픔을 이겨낸 징표다.
난징 기행은 아픈 역사를 상기하는 시간이 될 수밖에 없다.
그 역사 속에 외면할 수 없는 진실이 깃들어 있다.

난징의 역사 유적지

중국 근현대사의
비극을 간직한 '십조도회'

화로火爐, 여름철 찌는 듯 더운 도시를 중국에서는 '화로'라고 표현한다. 이 말이 생겨난 건 민국 시기(1912~1949)다. 당시 매체에서 지칭한 '3대 화로'는 충칭重慶·우한武漢·난징南京이었다. 공교롭게도 이들 도시는 각각 창장長江(장강)의 상류·중류·하류에 자리한다. 세 도시에는 모두 창장대교가 놓여 있다.

창장을 가로지르는 수십 개 대교 중에서 우한과 난징의 것은 의미가 각별하다. 1957년에 개통한 우한창장대교는 제1호 창장대교다. 그런데 이것은 소련의 기술 지원을 받아서 만들었다. 중국이 독자적으로 건설한 첫 번째 창장대교는 바로 1968년에 개통한 난징창장대교다. 자동차가 달리는 위쪽 다리의 길이는 4,589미터, 기차가 달리는 아래쪽 다리의 길이는 6,772미터에 달한다. 중소분쟁이 격화되었던 1960년대에 오롯이 중국 기술로 건설한 난징창장대교는 '자력갱생의 본보기'이자 '사회주의 건설의 위대한 성취'로 평가되었다.

난징의 현주소

난징창장대교가 개통된 지 반세기가 지난 현재, 장쑤江蘇성의 중심
도시 난징은 어떤 모습일까? 최근 난징이 획득한 타이틀로 간단히
살펴보자. 난징은 2014년 중국 문화 소프트웨어 도시 1위에 선정된
것을 비롯해 2015년에는 전국 신용 모범도시, 전국 종합 운송서비
스 모범도시, 중국에서 가장 행복한 도시 4위, 중국 소강小康사회 건
설 모범상 1위에 선정됐다. 난징은 국제적으로도 주목받는 도시다.
2014년에 유스 올림픽을 개최한 데 이어, 2016년에는 세계롤러스피
드스케이팅 선수권대회를 열었다. 또 난징은 2015년 도시 기후 리더
십 그룹(C40)이 수여하는 10개 분야의 상 가운데 '도시교통' 분야에
서 런던·싱가포르·부에노스아이레스와 최종 경쟁 끝에 1등을 차지
했다. 이는 유스올림픽을 개최하면서 약 4,000대에 달하는 신에너지
자동차로 대중교통 시스템을 구축함으로써 '녹색올림픽'을 구현한
덕분이다. 난징은 그해에 이산화탄소 배출량을 약 2만 5,000톤이나
줄였다.

확실히 오늘날 난징은 기존의 노쇠하고 정체된 이미지에서 벗
어나 젊고 역동적인 도시로 거듭나고 있다. 2016년 종합부동산서비
스회사 존스 랑 라살르JLL가 발표한 '도시 역동성지수CMI'에서 난
징은 세계 15위를 차지했고, 이듬해 역시 29위를 차지해 상위 30위
권 안에 들었다. 참고로 2017년에 상위 30위권에 든 중국 도시는 난
징 외에 상하이(4위), 베이징(15위), 선전(22위), 항저우(26위)가 있다.
2016년 19위에 이름을 올렸던 서울은 2017년 조사에서는 30위 밖
으로 밀려났다. 난징은 창장 삼각지대의 중심도시로 '일대일로一帶一

1968년에 개통한 난징창장대교

路' 전략과 '창장 경제벨트' 전략이 합류하는 접속점에 해당한다. 도시 영향력, 선진적인 고등교육 시스템, 과학기술력, 인구 증가 추세 등을 고려했을 때 난징의 발전은 지속될 전망이다.

　난징의 여러 타이틀 중에서 '3대 화로'는 이제 더는 명실상부하지 않다. 기존에 3대 화로라고 하면 충칭·우한·난징을 가리키고, 4대 화로라고 하면 여기에 난창南昌 또는 창사長沙가 추가된다. 그런데 중국 기상국 국가기후센터에서 최근 30년 동안의 기상 데이터를 근거로 분석한 바에 따르면, 여름철 가장 무더운 도시에서 난징은 10위권 밖인 것으로 나타났다. 충칭(2위), 우한(7위), 난창(6위), 창사(5위)가 모두 10위권에 포함된 것과 비교하면 난징의 순위(14위)는 의외다. 물론 매우 '바람직한' 순위권 밖이다. 여기에는 대기 흐름의 변화라는 변수 외에도 난징의 지속적인 식수조림植樹造林 노력이 한몫했기 때문이다. 녹색도시를 위한 노력이 난징의 무더위를 덜어준 것이다.

난징이 무더운 도시 10위권 밖이긴 하지만 여름철 매우 무더운 도시임은 분명하다. 창장 연안에 자리한 충칭·우한·난징이 화로처럼 무더운 데는 아열대 고기압의 영향 외에도 지리적 영향이 크다. 세 도시 모두 해발이 낮은 하곡河谷 지형으로, 주위가 산지로 둘러싸여 있어 지면의 열을 사방으로 발산하기가 어렵다. 게다가 수증기가 많아서 습도가 높은 탓에 땀이 쉽게 증발하지 못해 더욱 무덥게 느껴진다. 물론 창장 연안에는 더 무더운 도시들이 있다. 그럼에도 도시의 지명도 그리고 화로의 대명사로 통해온 기존 관념 때문에 '화로'라는 난징의 타이틀은 지속될 듯하다. 중국의 역대 도읍지 가운데 항저우와 시안이야말로 되도록 여름철은 피해서 가는 게 좋다. 이 둘은 최근 데이터에 따르면, 여름철 무더운 도시 가운데 각각 3위와 9위에 해당한다.

매화의 도시 난징과 매국노 왕징웨이

무더운 난징을 꽃에 비유한다면? 접시꽃·봉선화·수련 같은 여름철 꽃이 얼핏 떠오를 법하다. 그런데 난징의 시화는 다름 아닌 '매화'다. 매화의 도시 난징에는 '매梅'자가 들어간 지명이 60여 개나 된다. 가장 대표적인 게 '매화산'이다. 매화산은 자금산紫金山의 일부로, 자금산에는 손권·주원장·쑨원의 무덤이 있다. 주원장의 명 효릉孝陵과 쑨원의 중산릉中山陵 사이에 자리한 매화산에는 매화나무가 무려 3만 5,000그루나 있는데, 품종은 350개에 달한다.

난징에서 매화를 심기 시작한 때는 1,500여 년 전 육조六朝시대부터라고 한다. 그런데 매화산이라는 지명이 생겨난 건 지금부터 불

폭파되기 전의 왕징웨이 무덤

과 반세기 남짓이다. 그전에는 내내 '손릉강孫陵崗'이라고 불렸다. 바로 오나라 손권의 무덤이 이곳에 있기 때문이다. 1929년 쑨원의 유해가 중산릉에 안장된 이후 손릉강에 매화를 대규모로 심었고 점차 그 면적이 확대되면서 매화산이라는 명칭이 자연스럽게 생겨났다. 손릉강 대신 매화산이 정식 명칭으로 확정된 건 왕징웨이汪精衛(1883~1944)가 이곳에 묻히면서부터다.

현재 매화산에는 왕징웨이의 무덤이 없다. 무슨 사연일까? 1942년 청명절에 중산릉을 참배한 왕징웨이는 쑨원이 묻힌 중산릉 곁 매화산에 묻히고 싶다는 바람을 밝힌 바 있다. 1944년 11월 10일 왕징웨이가 일본에서 병사하자 일본군은 그의 유해를 중국으로 보내 난징에 묻힐 수 있게 했다. 왕징웨이 장례가 치러진 11월 23일 난징은 임시 휴일이었다. 게다가 장례식에 참가하는 난징 시민에게는 채권이 20위안元 발급되었다. 돈을 내는 게 아니라 돈을 받고 장례식에 참가하다니! 20위안은 당시 노동자 월수입의 4분의 3에 해당하는 큰 금액이었다. 한간漢奸, 즉 매국노 장례식에 참가하는 대가였다. 일본 군경의 삼엄한 감시 속에서 왕징웨이 유해가 매화산에 묻혔다.

중일전쟁이 일어난 이후 왕징웨이는 일본과의 협상에 주력했다.

일본군이 난징을 포위하기 전에 국민당 정부는 충칭으로 피했고, 이후 왕징웨이는 난징 국민정부를 수립했다. 왕징웨이 정권은 친일 괴뢰정권이었다. 난징대학살이 자행된 현지에 수립된 친일 괴뢰정권!

왕징웨이 아내 천비쥔陳璧君은 무려 5톤이나 되는 철강 조각을 콘크리트에 섞어서 왕징웨이 무덤에 붓도록 조치했다. 지은 죄가 많으니 그렇게라도 해야 했을 것이다. 하지만 결국엔 아무 소용이 없었다. 중국이 항일전쟁에서 승리한 뒤 매화산의 왕징웨이 무덤을 없애라는 요구가 빗발쳤다. 장제스는 결국 육군총사령관 허잉친何應欽을 보내 왕징웨이 무덤을 없애도록 했다. 무덤을 폭파하는 데 독일제 TNT 폭약이 무려 150킬로그램이나 사용되었다. 무덤에서 꺼내진 왕징웨이 시신은 청량산淸凉山으로 옮겨 불태워지고 그 재는 길가 웅덩이에 버려졌다. 매화산에 묻힌 지 겨우 열 달 남짓 지나서였다.

왕징웨이 무덤이 있던 곳에는 정자가 세워졌다. '관매헌觀梅軒'이라는 이름의 이 정자에서는 매화산 풍경을 감상하기에 안성맞춤이다. 해마다 2월 20일부터 3월 말까지 난징에서는 매화 축제가 열린다. 1996년부터 개최된 '난징 국제 매화절'의 주요 장소가 바로 매화산이다. 관광객이 가장 많이 몰리는 날은 10만 명이 넘는다고 한다. 겨울의 끝자락 봄이 도래하는 시기야말로 난징을 찾아가기에 그리고 난징을 추억하기에 제일 좋은 때다. 강인함과 지조의 상징인 매화로 가득한 매화산에 왕징웨이의 자리는 허락되지 않았다.

대지가 아직은 추위에 얼어 있을 때 매화는 봄의 도래를 알린다. 차디찬 겨울을 이겨내고 피는 매화는 난징을 상징하기에 그야말로 제격이다. 모진 근현대사를 이겨낸 그 힘이 오늘날 난징의 성장 동력이 아닐까. 중국이 아편전쟁에서 패배하면서 외국과 체결하게 된 첫 번째 불평등조약은 '난징'이라는 타이틀을 달고 있다. 난징조약 이후 난징은 줄곧 중국 근현대사의 비극을 관통하는 곳이었다. 지상천국을 꿈꾸었던 태평천국운동의 좌절, 일본의 만행, 국민당과 공산당의 피비린내 나는 전투. 난징은 아픈 기억으로 가득한 곳이다. 또 단단한 옹이가 자리한 곳이기도 하다. 상처가 아문 자리에 생겨난 옹이는 아픔을 이겨낸 징표다. 난징 기행은 아픈 역사를 상기하는 시간이 될 수밖에 없다. 그 역사 속에 외면할 수 없는 진실이 깃들어 있다.

육조고도, 십조도회의 난징

난징이라는 이름의 생명력 역시 대단하다. '경京'자가 들어간 역대 수도 가운데 오늘날에도 그 이름을 지키고 있는 곳은 남경(난징)과 북경(베이징) 두 곳뿐이다. 주나라의 호경鎬京, 장안長安으로 불리며 한당성세漢唐盛世의 중심지였던 서경, 5대10국과 북송의 수도였던 동경, 요나라의 상경上京, 후금의 성경盛京, 만주국의 신경新京은 지나간 역사 속에서만 존재한다. 태평천국의 천경天京 역시 그렇다. 난징에 도읍한 태평천국은 '모두가 평등한 지상낙원의 건설'을 모토로 내세웠고, 그에 걸맞게 수도 명칭 역시 천경, 즉 '하늘의 수도'라고 이름 했다. 하지만 천경도 결국 태평천국의 멸망과 더불어 지나간 이름이 되고 말았다.

천경 외에도 금릉·말릉·건업·건강 등이 모두 난징의 또 다른 명칭이다. 각 이름의 사연을 알아보자. 춘추전국시대에 이곳을 가장 먼저 차지한 건 오나라다. 이후 월나라가 새로운 주인이 되고 이어서 초나라가 이곳을 차지했다. 예부터 풍수가들은 이곳을 왕기王氣가 서린 땅이라고 했다. 기원전 333년, 초나라 위왕威王은 난징 서쪽 석두산石頭山에 성을 쌓았다. 그리고 왕기를 누르려 금을 묻었다. '금릉金陵'이라는 명칭은 이때 생겨났다. 이곳의 왕기를 누르려 했던 사람은 또 있다. 바로 진시황이다. 그가 사용한 방법은 산언덕을 절단하는 것이었다. 왕기의 맥을 자르고자 산언덕을 끊어내고 이름도 '말릉秣陵'으로 고쳤다. '말秣'이란 마소를 먹이려고 잘게 썬 여물이다. 여물을 썰 듯 산언덕을 절단한 데서 말릉이라는 이름이 생겨난 것이다.

위왕과 진시황은 난징의 왕기를 제거하고자 했지만, 이와 반대로 난징의 왕기를 적극 흡수하고자 했던 이도 있다. 바로 삼국시대 오나라의 손권이다. 손권은 유비와 동맹해 조조를 물리쳤고, 유비에게 누이동생을 시집보내기까지 했다. 손권에게 말릉 쪽에 본거지를 두라고 권한 이가 바로 유비다. 결국 손권은 석두산에 석두성石頭城을 쌓고 이곳을 수도로 삼았다. '건업建業'이라는 이름은 이때 생겨났다. 북쪽은 창장과 접하고 동·서·남은 각각 자금산, 청량산(석두산), 우화대雨花臺로 둘러싸인 이곳은 천연의 요새다. 건업, '업을 세운다'는 의미에 걸맞게 손권이 도읍한 것을 계기로 난징은 역사의 중심 무대로 부상하게 된다.

오나라를 비롯해 동진東晉·송·제·양·진陳의 육조가 이곳에 도읍해 눈부신 귀족문화를 꽃피웠다. 오나라 때 건업이라 칭했고, 동진 때부터는 황제 사마업司馬鄴의 이름을 피해 '건강建康'이라 했다. 오나라와 동진, 송·제·양·진의 수도였기에 난징을 '육조고도六朝古都'

라 한다. 또 난징을 '십조도회十朝都會'라고도 하는데, 이는 앞의 육조에 5대10국 시기의 남당, 명나라, 태평천국, 국민당 정부를 더한 것이다.

명나라를 세운 주원장이 이곳을 수도로 삼은 1368년은 바로 '난징'이라는 명칭이 생겨난 때다. 명나라는 270여 년 지속되었지만, 난징이 명나라 수도의 지위를 누린 건 불과 반세기 남짓이다. 1421년, 주원장의 넷째 아들 영락제가 베이징으로 천도했기 때문이다.

그러고 보면 난징은 여러 왕조의 수도였으되, 그 어느 왕조도 난징에서 길게 도읍하지 못했다. 또 베이징으로 천도했던 명나라를 제외하면 죄다 단명했다. 이 때문에 자연스럽게 진시황의 저주를 떠올리는 사람들이 많다. 여물을 썰 듯 산언덕을 절단한다는 의미의 '말릉'으로 명명했던 진시황은 이곳의 왕기를 없애고자 산언덕을 끊어냈을 뿐만 아니라 강물의 흐름까지 바꾸어놓았다고 한다. 강물이 도시를 관통하여 흐르게 함으로써 왕기를 씻어내려 했다는 것이다. 그 강이 다름 아닌 난징의 '어머니 강'이라 불리는 진회하秦淮河(친화이허)다. 진회하는 진시황 전설에 근거해서 당나라 때 생겨난 명칭이다. 진회하의 본래 이름은 용장포龍藏浦(용이 감추어진 강)였다.

자신의 제국이 영원하길 바라며 난징의 산을 잘라내고 물길을 돌린 진시황의 노력은 부질없는 것이었다. 진나라는 진시황이 죽은 지 4년 만에 멸망했다. 난징의 왕기 때문이 아니라 진나라가 쌓아온 폭정의 결과였다. 난징에 도읍했던 여러 왕조의 단명 역시 어찌 진시황의 저주 때문이겠는가.

최대 규모의 과거시험장
'강남공원'

"이 책은 부귀공명을 골간으로 한다. 부귀공명을 흠모하는 마음에 비열한 작자에게도 알랑거리는 이가 있고, 부귀공명에 의지해 거드름을 피우는 이가 있고, 부귀공명에 뜻이 없는 듯 고결하게 굴다가 남에게 간파되어 비웃음거리가 되는 이도 있다. 부귀공명을 끝까지 마다하며 최상의 품격에 도달한 이는 황하의 세찬 물살 속에서도 굳건한 기둥 같은 존재가 된다."

부귀공명을 뼈대로 삼았노라고 밝힌 이 책은 청나라 때 풍자소설 『유림외사儒林外史』다. 유림외사란 '유가 지식인 사회의 야사'라는 의미다. 유가 지식인 사회에서 부귀공명으로 가는 길은 '과거'였다. 부귀와 공명을 얻기 위해 몸부림치는 지식인, 그렇게 일그러진 괴물을 양산해내는 과거제도, 저자 오경재吳敬梓(1701~1754)는 바로 이 '유림'의 심장부를 거침없이 희화화했다. 부귀공명을 얻고자 한다면 과거제도의 자장에서 벗어날 수 없었던 시대의 지식인은 과거의 노예가 될 수밖에 없었다. 『유림외사』는 그렇게 예속화된 지식인의 속물근성을 신랄하게 보여준다.

과거의 아웃사이더 오경재

오경재는 서른셋에 고향 안후이 취안자오全椒를 떠나 난징으로 왔다. 그는 일찍이 열세 살에 어머니를 여의고 스물세 살에는 아버지를 여의었다. 유산을 둘러싸고 친척들과 다툼까지 있었던 고향에 더는 미련이 없었을 것이다. 난징으로 이사하고 몇 년이 지난 1736년, 오경재는 추천을 받아 박학홍사과博學鴻詞科에 응시할 기회가 있었다. 그런데 당뇨병이 심해져서 결국 시험을 보지 않았다. 그가 형식적인 팔고문八股文 중심 과거제도를 혐오했기에 자발적으로 시험을 거부한 것이라는 설도 있다.

『유림외사』에서 긍정적으로 묘사되는 두소경杜少卿이 바로 오경재 자신을 비유한 인물이라고 하는데, 그들은 조상의 뜻을 따르지 않은 '불초不肖'한 자손이었다. 두 사람 모두 과거의 길을 걷지 않았다. 명망 있는 집안의 후손인 두소경은 돈을 하찮게 여기고 남을 돕기를 즐겼으며 세도가를 경시했다. 가산을 탕진한 그는 고향을 떠났지만 늘 즐겁게 살았다. 오경재의 삶은 바로 두소경과 같았다. 마음 가는 대로 유유자적한 삶을 살았던 오경재의 만년은 매우 빈곤했다. 글을 팔아 살면서 친구들의 도움을 받아야 했다. 겨울날 저녁이면 그는 친구와 함께 성 밖을 돌면서 노래했다. 오경재는 이를 난족暖足, 즉 '발을 덥힌다'고 했는데, 난방을 해결할 수 없을 정도로 가난했던 것이다.

시간을 되돌릴 수 있다면 오경재는 과연 박학홍사과에 응시했을까? 분명한 사실은 그랬다면 『유림외사』는 결코 세상에 나올 수 없었다는 것이다. 부조리한 시스템의 공모자가 아니었기에 그 부조리를 가차 없이 비판할 수 있었다. 절대 다수 지식인이 그 시스템의 공모자였다는 게 시대의 비극이다.

오경재는 청나라가 번영을 구가하던 강희·옹정·건륭 시기에 살았다. 이른바 강건성세康乾盛世라는 당시에 역설적이게도 문자옥文字獄이 자행되었다. 문자옥은 한족 지식인을 옭아매는 수단이었다. 말과 글로 죄를 입지 않기 위해서, 지식인은 감히 자기 목소리를 내지 못했다. 지극히 형식적인 팔고문을 익혀 과거에 합격해 관리가 되는 것이 바로 지식인에게 정해진 길이었다. '권력-지식'을 구현한 이 길에서 벗어나는 것은 소외와 배고픔을 의미했다.

십리진회의 강남공원과 부자묘

중국을 지배해온 과거 시스템의 역사는 질기고 길다. 수나라 때 시작되어 청나라 광서 31년(1905)에 폐지령이 내려지기까지 무려 1,300여 년, 그동안 얼마나 많은 인생이 과거에 웃고 울었을까. 그들 중 상당수가 거쳐 갔을 과거시험장이 바로 난징에 있다.

난징의 '강남공원江南貢院'은 최대 규모의 과거시험장이었다. 무려 2만 명이 동시에 시험을 치를 수 있었던 규모다. 강남공원이 세워진 송 건도乾道 4년(1168)부터 과거제가 폐지되기까지 장원 800여 명과 진사 10만여 명이 이곳에서 배출되었다. 명·청 시기에는 중국 전역에서 절반이 넘는 관리가 강남공원에서 나왔다. 명실상부한 '중국

관리의 요람'이었던 것이다.

과거제 폐지와 더불어 강남공원 역시 용도 폐기된다. 민국 7년 (1918)에 강남공원 대부분이 철거되었다. 남은 것은 명원루明遠樓·지 공당至公堂·형감당衡鑒堂, 그리고 호사號舍 가운데 일부다. 난징 국 민정부가 수립(1927)된 뒤 명원루는 시정부 대문 역할을 했고, 강남 공원의 옛 건물들은 정부 각국各局의 사무실로 사용되었다. 항일전 쟁 시기에는 왕징웨이 정권의 행정원과 최고법원이 이곳에 들어섰 다. 중화인민공화국이 성립된 이후에는 난징시 중의원中醫院이 이곳 을 사용했다. 강남공원이 유적지로 보호된 것은 1980년대에 들어와 서다. 2014년 8월 11에 개관한 '중국과거박물관'이 바로 강남공원에 자리하고 있다.

공원, 즉 과거시험장에서 가장 흥미로운 공간은 일종의 개인 시 험 방이라고 할 수 있는 '호사'다. 사방을 감시할 수 있는 명원루 양 쪽으로 1인 1칸의 호사가 마치 마구간이 늘어서 있듯 연이어 있었다. 폭이 1.5미터도 되지 않는 호사는 수험생이 아흐레 동안 숙식하며 시 험을 치르는 곳이었다. 물론 방의 문은 없었다. 양쪽 벽을 가로지르 는 나무판 두 개 가운데 위판은 책상, 아래판은 걸상의 용도였다. 밤 이면 위판을 치우고 아래판에서 잤다. 너무 좁아서 다리를 펴고 자 는 건 불가능했다. 이런 공간에서 과거를 치른다는 것은 불편함 이상 이었다. 심지어 상한 음식을 먹고 죽거나 독사에 물려서 죽는 경우도 있었다.

거지·죄인·벌·새·원숭이·파리·비둘기는 다름 아닌 과거 수 험생의 일곱 가지 모습을 빗댄 표현이다. 이 재미난 비유는『요재지이『聊齋志異』에 나온다. 포송령蒲松齡(1640~1715)은 여러 번 낙방한 뒤 과거에 마음을 접고『요재지이』창작에 몰두했다. 과거가 사람을 어떻게 쥐락펴락했는지, 앞의 일곱 가지 비유에서 알아보자.

과거시험장에 들어갈 때는 맨발에 대바구니를 든 '거지꼴'이다. 부정행위를 방지하기 위해서 모든 지참물은 대바구니에 넣은 채 신발까지 벗고 검사를 받아야 하기 때문이다. 관리들이 호통치면서 이름을 부를 때면 마치 '죄수' 같다. 문이 없는 호사에 들어가 시험을 치를 때면 얼굴과 발이 드러나니, 늦가을 추위에 떠는 '벌'과 같다. 시험을 끝내고 나오면 정신이 어지럽고 하늘과 땅의 색깔마저 달리 보이니, 마치 새장에서 나온 병든 '새'와 같다.

시험이 끝났다고 끝이 아니다. 결과가 발표될 때까지 합격과 불합격의 길몽과 악몽이 갈마든다. 고대광실이 바로 눈앞에 있는 듯하다가도 홀연 백골로 변한 느낌이 든다. 좌불안석 어쩔 줄 모르는 모습이 마치 줄에 묶인 '원숭이' 같다. 드디어 발표일, 합격자 명단에 자기 이름이 빠진 걸 알게 되는 순간 얼굴이 샛노래지고 죽은 사람처럼 멍해져서는 독약을 먹은 '파리'처럼 건드려도 감각이 없다. 처음엔 실망과 분노에 차서 과거 따위는 다시는 안중에도 두지 않을 기세다. 그러다 시간이 흐르면 마음도 가라앉고 다시 과거를 치르고 싶어 근질근질해진다. 마치 알을 깨버린 '비둘기'가 나뭇가지를 물어다 둥지를 틀고 다시 알을 품으려는 것과 같다. 이런 상황을 두고 포송령은 이렇게 말했다. "당사자는 목메어 울면서 죽고 싶겠지만 곁에서 지켜보는 사람은 이보다 더 우스운 게 없다."

과거 수험생 대부분은 거지에서 비둘기가 되기까지의 과정을

강남공원(1910)

'호사'에서 과거를 치르는 수험생(강남공원)

되풀이해야 했다. 강남공원의 수험생 중에서 가장 나이가 많았던 이는 103세였다고 한다. 믿기 힘들긴 하지만, 아무튼 과거의 개방성을 대변하는 동시에 그 소모성의 끝을 보여주는 사례다.

강남공원 서쪽에는 공자 사당인 부자묘夫子廟가 있다. 난징 부자묘는 중국의 4대 문묘文廟 중 하나다. 동진 함강咸康 3년(337)에 태학을 세웠을 때는 교육을 위한 학궁學宮만 있고 공자 사당은 없었다. 송경우景祐 원년(1034)에 이르러서야 학궁 앞쪽에 공자 사당을 세웠다. 부자묘 근방은 난징의 젖줄인 진회하를 구경하기에 가장 좋은 장소다. 육조시대부터 청나라에 이르기까지 난징의 명문대가는 죄다 이곳에 몰려 있었다.

부자묘를 중심으로 한 진회하 풍경지대는 동쪽의 동수관東水關에서 시작해 문덕교文德橋를 지나 서수관西水關에 이르는 구간이다. '십리진회十里秦淮'로 불리는 이 일대는 난징의 역사와 문화가 집결된 유적으로 가득하다. 그 가운데 첨원瞻園은 난징에서 가장 오래된 명나라 때 고전 원림으로, '금릉의 제일 원림'으로 칭송된다. 주원장이 황제가 되기 이전 오왕吳王이라 자칭했을 때 그의 저택이었던 이곳은 훗날 개국공신 서달徐達에게 하사되었다. 청나라 때는 관청으로 사용되었는데, 건륭제가 강남을 순시할 때 이곳에 들러 '첨원'이라는 편액을 하사했다. 태평천국 시기에는 동왕東王 양수청楊秀清의 왕부가 되기도 했고, 민국 시기에는 여러 정부기관이 이곳에 자리했다. 1958년에는 '태평천국 기념관'이 이곳으로 옮겨왔다. 1961년에 태평천국 기념관은 '태평천국 역사박물관'으로 개칭했다. 태평천국 역사박물관은 태평천국과 관련된 문물 2,800여 점을 비롯해 수많은 사진과 문헌자료를 소장하고 있다.

과거에 낙방한 홍수전과 태평천국

그러고 보면 태평천국을 세운 홍수전洪秀全(1814~1864)이야말로 과거 때문에 인생행로가 극적으로 바뀐 인물이다. 그는 어려서부터 과거를 통한 입신출세를 꿈꿨다. 열넷에 첫 과거에서 낙방한 그는 결국 네 번째 과거에서 낙방한 서른부터는 과거에 대한 미련을 버렸다. 포기가 아니었다. 새로운 지향점을 찾은 것이다. 그 계기는 7년 전 (1836) 과거시험장 앞에서 어떤 남자가 나눠준『권세양언勸世良言』이라는 책이었다.

『권세양언』을 받았을 당시 홍수전은 그것을 읽을 마음의 여유가 없었다. 연달아 낙방한 그는 깊은 좌절감에 빠졌다. 몸과 마음이 모두 극한의 상태로 치달은 그는 수십 일 동안 열병을 앓았다. 그리고 환상의 세계를 체험하게 된다. 천상으로 올라간 홍수전은 금빛 수염을 기른 노인을 만나게 된다. 노인은 그에게 사악한 것을 퇴치하라고 하면서 칼과 황금 인장을 건네주었다. 홍수전은 어떤 남자와 함께 요괴를 쫓아냈다. 이 꿈의 의미를 그는 아직 알 수 없었다.

몸을 추스른 홍수전은 다시 과거를 준비했다. 그리고 네 번째 낙방! 이때 홍수전의 친척이 놀러 왔다가 그가 가지고 있던『권세양언』을 빌려갔다.『권세양언』은 중국인 최초로 목사가 된 양발梁發이 성경을 발췌해 만든 것이다. 홍수전의 친척은 그 책을 무척 흥미진진하게 읽었고 홍수전에게도 읽어보라고 권했다. 하느님·천지창조·천국·악마·심판 등의 내용이 담긴『권세양언』을 읽고 홍수전은 깨달았다. 그 옛날 의미를 알 수 없었던 꿈이 바로 계시였음을! 노인은 하느님이고, 자신과 함께 요괴를 쫓아낸 남자는 예수였다. 홍수전은 자신이 누군지 깨달았다. 하느님의 아들이자 예수의 동생!

지상에 천국을 건설하려는 홍수전에게 과거는 이제 아무 의미가 없었다. 그는 유교 사당을 파괴했고, 상제를 섬기는 배상제회拜上

帝會를 조직했다. 열렬한 추종자가 급속히 늘어났고, 1851년에 마침내 태평천국을 세우게 된다. 태평천국의 천왕天王임을 선언한 홍수전은 만주족 정부를 악마로 규정하고 성전을 선포했다. 태평천국군은 파죽지세로 중국 남부를 점령했고, 1853년에는 난징을 함락했다. 난징은 태평천국의 수도로 태평천국이 멸망한 1864년까지 '천경天京'이라 불렸다.

"논밭이 있으면 함께 경작하고 음식이 있으면 함께 먹고 옷이 있으면 함께 입고 돈이 있으면 함께 쓴다." 평등한 지상낙원, 이것이 태평천국의 원칙이자 이상이었다. 착취와 차별과 굶주림에 시달리던 이들은 태평천국에 열렬한 호응을 보냈다. 하지만 태평천국은 서구 열강의 지원을 받은 청나라 조정에 멸망당하고 말았다. 태평천국군을 진압한 일등공신인 증국번은 한족 출신 유가 관료였다. 증국번은 공자의 위패와 사당을 부숴버린 홍수전을 중국의 파괴자라고 생각했다. 한족 지식인에게는 만주족과 한족이라는 민족의 경계보다는 '공자'라는 부호가 '중국'의 정체성으로서 훨씬 더 유의미했던 것이다.

천경이 함락되기 한 달 전 홍수전은 세상을 떠났다. 증국번은 그의 무덤을 파헤쳐 시신을 불태웠다. 그리고 2년 뒤(1866), 홍수전의 고향 광둥에서 쑨원이 태어났다. '제2의 홍수전이 되겠다'고 어릴 적부터 다짐하던 그는 청나라를 무너뜨린 신해혁명의 주인공이 된다. 신해혁명은 만주족 왕조를 타도한 배만排滿혁명이었다. 그러고 보니 쑨원은 과거에 뜻을 둔 적이 없다. 과거제도가 역사의 무대에서 사라지던 1905년, 쑨원은 일본 도쿄에서 중국동맹회를 결성하고 반청혁명운동을 전개했다.

410

태평천국 역사박물관에 있는 홍수전 흉상

'십리진회'에 공존하는 오경재 기념관, 강남공원과 부자묘, 태평천국 역사박물관의 풍경은 흥미롭기 그지없다. 전통 시스템을 떠받친 과거와 유교, 그 축을 굳건히 수호하고자 했던 이들과 그 대척점에서 균열을 내려 했던 이들의 공존이 의미심장하다.

진회팔염의 사랑과 운명

일흔 생일을 맞은 남자가 있다. 그의 생일잔치를 차려준 이는 한때 난징에서 이름을 날린 명기 마상란馬湘蘭(1548~1604)이다. 마상란은 스물넷에 강남재자江南才子 왕치등王穉登을 만난 뒤 30여 년을 그만 바라봤다. 난초를 누구보다 사랑했으며 '고결함'을 꿈꾸었던 마상란은 왕치등이 자신을 아내로 맞아주길 바라고 바랐지만 세월은 덧없이 지나갔다. 왕치등의 일흔 생일잔치를 치러주고 몇 달 뒤 마상란은 쉰일곱의 나이로 세상을 떠났다. 그 당시 예교禮敎와 명분과 명리의 벽을 뛰어넘는다는 건 참으로 어려운 일이었다.

진회팔염, 진회하 일대의 여덟 미인

마상란보다 70년 늦게 태어난 유여시柳如是(1618~1664)는 스물이 갓 지났을 때 문단의 거두 전겸익錢謙益을 만났고 3년 뒤 그에게 시집갔다. 본부인의 반대, 서른여섯 살의 나이 차, 뭇사람들의 조롱에도 전겸익은 정식으로 혼례를 치러 유여시를 맞이했다. 누가 알았으랴. 전겸익이 명성을 훼손하면서까지 맞이했던 기생 유여시의 덕을 보게 될 줄이야.

1644년, 이자성의 농민군이 베이징으로 쳐들어오고 숭정제崇禎帝는 목을 매서 죽었다. 청나라가 들어서자 명나라 유신들은 난징에서 주유숭朱由崧을 황제로 옹립하고 남명南明을 세웠다. 주유숭이 제위에 오른 이듬해인 1645년, 청나라 군대가 난징으로 쳐들어왔다. 이때 유여시는 전겸익에게 순국하자고 했다. 호수로 간 두 사람이 몸을 던지기 직전 전겸익은 망설였다. "물이 너무 차구려. 들어갈 수 없소." 유여시는 끝까지 몸을 던지려 했지만 전겸익이 저지했다.

당시 전겸익의 벗들은 청나라를 섬기지 않기 위해 곡기를 끊고 죽기까지 했다. 그런데 천하에 명성을 떨치던 전겸익은 청나라 조정의 예부시랑이 되었다. 유여시는 그를 따라 베이징으로 가지 않고 난징에 남았다. 전겸익은 반년 만에 병을 핑계로 조정에서 물러나지만 곧 감옥에 갇혔다. 유여시가 백방으로 노력한 덕에 그는 감옥에서 풀려날 수 있었다. 이후 전겸익은 명나라를 되살리려는 이들에게 힘을 보태지만 실패로 돌아갔다.

강희 3년(1664), 여든셋의 전겸익이 세상을 떠나고 뒤이어 유여시도 자결한다. 유여시는 전겸익을 감옥에서 빼냈을 뿐만 아니라 그가 반청 세력과 연합하도록 고무했다. 유여시가 아니었다면 전겸익은 변절자의 낙인을 조금도 지우지 못했을 것이다. 역사학자 천인커陳寅恪가 무려 10여 년이라는 시간을 들여서 마지막으로 남긴 저서가 바로 『유여시 별전別傳』이다. 천인커는 유여시를 이렇게 평가했다. "독립의 정신, 자유의 사상."

　같은 시간 같은 공간에 사는 사람들은 그 시대의 운명을 공유하게 마련이다. 명나라 말 청나라 초 난징의 번화가 '십리진회'에서 지냈던 여인들의 삶은 많이 닮아 있다. 마상란과 유여시 그리고 고미생·변옥경·진원원·동소완·구백문·이향군, 이 여덟 여인은 이른바 '진회팔염秦淮八艶'으로 통칭된다. 진회하 일대의 여덟 미인 진회팔염은 모두 기생이었다.

　유여시보다 한 해 늦게 태어난 고미생顧眉生(1619~1664) 역시 당시 문단에 이름을 날리던 공정자龔鼎孳에게 시집갔다. 불과 몇 년 뒤 이자성이 베이징을 함락했다. 이때 두 사람은 우물에 빠져 죽으려 했지만 결국 죽지 않았다. 진실은 알 수 없다. 고미생은 공정자와 죽으려 했으나 공정자가 죽으려 하지 않았다는 기록도 있고, 함께 우물로 뛰어들었지만 구조되었다는 기록도 있다. 그런가 하면 공정자가 이렇게 변명했다는 기록도 있다. "나는 죽으려 했지만 소첩이 싫다고 하니 어찌하오?" 그가 정말 소첩, 즉 고미생 때문에 죽지 못했을까?

　아무튼 공정자는 이자성에게 귀순했고, 뒤이어 청나라 품안에 들어갔다. 훗날 고미생은 일품부인一品夫人에 봉해졌다. 기녀 출신으로 조정으로부터 정식 봉호까지 받았으니 성공한 인생일까. 고미생은 마흔이 넘어 겨우 딸을 낳았지만 몇 달 만에 딸이 죽고 말았다. 이에 병이 깊어진 그녀는 시름시름 앓다가 몇 년 뒤 세상을 떠났다.

　전겸익·공정자와 더불어 '강좌江左 삼대가'로 불리는 오위업吳偉業 역시 진회의 명기와 사랑에 빠졌다. 그녀 이름은 변옥경卞玉京(1623~1665)이다. 변옥경은 오위업에게 시집가길 바랐지만 오위업은

진회하 기슭 벽에 새겨진 진회팔염 중 유여시

모른 척 외면했다. 시기도 좋지 않았다. 두 사람이 만난 때는 명나라
가 망하기 직전이었다. 명나라가 망한 뒤 오위업은 남명 왕조에 잠시
몸담지만 곧 실망하고 조정을 떠났다. 황제는 무능하고 조정은 부패
하고 당쟁은 끊이지 않았던 것이다. 홍광제弘光帝(주유숭)의 남명 정
권이 청나라에 멸망당하자 오위업은 고향으로 돌아갔다. 이는 '생生'
과 '의義'의 양자택일을 회피하는 방법이었다. 살고 싶었지만 그렇다
고 불의를 저지르고 싶진 않았다. 만약 난징에 남았더라면 유약한 그
의 성격상 전겸익처럼 청나라 품으로 들어갈 수밖에 없었을 것이다.

　고향으로 돌아간 뒤 몇 년이 지났을 때 오위업은 변옥경과 재회
했다. 황색 도포를 걸친 변옥경은 스스로 '옥경 도인'이라고 칭했다.
그녀 역시 난세에서의 '생'과 '의' 사이에서 고통스러웠던 것이리라.
이것이 두 사람의 마지막 만남이었다. 이후 변옥경이 속세와 인연을
끊고 살아가는 동안, 오위업은 청 조정의 압력을 견디지 못하고 3년
남짓 벼슬을 했다. 오위업이 자신의 생애 가운데 가장 통탄스럽게 여

긴 시간이다. 어느덧 세월이 흘러 변옥경은 세상을 떠났다. 3년 뒤 변옥경의 무덤을 찾은 예순의 오위업은 그녀를 기리는 시 「금수림의 임옥경 도인의 묘를 가다(過錦樹林玉京道人墓竝序)」를 바쳤다.

진원원과 오삼계, 동소완과 모벽강

오위업은 진원원陳圓圓(1623~1695)의 사연을 노래한 「원원곡圓圓曲」이라는 장편 서사시를 짓기도 했다. "머리털이 관을 찌를 듯 격노한 것은 홍안 때문이라네(衝冠一怒, 爲紅顔)"라는 구절에서 미녀를 의미하는 홍안은 진원원을 가리킨다. 진원원은 오삼계吳三桂 때문에 진회팔염 가운데 가장 유명하다.

　　오삼계가 진원원을 알게 된 건 이자성이 베이징을 점령하기 바로 한 해 전이었다. 진원원은 본래 쑤저우의 이름난 기생이었는데, 황제가 총애하던 전귀비田貴妃의 아버지 전홍우田弘遇의 가기家妓가 되었다. 전귀비가 죽자 기댈 만한 세력이 필요했던 전홍우는 진원원을 오삼계에게 넘겼다. 진원원과 오삼계는 만나자마자 헤어져야 했다. 오삼계가 명나라 최후의 보루인 산해관山海關을 지키러 떠났기 때문이다. 곧이어 이자성이 베이징을 점령하고 숭정제는 자결했다.

　　오삼계는 선택의 기로에 섰다. 청나라 군대를 막아야 하는가, 이자성 군대를 무찔러야 하는가? 외적과 역적을 동시에 상대할 힘이 없는 상황에서 어떻게 해야 하는가? 결국 그는 역적을 무찌른다는 명분으로 외적에게 도움을 청했다. 청나라 군대는 산해관을 넘어와 이자성 군대를 무찌르고 자금성을 접수했다. 오삼계는 다른 선택을 할 수도 있었다. 그가 만약 이자성 편에 섰더라면 또 다른 역사가 전

오삼계가 사랑했던 진원원

개되었을 것이다.

　오삼계가 이자성을 향해 창끝을 겨누게 된 건 바로 진원원 때문이라고 한다. 이자성의 부하 유종민劉宗敏이 진원원을 차지했다는 소식을 전해들은 오삼계가 격분한 나머지 결국 청나라 군대를 끌어들였다는 것이다. 아무튼 오삼계는 진원원을 되찾았다. 하지만 역사를 뒤흔든 뜨거운 사랑도 세월 앞에서는 무상하다. 청나라 공신이 된 오삼계에게 부족한 건 아무것도 없었다. 진원원을 향한 그의 사랑은 이내 식었다. 진원원은 결국 오삼계를 떠나 부처에 귀의했다.

　사실 진원원은 마음에 두고 있던 남자가 있었다. 숭정 14년(1641) 봄날, 진원원은 모벽강冒辟疆을 만나 사랑에 빠졌다. 혼인까지 약속했다. 그런데 이듬해 봄, 진원원이 강제로 베이징으로 가게 되면서 두 사람의 인연은 끝났다. 바로 이때 모벽강의 삶 속으로 들어온 여인이 있으니 바로 동소완董小宛(1624~1651)이다.

　동소완은 진회팔염 가운데 가장 적극적으로 애정을 추구한 여인이다. 요샛말로 스토커라고 할 정도로 동소완은 모벽강을 끈질기게 쫓아다녔다. 그리고 결국 그와 함께하게 된다. 동소완이 모벽강을 많이도 좋아했나 보다. 모벽강이 등에 종기가 나서 똑바로 누울 수 없을 때, 동소완은 그가 편히 기대어 잘 수 있게 해주려고 자신은 꼬박 100일을 앉은 채 잤다고 한다.

동소완은 진회팔염 가운데 가장 짧은 생을 살았다. 원래 몸도 약한 데다가 모벽강의 병시중을 자주 들어야 했고 생활까지 궁핍했던 게 수명을 재촉했다. 동소완은 모벽강과 9년을 함께하고 스물여덟에 세상을 떠났다. 임종 직전 그녀가 손에 쥐고 있던 것은 '비익比翼'과 '연리連理'라는 글자가 새겨진 팔찌 한 쌍이었다. 어느 칠석날 모벽강이 새겨준 것이다. 날개가 하나씩이라서 암수가 함께해야만 날 수 있는 비익조比翼鳥, 두 나무의 가지가 결이 통해서 하나가 된 연리지連理枝, 동소완은 그렇게 비익조와 연리지의 삶을 살고자 했다.

절개와 지조에 대해

동소완 같은 여자라면 절대 견딜 수 없는 남자, 가장 혐오할 남자가 바로 주국필朱國弼일 것이다. 주국필과 인연을 맺은 비운의 여인은 구백문寇白門(1624~?)이다. 그녀가 주국필에게 시집간 지 3년이 지났을 때 청나라 군대가 쳐들어왔다. 주국필은 명나라 공신 집안 출신임에도 바로 청나라에 투항했다. 베이징으로 잡혀간 주국필은 집안의 모든 여인을 팔아서 자기 몸값을 마련하려고 했다. 구백문 역시 팔릴 처지가 되었다. 그녀는 주국필에게 자신을 팔지 말고 진회하의 기루로 돌아가게 해주면 한 달 안에 그의 몸값을 마련해주겠노라고 약속

『도화선』의 주인공 이향군

했다. 결국 구백문은 다시 기녀가 되었고 그렇게 모은 돈으로 주국필의 몸값을 치러주었다.

일찍이 난징이 떠나가라 호화로웠던 혼인날은 아득한 꿈이었던 듯 구백문은 주국필을 마음에서 떠나보냈다. 주국필은 다시 구백문을 찾지만 그녀는 단호히 인연을 끊었다. "당신이 돈을 써서 나를 기루에서 빼냈고 나는 당신 몸값을 치러줬으니, 이제 서로 빚진 게 없지요." 이후 구백문이 진정한 사랑을 만났는지는 기록이 없으니 알 길이 없다.

누군가의 아내가 된다 해도 그저 여러 첩 중 하나일 뿐이고 여의치 않으면 내쳐질 수도 있는 존재, 그게 바로 기녀의 운명이었다. 공상임孔尙任이 쓴 『도화선桃花扇』의 주인공 이향군李香君(1624~1653) 역시 그랬다.

이팔청춘 열여섯의 이향군이 첫사랑에 빠진 상대는 '복사復社 4공자公子' 가운데 한 명인 후방역侯方域이다. 복사는 명나라 말 강남 지역에서 결성된 문학단체로, 비판적 정치성향이 강했다. 후방역이 이향군을 처음 만나는 데는 돈이 많이 들었다. 후방역의 벗 양용우楊龍友가 그 돈을 지원해줬다. 그런데 나중에 알고 보니, 돈의 출처가 후방역이 그토록 경멸하는 엄당閹黨의 완대성阮大鋮이 아닌가! 이 사실을 안 이향군은 돈을 마련해 후방역에게 주면서 완대성에게 돌려주게 한다. 수모를 당했다고 생각한 완대성은 후방역에게 앙심을 품게 된다.

명나라가 멸망하고 남명이 세워진 뒤 완대성이 실권을 갖게 되자 후방역은 난징을 떠나 피신했다. 완대성은 남명 왕조의 실력자 전앙田仰을 부추겨서 이향군을 첩으로 들게 했다. 이향군은 이를 거부하며 난간에 머리를 부딪쳤다. 이때 튄 피가 부채를 물들였다. 후방역이 정표로 주었던 부채였다. 후방역의 벗 양용우가 부채에 그림을 그려 그 핏자국을 복숭아꽃으로 만들어주었다고 한다. 이향군의 시련은 이게 끝이 아니었다. 이향군의 상처가 낫자 완대성은 그녀를 입궁하게 했다. 이번에는 어쩔 도리가 없었다. 이향군이 입궁한 지 얼마 뒤, 청나라 군대가 난징을 공격했고 그 틈에 그녀는 도망쳤다.

이후 이향군과 후방역은 어떻게 되었을까? 이향군이 후방역을 다시 만나 함께 지내게 되지만 시댁에서 그녀가 기생 출신임을 알게 되어 쫓겨났다는 설도 있고, 이향군이 비구니가 되었다는 설도 있다. 후방역은 복사 4공자의 나머지 셋과는 다른 선택을 했다. 진정혜陳貞慧와 모벽강은 끝까지 청나라에서 벼슬하지 않았고 방이지方以智

는 출가해서 승려가 되었지만, 후방역은 과거에 응시해 청나라 조정에 몸담았다. 훗날 후방역은 젊은 날을 후회하며 자신의 서재를 '장회당壯悔堂'이라고 명명했다. '장년의 후회'를 담은 이름이다. 일설에 따르면, 이향군이 죽기 전 후방역에게 당부하길 "절개를 지키고 이민족을 섬기지 말라"라고 했다고 한다.

'진회팔염'이라는 여인 여덟 명 그리고 그녀들과 사랑했던 남자 여덟 명, 진회하는 이들 만남의 증인이다. 진회하를 사이에 두고 강남공원과 이향군 고거故居가 마주하고 있다. 강남공원의 수많은 과거 응시자들, 진회하에 늘어선 기루의 여인들, 얼마나 많은 남녀가 만나서 사랑에 빠졌을까? 기녀지만 사랑에 진실했던 여인도 있었을 터이고, 그런 여인을 그저 전리품이나 노리개로 생각했던 남자도 있었을 터.

당나라 시인 두목杜牧은 진회하의 술집을 보며 "술 파는 여인은 망국의 한을 모른 채 강 건너편에서 아직도 '후정화後庭花'를 부르네"(「진회에 묵으면서(泊秦淮)」)라고 한탄했다. '후정화'는 남조 진陳나라 마지막 황제 후주後主가 지었다는 노래다. 두목은 진회하의 술집에서 흘러나오는 노랫소리를 들으며, 환락에 빠져 지내다가 수나라에 멸망당한 진나라의 전철을 당나라가 밟게 될까 저어한 것이리라. 하지만 두목이 상상이나 할 수 있었을까. 그 노랫가락의 주인공인 '그녀'가 '그'와 '조국'에 대한 의리를 지키고자 피눈물을 흘릴 수도 있다는 것을.

난징 성벽의 성문에
깃든 사연

심각한 가뭄이 들었다. 이어진 메뚜기 피해와 돌림병. 반년 만에 아버지와 어머니 그리고 큰형까지 모두 잃은 이 가련한 소년은 관을 마련할 돈조차 없어 낡은 옷으로 유해를 수습해 이웃집 땅에다 안장했다. 어떻게 살아갈지 막막하기만 했다. 갈 곳은 절밖에 없었다. 얼마 뒤 절에서도 식량이 동났다. 소년은 이곳저곳을 떠돌며 탁발승 노릇을 하며 지냈다. 그렇게 몇 년을 떠돌다가 다시 절로 돌아온 게 스무 해가 지난 1368년, 그는 난징에서 제위에 올라 명나라 건국을 선포했다.

주원장과 난징의 성벽
그의 이름은 주중팔朱重八, 바로 주원장이다. 주중팔은 홍건군紅巾軍의 우두머리 곽자흥郭子興 휘하로 들어갔을 때 주원장으로 이름을 바꾸었다. 주朱는 주살의 주誅를 의미하고 원元은 원나라를 의미하며 옥으로 만든 홀笏인 장璋은 인재를 의미한다. 주원장은 그 이름처럼 '원나라를 멸망시킬 인재'였다. 그는 원나라 군대를 거듭 격파했다. 곽자흥은 자신의 양녀를 그에게 시집보냈다.

1355년에 곽자흥이 병사하자 그 뒤를 이은 주원장은 강남 지역에서 세력을 키웠다. 한족의 부흥이라는 명분을 내세우며 원나라와 대적하는 지도자로 부상한 주원장은 많이 배우지는 못했지만 인재들을 받아들이고 그들의 말에 귀를 기울였다. 주원장이 난징을 근거지로 삼은 것은 책사 풍국용馮國用의 견해를 받아들인 것이다. 주승朱升이라는 책사는 "성벽을 높이 쌓고, 식량을 많이 저장하고, 왕위에는 천천히 오르십시오"라고 했다. 주원장은 이 말을 그대로 실천했다. 경쟁자였던 또 다른 반란군의 지도자 진우량陳友諒이 한왕漢王을 자칭하고 장사성張士誠이 오왕吳王을 자칭할 때도 주원장은 왕위에 오르는 데 급급하지 않았다. 그는 홍건군이 황제로 추대한 소명왕小明王 한림아韓林兒를 계속 받들면서 자기 실력을 키웠다.

1366년, 홍건군의 기반인 백련교의 지도자 한림아는 난징으로 가던 길에 배가 뒤집혀 강물에 빠져 죽고 말았다. 아마도 그의 죽음은 주원장과 관련이 있을 것이다. 이듬해 주원장은 오왕을 자칭했으며, 마지막 경쟁자 장사성도 죽였다. 그리고 1368년 주원장은 황제가 되었다. 국호는 대명大明, 소명왕 한림아를 계승하는 의미가 담겼다. 일찍이 백련교를 기반으로 일어났던 홍건군은 "천하가 어지러워지면 미륵불이 강생하고 명왕明王이 세상에 나올 것"이라고 선전했다. 결과적으로 보면, 대명을 건국한 주원장이 예언의 명왕이었던 셈이다.

'성벽을 높이 쌓으라'는 주승의 권고는 난징에서 착실히 이행되었다. 난징의 명나라 성벽은 궁성·황성·경성·외곽성 4중 구조로 건설되었다. 외곽성까지 모두 완공된 건 1393년으로, 처음 궁성을 건설하기 시작한 때(1366)부터 무려 28년이 걸렸다.

명나라 성벽의 규모가 어느 정도나 될까? "두 사람이 각각 말을 타고서 성벽의 반대 방향으로 하루 종일 가야만 만날 수 있다." 16세기 중엽 난징에 세 번이나 왔던 마테오리치의 『마테오리치 중국 찰기札記』에 나오는 말이다. 물론 과장된 표현이긴 하지만 명나라 성벽은 명실상부 세계 최대 규모였다. 외곽성이 60킬로미터, 경성이 35킬로미터에 달했다고 한다. 현재까지 남아 있는 건 경성 성벽(약 25킬로미터)이다.

13개 성문에 깃든 이야기

경성 성벽의 13개 성문을 동쪽부터 시계방향으로 돌아가면서 나열하면 다음과 같다. 동쪽 성문은 조양문朝陽門이다. 남쪽 3개 성문은 정양문正陽門·통제문通濟門·취보문聚寶門이다. 서쪽 5개 성문은 삼산문三山門·석성문石城門·청량문淸凉門·정회문定淮門·의봉문儀鳳門이다. 북쪽 4개 성문은 종부문鍾阜門·금천문金川門·신책문神策門·태평문太平門이다. 13개 성문 중 상당수가 사라졌고, 일부는 이름이 바뀌었으며, 또 일부는 철거되었다가 다시 세워졌다. 한편 청나라, 민국 시대, 중화인민공화국에 걸쳐 새로운 성문이 많이 생겨나기도 했다.

난징의 성문은 끝이 없는 이야깃거리를 품고 있다. 마치 하늘의 수많은 별처럼. 난징의 13개 성문은 바로 하늘의 별을 본떠 만들었다. 난징을 둘러싼 성벽의 북서쪽 귀퉁이(의봉문)와 동남쪽 귀퉁이

(통제문)에 각각 점을 찍은 뒤 두 점을 선으로 연결해보자. 취보문·삼산문·석성문·청량문·정회문·의봉문은 '남두육성'에 해당한다. 그리고 통제문·정양문·조양문·태평문·신책문·금천문·종부문은 '북두칠성'에 해당한다. 난징의 성벽을 만든 주원장의 효릉은 북두칠성 영역에 자리한다. 게다가 황릉의 묘도인 신도神道는 모두 직선 형태지만, 특이하게도 효릉의 신도는 북두칠성 형태로 굽어 있다. 예부터 남두육성은 삶을 관장하고 북두칠성은 죽음을 관장하는 별자리로 믿어졌다. 난징의 13개 성문에는 자신이 세운 나라의 수도에 우주를 구현하고자 했던 주원장의 의지가 담겼다. 북두칠성 형태의 신도는 그가 우주의 중심 북두칠성에 묻힘으로써 영원을 기약하고자 했음을 말해주는 것이 아닐까.

주원장은 엄청난 축성 자금을 어떻게 조달했을까?『명사明史』에 따르면, 강남의 부자 심만삼沈萬三이 난징성의 3분의 1을 쌓는 비용을 댔다고 한다. 게다가 그는 군대의 노고를 위로하는 자금까지 내놓겠노라고 했다. 일개 필부가 천자의 군대를 위로하겠다니! 주원장은 분노하며 그를 죽이려 했다. 이때 마馬황후가 이렇게 말하며 주원장을 말렸다. "법률이란 불법을 저지른 자를 죽이기 위함이지, 불길한 자를 죽이기 위함이 아닙니다. 나라에 대적할 정도로 부유한 자는 불길하고, 불길한 자는 하늘이 재앙을 내릴 테니 폐하께서 그를 죽일 필요는 없습니다." 결국 주원장은 심만삼을 죽이는 대신 윈난雲南으로 유배를 보냈다.

명나라 초에 강남 일대의 부자는 죄다 주원장의 고향인 펑양鳳陽으로 이주당하기도 했다. 이는 한나라 고조가 부자를 죄다 관중關

1937년 12월 13일, 중화문으로 돌격하는 일본군

완벽한 옹성을 갖춘 취보문(현재의 중화문)

中으로 이주시킨 사례를 따른 것으로, 주원장은 자신의 고향을 수도로 삼고자 14만 호에 달하는 강남 백성을 평양으로 이주시켰다. 하지만 평양 천도는 이루어지지 않았다. 신하들의 반대도 있었거니와 그곳은 자신뿐 아니라 개국공신들의 기반인 고향이니만큼 황제 권력에 누수가 발생할 수도 있었기 때문이다. 주변에 대한 경계와 의심을 떨칠 수 없는 게 일인자의 숙명이긴 하지만 주원장은 그 정도가 너무 심했다. 그런 그가 심만삼과 같은 이를 그냥 두지 않은 것은 당연한 이치다. 게다가 심만삼은 일찍이 주원장의 경쟁자인 장사성을 도운 전력까지 있었다. 장사성을 도운 부자가 어디 심만삼뿐이랴. 장사성

426

이 세력을 발휘할 때 누구든 그를 도울 수밖에 없었다. 그런데 주원장이 황제가 된 상황에서는 그런 과거 행위가 원죄가 되어버렸다. 주원장은 이 부자들을 죄다 강제 이주시킴으로써 경계와 의심을 해소했다. 그리고 부자에 대한 분풀이까지 해냈다.

앞에서 소개한 13개 성문 중에서 '취보문'에는 심만삼과 관련된 재미난 이야기가 전해진다. 취보문을 세울 때 지반이 계속 무너져서 점을 봤더니 성문 아래에 '취보분聚寶盆'을 묻어야 한다는 것이었다. 취보분은 재물이 계속해서 나오는 일종의 화수분이다. 주원장은 심만삼이 가지고 있던 취보분을 가져다 성문 아래에 묻게 했다. 그랬더니 더는 지반이 무너지지 않았고 성문을 세울 수 있었다고 한다. 물론 이 이야기는 전설이지만, 취보분 소유자로 말해질 정도로 심만삼이 부자였다는 사실 그리고 그의 부를 주원장이 앗아갔다는 사실을 반영한다. 취보문은 '천하제일의 옹성甕城'이라 불릴 정도로 완벽한 옹성을 갖추었는데, 1931년 국민정부가 중화문으로 개칭했다. 성문에 새겨진 '중화문中華門'은 장제스 글씨다.

역사에 대한 책임

주원장의 지나친 경계와 의심이 도리어 그의 의도와 어긋난 결과를 초래하기도 했다. 황태자 주표가 한창 나이에 죽자 주표의 장자 주윤문朱允炆을 후계자로 지명한 뒤 단행한 대규모 숙청이 대표적인 예다. 주윤문이 숙청하는 이유를 묻자 주원장은 그에게 가시가 가득한 나뭇가지를 쥐어보라고 했다. 머뭇거리는 주윤문에게 주원장은 이렇게 말했다. "네가 이 가시 돋친 나뭇가지를 쥐지 못하니, 내가 너를

1937년 태평문 부근에서 일본군이 자행한 학살을 고발하는 기념비

위해 가시를 죄다 없애주려는 것이다." 주원장은 이렇듯 손자를 위해 가시를 없애주고자 했으나 능력 있는 이가 모두 제거됨으로써 도리어 손자의 명을 재촉하는 결과를 가져왔다.

주원장이 세상을 떠난 이듬해인 1399년, 넷째 아들 주체가 '정난靖難의 변'을 일으켰다. 1402년 주체의 군대가 난징에 이르자 주혜朱橞와 이경륭李景隆은 성문을 열고 투항했다. 난징은 함락되고 건문제(주윤문)의 행방은 미궁에 빠진 채 주체가 영락제로 즉위했다. 주체의 군대가 들어왔던 성문이 바로 '금천문'이다. 일찍이 주원장이 잔인한 숙청을 단행하지 않았다면, 혹시 그들 중 목숨을 걸고 금천문을 지켰을 사람이 있었을지도 모를 일이다.

13개 성문 가운데 사연 많기로는 신책문과 태평문을 능가할 문이 없을 것이다. 먼저 신책문의 사연부터 알아보자. 남명의 정성공이 반청복명反淸復明을 기치로 10만 대군을 이끌고 난징을 공격했을 때 난징을 지키던 청나라 군대는 1만여 명에 불과했다. 청나라의 양강 총독兩江總督은 신책문을 굳게 닫고 지연작전을 펴다가 어느 날 갑자기 성문 밖으로 나가 싸워서 큰 승리를 거뒀다. 순치제順治帝는 이를 기념해서 신책문을 '득승문得勝門'이라 명명하기도 했다. 난징이 태평천국의 수도였을 때, 청나라 군대가 내내 공격 목표로 삼았던 곳도 바로 신책문이다. 결국 신책문도 태평천국도 청나라 군대에 함락되고 말았다.

신책문의 '화평문和平門'이라는 글씨는 민국 시기에 화평문으로 개칭되면서 새겨진 것이다. 당시 화평문 안에는 아시아 석유회사Asiatic Petroleum Company의 유류창고가 있었다. 이후 일본이 난징을 점령했을 때도 이곳에 유류창고를 두었다. 화평문은 중화인민공화국이 들어선 이후에도 내내 유류창고 기능을 하면서 군사보호구역으로 묶여 있었다. 화평문이 군에서 인민정부로 넘어오고 시민에게 개방된 것은 2001년, 비로소 평화라는 이름이 무색하지 않게 되었다.

태평문이야말로 그 이름과 불일치가 가장 심한 성문이다. 1864년 7월 19일, 태평천국의 최후 보루였던 태평문과 주변 성벽이 60미터도 넘게 무너져 내렸다. 태평천국 진압에 나선 상군湘軍이 성벽 아래 매설한 화약 600여 포대가 폭발한 것이다. 조열문趙烈文의 『능정거사能靜居士 일기』에서는 난징이 함락된 이후를 이렇게 묘사했다. "성이 함락된 날 전군이 성을 약탈했다." "사흘 동안 10여 만 명을 죽였고 진회하에는 시체가 가득했다." "마흔 이하로는 한 명도 살아남은 이가 없고 노인은 부상당하지 않은 이가 없는데, 칼에 십여

번 또는 수십 번 찔렸으며 울부짖는 소리가 사방으로 멀리 퍼졌다."

그로부터 70여 년 뒤, 태평문에서 가장 끔찍한 일이 벌어졌다. 1937년 11월 상하이를 함락한 일본군은 난징을 향했다. 12월 8일, 장제스는 비행기로 난징을 떠났다. 난징 사수를 강력히 주장했던 탕성즈唐生智 역시 퇴각 명령을 받고서 12월 12일 배를 타고 난징에서 빠져나갔다. 이튿날 태평문 부근에서 무려 1,300여 명이 학살되었다. 일본군은 항복한 중국군과 시민을 이곳에 모아놓고 주위에 철조망을 둘러쳤다. 이들의 발아래는 일본군이 매설해둔 지뢰가 있었다.

도화선에 불이 붙었고 철조망 안에 갇힌 이들은 굉음과 함께 폭사했다. 살아남은 사람은 일본군 총에 맞아 죽었다. 일본군은 그 위에 기름을 붓고 불을 질렀다. 그로부터 70년이 지난 2007년 12월, 끔찍한 살육 현장이었던 태평문 근방에는 이날을 기억하고자 하는 기념비가 세워졌다. 그날 학살 현장에서 생존한 중국인은 아무도 없었다. 그날을 증언한 이는 당시 학살 현장에 있었던 일본 병사다. 인터뷰 당시(1999) 그는 이미 여든 중반을 넘어선 노인이었다.

난징 성벽의 벽돌은 '책임'의 막중함을 묻는다. 성벽을 쌓는 데 쓰인 벽돌에는 관리부터 인부에 이르기까지 해당 벽돌의 제조와 관련된 이들의 이름이 선명히 찍혀 있다. 검사에 불합격하면 관련자는 처벌을 받았다. 사형을 당하는 경우도 있었다. 이 엄격한 '품질보증제' 덕분에 난징 성벽이 지금까지도 건재한 것일 터. 성벽 벽돌조차 책임자를 찾아 문책할 수 있었건만, 뼈아픈 역사의 과오에 대한 책임자에게 그 대가를 치르게 했다는 소식은 왜 들리지 않는가.

참배 정치의 장이 된
주원장의 효릉

난징에 있는 명나라 황제의 능은 단 하나, 바로 주원장이 묻힌 '효릉孝陵'이다. 홍무 15년(1382), 마황후가 세상을 뜨고 이곳에 묻혔다. 16년 뒤 주원장도 세상을 뜨고 이곳에 묻혔다. 효릉은 마황후의 시호 '효자孝慈'에서 비롯한 명칭이다. 이 명칭은 '효'로 천하를 다스린다는 의미를 담고 있기도 하다.

주원장이 세상을 떴을 때 그의 아들은 모두 장례에 참석하지 못했다. "다들 임지에 그대로 머물고 수도로 오지 말라"는 주원장의 뜻이었다. 주원장은 생전에 아들을 26명 두었다. 주원장보다 먼저 세상을 떠난 아들은 첫째·둘째·셋째를 포함해 모두 7명이다. 그가 사망할 당시 아들이 19명이나 있었지만 모두 장례에 참석하지 못했다. '효'를 그토록 중시했던 주원장이 이런 조치를 취할 수밖에 없었던 건 자신의 아들들이 제위에 오를 손자 주윤문에게 위협이 될 것을 우려해서였다.

주원장이 묻힌 효릉

하지만 1402년 주원장의 넷째 아들 주체가 결국 난징을 함락하고 황제 자리를 차지했다. 효릉의 '대명효릉신공성덕비大明孝陵神功聖德碑'는 주체가 세운 것으로, 비문의 2,746자에는 주원장의 일생을 담았다. 이 비석이 세워진 1413년은 바로 효릉 공사가 완전히 마무리된 해이기도 하다. 효릉은 명나라 뿌리를 상징하는 장소로 명나라 내내 존중을 받았다.

명나라를 멸망시키고 들어선 청나라 역시 효릉을 중시했다. 효릉의 '치륭당송비治隆唐宋碑'는 주원장이 당시 어떤 지위를 누렸는지 잘 말해준다. '치륭당송'이란 명 태조 주원장의 다스림이 당 태종 이세민과 송 태조 조광윤보다 뛰어나다는 의미다. 치륭당송비를 세운 사람은 강희제다. 그는 여섯 차례 강남 지역을 순시했는데, 그중 다섯 번이나 효릉을 참배했다. 게다가 신하가 황제에게 행하는 '삼궤구고두三跪九叩頭'의 예를 올렸다. '삼궤구고두'란 세 번 무릎을 꿇어 절하되 한 번 절할 때마다 세 번씩 머리를 땅에 찧어 모두 아홉 번 머리를 조아리는 예다. 강희제가 주원장을 이토록 받든 이유는 명확하다. 만주족 출신 황제로서 절대다수인 한족을 통치하려면 고압적 정책만으로는 부족하고 그들의 마음을 얻어야 했다. 한족의 왕조를 세웠던 주원장을 적대시하는 것보다는 끌어안는 게 이득이라고 판단했던 것이다.

효릉은 역대로 '참배 정치'의 장이었다. 주원장이 이민족의 원나라를 무너뜨리고 한족의 명나라를 세웠기에 그가 묻힌 이곳은 한족 지도자에게 더더욱 중요한 곳이었다. 만주족 왕조를 악마로 규정

주원장이 묻힌 효릉

했던 태평천국의 홍수전은 효릉에 지어 올린 제문(「제명태조능침문祭明太祖陵寢文」)에서 자신을 '불초한 자손'이라고 표현했다. 그의 제문에 따르면, 중국은 '한족'의 것인데 이민족이 중국을 차지함으로써 종족이 멸망의 위기에 빠졌다. 홍수전은 주원장의 영령 앞에서 "이민족을 몰아내고 우리의 신주神州(중국)를 되찾겠다"라고 다짐했다.

태평천국은 만주족 왕조를 무너뜨리지 못한 채 멸망했다. 하지만 그로부터 불과 50년이 되기도 전에 청나라 역시 멸망했다. 신해혁명으로 청나라가 무너진 이듬해인 1912년 2월 12일, 청나라 마지막 황제 선통제宣統帝 푸이溥儀가 퇴위를 선포했다. 사흘 뒤인 2월 15일, 쑨원은 임시정부 관료들을 대동하고 효릉을 참배했다. 당시 쑨원은 국민을 대표하는 '중화민국 임시대총통' 자격으로 주원장의 영령 앞에서 청나라가 무너졌음을 고했다. 이날 효릉에 지어 올린 제문(「제명릉문祭明陵文」)에서 쑨원은 '중화민국의 완전한 통일'을 강조했다.

일찍이 쑨원은 1912년 1월 1일에 발표한 「임시대총통 선언서」에서 한족·만주족·몽골족·회족·티베트족의 통합을 주장하는 '오족공화론五族共和論'을 발표한 바 있다. 청나라가 무너진 상황에서 '한족'만의 중국을 주장하는 것은 결국 중국 영토의 분할을 초래하므로, 쑨원은 발 빠르게 기존의 배만排滿에서 오족공화로 급선회했다. 하지만 기존의 배만 의식과 한족주의는 한순간에 떨쳐버릴 수 있는 게 아니었다. 효릉에 지어 올린 제문에서 쑨원은 청나라가 지배한 268년을 원통한 시간으로 규정했다. 또 그는 주원장이 몽골족을 물리치고 명나라를 건국한 것을 해와 달이 다시 밝아진 광복에 빗대었다. 그의 논리에 따르면, 주원장이 원나라를 무너뜨린 것은 청나라를 무너뜨린 신해혁명의 선구였던 셈이다.

쑨원이 효릉을 참배한 날은 그가 임시대총통 자리를 내놓기 직전이었다. 이날 난징에서는 중화민국 임시대총통 선거가 열렸다. 여기서 위안스카이가 임시대총통으로 선출되었다. 3월 10일, 위안스카이는 베이징에서 임시대총통에 취임했다. 이후 위안스카이는 공화제에 대한 약속을 저버렸다. 쑨원은 위안스카이에 맞서야 했고, 이어서 여러 군벌을 상대해야 했다. 결국 그는 뜻을 이루지 못한 채 1925년 3월 12일 베이징에서 간암으로 사망했다. "혁명은 아직 성공하지 못했으니, 동지들은 계속 노력하라"라는 유언을 남긴 채.

쑨원이 잠들어 있는 중산릉

베이징 벽운사碧雲寺에 임시로 안치되어 있던 쑨원의 유해가 난징으로 옮겨져 묻힌 건 1929년 6월 1일이다. 쑨원이 잠들어 있는 곳을 '중산릉'이라고 한다. 일찍이 쑨원은 일본 망명 시절에 중산초中山樵라는 가명을 썼는데, 이후 '중산'은 그의 여러 이름 가운데 가장 널리

중산릉 제당으로 향하는 쑨원의 운구 행렬(1929)

사용되었다. 중산릉은 쑨원이 생전에 자신이 죽은 뒤 묻히길 바랐던 장소다.

광둥에서 태어나 베이징에서 사망한 그가 왜 난징에 묻혔을까? 임시대총통에서 사임한 1912년 어느 봄날, 쑨원은 이곳에 사냥하러 왔다가 사방을 둘러본 뒤 훗날 자신이 죽으면 이 땅에 안장해달라는 말을 했다고 한다. 쑨원이 난징에서 머문 기간은 오래지 않지만 그에게 난징은 어느 곳보다 의미 있는 곳이었다. 임시정부가 수립되었던 곳, 신해혁명의 의미를 상기시키는 곳이 바로 난징 아닌가.

중산릉은 쑨원 서거 1주년이 되는 1926년 기공식을 거행한 이래 1929년 봄이 되어서야 준공되었다. 쑨원의 유해를 맞이하기 위해 이해에 난징에는 첫 번째 아스팔트 도로인 '중산로'가 만들어지기도 했다. 또 명나라 때의 동쪽 성문인 조양문을 개축하고 '중산문'이라 개칭했다. 중산릉은 중국 전통의 건축구조를 따랐는데, 가운데 중심선을 따라서 남쪽에서 북쪽으로 이어지는 일직선상에 주요 건축이 자리한다. 중산릉은 산세에 의지해서 조성되었기 때문에 패방·묘도·능문·비정·제당·묘실로 가는 길이 조금씩 높아진다. 또 공중에서 내려다보면 중산릉 전체 모양은 마치 '종'과 같다. 이를 두고 '자유의 종'이라고도 하고, 세상을 일깨우는 '경세종警世鐘'이라고도 한다.

중산릉의 패방부터 묘실까지 모든 것에 쑨원의 정신 그리고 그를 존경하는 중국인의 마음이 담겨 있다. 패방에 적힌 '박애博愛'라는 글자는 쑨원의 일생을 개괄하는 의미를 담은 것이다. 패방을 지나 설송雪松과 향나무가 늘어선 400미터가 넘는 묘도가 끝나는 자리에 '능문'이 있다. 능문 위쪽에 적힌 글자는 '천하위공天下爲公'이다. 천하는 모두의 것이라는 의미다. 이는 쑨원이 평생 분투했던 이상이기도 하다.

능문을 지나면 비정이 나온다. 비정 안의 9미터나 되는 커다란 비석에는 다음 24개 글자가 크게 새겨져 있다. "중국국민당이 총리 쑨선생을 이곳에 안장하다, 중화민국 18년 6월 1일(中國國民黨葬總理孫先生於此, 中華民國十八年六月一日)." 원래는 쑨원의 공적을 담은 비문을 새길 계획이었지만 결국 이렇게만 새겼다. 그의 공적을 비문에 제대로 담기가 어려웠기 때문이라고 한다.

비정을 지나면 제당까지 이어진 돌계단이 있다. 비정에서 제당까지 돌계단 개수는 339개로 당시 국민당 의원 수를 상징한다. 패방부터 제당까지 돌계단 개수는 392개로 당시 중국 인구 3억 9,200만

명을 상징한다.

　쑨원에 대한 중국인 모두의 존경을 담은 돌계단이 끝나는 곳에 제당이 있다. 제당 입구의 문미門楣(문 위쪽의 가로 부분)에는 '민족民族 민생民生 민권民權'이라고 적혀 있다. 쑨원의 삼민주의三民主義를 표현한 것이다. 제당에는 2.1미터 높이의 기단 위에 4.6미터에 달하는 쑨원의 좌상이 놓여 있다. 제당 뒤편 묘실에는 쑨원의 와상이 놓여 있다. 쑨원의 모습을 일대일 비율 그대로 재현한 이 와상 아래 5미터 지점에 쑨원의 관이 안치되어 있다. 제당의 좌상과 묘실의 와상 모두 흰색 대리석 조각이다. 그런데 제당의 쑨원은 중국 전통의 마고자 차림인데, 묘실의 쑨원은 중산복中山服(쑨원이 창안한 복식으로 인민복이라고도 한다) 차림이다. 이는 국민당 우파와 좌파의 갈등 때문에 빚어진 결과다. 쑨원의 조각상에 대해 국민당 우파는 전통 복장을 주장한 반면 국민당 좌파는 중산복을 주장했다. 결국 양측은 합의를 보지 못했고, 쑨원의 좌상과 와상의 차림새가 제각각이 된 것이다.

　쑨원의 유해를 중산릉에 안장하는 '봉안대전奉安大典'이 거행된 1929년 6월 1일 정오를 기해 전국의 교통이 3분 동안 멈추었고 전 국민이 3분 동안 애도를 표했다. 국부國父에 대한 최고 예를 표한 것이다. 이후 수많은 이가 사후에 중산릉 곁에 묻히길 바랐다. 장제스 역시 중산릉 서쪽에 자기 묏자리를 봐둔 적이 있다. 만약 훗날 벌어졌던 국공내전에서 국민당이 승리했다면 장제스는 바로 그곳에 묻혔을 것이다.

장제스(왼쪽)와 쑨원

쑹칭링과 쑨원

쑨원 그리고 중화인민공화국과 타이완

1929년 6월 1일, 이날의 주인공은 단연코 장제스였다. 바로 전해에 그는 북벌을 완수하고 군벌 세력을 잠재웠다. 국민정부 지도자로서 장제스는 쑨원의 이장과 관련된 모든 것을 주관했다. 장제스는 국가 수장이었으며 쑨원의 동서이자 후계자였다. 그런데 봉안대전에 참석한 사람들 중에는 장제스를 쑨원의 후계자로 인정하지 않는 이가 있었으니, 바로 쑨원의 부인 쑹칭링宋慶齡이다.

쑨원이 세상을 떠난 뒤 쑹칭링은 장제스와 대립하며 국민당 좌파를 지지했다. 그녀는 장제스가 쑨원과 자신의 영향력을 이용해 권력을 차지하려는 것에 반대하며 중국을 떠나 모스크바로 갔다가 나중에는 베를린에서 지냈다.

남편 쑨원을 안장하는 '봉안대전'에 참석하라는 연락을 받은 쑹칭링은 난감하기 그지없었다. 그녀의 귀국은 자칫 장제스를 쑨원의 명실상부한 '후계자'로 인정하는 메시지로 받아들여질 수 있었다. 하지만 쑨원의 아내로서 봉안대전에 참석하지 않을 수도 없는 노릇이었다. 결국 그녀는 귀국을 결정하는 한편 성명서를 발표했다. 중앙집행위원회의 정책과 활동은 반혁명적이기에 국민당의 일에 참여하지 않겠다는 견해를 거듭 강조하면서, 자신이 장례식에 참석하는 것이 결코 기존 견해에 변화가 있는 게 아님을 밝혔다. 봉안대전이 거행된 당일 저녁에 쑹칭링은 난징을 떠나 상하이로 갔다. 장제스가 쑹칭링이 묵을 곳을 마련해놓았고, 쑹칭링의 동생 쑹메이링은 그녀에게 남아 있길 간청했는데도 말이다. 장제스가 자신을 이용할 어떤 빌미도 주지 않기 위해서였다.

장제스 앞에는 해결해야 할 일이 산적해 있었다. 복잡한 당내 분쟁, 여전히 딴마음을 품고 있는 군벌, 중국에 눈독을 들이는 열강, 게다가 눈엣가시인 공산당. 이런 상황에서 쑨원은 그에게 '정통성'을 보장해주는 버팀목과 같았다. 그가 봉안대전에 온갖 심혈을 기울인 것도 당연한 일이다.

훗날 쑹칭링은 중국 대륙에 남고 장제스는 타이완으로 쫓겨갔다. 이후 중산릉은 중화인민공화국 주요 인사들의 참배 장소가 되었음은 물론 2005년 타이완의 국민당 주석 롄잔連戰이 참배한 것을 필두로 타이완 주요 인사들의 참배 장소가 되었다. 2016년 타이완에서는 민진당 주석 차이잉원蔡英文이 총통에 취임했다. 그녀는 타이베이 총통부에 걸린 쑨원 초상화 앞에서 취임선서를 했다. 차이잉원은 역대 그 누구보다 탈중국화와 타이완 정체성을 강조하는 인물이다. 한편, 중국이 내세우는 '하나의 중국'이라는 원칙은 매우 견고하다.

쑨원의 유해가 안치된 자동관紫銅棺은 시멘트로 단단히 고정되어 있다. 일찍이 항일전쟁 시기에 국민당 정부는 쑨원의 유해를 충칭으로 옮기려 한 적이 있다. 하지만 묘혈을 폭파할 경우 유해가 손상되기 때문에 실행에 옮기지 못했다. 장제스가 쑨원의 유해를 타이완으로 옮겨가지 못한 이유도 바로 이 때문이었다. 먼 훗날 타이완 총통이 쑨원의 초상화 앞에서 취임선서를 하지 않게 되는 날이 올는지 자못 궁금하다.

난징 대학살,
역사를 기억해야 하는 이유

1842년 8월 29일, 영국 군함 콘월리스Cornwalis호에서 난징조약이 체결된다. 그에 앞서 청나라와 영국 양측은 정해사靜海寺와 콘월리스호에서 보름이 넘도록 회담했다. 아편전쟁을 끝내기 위해서였다. 강철 군함을 내세운 영국의 요구가 거의 그대로 관철되었다. 청나라는 더 많은 항구를 개항하고 영국이 원하는 배상금을 지불해야 했다. 홍콩을 할양한 것도 바로 이때다.

난징조약 조인 이후 청나라 흠차대신 기영耆英과 이리포伊里布는 영국군의 노고를 달래기 위한 잔치를 정해사에서 열었다. 영국 군함에도 술과 음식이 전해졌다. 중국 최초의 불평등 조약이라는 난징조약, 정작 당사자는 이를 제대로 인식하지 못했다. 서양 오랑캐를 어르고 달래서 성가신 상황을 얼른 끝내려 했을 따름이다.

정해사의 정화 기념관

1997년, 난징 시민이 모금해 만든 청동종이 정해사에 안치되었다. 이름하여 '경세종!' 종 앞면에는 '경세종警世鐘'이라는 글자가 주조되어 있다. 뒷면에는 『전국책戰國策』의 글귀가 주조되어 있다. '전사불망前事不忘 후사지사後事之師.' "지난 일을 잊지 않고 훗일의 본보기로 삼는다"라는 의미다. 종의 높이 1.842미터는 난징조약이 체결된 1842년을 상징한다. 종 꼭대기 7.1센티미터 높이의 화구火球는 홍콩 반환일인 7월 1일을 상징한다. 홍콩이 중국에 반환되기 전날인 1997년 6월 30일, 경세종 타종 의식이 거행되었다. 해마다 난징조약 체결일인 8월 29일이 되면 경세종 타종 행사가 열린다. 뼈아픈 역사를 잊지 않기 위해서!

아이러니하게도 애초에 정해사는 중국이 세계 최고의 해상강국을 구가하던 당시의 주인공인 정화를 위해 만들어진 곳이다. 영락제가 파견한 정화의 함대는 동남아시아·인도·아프리카를 누비며 명나라의 위세를 떨쳤다. 현재 정해사에는 '정화 기념관'과 '난징조약 사료 진열관'이 동시에 존재한다. '사해를 평정한다'는 의미가 담긴 정해사, 일찍이 중국이 강성했던 때 세워진 이곳에서 400여 년 뒤에는 난징조약 회담이 열렸다. 중국이 제국주의 열강의 먹잇감으로 전락하는 시발점이 된 조약이 바로 난징조약이다. 바로 이곳에 지금은 홍콩 반환을 기념하여 만든 경세종이 자리하고 있다.

대보은사의 9층 유리탑

하나의 장소이되 여러 의미가 겹쳐진 공간, 난징에는 유난히도 이런 곳이 많다. 대보은사大報恩寺도 그런 곳이다. 2008년, 대보은사 유적지에서 발굴 작업을 하던 중 '금릉장간사탑신장사리석함기金陵長干寺塔身藏舍利石函記'라고 새겨진 1.5미터 높이의 돌함이 발견되었다. 돌함의 명문에 따르면, 대중상부大中祥符 4년(1011)에 가정可政 스님이 송 진종의 윤허를 받아 장간사(대보은사의 전신) 9층탑을 재건하면서 그 아래에 부처의 정골頂骨(머리뼈)사리를 모셨다.

명문 내용대로라면 돌함 안에는 철함, 철함 안에는 아육왕(아쇼카왕) 탑, 아육왕 탑 안에는 은곽, 은곽 안에는 금관이 있고, 이 금관 안에 바로 부처의 정골사리가 있을 터였다. 과연 그랬다! 베이징올림픽이 열리기 직전(2008. 8. 6)에 철함이 개봉된 것을 시작으로 마침내 2010년 6월 12일, 은곽과 금관이 개봉되고 부처의 정골사리가 세상에 모습을 드러냈다. 이를 모시기 위해 특별히 만들어진 곳이 바로 우수산牛首山의 불정궁佛頂宮이다. 부처의 정골사리가 불정궁에 안치된 2015년 10월 27일, 세계 각지의 불교신자가 이곳에 운집했다. 부처의 정골사리 덕분에 난징은 불교문화의 성지로 부각될 듯하다.

대보은사 유적지는 일찍이 당 현장의 정골사리가 발굴된 곳이기도 하다. 1942년 11월, 난징을 점거한 일본군이 신사神社를 만들려고 기초공사를 하다가 우연히 돌함을 발견했다. 돌함의 명문에 따르면, 그 안에 있는 것은 현장의 정골사리였다! 일본군은 이 소식을 비밀에 부쳤지만 결국 관련 기사가 보도되었다. 여론이 들끓자 일본군은 현장의 정골사리를 왕징웨이 정부에 넘겼다. 이후 현장의 정골사

1842년 난징조약 체결 장면

요하네스 니호프가 그린 대보은사 9층 유리탑

리는 난징·베이징·일본에 나뉘어 모셔진다. 그중 난징에 남겨진 정
골사리는 중앙문물보관위원회와 구화산九華山의 현장탑에 나뉘어
보관되었다. 현재 난징 영곡사靈谷寺에 모셔진 현장의 정골사리는 바
로 중앙문물보관위원회에서 보관하던 것이다.

그런데 장안(시안)에서 장사지내진 현장의 정골사리가 어떻게 난징까지 오게 되었을까? 현장의 정골사리가 들어 있던 돌함의 명문에 따르면, 당나라 말 황소의 난 때 현장의 사리탑이 파괴되었는데 송나라 가정 스님이 장안에 들렀다가 현장의 정골사리를 가지고 난징으로 돌아와 장간사에 안치한(1027) 것이다.

장간사가 있던 자리에 대보은사를 지은 이는 명나라 영락제다. 그는 자기 어머니를 기념하기 위해 대보은사를 지었다. 19년(1412~1431)에 걸쳐 10만 명이 동원되었을 정도로 큰 공사였다. 특히 9층 유리탑은 난징을 방문했던 유럽 여행자들에 의해 '중세시대 세계 7대 불가사의'로 꼽힐 만큼 예술성이 뛰어났다. 대보은사 유리탑에 대해 '큰 규모였다', '뛰어났다'라고 과거형으로 서술한 이유는 그것이 이미 파괴되었기 때문이다. 1856년에 벌어진 태평천국의 내분으로 그토록 아름다운 탑이 파괴된 것이다. 우리로서는 박물관에 전시된 탑의 잔해만 볼 수 있을 뿐 146개 등잔이 80미터에 달하는 유리탑과 어우러져 뿜어내던 아우라를 느낄 수 없게 되었다.

일찍이 네덜란드 동인도회사에서 파견한 사절단을 따라 난징에 왔던 요하네스 니호프Johannes Nieuhof(1618~1672)는 여행기에 중국의 여러 건축물과 더불어 대보은사 유리탑을 그림으로 남겼다. 그의 여행기가 출간되자 당시 유럽인은 대보은사 유리탑에 매료되었다. 니호프는 이 유리탑을 자기탑Porcelain Tower으로 소개했다. 17세기 유럽을 풍미한 중국풍의 중심에 도자기가 있었던 걸 감안하면, 유리탑이 자기탑으로 오인되었기에 오히려 그들에게 더욱 매력적으로 다가갔음을 짐작할 수 있다.

대보은사가 파괴된 지 150여 년이 지난 2015년 12월, 대보은사 유적지공원이 개방되었다. 2010년부터 추진한 대보은사 복원 사업의 결과다. 이 복원 사업을 위해 완다萬達그룹 왕젠린王健林 회장이 10억 위안(한화로 약 1,700억 원)을 기부해 세계적으로 화제가 되기도 했다. 불교신자도 아닌 그가 중국 역사상 최대 규모의 기부를 한 이유는 중국의 전통문화 성지를 선양하기 위해서라고 한다. 일찍이 유럽이 선망했던 유리탑은 이제 인공지능 LED 조명 시스템이 적용된 탑으로 복원되었다. 대보은사 복원은 21세기 '중화의 부활'을 상징한다.

난징대학살 기념관과 위안소 기념관

어떤 역사는 영광의 기억을 소환하고, 또 어떤 역사는 뼈아픈 기억을 소환한다. 다음 이야기는 난징뿐 아니라 중국의 모든 역사, 나아가 인류의 모든 역사를 통틀어서 더 참혹한 경우를 찾기 어려울 정도의 사건에 관한 것이다.

난징대학살, 1937년 12월 13일부터 6주 동안 무려 30만 명이 학살된 아시아의 홀로코스트! 산 채로 묻기, 사지 절단하기, 불태우기, 동사시키기, 사나운 개의 먹이로 던져주기, 염산에 담그기……. 대체 난징에서 무슨 일이 왜 어떻게 벌어졌는지 알려면 『난징의 강간The Rape of Nanking(번역본 제목은 '역사는 누구의 편에 서는가')』(1997)을 일독하길 권한다.

난징대학살의 참상을 낱낱이 고발한 최초의 영문 논픽션인 이 책의 저자는 중국계 미국인 아이리스 장Iris Chang이다. 그녀는 책이 '두 가지' 잔학 행위에 관한 것이라고 말했다. 하나는 일본이 수많은

난징대학살 기념관

위안소기념관 앞 위안부 동상

이의 목숨을 빼앗은 난징대학살 자체다. 다른 하나는 일본이 이 대학살의 기억을 사람들 머릿속에서 지우려 하는 행위다. "과거를 기억하지 못하는 사람들은 그 과거를 되풀이한다"(조지 산타야나)라는 경고를 집필하는 내내 마음 깊이 새겼다는 아이리스 장은 서른여섯 살이던 2004년에 자살하고 말았다. 책 출간 이후 일본 극우 세력으로부터 지속적인 협박을 받으며 공포와 우울증에 시달리다가 생을 마감한 것이다. 정직하게 과거와 대면하기를 거부하는 일본이야말로 그 죽음의 궁극적 원인이리라.

아이리스 장이 난징대학살의 진상을 세상에 알리고자 한 것은 '기억의 의무' 때문일 것이다. 그 의무를 잊는다면 대학살에 관한 역사적 평가를 온당히 할 수 없을뿐더러 비극이 되풀이될 수 있다.

'난징대학살 기념관'은 바로 '기억의 의무'를 상기해주는 공간이다. 이곳이 개관한 1985년 8월 15일은 항일전쟁 승리 40주년이 되는 때였다. 기념관 설립의 직접적 계기가 된 건 1982년에 벌어진 일본의 역사교과서 왜곡이다. 중국 '침략'을 '진입'으로 기술하는 등 역사 왜곡이 중국인의 분노를 자아냈고, 그 결과 기념관 설립이 추진되었다. 난징대학살 기념관 정문 좌측에는 '침화일군남경대도살우난동포기념관侵華日軍南京大屠殺遇難同胞紀念館'이라는 글씨가 새겨져 있다. 난징대학살 기념관의 정식 명칭으로 덩샤오핑의 글씨다. 기념관 입구에는 12.13미터 높이의 십자가 모양 표지비가 세워져 있다. 난징이 함락된 12월 13일을 의미한다. 표지비에 새겨진 '1937. 12. 13~1938. 1'이라는 숫자는 대학살이 자행된 기간을 나타낸다.

난징대학살 기념관은 크게 세 부분으로 구성되어 있다. 광장, 희생자 유골 전시실, 대학살 관련 자료 전시실이다. 난징대학살 기념관을 관통하는 콘셉트는 '삶과 죽음', '고통과 한'이다. 광장 구역에서는 죽음을 상징하는 자갈, 생명을 상징하는 풀과 나무, 양자의 선명한 대비 속에서 고난에 빠진 희생자들의 조형물이 그 고통과 한을 고스란히 전달하고 있다. 유골 전시실에는 법의학·고고학·역사학 전문가들이 난징대학살로 희생당한 이들의 것이라고 검증한 유골이 전시되어 있다. 이들이야말로 일본이 대학살을 부정할 수 없는 명백한 증거다. 기념관이 세워진 강동문江東門 일대는 대학살이 자행된 대표적인 지역 중 한 곳이기도 하다. 사료 전시실에서는 일본이 상하이를 함락한 때부터 패망한 이후 난징전범재판이 열리기까지의 역사를 만나볼 수 있다.

30만! 난징대학살 기념관 곳곳에서는 '30만'이라는 희생자 수를 환기한다. 일본이 난징을 침략했을 당시 난징 시민의 절반은 이미 피난을 떠난 상태였다. 남은 50만 명은 대부분 사회적 약자였다. 바로 이들을 상대로 일본군은 인간이 상상할 수 없을 정도의 잔혹한 방법으로 살인과 강간을 저질렀다. 12월 13일은 난징대학살로 희생된 30만 명의 넋을 기리는 국가추모일이다. 이날을 국가 차원에서 공식으로 추모하기 시작한 2014년에 중국 정부는 난징대학살 관련 자료의 세계기록유산 등재를 신청했다. '위안부' 관련 자료와 함께!

2015년 10월, 난징대학살 자료는 등재되었으나 위안부 자료는 등재되지 못했다. 이듬해에 중국·한국·일본·필리핀·인도네시아·동티모르·네덜란드·영국·오스트레일리아·미국 10개국 민간단체가 연합해 위안부 자료의 세계기록유산 등재를 신청했지만, 일본은 유네스코 분담금을 무기로 유네스코를 압박했다. 결국 유네스코는 2017년 위안부 관련 기록물의 세계기록유산 등재를 보류했다.

위안부 제도가 강제성을 띤 국가적 동원이었음은 너무나 명백하다. 난징대학살 기념관에서 동쪽으로 6킬로미터 되는 곳에 위안소 기념관이 있다. 바로 '이제항 위안소 구지 진열관利濟巷慰安所舊址陳列

館'인데, 동운東雲위안소와 고향루故鄉樓위안소가 있었던 곳이다. 평안남도 출신 박영심이 일본군 성노예로 지냈던 곳이 동운위안소다. 2003년 박 할머니는 난징을 찾아 여기가 바로 자신이 3년 동안 갇혀 지낸 곳이라고 증언했다. 윈난 쿤밍昆明의 미군 관할 포로수용소에서 촬영된 사진 속 위안부 4명 중 임산부가 바로 박영심이다. 위안소 기념관 앞 위안부 동상 셋 가운데 임신한 이가 박영심이다. 기념관 벽을 타고 흘러내리는 듯한 '눈물방울' 조형이 가슴 아프게 다가온다. 그것은 수많은 박영심의 피맺힌 원한의 눈물이리라.

박영심은 2006년 세상을 떠났다. 자신의 인생을 나락으로 몰아넣은 일본 당국의 사과조차 받지 못한 채. 2015년 12월 1일, 위안소 기념관이 개관하던 이날 서울 일본대사관 앞 소녀상은 더욱 처연해 보였다. 몇 주 뒤인 12월 28일, 일본 정부는 10억 엔을 출현키로 했고 당시 대한민국 정부는 위안부 문제에 대한 '최종적'이고 '불가역적'인 합의에 동의했다. 일본은 '더 이상 사과는 없다'고 한다. 언제 그들이 제대로 된 사과를 한 적이 있기나 했던가. 2016년 6월, 독일 헤센주州 정부는 아우슈비츠 수용소 운영에 관여했던 이들의 재판 관련 자료의 세계기록유산 등재를 추진한다고 밝혔다. 역사를 '왜' '어떻게' 기억해야 하는가, 난징이 던지는 질문이다.

6장

베이징, 정주세계와 유목세계의 접경

베이징은 몰라보리만큼 변했으면서도 놀라울 정도로 변하지 않았다.
마오주석기념당, 인민영웅기념비, 천안문, 자금성, 냐오차오 등
베이징 중축선상의 이 기념비적 건축들은
변하는 중국을 말해주는 동시에 변하지 않는 중국을 대변한다.

북
해

● 원명원

● 이화원

● 냐오차오

● 지단

고궁(자금성)

● 천안문

● 천단

● 루거우차오

베이징의 역사 유적지

원과 명이 선택한
수도 베이징

기원전 1122년, 주나라 무왕은 상나라를 멸망시키는 데 공을 세운 소공召公을 연燕 땅에 봉했다. 연나라 도성이라는 의미에서 '연도燕都'라고 불린 곳이 바로 베이징北京 지역이다. 이후 한나라를 비롯해 위나라·진晉나라·당나라 때는 베이징 일대를 '유주幽州'로 불렀다. 그리고 요나라 때부터 청나라에 이르기까지 베이징은 남경·중도·대도·북경 등으로 불렸다.

베이징을 차지했던 역대 왕조를 보면 알 수 있듯이, 주로 정복왕조가 이곳을 중심지로 삼았다. 938년, 거란족의 요나라는 베이징 지역을 '남경南京'이라 칭하고 부도副都로 삼았다. 이후 여진족의 금나라가 이곳으로 천도하면서 '중도中都'라 불렸고, 몽골족 원나라의 수도가 되면서 '대도大都'라 불렸다. '북경(베이징)'이라 불리게 된 것은 명나라 영락제가 제위에 오른 1403년부터다. 만주족의 청나라에서도 '북경'이라는 명칭이 사용되었다. 명나라를 제외한 요·금·원·청은 유목민족이 세운 나라다. 이들 정복왕조가 북쪽 유목세계를 관할하는 동시에 농경세계를 지배할 거점으로서 가장 적합한 곳이 바로 베이징이었다.

칸이자 황제이고자 했던 쿠빌라이와 대도

베이징이 중국 전역의 수도가 된 건 원나라 때다. 1215년, 칭기즈 칸의 몽골군은 금나라의 중도(베이징)를 함락하고 연경燕京이라고 개칭했다. 약탈과 파괴로 도시는 폐허가 되었고, 궁전도 죄다 불타 없어졌다. 바로 이해에 칭기즈 칸의 손자 쿠빌라이가 태어났다. 1260년 쿠빌라이는 대칸大汗 자리에 오른다. 그는 연경을 다시 중도로 바꾼 뒤 부도로 삼은 데 이어 마침내 중도로 천도할 것을 결정하고 이곳에 새로운 도성을 세우라고 명했다. 새로운 도성이 세워지는 동안 쿠빌라이는 1271년 '원元' 개국을 선포하고 이듬해 중도를 '대도'로 개칭했다.

　　쿠빌라이의 명을 받아 대도 건설을 주관한 이는 한족 출신의 유병충劉秉忠이다. 쿠빌라이가 채택한 '원'이라는 중국식 국호 역시 유병충이 제안한 것이다. 시초와 근원을 상징하는 '원元'을 국호로 삼은 것은 중국 전통과 조화를 꾀하는 동시에 원나라의 중국 지배를 정당화하려는 전략이었다. 송·요·금의 분열 국면을 종식한 '원'이 일찍이 전국시대의 분열을 끝내고 통일을 이룬 '진'에 비견된다는 이미지를 창출하고자 했던 것이다.

　　모리스 로사비Morris Rossabi의 말처럼, 쿠빌라이는 초원 지대에서 온 유목민 정복자의 모습에서 벗어나 정주사회의 실질적 통치자로 변신하는 데 성공한 첫 번째 몽골 통치자였다. 대도 건설은 정주민을 통치하겠다는 의지의 표명이기도 하다. 말 위에서 천하를 정복할 수는 있으나 말 위에서 천하를 다스릴 수는 없다. 칭기즈 칸이 중도를 '파괴'했고 쿠빌라이 칸이 그곳에 대도를 '건설'한 것은 매우 상징적인 일이다. 천하를 정복하려면 파괴가 우선이지만, 그것으로 천하를 다스릴 수는 없다. 쿠빌라이는 중국의 정복자가 아닌 통치자가 되고자 했다. 그는 대도를 건설함으로써 정주민에게 좀 더 가까이 다가갈 수 있었다.

1267년에 건설하기 시작해 1283년에 완공된 대도는『주례』「고공기」의 내용을 충실히 구현했다. 특히 시장이 궁성 북쪽에 있어서 '앞쪽(남쪽)은 조정이고 뒤쪽(북쪽)은 시장'이라는 배치까지도 그대로 따랐는데, 이는 장안성에서도 구현하지 못했던 것이다. 또 쿠빌라이는 '왼쪽은 종묘이고 오른쪽은 사직'이라는「고공기」의 배치대로 서쪽 평칙문平則門 안쪽에는 사직단을 두고 동쪽 제화문齊化門 안쪽에는 태묘太廟를 두었다. 쿠빌라이는 수도라는 상징적 장소를 중국식으로 건설함으로써 중국인의 지지를 끌어낼 수 있었다.

대도가 중국식으로 건설되긴 했지만 건물 곳곳에는 몽골 문화를 상기시키는 장식물이 놓여 있었다. 쿠빌라이는 몽골초원의 흙을 가져다 황실 제단을 지었고, 그의 아들들은 몽골식 천막에서 지냈다. 정주세계의 중국인에게 다가가는 동시에 몽골의 정체성을 지켜나가는 것은 칸이자 황제로서 천하를 아우르고자 했던 쿠빌라이가 끊임없이 실천해야 할 과제였다.

쿠빌라이가 보여준 포용의 리더십

쿠빌라이가 원을 건립한 1271년, 열일곱 살이던 마르코 폴로는 아버지와 삼촌을 따라 베네치아를 떠나 동방 여행길에 올랐다. 마르코 폴로는 스무 살이 되던 해에 원나라의 수도 대도에 도착했다. 마르코 폴로는 쿠빌라이가 통치하던 원나라에서 17년 동안 머물면서 중국의 여러 지역을 자세히 살피며 돌아다녔고, 이때 그가 본 것이 『동방견문록』에 기록되어 있다. 마르코 폴로는 이 책에서 대도를 '캄발룩Cambaluc'이라고 칭했는데, '대칸의 도시'라는 뜻이다. 그는 쿠빌라이를 '이 세상 그 누구보다도 위대한 군주'로 평가했다.

마르코 폴로의 말대로, 쿠빌라이는 역사상 그 누구보다 많은 백성과 땅과 재화를 소유했던 인물이다. 쿠빌라이는 과연 어떻게 그 많은 백성과 땅을 다스렸을까? 종교와 관련해 쿠빌라이가 보여준 '포용'의 리더십이야말로 그가 어떻게 세계제국을 이끌어나갔는지 잘 말해준다. 쿠빌라이 자신은 샤머니즘의 텡그리 신앙을 믿었지만, 유교·불교·도교·이슬람교·기독교 등 모든 종교에 관대했다. 마르코 폴로에 따르면, 쿠빌라이는 부활절·성탄절 등 기독교의 중요 절기마다 정성스럽게 의례를 행했으며 사라센(이슬람교도)과 유대인과 우상숭배자(불교도)에게도 마찬가지였다고 한다.

제국 내 상이한 집단을 자기편으로 만들어야 했던 쿠빌라이는 종교적·민족적으로 다양한 출신을 지지자로 끌어들였다. 중국인 유학자, 티베트 승려, 중앙아시아 이슬람교도, 위구르계 튀르크인이 모두 쿠빌라이 참모진에 포함되어 있었다. 쿠빌라이는 유교 의례를 정착시키고, 유교 서적을 번역하게 하고, 유학자를 적극 기용함으로써 자신이 유가적 가치를 존중한다는 것을 보여주는 동시에, 조세 업무에 뛰어난 이슬람교도를 징세업자와 재정 관리인으로 기용함으로써 중국인 참모에 대한 의존도를 줄이고자 했다. 또 그는 이슬람교도에게 호의적인 정책을 펼치며 그들의 보호자임을 자처하는 동시에, 자신이 열렬한 불교도임을 강조하면서 불교도를 포섭했다. 파스파 라마와 불교도는 쿠빌라이를 전륜성왕轉輪聖王으로 칭송했는데, 전륜성왕은 세계를 지배하는 이상적 제왕이다.

쿠빌라이는 전륜성왕과 같은 통치자가 되길 꿈꿨다. 그가 마르코 폴로처럼 유럽에서 온 이들을 환대하고 그들에게 자신의 백성이 기독교로 개종할 가능성을 시사하고 조정에 기독교인을 고용했던 것은 더 넓은 세계의 통치자로 받아들여지길 바랐기 때문이다.

1279년, 쿠빌라이는 남송을 멸망시킴으로써 이민족 통치자로는 최초로 중국 전역을 차지했다. 그의 영토 가운데 남중국은 인구밀도가 가장 높고 경제적으로도 가장 풍요로운 곳이었다. 몽골의 강한 군사력에 남중국의 경제력과 이슬람의 상업망이 어우러져 원나라는 유라시아 차원의 교역망을 성공적으로 운용할 수 있었다.

통치 후반기에 쿠빌라이는 정책의 거듭된 실패와 무리한 대외 원정으로 통치력에 심각한 타격을 입는다. 통치 전반기에 활약했던 유능한 중국인 참모들이 세상을 떠난 상태에서 그는 비중국인 참모들에게 의존하게 되었고, 결국 남중국을 통치하는 데 어려움을 겪었다. 그의 성공 요인이었던 종교적 관용정책 역시 갈수록 쇠퇴했다. 게다가 사랑했던 부인과 후계자로 여겼던 아들이 돌연 세상을 떠나자 술과 음식에 탐닉한 쿠빌라이는 비만과 질병에 시달리게 되었다.

1294년 쿠빌라이는 여든의 나이로 세상을 떠났고 원나라는 급속하게 몰락했다.

중화의 천자가 되고자 했던 영락제와 베이징

1368년, 주원장은 난징에서 명나라 건국을 선포했다. 바로 이해에 장군 서달은 주원장의 명을 받아 대도로 진격했다. 원나라의 마지막 황제 토곤 테무르는 대도를 포기하고 상도上都로 도망갔고, 명나라 군대는 대도에 무혈입성했다. 주원장은 대도를 북평北平으로 개칭했다. '북방을 평정했다'는 의미다. 1403년, 주원장의 넷째 아들 주체는 영락제로 즉위하면서 북평을 '북경(이하 베이징)'으로 바꾸었다.

일찍이 태조 주원장은 자신의 여러 아들을 번왕藩王에 봉하여 각지를 지키도록 했다. 주체는 북평의 연왕燕王에 봉해졌다. 이는 훗날 주체가 베이징으로 천도를 단행한 계기이기도 하다.

강남에 자리한 난징은 경제면에서는 수도로 적합했지만 북방 방위에는 취약했다. 수도로서 난징의 한계를 인식했던 주원장은 천도를 진지하게 검토하기도 했다. 당시 주원장이 새로운 수도로 염두에 둔 곳은 시안이었다. 황태자의 급작스러운 죽음과 주원장의 노쇠 등 여러 이유로 천도는 이루어지지 못했다.

영락제가 베이징으로 천도한 것은 베이징이야말로 북방의 방위를 해결하고 나아가 천자天子의 위엄을 떨치기에 가장 적합했기 때문이다. 일본을 대표하는 동양사학자인 단죠 히로시檀上寬의 말을 빌리면, 영락제의 베이징 천도는 중화 천자의 논리를 완수하기 위한 것으로, 화이華夷질서의 통합을 향한 최후의 발걸음이었다. 중화와 이적夷狄의 경계에 자리한 곳이 바로 베이징이었다.

영락제가 다섯 차례나 몽골 친정에 나서고 여섯 차례에 걸쳐 정화를 바다로 보낸 것도 중화의 천자가 되고자 하는 의지의 발로였던 셈이다. 영락제는 이적을 아우르는 '중화의 천자'가 되고자 했다. 영락제는 베이징 천도 이듬해인 1422년부터 3년 연속으로 몽골 친정에 나섰는데, 이는 베이징 천도가 화이질서의 완성을 위한 일환이었음을 말해준다. 그로서는 몽골을 명나라 중심의 화이질서에 편입해야만 진정한 '성세'가 실현되는 것이었다. 1424년, 영락제는 다섯 번째 몽골 친정에서 돌아오던 길에 세상을 떠났다. 영락제의 집요한 몽골 친정은 "미칠 만큼 중화의 천자가 되겠다는 그의 정념情念에서 촉발된"(단죠 히로시) 것이기에 그가 살아 있는 한 계속되었을 것이다.

베이징이 정식으로 수도가 되었던 그해, 사이四夷(사방의 이민족)가 내조來朝하는 '성세'의 장면이 펼쳐졌다. 1421년 정월 초하루, 아시아·아라비아·아프리카·인도양 곳곳에서 온 왕과 사신이 자금성의 낙성식에 참가했다. 이들은 모두 영락제에게 고두叩頭의 예를 올렸다. 한 달 넘게 베이징에 머물며 극진한 환대를 받은 이들은 정화가 이끄는 함대로 귀국했다. 정화의 함대에게는 또 다른 임무가 있었다. 황제의 선물을 싣고 세계 각국을 방문하면서 명나라 위상을 떨치는 것이었다. 함포로 무장하고 수많은 군사를 실은 거대한 함선은 그야말로 황제의 권능을 과시하기에 부족함이 없었다.

정화의 원정은 1405년부터 1433년까지 모두 일곱 차례 행해졌다. 이 중 마지막 원정을 제외한 여섯 차례가 영락제 때 실시되었다. 1421년의 원정은 여섯 번째 원정으로, 영락제 때의 마지막 원정이었다. 해외 원정 역시 영락제가 살아 있는 한 계속되었을 것이다.

정화의 함대는 동남아시아와 인도와 아프리카를 누비며 명나라의 위세를 과시하고 여러 나라를 조공 체제에 편입했다. 원정 목적이 조공무역 촉진에 있었지만, 핵심은 무역의 경제적 이익이 아닌 조공의 정치적 상징성에 있었다. 일찍이 '정난靖難의 변'으로 조카를 몰아내고 제위에 오른 영락제는 자신의 즉위가 '천명'에 따른 것이라며 찬탈을 정당화했다. 제위 찬탈이라는 취약점을 지닌 영락제에게 '사이의 조공'은 그가 천자 자격을 갖추었음을 모두에게 확인해주는 것이었다. 이런 맥락에서 보면, 정화의 원정은 영락제가 통치의 정당성과 합법성을 확보하고자 추진했던 거대한 프로젝트다. 천명을 받은 그는 반드시 '성세盛世'를 실현해야만 자신의 정통성에 대한 의심을 불식할 수 있었다. 실제로 영락제 재위 기간에 60여 개 국가가 조공함으로써 그의 성세를 증명해주었다.

영락제는 강력한 조공 시스템으로, 명나라와 교역하려는 주변국을 화이질서 속으로 끌어들였다. 이런 그에게 베이징 천도는 '천하의 중심'을 세우는 일이었다. 영락제가 청년기를 보낸 베이징은 일찍이 쿠빌라이가 천하를 호령하던 곳이 아니었던가! 중화와 이적의 경계, 정주세계와 유목세계의 접경인 베이징이야말로 천하의 백성을 아우르는 천자의 수도로 적합했다. 명나라의 새로운 수도 베이징은 영락제의 적극적인 대외 팽창정책에 부합하는 구심점으로서 탄생한 것이다.

영락제는 1403년 북평을 베이징으로 개칭한 이래 신중하고 철저하게 천도를 준비했다. 베이징성이 건설되는 동안 여러 차례 이곳으로 순행하여 진행 상황을 점검했고, 방치되어 있던 대운하를 대대적으로 정비해 강남으로부터의 보급선을 확보하도록 했다. 1406년부터 1420년까지 14년이 걸려서 베이징 자금성이 완공되었고, 이듬해 베이징은 정식으로 수도가 되었다.

1424년, 예순다섯의 영락제는 몽골 친정에서 돌아오던 길에 갑자기 위독해져 세상을 떴다. 영락제의 죽음과 더불어 그의 성세도 종말을 고했다. 홍희제洪熙帝가 시행한 정책은 아버지 영락제에 반하는 것이었다. 그는 모든 함선의 원정을 중단했다. 홍희제가 제위에 오른 지 열 달 만에 급사한 뒤 즉위한 선덕제宣德帝가 정화의 일곱 번째 원정을 허용했지만 이것이 마지막이었다. 홍희제는 난징 환도를 계획했다. 그런데 그가 사망하면서 환도는 실행되지 않았고, 베이징은 수도로서 생명을 유지할 수 있었다. 오늘날까지도 중국의 중심으로 존재하는 베이징은 중화의 천자가 되고자 했던 영락제가 남긴 유산이다.

모순의 결정체
만리장성

만리장성萬里長城과 용, 중국을 떠올리면 으레 연상되는 이미지다. 흥미롭게도 만리장성은 용에 비유된다. 용이 바다로 머리를 들이밀고 있는 지점이 산해관山海關, 용의 심장이 수도를 보호하고 있는 지점이 거용관居庸關, 용의 꼬리가 사막에 드리워진 지점이 가욕관嘉峪關에 해당한다. 이렇게 산등성이를 따라 끊임없이 이어져 있는 장성은 마치 살아 있는 유기체로서 중국을 상징하는 듯하다.

　만리장성은 애초에 고유명사가 아니었다. 장성長城 · 장참長塹 · 새원塞垣 · 장성장새長城障塞 · 변장邊墙 · 변원邊垣 등 역대로 만리장성을 지칭하는 용어는 매우 다양했다. 만리장성만큼이나 빈번히 사용되는 장성이라는 용어 역시 '긴 성벽'이라는 의미를 지녔을 뿐 고유명사가 아니었다. '긴 성벽Long Wall'은 17세기 예수회 사제들에 의해 '위대한 성벽The Great Wall'으로 칭송되기에 이른다.

위대하고도 저주스러운 장성

"위대한 민족만이 이처럼 위대한 장성을 세울 수 있다!"

1972년 2월 24일 리처드 닉슨Richard Nixon 미국 대통령은 만리장성에 올라 이렇게 감탄했다. 닉슨이 올랐던 장성은 '만리장성의 정화'라는 베이징 근교의 팔달령八達嶺장성이다. 바로 이곳에서 닉슨은 "오늘 장성에 왔으니 마오 주석이 말씀하신 '진정한 남자'가 되었군요"라고 했다.

"장성에 오르지 않으면 진정한 남자가 아니다(不到長城非好漢)." 오늘날 중국의 대표적 관광자원이 된 만리장성의 캐치프레이즈다. 이 말은 일찍이 공산당 홍군이 국민당의 추격을 피해 서북부로 이동하던 1935년에 마오쩌둥이 남긴 것이다. 마오쩌둥이 언급한 '장성'은 고난을 극복해내고 도달해야 할 목표를 의미한다. 결국 1만 2,500킬로미터의 장정長征 끝에 공산당은 살아남았으며, 힘을 키워 국민당을 무찌르고 중화인민공화국을 세웠다.

1949년 10월 1일 천안문광장에서 오성홍기五星紅旗가 올라가는 가운데 울려 퍼진 국가 '의용군 행진곡'은 이렇게 시작된다. "일어나라! 노예가 되고 싶지 않은 사람들이여! 우리의 피와 살로 우리의 새로운 장성을 쌓자!" 여기서 장성은 그 옛날 외적을 막기 위해 쌓았던 장성 이미지를 고스란히 담은 채 민족의 정신적 차원으로 치환된다.

만리장성은 물리적 실체 이상의 의미를 지닌다. 이 때문에 만리장성을 제대로 알기 위해서는 그 '물질성'뿐 아니라 '정신성'까지 읽어내야 한다. 영국의 중국학자인 줄리아 로벨Julia Lovell은 '하나이면서 둘인 만리장성'에 대해 이렇게 말했다. "만리장성 중 하나

만리장성

는 16~17세기에 지어졌으며 지금도 수백만 관광객이 감탄의 눈길로 바라보는 벽돌과 회반죽으로 된 물질적 장성이고, 다른 하나는 중국이라는 나라가 외국의 영향력을 물리치고 중국 백성을 그 안에 가두고 통제하기 위해 주변에 뺑 둘러쌓은 정신적 장성이다."

중국의 대문호 루쉰은 만리장성을 '위대하고도 저주스러운 장성'이라고 표현했다. 유목민족을 제대로 막아내지도 못했고 수많은 이의 희생을 초래했음에도 계속해서 갱신되는 장성, 루쉰은 그것을 저주스러운 전통의 상징으로 보았다. 1980년대 반전통주의를 대표하는 다큐멘터리 〈하상河傷〉(1988)에서는 장성을 '거대한 비극적 기념비'로 고발하며 이렇게 말했다. "장성은 강대·진취·영광을 상징하는 게 아니라 단지 폐쇄와 보수, 무능한 방어와 공격 회피의 비겁을 상징할 뿐이다. 그 거대함과 유구함 때문에 장성은 자만함과 기만성을 우리 민족의 가슴에 깊이 새겨놓았다."

일찍이 진시황은 흉노를 막기 위해 장성을 쌓았고, 이를 통해 중국과 비중국의 세계를 나눔으로써 공동체 의식을 확보했다. 유목민족을 막아내기 위해 쌓았던 만리장성은 그것에 들인 막대한 비용과 노동력을 감안하면 사실 제 역할을 하지 못했다. 명나라가 그러하듯, 중국 역사상 장성을 쌓는 데 열을 올린 시기는 어김없이 방어심리가 팽배한 때였다. 그 방어심리에는 이질적인 세계에 대한 두려움과 멸시가 기묘하게 뒤섞여 있다. 역대로 만리장성의 안과 밖은 문명/야만, 화華/이夷의 세계로 구분되었다. 만리장성은 중국이 자신의 세계(문명·중화)를 중국 바깥의 세계(야만·오랑캐)와 구분하고자 몸부림친 흔적이다.

장성이야말로 '야만'의 비중국으로부터 '문명'의 중국을 보호해주리라는 믿음, 이 '장성 심리'의 뿌리는 매우 깊고 그 깊이만큼이나 질긴 생명력을 지닌다. 중국의 인터넷 검열 시스템 '장성방화벽防火長城, the Great Firewall'은 그 깊이와 생명력의 완벽한 체현이다. 장성이 중국을 비중국의 세계로부터 보호해주리라는 '장성 심리'가 '장성방화벽'이라는 명칭에 반영된 것이다.

만리장성은 명나라를 지켜주지 못했다

만리장성은 유목민족과 농경민족의 2,000년 투쟁을 상징하는 것이기도 하다. 흥미롭게도 만리장성이 뻗어 있는 노선은 '15인치 등우량선等雨量線'과 들어맞는다. 15인치 등우량선은 중국 동북쪽에서 서

남쪽으로 뻗어 있는데, 이 선을 중심으로 연간 강우량이 동남 지역은 15인치(381밀리미터) 이상이고 서북 지역은 15인치 이하다. 연간 강우량 15인치가 중요한 이유는 이것이 바로 농경 가능 여부를 결정짓기 때문이다. 이 때문에 15인치 등우량선을 기준으로, 서북쪽은 유목지대이고 동남쪽은 농업지대였다. 유목민족은 종종 농경민족을 약탈함으로써 생존을 도모할 수밖에 없었다. 이에 대한 방어 시스템이 만리장성이었다.

만리장성이 오롯이 방어용이었던 것만은 아니다. 니콜라 디코스모Nicola Di Cosmo는 『오랑캐의 탄생』에서 애초에 북중국 국가들이 쌓은 장성이 방어뿐 아니라 공격 면에서도 중요했음을 강조했다. '북방 삼국'인 진나라·조나라·연나라가 유목민을 내쫓거나 견제하기 위하여 성벽을 건설했다는 것이다. 즉 이들 나라가 새로운 영토를 획득하는 과정과 더불어 장성이 세워졌다는 말이다. 이런 맥락에서 보면, 초기 장성은 방어적 역할보다 영토 팽창 역할에 더욱 충실했다. 진나라·조나라·연나라가 변경을 확장해가면서 이들에게 쫓겨난 유목민이 생겨났고, 확장한 영토를 이들로부터 방어하기 위해 장성을 쌓았던 것이다. 장성 덕분에 군대 주둔이 가능해졌고 사람들의 이동을 통제할 수 있었으며 그 일대의 식민화를 촉진할 수 있었다. 중국을 통일한 진시황의 장성 정책은 '북방을 식민화하고 군사화하는 정책의 연속'이라는 맥락에서 이해해야 할 것이다.

하지만 2,000년이라는 역사를 통틀어보면 장성은 확실히 방어용이었다. "이 초인적인 몸뚱이야말로 북쪽에서 침략하는 적들에 대항하는 가장 강력한 성벽이 아니었을까?" 트로이 유적지 발굴자인

만리장성 서쪽 끝의 가욕관(왼쪽)과 만리장성 동쪽 끝의 산해관(오른쪽)

하인리히 슐리만Heinrich Schliemann이 베이징 근방의 고북구古北口 장성에 올랐을 때 남긴 말이다. 자신이 상상했던 것보다 훨씬 더 웅장한 만리장성을 목도한 슐리만은 변경 방어용 성벽인 장성을 "태곳적 거인들이 만들어낸 환상적인 작품"이라고 찬양했다. 그는 "만리장성은 인간의 손으로 지은 것 중에서 가장 위대한 건축물"이지만 "지금은 위대했던 과거의 묘비가 되었다"라고 했다. 1865년 청나라를 들렀던 슐리만이 보기에 만리장성이라는 위대한 건축물과 어울리지 않게 청나라는 너무나 몰락했다.

슐리만이 목도하고 감탄을 금치 못한 벽돌로 쌓은 만리장성은 사실 진나라가 아닌 명나라 유산이다. 만리장성의 위용 앞에서 그 웅장함에 압도되고 찬탄하게 마련이지만, 사실 명나라 때 만리장성을 대대적으로 축조한 것은 폐쇄적 방어심리의 산물이다. 명나라가 원정군을 이끌고 초원으로 쳐들어가는 방식 대신 성벽을 축조하는 방식으로 북방 정책을 전환하면서 오늘날의 만리장성이 탄생한 것이다. 이러한 정책 전환에 결정적 영향을 미친 사건이 바로 '토목보土木堡의 변'(1449)이다. 몽골 오이라트부의 수장 에센을 치기 위해 직접 대군을 이끌고 나갔던 영종英宗이 포로가 된 이 사건 이후 명나라는 몽골과의 국경에 국가의 안녕이 달려 있다고 인식하게 되었다. 유목민에 대한 방어 체계를 강화해야 했던 명나라가 취한 정책이 바로 성벽 축조였다. 동쪽의 산해관에서 서쪽의 사막 오아시스에 있는 가욕관까지 이어지는 거대한 규모의 만리장성은 바로 그 결과물이다.

명나라는 장성 축조에 힘을 쏟았지만 장성은 명나라를 지켜주지 못했다. 외적을 막기 위해 그토록 열심히 장성을 쌓았건만 최후 보루인 장성의 문은 밖이 아닌 안에서 뚫렸다. 철옹성 '산해관'의 문을 명나라 장수 오삼계가 열어주지 않았던가. 산해관을 통과해 베이징에 입성한 도르곤多爾袞, Dorgon은 명나라 황실 수비대의 안내를 받으며 자금성으로 들어갔다. 명나라 관리들은 그에게 엎드려 절하며 만세를 외쳤다.

만리장성의 정치학

베이징 인근에는 장성이 촘촘하게 들어서 있다. 사마대司馬臺, 금산령金山嶺, 고북구, 모전욕慕田峪, 황화성黃花城, 팔달령, 거용관, 연하성沿河城 등의 장성은 수도 베이징을 지키기 위해 축조한 것이다. 베이징 남쪽으로는 별다른 자연 장애물 없이 드넓은 평야가 펼쳐져 있다. 이 때문에 장성 방어선이 수도 안위뿐 아니라 나라 전체의 안위까지 좌우했다.

지금도 만리장성은 중국을 지켜주는 역사적 위대함의 상징으로 계속해서 소환되고 있다. 혁명의 실패, 내전, 빈곤 등 20세기 고난을 견뎌내고 민족적 자부심을 간직하는 데 필요했던 역사적 위대함의

상징이 바로 만리장성이다. 줄리아 로벨의 견해에 따르면, 근현대에 중국인이 장성에 보인 관심은 완전히 도구적 관점 때문이었다. "우리도 해낼 수 있다는 중국 고대의 정신이 거둔 승리를 상징"하는 것이 바로 만리장성이었다.

21세기 중국이 소환하는 장성은 방어적이기보다는 팽창적이었던 초기 장성을 연상시킨다. 전승절(중국인민 항일전쟁 승리 기념일) 70주년 행사가 열린 2015년 9월 3일, 천안문광장에서는 역대 15번째 열병식이 거행되었고 중국이 자체 개발한 최첨단 무기가 모습을 드러냈다. 이날 천안문광장에는 '장성'을 주제로 삼은 입체 화단이 설치되었다. 장성은 전승절 70주년 로고에도 등장한다. 70주년을 상징하는 숫자 70, 1945~2015, 오대주를 상징하는 다섯 마리 비둘기, 승리를 상징하는 'V' 형태의 장성, 이 로고에 등장하는 장성은 물리적 장성이자 정신적 장성이며 중국 자체를 의미한다.

만리장성의 상징성은 오늘날에도 막강한 힘을 발휘한다. 닉슨이 팔달령장성에 오르기 전날이었던 1972년 2월 23일 저녁, 베이징에는 눈이 엄청나게 내렸다. 저우언라이 총리의 전화 한 통으로 밤새 100여 대 차량과 70만 명이 동원되어 눈을 치웠고, 이튿날 닉슨은 예정대로 장성에 오를 수 있었다. 장성에 오른 닉슨의 모습, 냉전체제의 와해를 상징하는 이 장면은 이렇게 해서 가능했다. 만리장성에 바친 닉슨의 찬사는 다분히 전략적인 것이었다. 당시 소련 견제라는 공동의 목적이 중국과 미국을 손잡게 만들었다. 돌이켜보면 이는 오늘날의 G2 시대를 탄생시킨 씨앗이었던 셈이다.

2014년 10월, 애플 최고경영자 팀 쿡은 베이징에서 130킬로미터 떨어진 금산령장성에 올랐다. 그는 여기서 찍은 사진을 중국판 트위터인 웨이보微博에 올리면서 '감탄스럽다'고 했다. 이날은 마침 중양절(음력 9월 9일)로, 높은 곳에 오르는 풍습이 있는 날이다. 이날 새벽 베이징 일대는 스모그로 가득했고 금산령장성도 스모그에 휩싸여 있었다. 그럼에도 팀 쿡이 이날 장성에 올라 장성에 경의를 표한 것은 매우 전략적인 행위였다. 압도적 성장세를 보이는 중국 시장을 잡기 위해서라면 중국인에게 호감을 줘야 하지 않겠는가.

2016년 모 스포츠 브랜드는 만리장성으로 곤욕을 치렀다. 이 브랜드는 tvN 드라마 〈응답하라 1988〉에서 박보검이 천재 바둑기사 최택 역을 맡았던 것을 광고에 활용했는데, 이 광고는 '만리장성 모욕 사건'으로 비화되어 중국인의 공분을 사고 말았다. 해당 브랜드는 결국 공식 사과하고 광고를 내렸다. 대체 어떤 내용이었기에 중국인이 그토록 분노했을까? 훤칠하고 잘생긴 남자가 작고 뚱뚱하고 못생긴 남자를 상대로 바둑을 두는데, 두 바둑기사 옆에는 이름표가 놓여 있다. 박보검朴寶劍 그리고 만리장성萬里長城이다.

바둑을 두던 두 남자는 별안간 춤 대결을 펼치는데, 이때 어떤 여성이 만리장성의 따귀를 때린다. 이후 다시 바둑 대결 장면으로 돌아오고, 결국 만리장성은 박보검에게 패한다. 브랜드 이미지를 극대화하기 위해 박보검을 최대한 긍정적으로 그려내는 반면 만리장성이라는 남성을 최대한 부정적으로 표현했으리라. 중국인으로서는 충분히 그리고 당연히 모욕감을 느낄 만한 광고다. 이를 예상하지 못한 것은 '무지함'이자 '무심함'이다. 광고에서 만리장성이라는 남자는 금목걸이를 차고 있다. 만리장성(중국)을 벼락부자로 희화화한 것에 중국인은 분노했다. 만리장성은 중국의 상징이 아닌가. 중국인으로서는 만리장성(설령 진짜 만리장성이 아니라 단지 이름이라 할지라도)에 대한 모독은 중국에 대한 모독 자체로 받아들여지게 마련이다.

그나저나 장성에 대한 몰지각한 파괴와 엉터리 복원이 걱정스럽다. 그토록 힘써 쌓은 장성이건만······. 인간은 늘 자기중심적이다. 필요에 따라 쌓고 파괴하고 복원하는 게 새삼스러울 것도 없다. 프란츠 카프카Franz Kafka의 「만리장성을 쌓을 때」에서 만리장성과 함께 언급된 건축물이 '바벨탑'이다. 바벨탑과 만리장성, 전자가 인간의 욕망을 수직적으로 구현한 것이라면 후자는 인간의 욕망을 수평적으로 구현한 게 아닐까. 인간의 욕망이 모순 덩어리이듯, 만리장성도 모순 그 자체다. 확장과 방어, 팽창성과 폐쇄성, 경멸과 두려움, 강대함과 허약함이 그 안에 공존한다.

과거와 현재가
어우러진 천안문

중화인민공화국을 상징하는 국장國章에는 천안문 위로 별이 다섯 개 있고 톱니바퀴와 이삭이 가장자리를 감싸고 있다. 톱니바퀴와 이삭은 노동자와 농민을 상징한다. 다섯 개 별은 공산당 지도 아래 인민의 단결을 상징한다. 천안문은 반제국·반봉건의 민족정신을 상징한다. 황성 자금성의 정문인 천안문이 어떻게 반봉건을 대변하는 상징이 될 수 있었을까? 국장에서 천안문은 황권의 상징이 아니라 5·4운동 이래 인민의 투쟁을 상징한다.

천안문, 신중국의 상징으로 거듭나다
중국은 제1차 세계대전의 승전국이었음에도 기존에 독일이 차지했던 산둥 이권을 반환받지 못한 채 일본에게 빼앗길 상황에 처했다. 일찍이 위안스카이는 일본이 그의 황제 즉위를 지지해주는 대가로, 산둥 이권을 포함해 일본이 요구한 '21개조'를 승인했다. 위안스카이가 죽은 뒤 권력을 잡은 돤치루이段祺瑞 역시 일본의 재정 지원을 받았기에 산둥 이권에 관한 일본의 권리를 인정해주었다. 산둥 이권의 중국 반환이 무산되고 돤치루이 정부가 일본 요구에 동의했다는 사실이 알려지면서 중국인은 충격과 분노에 휩싸였다. 중국의 이권을 노리는 열강에 대한 분노 그리고 그런 열강과 결탁한 군벌에 대한 분노였다.

"밖으로 국권을 쟁취하고 안으로 국적國賊을 몰아내자!" 베이징 학생들은 이렇게 외치며 천안문광장으로 모여들었다. 1919년 5월 4일, 바로 이날의 시위가 계기가 되어 반제국주의운동이 전국적으로 퍼져나갔다. 동맹 수업 거부, 총파업이 이어졌고 정부는 결국 민중의 요구에 굴복해 친일파 관리를 파면했다. 또 파리 강화회의에 참석 중이던 중국 대표는 중국 내 일본 권익을 인정하는 강화조약의 조인을 거부했다.

1949년 10월 1일, 30만 명이 모인 천안문광장에서 중화인민공화국의 건국을 알리는 개국대전開國大典이 열렸다. 그야말로 넘볼 수 없는 '황권'의 상징이었던 바로 그 장소에서 '인민공화국' 수립이 선포된 것이다. 개국대전이 시작되자 국가인 의용군행진곡이 울려 퍼졌고, 마오쩌둥이 천안문 성루 위에서 건국을 선포했다. "동포여! 중화인민공화국 중앙인민정부가 오늘 성립되었습니다!" 마오쩌둥이 버튼을 누르자 오성홍기가 천천히 위로 올라갔다. 이와 더불어 신중국 탄생을 축하하는 예포가 28차례 발사되었다. '28'이라는 수는 1921년에 중국공산당이 창당된 이후 1949년에 중화인민공화국이 수립되기까지의 기간을 상징한다. 상하이에서 열린 중국공산당 제

천안문 성루 위에서 건국을 선포하는 마오쩌둥(1949. 10. 1)

1차 전국대표대회에 참가한 사람은 13명, 이들은 전국에 50여 명뿐인 공산당원을 대표해 한자리에 모여 공산당 창당대회를 열었다. 마오쩌둥은 그 13명 가운데 한 명이었다.

　마오쩌둥이 건국을 선포하던 당시 천안문 성루에는 그의 초상화가 걸려 있었다. "중국공산당이 없었다면 중화인민공화국도 있을 수 없었다"라는 메시지를 전달하는 것이다. 개국대전이 열리기 불과 아홉 달 전까지만 하더라도 이 자리에는 장제스 초상화가 걸려 있었다. 위안스카이 초상화도 이 자리에 걸린 적이 있다. 이처럼 천안문 성루에 걸린 초상화는 중국의 정치 지형도를 고스란히 반영한다. 개국대전 이후 마오쩌둥 초상화는 해마다 5월 1일 노동절과 10월 1일 국경절에 맞춰 열흘가량 천안문 성루에 걸렸다. 마오쩌둥 초상화가 지금처럼 1년 내내 걸리게 된 건 1966년 8월부터다. 바로 마오쩌둥에 대한 개인숭배가 이루어진 문화대혁명 기간이었다.

　1966년 8월 18일, 붉은 완장을 찬 학생 100만 명이 천안문광장을 가득 메웠다. '무산계급 문화대혁명'을 경축하는 이 집회에서 마오쩌둥은 천안문 성루에 올라 홍위병紅衛兵의 사열을 받았다. 이후 폭력적 광기가 온 나라를 휩쓸었다. 자신의 행위가 혁명을 위한 정당한 것이라고 확신했던 홍위병은 문물을 파괴하고 사람들을 박해했다. 공포와 의심 속에서 신뢰는 사라지고 가정마저 파괴되었다.

천안문광장, 그곳의 소리

천안문광장은 환희와 비극이 뒤얽힌 곳이다. 두 차례 '천안문 사건'이 말해주듯, 이곳은 민중이 자신의 목소리를 냈던 곳이자 그 목소리가 무참히 짓밟힌 곳이기도 하다. 1976년의 4·5 천안문 사건, 1989년의 6·4 천안문 사건이 그랬다.

1976년 1월 8일, 저우언라이 총리가 세상을 떠났다. 청명절이 되자 수십 만 민중이 천안문광장에 모여 저우언라이를 추도하며 사인방四人幇을 규탄했다. 천안문광장의 인민영웅기념비 주변은 꽃다발과 대자보로 뒤덮였다. 권력층을 비판하면서 새로운 역사를 바라는 글이 광장 곳곳에 게시되었다. 자발적인 대규모 민중 집회는 다음 날인 4월 5일 무력 진압되었다.

제2차 천안문 사건은 1989년 4월 15일 후야오방胡耀邦이 세상을 떠나자 그를 추도하기 위해 학생들이 천안문광장에 모인 데서 시작되었다. 며칠이 지나는 동안 추도 시위는 민주화를 요구하는 운동으로 확대되었다. 5월이 되면서 일반 시민까지 시위에 참가했다. 당국은 이를 '폭동'으로 규정했다. 공교롭게도 천안문광장에서 민주화 시위가 벌어지던 기간에 소련과 중국의 관계 정상화를 위한 미하일

천안문

고르바초프Mikhail Gorbachev와 덩샤오핑의 회담이 있었다. 고르바초프가 돌아간 뒤 베이징에는 계엄령이 내려졌다. 그리고 6월 4일 일요일 새벽, 탱크를 앞세운 계엄군의 유혈 진압으로 민주화 염원은 무참히 짓밟히고 말았다. 70년 전 5·4운동의 현장이었던 천안문광장은 민중의 힘을 확인한 공간이었다.

　6·4 천안문 사건의 주역들은 중국에서 무탈하게 살아갈 수 없었다. 다큐멘터리 〈하상〉의 작가 쑤샤오캉蘇曉康은 미국으로 망명했다. 1988년에 방영된 〈하상〉은 전통문화를 신랄하게 비판하며 '민주'를 외치고 지식인의 현실참여를 촉구했기에 천안문 사건을 촉발한 요인 가운데 하나로 지목된 터였다. 천안문 학생시위 3인방 왕단王丹·우얼카이시吾爾開希·차이링柴玲, 천안문 4군자 류샤오보劉

曉波·허우더젠侯德健·가오신高新·저우둬周舵, 이들 가운데 류샤오보를 제외하고는 모두 미국이나 타이완으로 망명했다. 류샤오보는 2008년 중국의 정치적 자유를 요구하는 '08헌장'을 주도했고, 이 때문에 '국가 전복 선동죄'로 11년형을 선고받았다. 2010년 노벨평화상을 수상한 그는 "노벨평화상을 천안문 희생자에게 돌린다"라고 했다. 2015년 12월 28일, 류샤오보는 감옥에서 환갑을 맞았다. 간암으로 투병하던 그는 2017년 7월 13일 세상을 떠났다. 시신은 화장되어 바다에 뿌려졌다.

"나의 나라가 자유롭게 표현할 수 있는 땅이기를 바랍니다." 2009년 12월 23일 류샤오보는 법정 최후진술에서 이렇게 말했다.

천안문 안과 밖에는 각각 '화표華表'가 한 쌍씩 놓여 있다. 화표가 생겨난 건 요堯·순舜 시대로, 일종의 교통 표지 역할을 했을 뿐만 아니라 간언을 새겨 넣을 수도 있었다고 한다. 그래서 화표를 '방목誘木'이라고도 했다. 천안문의 화표는 이런 전통과 맞닿아 있다. 화표 위에 웅크리고 있는 '후㹸'라는 전설상의 동물은 황제를 향한 백성의 소리를 대변하는 것이다. 안쪽에 있는 한 쌍은 '망제출望帝出'이라고 하는데, 황제가 밖으로 나가서 백성들을 살피길 바란다는 의미다. 밖에 있는 한 쌍은 '망제귀望帝歸'라고 하는데, 황제가 어서 돌아와 정무에 힘쓰길 바란다는 의미다.

천안문광장의 재편

중국 현대사의 굵직굵직한 장면들을 담고 있는 천안문은 명·청 시대 황성의 정문이었다. 천안문이 세워진 건 명나라 영락제 때(1417)로 당시 이름은 '승천문承天門'이었다. "천명을 받들어 세운世運을 연다"
는 의미가 담긴 것이다. 1651년 청나라 순치제는 승천문을 '천안문'
으로 바꿨다. "천명을 받아 나라를 평안히 다스린다"는 의미다. 승천
문도 천안문도 모두 '천명'을 내세운 명명이다.

천명을 받은 천자의 위엄이 구현되던 장소가 바로 천안문이었
다. 황제가 즉위하거나 결혼하거나 황후를 책립할 때면 반드시 천안
문에서 조서를 반포하는 의식을 거행해야 했다. 이를 '금봉반조金鳳
頒詔書'라고 한다. 자금성 태화전太和殿에서 예부상서가 황제의 조서
를 받은 뒤 천안문으로 가서 성루 위 선조대宣詔臺에 올려두면 선조
관宣詔官이 조서를 선독한다. 이때 금수교金水橋 남쪽에 자리한 문무
백관은 북쪽을 향해 무릎을 꿇고 공손히 듣는다. 선독이 끝나면 조서
를 입에 문 황금빛 나무 봉황이 밧줄 장치를 통해 천천히 아래로 내
려온다. 이 조서가 예부로 옮겨져 다른 종이에 필사된 뒤 각지에 반
포되었다.

1900년 8월 14일, 팔국연합군은 천안문 앞에서 황궁 점령식을
거행했다. 천명이 청나라에서 떠나갈 징조였다. 1911년 신해혁명이
일어났고 이듬해 2월 12일, 융유태후隆裕太后가 천안문에서 마지막
황제 선통제의 퇴위 조서를 반포했다. "지금 온 나라 백성의 마음이
공화共和로 기울었다.…… 민심의 향방을 천명이 안다. 내가 어찌 일
가의 존귀와 영화를 위해 민심을 어기리오!" 청나라 최후의 '조서 반
포' 의식이었다.

천안문은 중국의 정치 지형도의 변화가 오롯이 담긴 장소다.
1913년 10월 10일, 중화민국 대총통 위안스카이가 천안문 성루에 올

1900년에 자금성을 점령한 팔국연합군

라 열병식을 사열했다. 1915년 12월 12일, 위안스카이는 황제로 즉
위했다. 선통제를 퇴위시키고 세워진 중화민국의 대총통이었던 그
가 다시 군주제의 황제가 되고자 한 것은 그야말로 역사의 수레바퀴
를 거꾸로 돌린 일이다. 하지만 역사의 수레바퀴는 결국 제자리를 향
해 가는 법이다. 1916년 3월 22일, 거센 반대를 이기지 못한 위안스
카이는 결국 퇴위를 선언했다. 그리고 화병에 요독증까지 겹쳐 그로
부터 석 달도 되지 않아 갑작스럽게 죽음을 맞이했다.

위안스카이에 의해 천안문광장도 변모했다. 원래 천안문 앞 광
장은 지금처럼 탁 트인 형태가 아니라 둘레가 담장으로 둘러싸인
'T'자형 광장이었다. T자형 광장에서 남북 방향으로 뻗은 어도御道
를 따라 양쪽에 늘어서 있던 행랑을 '천보랑千步廊'이라고 하는데, 위
안스카이가 천보랑을 철거했다.

중화인민공화국 건국 이후 천안문광장은 그 어느 때보다 큰 변
화를 겪었다. 1952년에 장안우문長安右門과 장안좌문長安左門이 동시

에 철거되었는데, "수십 만 인민 궁중의 대오가 마오 주석의 사열을 받는 데 방해가 된다"라는 게 이유였다. 1959년에는 중화문이 철거되는데 이로써 광장의 범위가 대폭 확대되었다.

개조 끝에 완성된 천안문광장은 남북 880미터, 동서 500미터로 100만 명의 집회를 수용할 수 있게 되었다. 44만 제곱미터에 달하는 면적은 애초 면적의 4배나 되는 규모다. 옛 건축이 잇따라 사라진 광장에는 새로운 건축이 들어섰다. 먼저 1958년 5월 1일 노동절에는 인민영웅기념비 제막식이 있었다. 1959년에는 건국 10주년에 맞춰 인민대회당과 중국역사박물관(지금의 중국국가박물관)이 세워졌다. 그리고 마지막으로 1977년 마오쩌둥 사망 이후 마오주석기념당이 세워졌다. 이렇게 해서 천안문광장 중앙은 인민영웅기념비, 북쪽은 천안문, 남쪽은 마오주석기념당, 동쪽은 중국국가박물관, 서쪽은 인민대회당이 자리한 구도가 완성되었다.

천안문광장의 재편은 봉건 왕조에서 사회주의 국가로 변혁하는 과정을 고스란히 반영하고 있다. 과거 이곳은 황제의 지고무상한 권력과 권위를 표상하는 장소였다. 이제 그 권력과 권위는 인민과 그들을 영도하는 공산당에 넘어왔다. 인민영웅기념비가 광장 중심에 놓여 있음은 의미심장하다. 37.94미터 높이의 인민영웅기념비는 천안문 남쪽으로 463미터, 정양문正陽門 북쪽으로 440미터 지점에 놓여 있다. 인민영웅기념비의 정면이 북쪽 천안문을 향하는 것도 의미심장하다. 이는 '남면南面'이라는 중국 건축의 전통 관례를 깨뜨린 것이다. 황제는 남쪽을 바라보지만 인민 영웅을 표상하는 기념비는 북쪽을 바라보고 있다.

천안문광장의 인민영웅기념비

　　인민영웅기념비 정면에는 "인민 영웅이여 영원히 불후하라(人
民英雄永垂不朽)"는 글자가 새겨져 있다. 뒷면에는 각각 1946년(국공내
전), 1919년(5·4운동), 1840년(아편전쟁)부터 1949년 신중국 건국까지
의 투쟁을 찬양하는 다음 내용이 새겨져 있다. "3년 동안의 인민해방
전쟁과 인민혁명에서 희생된 인민 영웅이여, 영원히 불후하라! 30년
동안의 인민해방전쟁과 인민혁명에서 희생된 인민 영웅이여, 영원
히 불후하라! 1840년 이래 내적과 외적에 대항하여 민족의 독립과
인민의 자유와 행복을 쟁취하기 위한 투쟁에서 희생된 인민 영웅이
여, 영원히 불후하라!"

　　비 하단에는 8폭 부조가 새겨져 있다. 후면虎門에서의 아편 소
각, 태평천국의 진텐金田 기의, 우창武昌 기의, 5·4운동, 상하이에서

일어난 5·30운동, 난창南昌 기의, 항일 유격전, 인민해방군의 창장長江 도하. 바로 아편전쟁 전야부터 신중국 건국 전야까지 100여 년 동안 있었던 굵직한 혁명을 표현한 것이다.

서로 마주하고 있는 천안문과 인민영웅기념비 뒤쪽으로는 각각 자금성과 마오주석기념당이 있다. 자금성은 황제가 통치하던 과거 중국을 상징한다. 마오쩌둥은 새로운 중국을 상징한다. 마오주석기념당이 자리한 곳은 원래 중화문이 있던 곳이다. 중화문은 명나라 영락제 때 만들어졌는데, 당시에는 '대명문大明門'이라 불렸다. 이후 청나라 때는 '대청문大淸門'이라 불렸고, 민국 시기에 들어와서 '중화문'이라 불리게 되었다. 바로 그 자리에 마오쩌둥의 시신을 안치한 마오주석기념당이 들어섰다.

천안문과 인민영웅기념비, 자금성과 마오주석기념당, 과거와 현재의 팽팽한 대결 구도다. 하지만 궁극적으로 과거는 감싸안고 초극해야 하는 법이다. 중국의 유구한 역사를 담고 있는 중국국가박물관, 중국의 최고 의사 결정 기구인 전국인민대표대회가 열리는 인민대회당, 양자가 마주한 구도는 과거와 현재의 대화로 해석할 수 있으리라.

중국국가박물관의 상설 전시 가운데 대표적 두 전시인 '고대중국진열古代中國陳列'과 '부흥의 길(復興之路)'은 중국이 과거와 현재를 연결 짓는 방식을 말해준다. 고대 중국과 관련된 전시는 여덟 부분으로 되어 있다. 원고시대, 하·상·주, 춘추전국, 진·한, 삼국·진晉·남북조, 수·당·오대, 요·송·원·금·원, 명·청. '부흥의 길'은 1840년 아편전쟁 이후 반식민·반봉건의 늪에 빠져 있던 중국이 부흥하기까지 분투해온 역정을 말해주는 것이다. 여기서 특히 강조하고 있는 것은 중국 공산당의 눈부신 역할이다. 이 전시의 대미를 장식하는 것은 세계에서 세 번째로 발사에 성공한 중국 최초의 유인 우주선 '선저우神舟 5호'의 귀환선과 중국의 첫 우주인 양리웨이楊利偉가 착용했던 우주복이다. 중국의 부흥을 알리는 데 이보다 더 효과적인 전시물은 없을 것이다.

이상의 두 전시가 결합되어 전달하는 메시지는 분명하다. 유구하고 찬란한 역사를 만들어온 중화민족이 제국주의의 침탈로 고난을 겪었지만 함께 고난을 극복했고 공산당 영도 아래 위대한 부흥의 길을 가고 있다는 것이다. 중국국가박물관이 천안문광장에 자리한 것은 실로 의미심장하다.

자금성에서
고궁박물원으로

고대 중국에서는 천제天帝가 하늘의 중앙 자미성紫微星(북극성)에 거주한다고 여겼다. 황제는 하늘의 아들인 천자天子를 자처했으므로 천자가 거주하는 황궁을 하늘의 자미성에 대응하여 자궁紫宮이라고 불렀다. 황제가 거주하는 곳은 경계가 삼엄하고 백성이 접근할 수 없는 절대적인 금역禁域이었으므로 금궁禁宮이라고도 했다. 여기서 '자금성紫禁城'이라는 명칭이 유래했다. 명·청 왕조의 24명의 황제가 이 금단의 성역인 자금성의 주인이었다.

겹겹이 둘러싸인 금단의 성역

10미터 높이의 성벽에 둘러싸인 남북 길이 961미터에 동서 너비 753미터의 자금성은 과연 어떤 모양새일까? 자금성 안으로 들어가기 전에 먼저 명·청 시대 도읍지 베이징을 둘러싼 베이징성의 전체 구조를 알아보자.

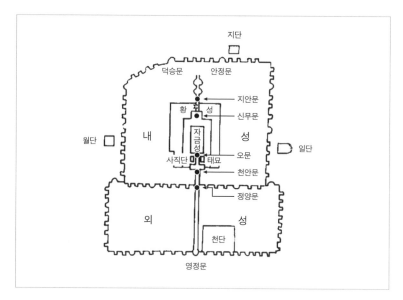

명나라 베이징성

명나라 베이징성은 기본적으로 원나라 대도성을 토대로 삼아 개축한 것이다. 고대 도시의 성곽은 보통 장방형인데 베이징성은 '凸'자 형태다. 이는 명나라 가정제嘉靖帝 때 베이징성 남쪽에 인구가 급증하자 내성內城의 남문인 정양문正陽門 남쪽에 외성을 쌓게 했기 때문이다. 원래 계획대로라면 외성은 내성의 동서남북 사방을 둘러싸는 장방형 형태가 되어야 했다. 그런데 경비 부족으로 남쪽 부분만 원래대로 완성되었다. 동쪽과 서쪽 부분은 훨씬 축소된 채 그 끝이 각각 내성의 동남쪽과 서남쪽 귀퉁이와 연결되는 형태가 되었다. 그 결과 북쪽의 내성과 남쪽의 외성이 맞붙은 베이징성의 전체 모습이 '凸'자 형태를 띠게 된 것이다. 그 모양이 마치 모자처럼 생겼다고 해서 베이징성을 '모자성帽子城'이라고도 불렀다. 이렇게 외성이 더해져 베이징성은 궁성宮城, 궁성을 둘러싼 황성皇城, 황성을 둘러싼 내성이 북쪽에 자리하고 남쪽에는 외성이 자리한 구조가 되었다.

청나라가 들어선 뒤 내성과 외성은 각각 만주족과 한족의 거주지로서 민족을 분리하는 기능을 했다. 청나라는 팔기군이 한족에 동화되지 않도록 하려고 수도 베이징뿐 아니라 각지에 주둔하는 팔기군의 거주지 역시 성벽을 이용해 한족과 격리했다. 팔기군이 거주하는 내성과 한족이 거주하는 외성은 분위기도 확연히 달랐다. 내성은 궁성과 황성의 엄격함과 팔기군의 상무정신이 지배하는 곳이었다. 오락과 상업의 중심지였던 외성은 왁자지껄하고 생기 넘치는 곳이었다.

궁성인 자금성은 황성에 둘러싸여 있고 황성은 또 내성에 둘러싸여 있었다. 황성의 정문인 천안문에 들어서면 단문端門이 나오고, 단문을 통과하면 궁성의 정문인 오문午門이 나온다. 여기서부터 자금성의 주요 건축물이 남북 중축선상에 차례대로 자리하는데, 기본적으로 '전조후침前朝後寢'의 구조를 따른다. 즉 황제의 공적 업무 공간인 '외조外朝'가 앞쪽에 자리하고, 사적 공간인 '내정內廷'이 뒤쪽에 자리한다. 태화전·중화전中和殿·보화전保和殿은 외조에 해당하고 건청궁乾清宮·교태전交泰殿·곤녕궁坤寧宮은 내정에 해당한다.

오문의 중앙을 지나간다는 것의 의미

높이가 38미터에 달하는 자금성 정문인 오문은 궁문의 정문답게 기세가 장엄하다. 자색의 성대城臺 위로 새가 날개를 펼친 듯한 누각이 다섯 개 있어서 오문을 '오봉루五鳳樓'라고도 한다. 장엄하고 엄숙한

자금성 오문

분위기의 오문에서는 그에 걸맞은 여러 의례가 거행되었다. 황제가 이듬해 월력을 반포하는 '반삭頒朔' 의례, 전쟁에서 승리를 거두고 개선한 군대가 황제에게 포로를 바치는 '헌부獻俘' 의례가 오문에서 열렸다.

　오문은 무엇보다도 황제의 권위를 백관들에게 보여주던 장소로, 황제의 뜻을 거스른 대신은 이곳에서 곤장을 맞았다. 이를 '정장廷杖'이라고 하는데, 처음에는 상징적인 견책의 의미였지만 후에는 매를 맞다 죽는 경우도 많았다. 예를 들면 명나라 정덕제正德帝는 강남을 순행하며 여색을 탐닉했는데, 이를 말린 신하 130명이 정장에 처해졌고 그중 11명은 맞아 죽었다. 또 가정제는 제위에 오른 뒤 자신의 생부 흥헌왕興獻王을 황제로 추증하려다가 이에 반대하는 신하 100여 명을 정장에 처했고 그중 17명이 결국 죽고 말았다.

오문의 출입구 역시 황제의 지고무상한 권력을 대변했다. 오문의 출입구 다섯 개 중에서 가운데로는 오직 황제만 지나갈 수 있었다. 왕족은 우측 출입구를 사용했고, 문무 대신은 좌측 출입구를 사용했다. 오문의 중앙을 지나간다는 것은 엄청난 특권이었다. 세상에서 오직 한 여인은 평생에 딱 한 번 그 특권을 누릴 수 있었다. 대혼大婚 때 황후는 오문의 중앙을 거쳐 자금성 안으로 들어갔다. 과거에서 1·2·3등인 장원壯元·방안榜眼·탐화探花를 차지한 이들도 오문의 중앙을 거쳐 자금성 밖으로 나갈 수 있었다. 황후는 딱 한 번 오문의 중앙으로 '입장'할 수 있었고, 장원·방안·탐화에 해당하는 이는 딱 한 번 오문의 중앙으로 '퇴장'할 수 있었던 것이다.

'당신은 오문을 통해 들어온 황후.' 젊은 나이에 갑자기 죽음을 맞이하게 된 청나라 동치제同治帝가 효철의孝哲毅 황후에게 남긴 말인데, 이는 동치제가 어머니 서태후를 의식한 발언이다. 어린 나이에 제위에 오른 동치제는 늘 서태후의 간섭을 받았다. 생모인 서태후보다 동태후를 더 따랐던 그는 서태후가 추천한 여인이 아닌 동태후가 추천한 여인을 자신의 황후로 선택했다. 이 때문에 서태후는 효철의 황후를 마음에 들어 하지 않았다. 서태후의 등살에 고생할 자기 아내에게 남긴 '당신은 오문을 통해 들어온 황후'라는 말은 가장 큰 격려의 의미가 담긴 말이었다. 기세등등한 서태후도 오문을 통해 들어온 황후는 아니었다.

하지만 효철의황후는 꿋꿋하게 살아가지 못하고 결국 죽음을 택하고 만다. 서태후가 동치제의 사촌을 광서제로 즉위시킨 지 한 달

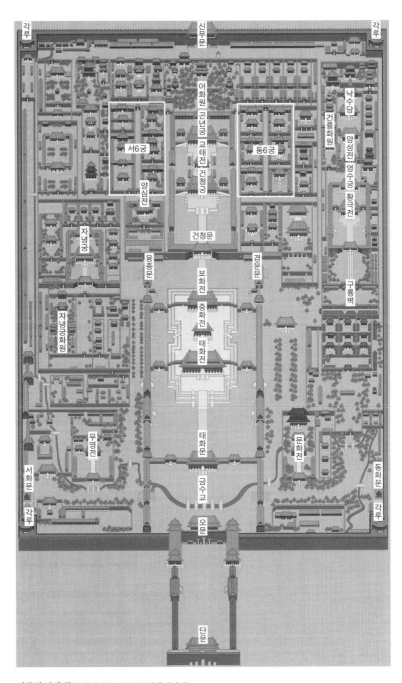

각루   신무문   각루

어화원
곤녕궁
교태전
건청궁

낙수당
건륭화원
양성전
영수궁
황극전

서6궁
양심전

동6궁

자녕궁

건청문

응종문
보화전
중화전
태화전

경운문

구룡벽

자녕궁화원

무영전

태화문
금수교

문화전

서화문
각루

오문

동화문
각루

단문

자금성 전체 구조(출처: 중국 고궁박물원 홈페이지)

만에 곡기를 끊고 굶어 죽은 것이다. 새 황제가 즉위한 뒤 효철의황후가 황태후가 되고 서태후는 태황태후로 물러나 권력을 내려놓아야 하는 상황에서 효철의황후가 죽음으로써 서태후는 네 살짜리 광서제를 대신해 섭정하며 계속 권력을 행사할 수 있었다. 항간에 전해지는 말처럼 효철의황후가 임신한 상태였는지 그리고 그녀의 죽음이 서태후의 압박 때문이었는지를 떠나, 본인의 의지에 따른 죽음은 아니었던 게 분명하다. 동치제를 사모하다가 쇠약해져 죽음에 이르렀다는 식으로 교묘하게 포장된 죽음이었다.

효철의황후에게 오문만큼이나 의미 있는 곳은 '곤녕궁'일 것이다. 이곳은 황제가 대혼을 치른 뒤 사흘 동안 황후와 함께 지내는 신방이었다. 명나라 때 황후의 침궁이었던 곤녕궁은 청나라 때는 샤먼 의례를 행하는 장소이자 신방으로 사용되었다. 황제가 제위에 오르기 전에 이미 혼인했다면 이곳을 신방으로 쓸 일이 없기에 청나라 황제 중 이곳에서 신혼 사흘을 보낸 이는 순치제·강희제·동치제·광서제·선통제뿐이다. 신에게 제사를 지내는 신령한 장소가 황제와 황후의 신방으로 사용된 건 다산과 행복을 기원해서다.

하지만 곤녕궁 신방에서 지냈던 황후의 삶은 하나같이 비극적이었다. 순치제의 황후는 정비靜妃로 강등되었고 결국 자식도 없었다. 강희제의 황후는 첫째 아이를 낳다가 사망했다. 동치제의 황후는 임신한 상태에서 굶어 죽었다. 광서제의 황후인 융유황후는 자식이 없었을뿐더러 청나라의 조종을 알리는 퇴위조서를 직접 반포해야 했다. 융유황후는 그나마 자금성에서 죽음을 맞이했지만, 청나라 마지막 황후 완룽婉容은 선통제와 함께 자금성에서 쫓겨났다. 그리고 만주국이 멸망한 이후에는 여러 감옥을 전전하다가 병사했다.

과거에서 1·2·3등을 차지한 장원·방안·탐화에게 가장 의미 있는 곳은 '보화전'과 '태화전'이다. 이들은 바로 보화전에서 과거의 최종 단계인 '전시殿試'를 치렀기 때문이다. 전시가 치러지고 며칠 뒤 태화전에서 그 결과가 발표되면 과거 합격자 모두가 태화전의 황제를 향해 삼궤구고두의 예를 올렸다.

일찍이 이자성의 농민군이 베이징으로 쳐들어왔을 때 명나라 마지막 황제 숭정제의 황후가 목매달아 자살한 곳이 곤녕궁이다. 숭정제는 자금성 북쪽 경산景山에서 목매달아 자살했다. 경산은 영락제 때 해자를 파면서 나온 진흙을 쌓아 만든 인공산으로, 원래 명칭은 '만세산萬世山'이었다. 풍수적으로 이전 왕조의 기운을 누른다는 의미에서 '진산鎭山'이라고도 했다. 만세산은 청나라 순치제 때 이름이 '경산'으로 바뀌었다.

순치제가 자금성 주인이 된 이후 자금성 건물 상당수가 새롭게 명명되었다. 승천문(천안문) 남쪽 대명문大明門이 대청문大淸門으로 바뀐 것은 가장 상징적인 개칭이다. 대청문은 훗날 민국 시기에 '중화문'이라고 불리게 된다. '외조'의 삼대전三大殿인 봉천전奉天殿·화개전華蓋殿·근신전謹身殿 역시 순치제 때 이름이 태화전·중화전·보화전으로 바뀌었다. 이와 더불어 건물에 걸린 편액에는 한자뿐만 아니라 만주문자가 더해졌다.

제국의 몰락과 고궁박물원의 탄생

명나라가 남긴 자금성을 그대로 차지한 청나라도 자금성의 영원한 주인이 되지는 못했다. 모든 것이 신분에 따라 질서정연하게 규정된 자금성의 질서, 지고무상의 황권을 구현하는 모든 '질서'는 제국의 몰락과 더불어 무너지기 시작했다. 1900년 8월 14일, 영국을 비롯한 팔국연합군은 오문을 통해 자금성으로 기세등등하게 들어갔다. 이들 침략자는 서로 돌아가며 황제의 거처인 건청궁 옥좌에 앉아 기념사진을 찍었다.

1912년 중화민국의 탄생과 더불어 선통제 푸이는 퇴위했다. 중화민국 임시정부와 청나라 황실의 협상으로 푸이는 계속 자금성 안에서 지낼 수 있었고 황제라는 존호도 사용할 수 있었다. 하지만 자금성 남쪽의 외조는 북양北洋정부가 차지했고, 푸이에게 허락된 공간은 자금성 북쪽의 내정에 한정되었다. 1922년 12월 1일, 푸이는 완룽을 황후로 맞이했다. 이날 완룽은 자금성 정문인 오문으로 들어오지 못했다. 그곳은 푸이에게 허락된 공간이 아니었기 때문이다. 그렇다고 자금성 후문인 신무문神武門으로 황후를 맞이하게 할 수도 없는 노릇이라, 북양정부는 고심 끝에 황후를 자금성 동문인 동화문東華門으로 들어오게 하고 하객은 신무문으로 들어오게 했다.

그로부터 2년 뒤 펑위샹이 '베이징 정변政變'을 일으켰다. 그는 중화민국 총통인 차오쿤曹錕을 몰아내는 동시에 청나라 황족들도 자금성에서 몰아냈다. 펑위샹은 청나라 황실에 대한 기존의 우대조건을 폐지하라고 주장했고, 섭정내각은 이를 승인했다. 푸이는 황제의 존호를 더는 사용할 수 없게 되었고, 황실 구성원은 모두 자금성을

황제가 거주했던 건청궁

떠나야만 했다.

섭정내각이 승인한 청 황실 우대조건 수정안의 첫 번째 항목은 "청나라 선통제는 당일(1924년 11월 5일)을 기해 황제라는 존호를 영원히 폐지하며, 중화민국 국민과 법률상 모든 권리가 동등하다"라는 것이었다. 이제 푸이는 완전한 평민이 된 것이다. 펑위샹은 자금성 북쪽 경산에 병사를 배치하고 푸이를 압박했다. 신해혁명으로 청나라는 멸망했지만 자금성 안은 중국의 정치적 혼란으로부터 차단된 채 평화를 누리고 있었다. 그렇게 영원할 것 같았던 평화가 하루아침에 끝장난 것이다. 푸이 가족은 물론 태감과 궁녀 1,000여 명이 자금성을 떠나는 데 주어진 시간은 단지 2시간이었다.

1924년 11월 5일 오후 4시 10분, 신무문이 열렸다. 푸이와 완룽

베이징 고궁박물원 정문인 신무문

은 자동차를 타고 자금성을 나갔다. 자금성의 24번째 주인이 이곳에서 영원히 퇴장한 것이다. 이제 자금성 소유권은 인민에게 돌아갔다. 청 황실 우대조건 수정안에는 청 황실의 사유재산은 황실이 소유하되 모든 공공재산은 민국정부가 소유한다는 항목이 있었다. 자금성 내의 공공재산을 심사할 청실선후위원회淸室善後委員會가 조직되었고, 모든 심사가 끝나면 그 문물은 도서관과 박물관에 배치될 터였다. 자금성에 있는 수많은 문물이 황제 것이 아닌 인민 것이 된 것이다.

1925년 10월 10일 신해혁명 기념일에 맞춰 자금성은 '고궁박물원'으로 모든 이에게 개방되었다. 금단의 성역 자금성이 '인민의 박물관'으로 거듭난 것이다. 고궁박물원이 정식으로 문을 연 이날, 감히 가까이 다가갈 수조차 없는 금역이었던 이곳은 사람들로 북새통을 이루었다. 더는 금단의 성역이 아닌 '옛 궁전'인 '고궁'일 따름이었다. 푸이가 마지막으로 출궁할 때 이용했던 신무문에는 중국의 역사학자 궈모뤄郭沫若가 쓴 '고궁박물원故宮博物院'이라는 편액이 걸려 있다.

1987년 세계문화유산으로 등재된 고궁은 중국인에게 매우 특별한 감정을 불러일으키는 곳이다. 2007년 고궁과 관련해 벌어진 '스타벅스 사건' 심층에는 중국인의 문화적 자긍심과 문화 충돌에서 비롯한 위기의식이 공존한다. 사건의 발단은 CCTV 인기 앵커 루이청강芮成鋼이 블로그에 올린 글이었다. 루이청강은 '스타벅스는 고궁에서 나가주십시오'라는 제목의 글에서 미국의 결코 고급스럽지 않은 음식문화의 상징인 스타벅스가 고궁 안에서 영업하는 것은 중국 문화에 대한 침식이라며 고궁에서 철수하라고 촉구했다. 이 글은 이틀 만에 50만에 달하는 클릭 수를 기록했고, 네티즌의 뜨거운 반응이 이어졌다. 수많은 언론매체가 앞 다퉈 관련 기사를 내보냈다. 결국 고궁 관리당국은 고궁 내 모든 음식물 브랜드를 '고궁'으로 통일한다는 방침을 만들었다. 스타벅스라는 이름만 포기하면 스타벅스는 계속 고궁에서 영업할 수 있었지만 철수를 택했다.

루이청강에 의해 논의가 불거진 지 여섯 달이 지난 2007년 7월, 스타벅스는 고궁에서 자취를 감추었다. 이 사건이 정말 문화 주체성의 문제였을까? 아니면 편협한 민족주의의 발로였을까? 아무튼 스타벅스 사건은 중국이 고유의 전통과 외래문화를 어떻게 조화해나갈 것인가 하는 숙제를 남겼다.

제국의 황혼,
원명원의 파괴

원명원圓明園, 청 제국의 영광과 몰락을 함께한 이곳은 지상낙원, 원림 중의 원림, 중국의 '통곡의 벽'이라 말해진다. 베이징 서북쪽의 풍수적으로 뛰어난 지점에 자리한 원명원은 1709년 강희제가 넷째 아들 윤진胤禛에게 하사한 별장에서 비롯했다. 윤진은 옹정제雍正帝로 즉위한 뒤 원명원 남쪽에 정무를 볼 수 있는 여러 건물을 세웠다. 이후 건륭제가 원명원을 대대적으로 확장하는데, 원명원 동쪽에 장춘원長春園을 만들고 동남쪽에 기춘원綺春園을 만들었다. 원명원 본원, 장춘원, 기춘원, 이상 원명삼원圓明三園을 아울러 원명원이라고 한다.

원명원을 '여름 궁전'이라고도 하지만 사실 옹정제 이후 함풍제咸豐帝에 이르는 청나라 황제들은 1년의 대부분을 원명원에서 지냈고, 여름이면 열하熱河의 피서산장避暑山莊에서 지냈다. 당시 황실의 주무대는 자금성이 아닌 원명원이었던 셈이다.

영광의 기억

원명원의 황금기는 건륭제 때였다. 건륭제는 궁정화가 심원沈源·당대唐岱 등에게 명해서 원명원의 빼어난 경관 40곳을 그리게 했다. 건륭제는 이 '원명원 40경'에 직접 이름을 붙이고 시를 지어 공부상서 왕유돈汪由敦에게 그 시를 그림에 적게 했다. 건륭제는 60년 동안 재위하면서 시를 무려 4만 2,000수 지었는데, 그중 상당수가 바로 원명원에서 지은 것들이다. 이 시들에는 원명원의 봄·여름·가을·겨울, 새벽녘과 한낮과 황혼녘의 풍경이 담겨 있다.

원명원에서 나고 자란 건륭제는 원명원을 확장하는 데 심혈을 기울였다. 엄청난 국고가 투입되어야 하는 원명원 조성 사업은 청나라의 전성기였기에 가능한 일이었다. 건륭제는 중가르·미얀마·신장新疆·타이완·베트남·네팔 등을 상대로 펼친 대외 정복으로 중국 역사상 최대 영토를 확보했다. 건륭제는 자기 일생에 '십전무공十全武功(열 가지 완전한 무공)'이 있었다며 스스로 '십전노인十全老人'이라고 칭했다. 대외 정복의 업적과 긴 치세에 대한 자부심이 녹아 있는 칭호다. 확실히 그의 시대는 청나라 황금기였다.

강희제·옹정제·건륭제로 이어진 '강건성세康乾盛世'는 원명원이 조성된 시기다. 강건성세의 상징 원명원에는 그에 걸맞은 웅장한 세계가 구현되어 있다. 중국 전체 강역을 의미하는 구주九州를 구현한 구주청안九州淸晏, 「도화원기桃花源記」를 구현한 무릉춘색武陵春色, 삼신산三神山을 구현한 봉도요대蓬島瑤臺, 선산仙山을 구현한 방호승경方壺勝景은 원명원이 우주를 담아내고자 했음을 말해준다.

강남의 원림을 대량으로 모방한 것 역시 원명원의 특징이다. 건

파괴된 원명원 서양루

륭제는 강남을 순수하다가 마음에 드는 원림이 있으면 그것을 그림으로 그리게 한 뒤 그대로 원명원에 재현하게 했다. 이렇게 강남을 모방해 지은 곳이 40~50개에 달했다고 한다. 원명원 40경 가운데 '평호추월平湖秋月'은 항저우 서호西湖를 본떠 만든 것이다.

건륭제는 중국의 베르사유궁전이라고 불리는 '서양루西洋樓'를 장춘원에 세웠는데, 황실 정원에 유럽식 건축을 들여온 건 이때가 처음이다. 바로크양식의 서양루는 예수회 선교사들이 설계했고 중국의 장인들이 건설했다. 건륭제는 서양화에 그려진 분수에 매료되어 서양식 정원에 흥미를 갖고 이를 장춘원 안에 조성하게 했다. 서양루에서 해기취諧奇趣, 해안당海晏堂, 대수법大水法은 독특한 분수를 가진 대표적 건축이다. 서양루의 첫 번째 건축물인 해기취 앞 분수대에서는 청동으로 만든 학과 양, 돌로 만든 물고기가 물을 뿜어 올렸다. 서양루에서 가장 큰 건축물인 해안당 앞 분수대에는 12지 신상이 '八'

자 형태로 좌우 양쪽에 각각 여섯 개씩 나란히 세워져 있었다. 두 시간마다 돌아가면서 그 시간에 해당하는 신상이 물을 뿜었고, 정오에는 12지 신상 전체가 한꺼번에 물을 뿜었다. 서양식 정원이라면 12지 신상이 아닌 나체 조각상이 있어야 할 테지만 수용할 수 없는 문화적 차이는 중국풍으로 대신한 것이다. 대수법은 서양루에서 가장 웅장한 분수 건축이었다. 감실 안쪽의 돌로 만든 사자머리에서 물이 흘러나오고, 그 앞쪽 분수대에는 뿔로 물을 뿜어 올리는 사슴상과 그 사슴을 향해 입에서 물을 쏘는 사냥개상 10개가 있었다. 그 앞쪽 좌우의 거대한 분수탑 꼭대기에서는 물기둥이 솟아오르고, 분수탑 둘레에 세워진 수십 개 파이프에서도 물이 뿜어져 나왔다.

세계의 모든 것을 담고자 했던 원명원, 강남의 풍경을 그대로 재현한 원명원, 서구의 건축양식까지 도입한 원명원, 조경 예술의 최고봉이라 칭해지는 이곳은 청 제국의 번영과 자신감을 오롯이 반영한다. 이 황금기의 황제 건륭제는 영국마저 중화 질서 속에서 이해했다. 1793년, 영국의 특사 조지 매카트니George Macartney가 청나라와 무역을 확대하고자 찾아왔지만 청나라 조정은 그의 일행을 조공 사절단으로 간주했다. 국가 간 동등한 관계의 무역은 중화 질서에서 성립할 수 없는 것이었다. 마침 그해는 건륭제의 여든세 살 생일이었고, 매카트니가 가져온 선물은 조공으로 간주되었다. 매카트니 일행이 가져온 선물은 천문관측 기구, 기압계, 망원경, 전함 모형, 대포, 마차 등이었다. 강대국으로서 면모가 고스란히 반영된 이 물품들은 원명원에 진열되었다.

매카트니 일행은 원명원에 며칠 머문 뒤 건륭제를 만나러 열하의 피서산장으로 갔다. 바로 이곳에서 '삼궤구고두'를 둘러싸고 충돌이 빚어지게 된다. 세 번 무릎을 꿇어 절하되 한 번 절할 때마다 세 번씩 머리를 땅에 찧어 모두 아홉 번 머리를 조아리는 '삼궤구고두'는 최고의 존경과 순종을 상징하는 것으로, 황제를 알현하는 자라면 마땅히 올려야 하는 예였다. 매카트니는 이를 거부했다! 청나라 관리들과 긴 실랑이를 벌인 끝에 매카트니는 한쪽 무릎을 꿇어 예를 표하는 방식으로 간신히 건륭제를 알현했다.

이후 매카트니는 베이징에 머물면서 건륭제와 담판을 벌일 기회를 찾고자 했지만 결국 그냥 영국으로 돌아가야만 했다. 영국의 요구사항은 모두 거절당했다. 건륭제가 조지 3세에게 보내는 서신에는 "천조天朝는 물산이 풍부하여 없는 것이 없으며, 만국을 다스리는 천조는 일시동인一視同仁(모두에게 차별 없이 평등하게 어짊을 베풀다)해야 한다"라는 내용이 담겨 있었다. 청나라와 영국은 서로 용납할 수 없는 전혀 다른 세계질서 속에 놓여 있었다. 청나라에게 영국은 천조에 조공을 바치러 온 수많은 속국 가운데 하나였지만, 영국은 동등한 위치에서의 수교를 원했다. 영국은 청나라가 주도하는 세계질서에 포섭되길 거부했고, 청나라는 또 다른 세계질서의 존재를 인식하지 못했다. 매카트니가 삼궤구고두를 거부했던 것은 서로 다른 세계질서의 충돌을 의미한다. 이 충돌 속에서 청나라가 자신의 세계질서를 고집할 수 있는 시간은 그로부터 불과 반세기였다.

폭력의 기억

건륭제 이후 가경제와 도광제도 원명원에 많은 돈을 들였다. 청나라는 급속히 쇠퇴했지만 황제는 위기감을 느끼지 못했다. 아편전쟁에 패배하면서 영국과 난징조약(1842)을 맺고 강제로 문호를 열게 된 상황에서도 변화를 위한 그 어떤 조치도 행해지지 않았다. '조공' 질서가 '조약' 질서로 바뀌는 상황에서 청나라는 일방적으로 당하는 처지에 놓여 있었다. 함풍제는 원명원에서 머문 마지막 황제가 되었다.

원명원이 어떻게 해서 파괴되었는지 간단히 살펴보자. 1856년에 제2차 아편전쟁인 애로호사건이 벌어지고, 패배한 청나라는 1858년 톈진天津조약을 체결했다. 영국과 프랑스 연합군은 조약을 비준하러 베이징으로 향하는 도중에 청나라 군대와 충돌했다. 연합군은 계속 베이징으로 진격해왔고 그 와중에 26명이 포로로 잡혀 베이징으로 압송되었다. 연합군은 포로 석방을 요구하며 최후통첩을 보냈다. 1860년 10월 6일, 프랑스 군대가 먼저 원명원에 도착했다. 원명원을 지키던 병사는 연합군의 무기 앞에서 맥없이 무너졌다. 이튿날 영국 군대도 도착했고, 연합군의 약탈이 시작되었다.

약탈로 끝이 아니었다. 연합군 요구대로 포로는 석방되었다. 하지만 포로 몇 명이 이미 죽은 것과 포로들이 학대를 받았다는 것을 빌미로 연합군은 이에 대한 보상을 요구했다. 게다가 원한을 씻는다는 명분으로 원명원을 파괴하기로 결정했다. 10월 18일, 원명원은 불길에 휩싸였다.

"어느 날 강도 두 명이 원명원에 침입했다. 한 명은 약탈하고 다른 한 명은 불을 질렀다.…… 두 승리자 가운데 한 사람은 배낭을 가득 채웠고 또 한 사람은 상자를 가득 채웠다. 둘은 손을 잡고 웃으며 유럽으로 돌아왔다. 그들의 행위는 두 강도의 역사다. 우리 유럽인은 이런 행위를 야만이라고 불러왔다. 장차 역사의 심판을 받게 될 이 두 강도는 프랑스와 영국이다."

프랑스의 대문호 빅토르 위고Victor Hugo는 원명원의 약탈과 파괴 소식을 듣고 친구에게 보낸 편지에서 이렇게 분개했다. 원명원 소장품 중에서 값나가는 것은 죄다 약탈당했고 상당수는 해외로 흘러나갔다. 그중에서도 가장 진귀한 것들은 영국의 빅토리아 여왕과 프랑스의 나폴레옹 3세에게 진상되었다. 영국박물관과 프랑스 국가도서관을 비롯해 서양의 주요 박물관이 소장하고 있는 원명원 문물은 폭력적인 강탈의 결과다.

열하로 피난 가 있던 함풍제는 원명원이 불타버렸다는 소식을 듣고 그 자리에서 피를 토했다. 원명원이 약탈당하고 불타버린 이듬해 함풍제는 서른하나의 젊은 나이로 세상을 뜨고 말았다. 그 뒤를 이은 동치제는 자금성에서 거주할 수밖에 없었다. 동치제는 나라가 심각한 위기에 빠진 상황에서도 원명원을 복구하고자 했다. 그는 대신들의 반대를 무릅쓰고 무리하게 복구를 추진했지만 1년도 되지 않아 경비 문제로 뜻을 접어야 했다. 훗날 국고가 채워지면 재개하겠노라 했지만 그런 날은 오지 않았다.

1875년 동치제는 스무 살의 젊은 나이로 세상을 떴다. 그 뒤를 이은 건 네 살짜리 광서제였고 서태후는 수렴청정을 하며 무소불위의 권력을 행사했다. 서태후는 1860년에 파괴된, 원명원 부속 원림인 청의원清漪園을 복구했다. 해군의 운용 예산이 청의원의 복구비용으

원명원

로 유용되었다. 1888년 복구가 마무리되자 광서제는 청의원을 '이화원頤和園'이라고 개칭했다.

1900년 이화원은 팔국연합군에 파괴되었다. 이때 원명원은 더욱 철저히 파괴되었다. 이화원은 복구되었지만 원명원은 점점 더 폐허로 변했다. 그나마 남아 있던 극소수 건축마저 무너졌다. 바위는 개인의 정원을 꾸미느라 빼돌려지고, 담장마저 석재용으로 뜯겨졌다. 또 사람들이 농사를 지으려 하면서 구릉은 평지가 되고 호수는 메워졌다.

중화인민공화국이 성립된 이후에도 파괴는 계속되었다. 문화대혁명 10년 동안 담장이 800미터나 부서지고 나무 1,000그루가 베어지고 석재 528대 분량이 실려 나갔다고 한다. 문화대혁명이 끝나고 나서야 비로소 역사 문물을 보호하자는 논의가 이루어지고, 장장 120년에 걸친 약탈과 파괴의 역사도 막을 내리게 된다.

영광의 재현

1709년부터 1860년까지 약 150년 동안 건재했던 원명원의 모습은 영원히 사라졌다. 1860년 이후 150여 년이 흘렀다. 그동안 중국인은 원명원에 가해진 약탈과 파괴에 분노하고 슬퍼하는 한편, 웅장했던 원명원을 그리워했다. 그리고 그 옛 모습을 되찾기 위한 노력이 다방면에서 이루어졌다.

우선 원명원을 유적지공원으로 만들기 위한 공사가 1980년대에 이루어졌다. 어느 정도까지 복원할지가 문제였는데, 원래 모습대로 복원하는 데는 막대한 경비가 소요되기 때문이었다. 경비 문제로 복원에 반대하는 사람들도 있었고, 역사의 생생한 교훈을 일깨우는 장소로 간직해야 한다며 복원에 반대하는 사람들도 있었다. 그런가 하면 국가의 자존심 차원에서 전면적인 복원을 주장하는 사람들도 있었다. 결국 일부만 복원하는 절충안이 마련되었다. 지금도 원명원에 남겨진 건축의 잔해는 참담했던 역사를 증언하고 있다.

땅속에 묻힌 유물을 찾기 위한 고고 발굴 역시 꾸준히 진행되고 있다. 1996년 이래 발굴이 세 차례 진행되었는데, 3차 발굴은 2013년부터 2020년까지다. 현재까지 출토된 문물은 5만여 점에 달한다.

디지털기술이 발달한 덕분에 원명원은 3D로 되살아났고, 증강현실AR 기술을 활용한 연구도 진행되고 있다. 디지털기술을 활용해 원명원을 복원하려면 파괴되기 전 원명원 모습을 좀 더 구체적으로 알아야 하는데, 『원명원 40경도景圖』는 가장 훌륭한 자료라고 할 수 있다. 그런데 『원명원 40경도』는 현재 프랑스 국가도서관에서 소장하고 있다. 1860년에 영국·프랑스 연합군이 원명원을 약탈했을 때 이 두루마리 그림을 가져가 나폴레옹 3세에게 바쳤던 것이다. 1920년대 후반에 유럽을 여행하다가 프랑스 국가도서관에서 『원명원 40경도』를 발견한 중국인이 그림 전체를 촬영해왔고, 중화서국에서 이를 출간하게 된다.

1983년에는 프랑스 학자에게서 원그림의 원판을 기증받아 이를 컬러 도판으로 출간했다. 2003년에는 베이징의 한 기업이 프랑스 사진가에게서 원그림의 원판을 구매하고 프랑스 국가도서관 측으로부터 『원명원 40경도』 사용권을 구매해 이듬해 2,004세트 한정판으로 출간했다. 이 한정판에는 일련번호가 매겨져 있는데, 그 소장처가 매우 흥미롭다. 0001호는 중국국가박물관, 2004호는 중국국가도서관, 1860호(원명원 약탈이 자행된 해에 해당)는 중국원명원학회가 소장하고 있다. 1997호와 1999호는 각각 홍콩과 마카오 반환을 기념해 홍콩특별행정구와 마카오특별행정구가 소장하고 있다. 0008은 중화권 최고 갑부 리카싱李嘉誠이 소장하고 1888호는 홍콩 재벌 쩡셴쯔曾憲梓가 소장하고 있는데, 중국에서 숫자 8은 재부를 상징한다.

한편 약탈당한 원명원 문물을 되찾기 위한 노력도 꾸준히 이어지고 있다. 해안당 앞 분수대에 설치되었던 12지 신상이 가장 대표적 사례다. 2000년에 소·원숭이·호랑이 머리 청동상을 되찾은 데 이어 돼지머리 청동상(2003), 말머리 청동상(2007), 쥐·토끼 머리 청동상(2013)을 되찾았다. 그중에서 쥐·토끼 머리 청동상은 중국국가박물관의 상설 전시인 '부흥의 길'에 전시되어 있다. 이 둘은 프랑스 PPR 그룹 회장 프랑수아 앙리 피노 회장이 소장하다가 중국에 기증한 것이다. 용머리 청동상은 타이완의 개인 소장가에게 있다고 한다. 이밖에 뱀·양·닭·개 머리 청동상의 향방은 아직 오리무중이다.

복원된 원명원을 보고 싶어 하는 중국인의 마음은 간절하다. 1997년에는 광둥성 주하이珠海의 '원명신원圓明新園'이 완공되었는데, 원명원 40경 중에서 18경을 재현한 것이다. 2016년에 완공된 저장성 헝뎬橫店의 원명신원은 무려 300억 위안을 투자해 원명원 건축군의 95퍼센트를 재현했다. 많은 이가 이곳을 찾지만 또 많은 이는 '가짜 문물'이라며 조소를 보낸다. 조잡한 복원을 비판하기도 한다. 헝뎬 원명신원을 건설하는 데는 고작 4년이 걸렸다. 제아무리 일대일 비율로 복제한다 한들 어찌 그 옛날의 원명원일 수 있겠는가.

원명원은 중국의 최전성기를 떠올리게 하는 영광의 기억이기도 하다. 2010년 상하이 엑스포 중국관 앞에 아홉 구역으로 조성된 정원의 이름은 '신新구주청안'이었다. 원명원 40경의 하나인 구주청안은 '천하의 태평'이라는 뜻으로, 황제의 침전이 있던 곳이다. 공교롭게도 69미터 높이로 우뚝 솟아 있는 중국관은 면류관 형태였다. 이 중국관이 20미터 남짓인 기타 국가관을 내려다보는 모습은 조공을 받는 천자를 연상하게 했다.

21세기 중국은 강건성세의 태평천하가 재현되길 꿈꾸고 있다. 중국 중심의 세계질서가 구현되는 중화의 부활, 상하이 엑스포 건축에 담긴 이 이미지는 원명원의 황금시절 기억과 맞닿아 있다. 220여 년 전 매카트니는 청나라를 '부서져버릴 일급 군함'에 비유했고, 불과 반세기 만에 그의 예언은 그대로 맞아떨어졌다. 부서졌던 일급 군함이 이제 다시 팍스 시니카를 향해 나아가며 포문을 열었다.

냐오차오,
중축선 위에서 비상을 꿈꾸다

"중국은 언제 올림픽에 선수를 파견할 수 있을 것인가? 중국은 언제 올림픽 금메달을 딸 수 있을 것인가? 중국은 언제 올림픽을 개최할 수 있을 것인가?"

1908년 난카이南開대학의 한 학생이 올림픽과 관련해 세 가지 질문을 했다. 이해에 톈진에서는 제6회 육상경기가 열렸고, 폐막식에서는 당시 거행되고 있던 제4회 런던올림픽 장면이 환등기로 방영되었다. 중국의 올림픽 개최는 그저 꿈같은 일이었지만 그로부터 꼭 100년이 되는 해에 그 꿈은 현실이 되었다. 중국은 1932년 LA올림픽에 선수를 파견한 이래 1984년 LA올림픽에서 금메달을 땄고 2008년에는 마침내 베이징올림픽으로 중국의 화려한 부활을 전 세계에 알렸다.

베이징 환잉 니

2008년 8월 8일, 새 둥지 모양의 주경기장에서는 중국이 세계의 주역으로 우뚝 섰음을 선포하는 개막식이 거행되었다. 공자의 3,000제자가 펼친 장엄한 의식 속에서 '화和'라는 메시지를 전달했고, 한자와 종이와 화약 등을 형상화해 중국 문명의 우수성을 과시했다. 베이징올림픽에서 중국은 금메달을 51개를 획득해 종합 1위를 차지했다. 미국은 금메달 36개로 종합 2위를 차지했다. 이는 올림픽 순위 이상의 의미가 있는 상징적 사건이다. 베이징올림픽 직전의 아테네 올림픽 개막식에 참석한 정상급 인사가 30명이 안 되었던 데 비해 베이징올림픽의 경우 100여 명에 달하는 각국 정상이 개막식에 참석했다.

이어진 2010년 상하이엑스포에서는 '중화'의 부활을 다시 한번 전 세계에 각인했다. 바로 이해에 중국은 일본을 제치고 GDP 세계 2위로 올라섰다. 미국이 2007년 서브프라임 모기지 사태와 2008년 글로벌 금융위기 이후 리더십에 막대한 손상을 입은 반면, 중국은 세계 경제의 견인차 역할을 하며 위상이 급부상하던 차였다.

사실 중국은 대국으로 굴기하기 위해 차근차근 준비해왔다. 그 준비 과정의 하나가 바로 역사상 대국의 흥망에서 교훈을 찾는 것이었다. 2006년 CCTV에서 방영한 12부작 다큐멘터리 〈대국굴기〉는 미국을 이어 중국이 대국으로 굴기하리라고 예언하는 것이었다. 포르투갈·스페인·네덜란드·영국·프랑스·독일·일본·러시아·미국 등 아홉 대국의 흥망에 대한 검토는 대국으로 굴기하려는 중국의 조건을 조망하기 위한 일환이었다.

베이징올림픽 주경기장 냐오차오

　'하나의 세계, 하나의 꿈One World, One Dream'이라는 베이징올림픽 슬로건에는 세계를 리드해나가겠다는 중국의 의지가 담겨 있다. 개막식에서 전달한 '조화'라는 공자의 메시지는 중국이 세계를 향해 내놓은 글로벌 어젠다였고, 개막식에서 과시한 중국의 4대 발명품은 중국이 글로벌 리더로서 자격을 갖추었음을 암시하는 것이었다.

　베이징올림픽 마스코트인 베이베이·징징·환환·잉잉·니니의 첫 글자를 따면 '베이징 환잉 니北京歡迎你'가 된다. "베이징은 당신을 환영합니다"라는 의미다. 중국이 더는 팔로워가 아님을 실감하게 하는 슬로건이다. 이에 걸맞게 베이징올림픽 주경기장 '냐오차오鳥巢'는 중국인에게 새처럼 비상하는 중국, 세계를 품는 중국의 이미지를 연상하게 했다. 냐오차오가 자리하는 위치가 의미심장한데, 바로 베이징 중축선의 연장선상이다.

베이징의 중축선

베이징의 중축선에 대해 말하기 전 먼저 베이징의 성벽과 성문을 간단히 살펴보자. "성벽과 성문은 우리를 중국의 도시로 안내한다"라는 이중톈易中天의 말처럼 성벽과 성문은 고대 도시를 이해하는 데 훌륭한 안내자다. 궁성·황성·내성·외성 그리고 베이징성 바깥의 장성까지, 베이징은 그야말로 겹겹의 성으로 둘러싸인 곳이었다. 베이징 성문은 '내구·외칠·황칠·금사內九·外七·皇七·禁四'로 개괄할 수 있다. 내성의 아홉 문, 외성의 일곱 문, 황성의 일곱 문, 궁성(자금성)의 네 문을 가리키는 말이다.

베이징의 성문은 각각 용도가 있었고 성문 하나하나가 옛이야기를 담고 있다. 그 예로 내성의 문들을 알아보자. 황제가 외성에 있는 천단天壇과 선농단先農壇에 가기 위해 지나갔던 문이 바로 내성 남쪽의 정양문正陽門이다. 정양문 좌우로 숭문문崇文門과 선무문宣武門이 있는데, 청나라 말 민국 초에 호사가들은 이를 두고 다음과 같은 말을 지어냈다. "정양문은 동서로 이어져 있는데, 왼쪽은 명나라를 멸망시켰고 오른쪽은 청나라를 멸망시켰다." 명나라 마지막 황제는 숭정제, 청나라 마지막 황제는 선통제다. 숭문문의 '숭'이 숭정제의 '숭'과 같고, 선무문의 '선'이 선통제의 '선'과 같은 데서 나온 말이다. 사실 숭문문과 선무문은 '좌문우무左文右武'의 예제에 따라 명명된 것이다. 숭문문은 성안으로 술을 들여오는 수레에 세금을 부과하는 세관의 용도로 사용되었다. 선무문은 '사문死門'이라고 불렸는데, 이 문을 통해 관이 성 밖으로 운구되었고 사형수도 이 문을 거쳐 형장으로 갔기 때문이다.

내성에는 '생문生門'이라 불리는 문도 있는데, 바로 '안정문安定門'(북문)이다. 황제가 이 문으로 나가 지단地壇으로 가서 토지신에게 풍요를 기원하는 제사를 올렸다. 안정문은 똥 수레가 드나드는 곳이기도 했는데, 안정문 바깥에 분뇨 처리장이 많았기 때문이다. '덕승문德勝門'(북문)은 군대가 출정할 때 사용했던 문이다. '동직문東直門'(동문) 바깥에는 벽돌 공장과 목재가공 공장이 많았기에, 동직문은 벽돌과 목재를 운송하는 수레가 드나드는 용도로 사용되었다. 남쪽 지방에서 조운을 통해 운송된 곡물은 '조양문朝陽門'(동문)으로 들어와 인근 곡식창고에 저장되었다. 옥천산玉泉山에서 나오는 질 좋은 샘물은 아침 일찍 '서직문西直門'(서문)을 거처 황성으로 들어갔다. 베이징 서쪽에 석탄 생산지가 있었기 때문에 베이징성에서 소비되는 석탄은 '부성문阜成門'(서문)을 통해 성안으로 들어왔다.

베이징만의 특별한 정취를 품은 성벽과 성문은 이제 빛바랜 사진 속의 아련한 추억이 되어버렸다. 봉건 황제의 권력을 상징하는 성벽과 성문은 중화인민공화국 건국과 더불어 사라질 운명에 처했다. 크렘린궁을 중심으로 한 모스크바식 수도 건설을 지지한 '해체파'의 철거 위주 정책에 따라 베이징의 성문과 성벽은 해체되기 시작했다. 베이징성을 그대로 보존하고 그 대신 근처에 행정 중심 지구를 따로 조성하자는 '보호파' 주장은 묵살되었다. 성벽은 도로와 지하철에 자리를 내주었다. 성벽을 해체하는 데 수십 년은 걸릴 것이라 예상했지만, 문화대혁명은 불과 몇 년 만에 그 거대한 성벽의 자취를 죄다 없애버렸다.

성벽이 사라진 베이징은 개혁개방 이후 현대화된 글로벌 도시로 변신했다. 한편 베이징의 실핏줄이라 불리는 골목 후퉁胡同과 전통 가옥 사합원四合院은 빠른 속도로 사라지고 있다. 이곳저곳이 철거되는 중국China을 두고 풍자 섞인 말로 '차이나拆哪(어딜 철거할까?)'라고 표현한다. 베이징은 그러한 차이나의 전형이다.

일찍이 베이징성의 온전한 보존을 주장했던 량쓰청梁思成은 "베이징 성벽을 뜯어내는 것은 내 살갗을 벗겨내는 것과 같다!"라고 통탄하면서 "50년이 지난 뒤 자신이 옳았다는 것을 역사가 증명해줄 것"이라고 했다. 그리고 50년이 훌쩍 지나갔다. 그의 딸 량짜이빙梁再氷은 옛 자취를 잃어버린 현재 베이징을 두고 이렇게 말했다. "나는 단지 베이징이라 불리는 곳에 살고 있을 뿐이다. 진즉에 이곳은 나의 베이징이 아니다."

과거 모습은 사라지고 급변한 베이징에서 여전히 살아 숨쉬는 전통이 바로 베이징의 '중축선'이다. 고대 베이징성의 중심을 관통하며 남북 방향으로 뻗어 있는 일직선을 중축선이라고 한다. 외성 남문인 영정문永定門에서 시작해 황성 북문인 지안문地安門 바깥의 고루鼓樓·종루鐘樓까지 이어지는 중축선은 7.8킬로미터에 달한다. 좀 더 자세히 말하면, 영정문에서 시작된 중축선은 정양문·대명문·천안문·단문·오문을 지나 자금성을 관통해 신무문·경산·지안문으로 이어진 뒤 고루와 종루에 다다른다. 이 중축선을 중심으로 천단과 선농단, 동편문東便門과 서편문, 숭문문과 선무문, 태묘와 사직단, 동화문東華門과 서화문, 동직문과 서직문, 안정문과 덕승문이 대칭을 이룬다. 중축선을 바탕으로 한 이상의 배치는 지고무상의 황권을 시각적으로 구현한 것이다.

중축선에 구현된 지고무상의 황권을 인상적으로 전달해주는 이야기가 있다. 청나라 때 베이징을 찾아온 외국 공사公使 이야기다. 그는 장차 만나게 될 황제 앞에서 무릎 꿇기를 거부했다. 그러자 예부禮部 관리가 그를 정양문을 통해 성안으로 들여보냈다. 곧이어 그는 중축선에 놓인 대청문(대명문), 천안문, 단문, 오문을 지나면서 보이는 광경에 압도되고 만다. 태화전에 다다른 그는 자신도 모르게 무릎을 꿇었다. 그를 스스로 굴복하게 만들 작정이었던 예부 관리의 전략이 들어맞은 것이다.

중축선은 천자가 있는 곳이 세계의 '중심'임을 상징하는 것이다. 1950년대 토목공사를 하던 중 지안문 지하에서 돌로 만든 쥐가 나오고, 정양문 지하에서 돌로 만든 말이 나왔다. 이 두 유물은 과연 어떤 관계가 있을까? 쥐는 12지의 '자子'에 해당하고 말은 12지의 '오午'에 해당한다. 두 유물이 출토된 지안문과 정양문은 어떤 곳인가? 지안문은 중축선에 놓인 성문 가운데 가장 북쪽의 것이고, 정양문은 가장 남쪽의 것이다. 명나라 가정제 때 외성이 축조되면서 영정문이 들어서기 전까지는 정양문이 베이징성의 남대문이었다. 그렇다면 중축선의 북쪽과 남쪽 끝 성문에 각각 자리한 쥐(자)와 말(오)은 이 중축선이 시간과 공간의 중심인 '자오선'임을 말해주는 것이다.

중축선은 확실히 공간뿐 아니라 '시간'의 중심이기도 했다. 태화전 앞의 해시계, 건청궁 앞의 해시계, 교태전 안의 물시계, 북을 쳐서 시간을 알리는 고루, 종을 쳐서 시간을 알리는 종루는 모두 중축선상에 놓여 있다. 중축선은 그야말로 시간의 중심이었다. 1709년 강희제는 전국의 지도를 제작하려고 예수회 선교사의 건의에 따라 중축선을 본초자오선 0도로 정하기도 했다.

원나라 때부터 이어져온 베이징의 중축선은 베이징을 베이징으로 만드는 핵심 요소다. 1950년대 교통에 방해된다는 이유로 철거되었던 외성의 남문 영정문이 2004년에 복원된 것도 중축선의 상징성을 되살리기 위해서였다. 베이징의 중축선은 베이징의 과거뿐 아니라 현재·미래와도 관계가 있다. 베이징은 '시대의 축', '역사의 축', '미래의 축'이라는 콘셉트로 도시계획을 수립했는데, 기존 중축선에 해당하는 '역사의 축'을 중심으로 그 북쪽이 '시대의 축'이고 그 남쪽이 '미래의 축'이다. 시대의 축은 올림픽공원을 중심으로 하는 스포츠·레저 지구다. 미래의 축은 박물관·예술관·도서관·콘서트홀 등의 문화와 더불어 녹색 자연이 어우러진 첨단 비즈니스 지구다.

베이징 상공에서 촬영한 사진을 보고 중국인은 베이징의 중축선에서 '용'을 읽어낸다. 정양문은 여의주, 금수교는 용의 아래턱에 난 짧은 수염, 천안문광장을 동서로 가로지르는 장안가長安街는 용의 두 가닥 긴 수염, 천안문은 용의 입술, 천안문에서 오문까지는 용의 코뼈, 그 좌우에 있는 태묘와 사직단은 용의 눈, 자금성은 용의 몸통, 자금성의 네 각루角樓는 사방으로 뻗은 용의 발톱, 경산에서 종루까지는 용의 꼬리다.

중축선은 베이징올림픽과 더불어 북쪽으로 연장되었다. 베이징올림픽의 랜드마크인 냐오차오(주경기장)와 수이리팡水立方(수영경기장)이 바로 그 연장선상에 놓여 있다. 중축선의 양쪽에서 서로 마주하고 있는 타원형의 냐오차오와 사각형의 수이리팡은 '하늘은 둥글고 땅은 네모나다'는 천원지방天圓地方의 전통 관념을 상징한다. 땅위의 옛 건물은 사라져갔지만 중축선만큼은 이렇게 건재하며 베이징을 베이징으로 만들어준다.

공자의 부활과 중국의 꿈

2008년 8월 8일, 냐오차오 사방 모퉁이에 공자의 3,000제자가 도열해 앉은 한가운데에서 '화和'라는 한자를 이용해 펼쳐진 웅장한 매스 게임은 공자에게 바치는 헌사였다. 이는 공자의 화려한 부활과 중국 전통의 위대함을 세계만방에 알리는 장면이었다. '화'가 전하는 어울림·화해·평화의 메시지는 '중국위협론'에 맞서기 위한 중국의 전략이기도 했다.

'화평和平굴기'를 표방한 중국의 공자열孔子熱은 중국을 넘어 세계로 맹렬히 뻗어가는 중이다. 중국을 문화대국 반열에 올려놓겠다는 중국 당국의 의지가 공자를 소환하고 있다. 중국어와 중국문화를 세계에 보급하기 위한 공자학원, 유교 관련 문헌을 집대성하기 위한 '유장儒藏' 프로젝트 등은 그야말로 국가의 전폭적 지지를 받고 있다. 궁극적으로 이는 '중화민족의 위대한 부흥'이라는 중국의 꿈을 실현하려는 작업이라고 할 수 있다.

현재 유교는 중국에서 가장 거대한 지적 힘으로 작용한다고 해도 지나친 말이 아니다. 중국문화의 주체적 정체성을 담보해주고, 시장경제화로 인한 여러 부작용을 해결해주고, 이데올로기적 차원에서 국민 통합을 이뤄낼 열쇠를 유교에서 찾기 때문이다.

오늘날 공자열은 중국 당국이 미래를 내다보며 다방면에서 의도적으로 조성해가는 '문화열'이라고 할 수 있다. 공자의 문화적 파

공자의 3,000제자(베이징올림픽 개막식)

급력이 예사롭지 않은 것은 공자라는 아이콘이 담지하는 '전통'의 무게 때문일 것이다. 중화문명을 상징하는 공자는 강력한 소프트파워로 기능한다. 중국 당국이 강조하는 '중화문화'의 선양과 '화해문화'의 건설에서 중화와 화해라는 문화코드에 꼭 들어맞는 존재가 바로 공자다.

베이징의 중축선을 두고 량쓰청은 이렇게 말했다. "8킬로미터에 달하는 전 세계에서 가장 길고 가장 위대한 남북 중축선이 베이징성 전체를 꿰뚫는다. 베이징 고유의 장엄하고 아름다운 질서는 중축선이 세워짐으로써 생겨났다." 장엄하고 아름다운 질서, 베이징에는 모든 것을 질서 지우려는 의지가 깃들어 있다. 이 '질서'의 전통은 꽤나 오래되었다. 베이징성 자체가 유가사상에 바탕을 둔 『주례』의 이념에 따라 설계되지 않았던가.

베이징은 몰라보리만큼 변했으면서도 놀라울 정도로 변하지 않았다. 마오주석기념당, 인민영웅기념비, 천안문, 자금성, 냐오차오 등

베이징 중축선상의 이 기념비적 건축들은 변하는 중국을 말해주는 동시에 변하지 않는 중국을 대변한다. 중축선이 부여한 질서의 전통 위에서 중국의 과거와 현재와 미래가 만난다. 중축선 위에 둥지를 튼 냐오차오에는 중심에서 세계를 품고자 하는 중국의 바람이 깃들어 있다. 과거 오랫동안 세계 정점에 있었던 중국, 얼마간 추락을 겪은 뒤 중축선 위 둥지에서 자신의 비상을 알린 중국은 지금 더 높은 비상을 꿈꾸고 있다.

지리인문학자인 이-푸 투안은 물리적 공간space에 인간의 감정이 부여된 의미 공간을 '장소place'로 보았다. 인간이 살아가는 데는 물리적 공간 외에도 삶터에 대한 애정이 깃든 장소가 필요하다. 이러한 장소에 대한 사랑이 바로 이-푸 투안이 말한 '토포필리아topophilia' (그리스어로 장소를 뜻하는 토포스topos와 사랑을 의미하는 필리아philia의 합성어)다. 지혜에 대한 사랑인 필로소피아philosophia를 추구하는 인간은 장소에 대한 사랑인 토포필리아를 추구하는 존재이기도 하다. 토포필리아는 인간의 몸과 마음에 각인되는 것이기에, 필로소피아에 우선하는 것인지도 모른다. 인간이 사는 곳이라면 어디든 토포필리아의 흔적이 존재하게 마련이다.

옛사람들은 방어를 위한 성곽을 쌓고 수호신과 조상을 위한 사당을 세우고 삶의 터전을 일궈나가면서 토포필리아를 추구했다. 그들이 남긴 문화유산은 그들 삶의 희로애락이 고스란히 담긴 기억의 저장고다. 중국 곳곳을 답사하면서 찾아보고 싶었던 것도 다름 아닌 토포필리아의 흔적이었다. 무엇보다도 이 책이 공간 읽기를 넘어 '장소' 읽기가 되었으면 한다.

책이 나오기까지 여러 인연과 도움이 있었다. 2015년 5월부터 6월까지 성남시민대학에서 일곱 차례에 걸쳐 진행한 강연(중국도시 역사기행)이 그 시작이었다. 중국의 도시를 통해 중국의 역사를 알아보자는 취지의 강연이었는데, 자연스럽게 도읍지 이야기를 하게 되었다. 강연을 녹취해서 책으로 낼 예정이었는데, 정작 강연을 마치고 나니 채워야 할 내용이 많다는 것을 절감했다. 그때 마침 『주간경향』에 연재할 기회가 주어졌다. 2015년 5월 16일(1130호)부터 2016년 7월 12일(1184호)까지 '이유진의 중국 도읍지 기행'이라는 코너로 총 55편의 글을 연재했다. 이후 1년 반 남짓, 연재에 미처 담지 못한 내용을 보충하고 글을 다듬었다.

메디치미디어의 김현종 대표는 책의 뼈와 살이 된 강연과 연재를 중개해주셨다. 『주간경향』의 박송이 기자는 연재를 도맡아 관리해주셨다. 책의 옹골찬 만듦새는 편집을 책임져주신 정소연 부장 덕분이다. 세 분 모두 정말 감사드린다. 무엇보다도 연재하는 동안 긍정적인 반응을 보여주신 많은 분들께 정말 큰 힘이 되었다는 감사의 말씀을 전해드리고 싶다. 오랜 세월 중국 곳곳을 함께한 김선자 선생님께 깊은 감사를 드린다. "스승이자 친구로서 진정한 멘토가 되어주셔서 감사합니다." 딸 진아에게 고마움을 전한다. "진아야, 덕분에 늘 힘을 낸단다. 사랑해." 마지막으로 이 책의 독자께 고개 숙여 인사드린다. "책이 존재할 수 있는 건 독자분들 덕분입니다. 감사합니다."

2018년 4월

이유진

참고문헌

개빈 멘지스, 조행복 옮김, 『1421-중국, 세계를 발견하다』, 사계절, 2005.

김선자·이유진 외, 『이야기가 있는 중국문화기행』, 차이나하우스, 2011.

김성문, 『중국 속의 중국』, 서교출판사, 2017.

김원동 편저, 『제국의 탄생과 몰락』, 퍼플카우, 2013.

김준연, 『중국, 당시의 나라』, 궁리, 2014.

김택민, 『3천년 중국역사의 어두운 그림자』, 신서원, 2006.

김학주, 『장안과 낙양 그리고 북경』, 연암서가, 2016.

니코스 카잔차키스, 이종인 옮김, 『일본·중국 기행』, 열린책들, 2013.

니콜라 디코스모, 이재정 옮김, 『오랑캐의 탄생』, 황금가지, 2005.

단죠 히로시, 한종수 옮김, 『영락제-화이질서의 완성』, 아이필드, 2017.

둥젠훙, 이유진 옮김, 『고대 도시로 떠나는 여행』, 글항아리, 2016.

디터 쿤, 육정임 옮김, 『하버드 중국사 송-유교 원칙의 시대』, 너머북스, 2015.

레이 황, 홍광훈·홍순도 옮김, 『중국, 그 거대한 행보』, 경당, 2005.

로스 테릴, 이춘근 옮김, 『새로운 제국-중국』, 나남출판, 2005.

리쩌허우 지음, 이유진 옮김, 『미의 역정』, 글항아리, 2014.

린위탕, 김정희 옮김, 『베이징 이야기』, 이산, 2001.

마르코 폴로, 김호동 역주, 『마르코 폴로의 동방견문록』, 사계절, 2015.

맹원로, 김민호 옮김, 『동경몽화록』, 소명출판, 2011.

모리스 로사비, 강창훈 옮김, 『수성의 전략가 쿠빌라이 칸』, 사회평론, 2015.

미야자키 이치사다, 전혜선 옮김, 『수양제』, 역사비평사, 2015.

미타무라 다이스케, 한종수 옮김, 『환관 이야기』, 아이필드, 2015.

박한제, 『영웅시대의 빛과 그늘』, 사계절, 2004.

_____, 『강남의 낭만과 비극』, 사계절, 2005.

_____, 『제국으로 가는 긴 여정』, 사계절, 2005.

발레리 한센, 신성곤 옮김, 『열린 제국-중국 고대~1600』, 까치, 2006.

_____, 류형식 옮김, 『실크로드 7개의 도시』, 소와당, 2015.

송재소,『시와 술과 차가 있는 중국 인문 기행』, 창비, 2015.

신경진,『고찰명-중국도시이야기』, 문학동네, 2015.

양현지, 서윤희 옮김,『낙양가람기』, 눌와, 2001.

에드가 스노우, 홍수원·안양노·신홍범 옮김,『중국의 붉은 별』(하), 두레, 2002.

엔닌, 신복룡 주해,『입당구법순례행기』, 선인, 2007.

오가타 이사무, 이유영 옮김,『사진과 그림으로 보는 中國 역사기행』, 시아출판사, 2002.

오도릭, 정수일 역주,『오도릭의 동방기행』, 문학동네, 2012.

오드 아르네 베스타, 문명기 옮김,『잠 못 이루는 제국: 1750년 이후의 중국과 세계』, 까치, 2014.

왕롱주, 김승룡·이정선 옮김,『잃어버린 낙원, 원명원』, 한숲, 2015.

왕번강, 구서인 옮김,『여인들의 중국사』, 김영사, 2008.

위치우위, 유소영·심규호 옮김,『천년의 정원』, 미래 M&B, 2003.

_____, 유소영·심규호 옮김,『위치우위의 중국문화기행』, 미래인, 2007.

윌리엄 T. 로, 기세찬 옮김,『하버드 중국사 청-중국 최후의 제국』, 너머북스, 2014.

유광종,『중국이 두렵지 않은가』, 책밭, 2014.

유숙분, 임대희 옮김,『육조시대의 남경』, 경인문화사, 2007.

이강국,『서안 실크로드 역사문화 기행』, Book Star, 2017.

李開元,『秦崩: 從秦始皇到劉邦』, 北京:生活·讀書·新知三聯書店, 2015.

이도학·송영대·이주연,『육조고도 남경』, 주류성, 2014.

이리에 요코, 서은숙 옮김,『자금성 이야기』, 돌베개, 2014.

이시다 미키노스케, 이동철·박은희 옮김,『장안의 봄』, 이산, 2011.

이시바시 다카오, 홍성구 옮김,『대청제국 1616~1799』, 휴머니스트, 2009.

이욱연,『중국이 내게 말을 걸다』, 창비, 2008.

이유진,「이유진의 중국 도읍지 기행」,『주간경향』1130호(2015. 5. 16)~1184호(2016. 7. 12).

_____,『상식과 교양으로 읽는 중국의 역사』, 웅진지식하우스, 2013.

_____,『한손엔 공자 한손엔 황제-중국의 문화 굴기를 읽는다』, 글항아리, 2012.

이은상,『3개 열쇳말로 읽는 베이징』, 한국학술정보, 2014.

이중톈, 심규호·유소영 옮김,『독성기』, 에버리치홀딩스, 2010.

이하라 히로시, 조관희 옮김,『중국 중세 도시 기행』, 학고방, 2012.

임수, 한동수 옮김,『중국건축의 개척자 양사성』, 발언, 1996.

임중혁,『스무날 동안의 황토 기행 - 북경에서 서안까지』, 소나무, 2005.

_____,『스무날 동안의 황토 기행 - 낙양에서 상해까지』, 소나무, 2002.

자크 제르네, 김영제 옮김,『전통중국인의 일상생활』, 신서원, 2003.

장-노엘 로베르, 조성애 옮김,『로마에서 중국까지』, 이산, 2000.

장웨이, 이유진 옮김,『제나라는 어디로 사라졌을까』, 글항아리, 2011.

장자성, 박종일 옮김,『근세 백년 중국문물유실사』, 인간사랑, 2014.

장펀톈, 이재훈 옮김,『진시황 평전』, 글항아리, 2011.

조관희,『세계의 수도 베이징』, 창비, 2008.

조너선 D. 스펜스, 김석희 옮김,『칸의 제국』, 이산, 2000.

_____, 양휘웅 옮김,『신의 아들 洪秀全과 太平天國』, 이산, 2008.

_____, 이준갑 옮김,『강희제』, 이산, 2007.

조창완,『중국 도시 기행』, 성하출판, 2003.

주융, 김양수 옮김,『베이징을 걷다』, 미래인, 2008.

줄리아 로벨, 김병화 옮김,『장성, 중국사를 말하다』, 웅진지식하우스, 2007.

진순신, 정태원 옮김,『시와 사진으로 보는 중국기행』, 예담, 2005.

진정, 김효민 옮김,『중국 과거 문화사』, 동아시아, 2003.

최종명,『민, 란』, 썰물과밀물, 2015.

티모시 브룩, 조영헌 옮김,『하버드 중국사 원·명 - 곤경에 빠진 제국』, 너머북스, 2014.

폴 써로우, 서계순 옮김,『폴 써로우의 중국기행』, 푸른솔, 2001.

하인리히 슐리만, 이승희 옮김,『고고학자 슐리만, 150년 전 청일을 가다』, 갈라파고스, 2005.

호리 도시카즈, 정병준·이원석·채지혜 옮김,『중국과 고대 동아시아 세계』, 동국대학교 출판부, 2012.

호아상·팽안옥, 이익희 옮김,『중국 지리 오디세이』, 일빛, 2007.

E.O. 라이샤워, 조성을 옮김,『중국 중세사회로의 여행』, 한울, 2012.

중국을 빚어낸
여섯 도읍지 이야기

이유진 지음

초판 1쇄 | 2018년 4월 25일 발행
초판 6쇄 | 2022년 3월 11일 발행

ISBN 979-11-5706-121-1 (03910)

만든 사람들
책임편집   정소연 이상희
디자인   this-cover.com
마케팅   김성현
인쇄   한영문화사

펴낸이   김현종
펴낸곳   (주)메디치미디어
경영지원   전선정 김유라
등록일   2008년 8월 20일
         제300-2008-76호
주소   서울시 중구 중림로7길 4, 3층
전화   02-735-3308
팩스   02-735-3309
이메일   medici@medicimedia.co.kr
페이스북   facebook.com/medicimedia
인스타그램   @medicimedia
홈페이지   www.medicimedia.co.kr

중국 역대 도읍지

왕조/국가			도읍지(현재 지명)						
		시안	뤄양	카이펑	항저우	난징	베이징	기타
상(BC 1600~BC 1046)								안양安陽
주	서주 (BC 1046~BC 771)	○						
주	동주 (BC 770~BC 221)		○					
진秦(BC 221~BC 206)		○						
한	전한(BC 202~AD 8)	○						
한	신(8~23)	○						
한	후한(25~220)		○					
삼국	위(220~265)		○					
삼국	촉(221~263)							청두成都
삼국	오(222~280)					○		
진晉	서진(265~316)		○					
진晉	동진(317~420)					○		
남북조	남조(420~589) 송, 제, 양, 진陳					○		
남북조	북조 (386~581)	북위		○				
남북조	북조 (386~581)	서위-북주	○					
남북조	북조 (386~581)	동위-북제						안양

왕조/국가		도읍지(현재 지명)						
		시안	뤄양	카이펑	항저우	난징	베이징	기타
수(589~618)		○						
당(618~907)		○						
오대 (907~960)	후량			○				
	후당		○					
	후진			○				
	후한			○				
	후주			○				
송	북송(960~1127)			○				
	남송(1127~1279)				○			
원(1271~1368)							○	
명(1368~1644)							○	영락제 때 (1421) 난징에서 베이징으로 천도
청(1644~1911)							○	
중화민국(1912~1949)						○		
중화인민공화국(1949~)							○